UTB

UTB 8281

W0361528

Eine Arbeitsgemeinschaft der Verlage

Beltz Verlag Weinheim · Basel
Böhlau Verlag Köln · Weimar · Wien
Wilhelm Fink Verlag München
A. Francke Verlag Tübingen und Basel
Haupt Verlag Bern · Stuttgart · Wien
Lucius & Lucius Verlagsgesellschaft Stuttgart
Mohr Siebeck Tübingen
C. F. Müller Verlag Heidelberg
Ernst Reinhardt Verlag München und Basel
Ferdinand Schöningh Verlag Paderborn · München · Wien · Zürich
Eugen Ulmer Verlag Stuttgart
UVK Verlagsgesellschaft Konstanz
Vandenhoeck & Ruprecht Göttingen
Verlag Recht und Wirtschaft Heidelberg
VS Verlag für Sozialwissenschaften Wiesbaden
WUV Facultas Wien

Dietrich Benner / Herwart Kemper

Theorie und Geschichte der Reformpädagogik

Teil 3.1:
Staatliche Schulreform und Schulversuche in SBZ und DDR

Beltz Verlag · Weinheim und Basel

Über die Autoren:

Dietrich Benner ist Professor für Erziehungswissenschaft
an der Humboldt-Universität zu Berlin.

Herwart Kemper ist Professor für Erziehungswissenschaft
an der Universität Erfurt.

Druck nach Typoskript

www.beltz.de
Druck: Druckhaus »Thomas Müntzer«, Bad Langensalza
Umschlaggestaltung: Atelier Reichert, Stuttgart
Umschlagbilder: *Links:* Berlin, Blick über die Mauer am Brandenburger Tor
mit der Stra0e Unter den Linden, 1981. Image Network Company GmbH, Berlin.
Rechts: Josha Benner 2004, Berlin
Mit freundlicher Genehmigung von Herrn Prof. Dr. Dietrich Benner.
Printed in Germany

ISBN (UTB): 3-8252-8281-3
ISBN (Beltz): 3-407-25366-4

Inhalt

Vorwort

Der Monographieband 3.1, der zugehörige Quellenband 3.1 und die in Kürze erscheinenden Monographie- und Quellenbände 3.2 sind die letzten Bände einer insgesamt dreiteiligen Studie zur Theorie und Geschichte der Reformpädagogik in Deutschland. Diese begrenzt den Bestand reformpädagogischer Strömungen und Richtungen nicht auf die Pädagogische Bewegung im ersten Drittel des 20. Jahrhunderts, sondern bezieht auch die Schulversuche zur Zeit der pädagogischen Aufklärung des 18. Jahrhunderts und die staatlichen Schulreformen seit Beginn des 19. Jahrhunderts in ihre Analysen ein.[1] Die Aufarbeitung und Interpretation der Quellen erfolgte im Rahmen eines von der Deutschen Forschungsgemeinschaft geförderten Forschungsvorhabens zur Entwicklung von "Allgemeinbildung und Schulstruktur", das die Verfasser gemeinsam an der Westfälischen Wilhelms-Universität Münster begonnen und in parallel arbeitenden Teams an der Humboldt-Universität zu Berlin und an der Pädagogischen Hochschule Erfurt zum Abschluss gebracht haben.[2]

Ziel des Projekts war es, für den Zeitraum von der Aufklärung bis zur Gegenwart theoretisch und praktisch bedeutsame Zusammenhänge zwischen pädagogischen Konzepten und Erfahrungen aus Reform- und Versuchsschulen, staatlichen Schulreformen und der Entwicklung der modernen Erziehungswissenschaft in Deutschland herauszuarbeiten. Angestrebt wurde eine Theorie- und Praxisgeschichte, die sich von den heute in der Ideengeschichte vorherrschenden Modellen dadurch unterscheidet, dass sie weder eine hagiographische Hofberichterstattung und Verklärung einzelner

---

1 Der Begriff *pädagogische Bewegung* (mit kleingeschriebenem "*p*") wird verwendet, wenn von den drei Phasen moderner Reformpädagogik insgesamt bzw. von der ersten oder dritten Phase die Rede ist; der Begriff *Pädagogische Bewegung* (mit großgeschriebenem "*P*") wird als eingeführter Fachbegriff zur Bezeichnung der zweiten Phase gebraucht.

2 Vgl. D. Benner/H. Kemper (Hrsg.): Quellentexte zur Theorie und Geschichte der Reformpädagogik. Teil 1: Die pädagogische Bewegung von der Aufklärung bis zum Neuhumanismus. Weinheim 2000. Teil 2: Die Pädagogische Bewegung von der Jahrhundertwende bis zum Ende der Weimarer Republik. Weinheim 2001; Teil 3.1: Staatliche Schulreform und Schulversuche in SBZ und DDR, hrsg. von D. Benner, W. Eichler, K.-F. Göstemeyer und H. Sladek. Weinheim 2003; Teil 3.2: Staatliche Schulreform und reformpädagogische Schulversuche in den westlichen Besatzungszonen und in der BRD, hrsg. von H. Kemper. Weinheim 2004; siehe auch D. Benner/H. Kemper: Theorie und Geschichte der Reformpädagogik. Teil 1: Die pädagogische Bewegung von der Aufklärung bis zum Neuhumanismus. Weinheim 2001; 2. Auflage Weinheim und Basel 2003; Teil 2: Die Pädagogische Bewegung von der Jahrhundertwende bis zum Ende der Weimarer Republik. Weinheim und Basel 2003. Auf die in den Quellenbänden veröffentlichten Texte wird im Folgenden jeweils bei der ersten Nennung mit dem Zusatz *Quellentextband 1, Quellentextband 2, Quellentextband 3.1 bzw. Quellentextband 3.2,* auf die zugehörigen Monographiebände mit *Monographieband 1, Monographieband 2, Monographieband 3.1* bzw. *Monographieband 3.2* verwiesen.

reformpädagogischer Strömungen noch eine Identifizierung immer gleicher reformpädagogischer Dogmen und Irrtümer anstrebt, sondern Lernprozesse und Entwicklungen rekonstruiert, die zwischen praktischer Reformpädagogik, staatlicher Bildungsreform und erziehungswissenschaftlicher Theorieentwicklung und Forschung stattgefunden haben.

Die problemgeschichtlichen Analyse verzichten bewußt auf Annahmen einer stetigen Fortschritts- oder Verfallsgeschichte. In ausdrücklicher Distanzierung von solchen Annahmen wird gezeigt, dass noch jede pädagogische Bewegung in den zurückliegenden zweieinhalb Jahrhunderten zu anderen als den zunächst von ihr intendierten Resultaten geführt hat und dass es nicht zuletzt Differenzen zwischen Reformintentionen und -wirkungen waren, welche die Entwicklung des Bildungssystems und der Erziehungswissenschaft nachhaltig beeinflusst haben.

Diese These gilt auch für die staatlichen Schulreformen und reformpädagogischen Strömungen vom Ende des Zweiten Weltkriegs bis zur Vereinigung von DDR und BRD. Der Monographieband 3.1 untersucht die genannten Zusammenhänge für die SBZ und die DDR, der Monographieband 3.2 für die westlichen Besatzungszonen und die BRD. Das einleitende Kapitel erläutert die These von der theoriegeschichtlich bedeutsamen Wechselwirkung von Reform- und Normalpädagogik für alle drei Reformbewegungen der Moderne: für die Reformpädagogik der Aufklärung und des Neuhumanismus, für die Pädagogische Bewegung von der Wende des 19. zum 20. Jahrhundert bis zum Ende der Weimarer Republik und für die demokratischen Schulreformen in beiden deutschen Nachkriegsstaaten. Es arbeitet zugleich zentrale Problemstellungen heraus, die in den genannten Bewegungen entwickelt wurden und seitdem als Dauerprobleme das Verhältnis von staatlicher Bildungsreform, reformpädagogischen Initiativen und wissenschaftlicher Pädagogik in Deutschland bestimmen.

Das zweite Kapitel stellt die veränderten Problemstellungen der dritten pädagogischen Bewegung vor, mit denen sich nach 1945 Bildungsreform, Reformpädagogik und Erziehungswissenschaft in Deutschland beschäftigt haben. Zu ihnen gehören die Fragen,

- welchen Beitrag das Bildungssystem zur Demokratisierung der Bildung und zum Abbau gesellschaftlich verursachter und nachwachsender Ungleichheit leisten kann,
- welche Chancen die Verwissenschaftlichung der Bildung eröffnet und wo ihre Grenzen liegen sowie
- welche Bedeutung dem allgemeinbildenden Schulsystems für die berufliche Bildung und die Veränderung der Beziehungen zwischen den Generationen zukommt.

Diese Fragen wurden in Deutschland nach 1945 unter den Reformern kontrovers diskutiert und unterschiedlich beantwortet. Die Differenzen in den Antworten bestimmten die Reformdiskussion in beiden deutschen Nachkriegsstaaten und lassen sich sowohl zwischen diesen als auch innerhalb der einzelnen Reformphasen nachweisen.

Im dritten Kapitel wird die Entwicklung von Reformpädagogik, staatlicher Schulreform und erziehungswissenschaftlicher Theorieentwicklung und Forschung in der SBZ und in der DDR untersucht. Die Unterabschnitte folgen weitgehend den zeitlichen Zäsuren der staatlicher Schulreformen. Es werden nicht nur staatliche Initiativen, sondern auch ausgewählte, in der Forschung bisher nur selten beachtete reformpädagogische Konzepte, Ansätze und Erfahrungen analysiert, die auf staatliche Reformmaßnahmen eingewirkt haben bzw. einzuwirken versuchten. Dabei wird gezeigt, dass staatliche Bildungspolitik die Entwicklung des Bildungssystems wesentlich beeinflusste und dass in dieser zugleich eine Eigenlogik wirksam war, die den staatlichen Einflussnahmen Grenzen setzte. Vergleichbares gilt auch für die Wirkungen, welche reformpädagogische Initiativen auf die Entwicklung des Bildungssystems ausübten. Sie ergaben sich nicht allein aus ihrer Anschlussfähigkeit an staatliche Vorgaben, sondern waren zugleich davon abhängig, wie sie die Struktur moderner Bildungssysteme interpretierten und die Deutung ihrer Entwicklungsprobleme veränderten.

Das abschließende Kapitel kehrt zu den Problemstellungen der Einleitung zurück und nennt einige Dauerprobleme im Verhältnis von Allgemeinbildung und Schulstruktur, die die Entwicklung von Reformpädagogik und staatlicher Schulreform in der ersten und zweiten pädagogischen Bewegung, vor allem aber in den Bildungsreformen der beiden deutschen Nachkriegsstaaten bestimmten und wohl auch künftig die Entwicklung in der neuen BRD bestimmen werden. Das Schlusskapitel leitet damit zugleich zum Monographieband 3.2 über, der die Entwicklung von staatlicher Schulreform, reformpädagogischen Initiativen und erziehungswissenschaftlicher Theoriediskussion für die westlichen Besatzungszonen und die BRD untersuchen wird. Zu den an beiden deutschen Nachkriegsstaaten beobachtbaren und für moderne Bildungssysteme insgesamt geltenden Dauerproblemen gehört *erstens* die in den drei Entwicklungsphasen der modernen Schule unterschiedlich ausgelegte institutionelle Differenz von Schule und Leben; sie ist nicht nur konstitutiv für schulisch organisierte Erziehungs- und Unterrichtsprozesse, sondern bezeichnet zugleich jene Pole, zwischen denen Schule und Unterricht künstlich vermitteln müssen. An *zweiter* Stelle ist das spannungsreiche Verhältnis von Bildung und Wissenschaft zu nennen. Dieses ist in theoriegeschichtlicher Hinsicht durch einen Widerstreit bestimmt, der zwischen Ansätzen ausgetragen wird, die Bildung auf moderne Wissenschaft zu gründen suchen bzw. zwischen bildungstheoretischen und szientifischen Problemstellungen unterscheiden; ihre Beziehungen wurden in beiden deutschen Nachkriegsstaaten unterschiedlich interpretiert und von verschiedenen Wissenschafts- und Politikauffassungen her konzipiert. Zu den Dauerproblemen gehört *drittens* die Tatsache, dass die moderne Schule seit der Konzeptualisierung der Preußischen Reformen nicht nur mit der Aufgabe betraut wurde, gesellschaftliche Ungleichheit zu reduzieren, sondern sich stets von neuem als eine Institution erwies, die - unvermeidbar - neue Ungleichheit produziert. Zu den genannten Problemen gehört *viertens* die Frage, wie die Schule so institutionalisiert werden kann, dass sie nicht staatspädagogisch funktionalisiert und erziehungsstaatlich legitimiert wird, sondern als ein öffentliches, unter staatlicher Aufsicht stehendes Bildungssystem wirksam werden kann.

Nach dem Erscheinen des Quellenbandes 3.1 und der Monographiebandes 3.1 kann nun das gesamte Vorhaben in Kürze mit den Quellen- und Monographiebänden 3.2 abgeschlossen werden. Der Monographieband 3.1 schließt wie der Quellentextband 3.1 mit Namen- und Sachregistern. Der Monographieband 3.2 und der Quellentextband 3.2 werden ebenfalls von Anfang an mit Registern ausgestattet. Die Monographiebände 1 und 2 und die Quellentextbände 1 und 2 sollen in Neuauflagen analoge Register erhalten.

Am Ende dieses Vorwortes gilt es wieder, zahlreichen Dank abzustatten. Wolfgang Eichler hat als Mitglied der Berliner Arbeitsgruppe nicht nur die Hauptarbeit am Quellentextband 3.1 geleistet, sondern auch die Interpretation der Quellen und die Analysen der Entwicklung von staatlicher Schulreform und Reformpädagogik in der SBZ und DDR kritisch kommentiert. Wir danken zugleich Karl-Franz Göstemeyer und Horst Sladek, die das Vorhaben im zweiten und dritten Untersuchungsabschnitt durch ihre Mitarbeit gefördert haben. Den kontinuierlichen Gesprächen innerhalb der Berliner Arbeitsgruppe, die von der Beantragung des Projekts über die Arbeit am Quellentextband 3.1 bis zur Fertigstellung des Monographiebandes 3.1 andauerten, verdanken die Bände ihre nun vorliegende Gestalt.

Die Arbeit am Monographieband 3.1 ist zugleich durch wichtige Hinweise und Anregungen gefördert worden, die wir Ernst Cloer (Hildesheim), Gert Geißler (Berlin), Sonja Häder (Berlin/Dresden), Helmut Köhler (Berlin), Gerhart Neuner (Zeuthen), Ulrich Wiegmann (Berlin) und Siegfried Protz (Erfurt/Berlin) verdanken, die zum Manuskript in verschiedenen Stadien seiner Entstehung Stellung nahmen.

Zu danken haben wir auch bei diesem Band Studierenden der Humboldt-Universität zu Berlin, die in den zurückliegenden zehn Jahren an Vorlesungen und Seminaren teilgenommen haben, in denen die in diesem Band behandelte Thematik vorgestellt und diskutiert worden ist. Christina Grese hat die Fertigstellung der Druckvorlage unterstützt und den gesamten Text einschließlich der in ihm zitierten Quellen Korrektur gelesen.

Zum Schluss sei der Deutschen Forschungsgemeinschaft und den Fachgutachtern auch an dieser Stelle wieder dafür gedankt, dass das Projekt gefördert und die Veröffentlichung der Quellen durch die Gewährung von Druckkostenzuschüssen unterstützt wurde.

Berlin und Erfurt im August 2003

Dietrich Benner　　　　Herwart Kemper

1. Einleitung: Reformpädagogische Initiativen, staatliche Schulreform und die Entstehung der modernen Erziehungswissenschaft

Die hier vorgelegte Theorie und Geschichte der Reformpädagogik in Deutschland argumentiert nicht realgeschichtlich, sondern ist problem- und theoriegeschichtlich ausgerichtet.[1] Die Einleitung knüpft an die in den Teilen 1 und 2 bereits ausgeführte Unterscheidung dreier pädagogischer Bewegungen an und benennt einige der erziehungs-, bildungs- und schultheoretischen Grundsatzfragen im Verhältnis von staatlicher Schulreform, reformpädagogischen Initiativen und erziehungswissenschaftlicher Theoriebildung und Forschung, die am Ende der zweiten Reformbewegung kontrovers diskutiert wurden. Sie schließt mit Hinweisen zu dem für den dritten Teil ausgearbeiteten Ansatz einer parallelen Analyse der Entwicklungen in beiden deutschen Nachkriegsstaaten.[2]

1.1 Die drei pädagogischen Bewegungen in Deutschland: Von den unvollendeten Preußischen Reformen über das Scheitern der Pädagogischen Bewegung in der Weimarer Republik zu den Bildungsreformen nach 1945

In theorie- und ideengeschichtlicher Hinsicht unterscheiden sich moderne pädagogische Institutionen von vormodernen Erziehungseinrichtungen dadurch, dass in ihnen Heranwachsende nicht mehr für eine von Geburt, Stand und Gesellschaft her vorbestimmte Lebensform erzogen und unterwiesen werden, sondern sich allgemeine Kenntnisse und Fertigkeiten aneignen, die sie in die Lage versetzen sollen, ihre Lebensform und ihren Beruf selbst zu wählen. Begriff und Tatsache der Reformpädagogik hängen untrennbar mit Problemstellungen zusammen, die sich auf die Transformation vormoderner, in enger Abhängigkeit zu Stand, Kirche und Staat stehender Erziehungsverhältnisse in solche einer schulisch organisierten allgemeinen und öffentlichen Erziehung und

---

1 In seiner Besprechung der Teile 1 und 2 der Theorie und Geschichte der Reformpädagogik hat M. Depaepe die problemgeschichtlich argumentierende Dialektik von Normal- und Reformpädagogik aus dem Kontext der deutschen Theoriegeschichte und Reformpädagogik herausgelöst und als eine mit dem Anspruch auf universelle Geltung auftretende realgeschichtliche Dialektik missverstanden. An dieser hat er dann vom Standpunkt einer dogmatisch mit dem Anspruch auf weltweite Geltung auftretenden Theorie der Entwicklung von Bildungssystemen eine Kritik geübt, die weder an theoriegeschichtlichen Themen interessiert ist noch zu deren Klärung etwas beiträgt (vgl. Zeitschrift für Pädagogik 49 (2003), S. 314-320).

2 In Folgenden werden die für das Gesamtvorhaben grundlegende Thesen zur dreiteiligen Konzeption der Theorie und Geschichte der Reformpädagogik in enger Anlehnung an die im Vorwort genannten *Monographiebänden 1 und 2* vorgestellt.

deren Weiterentwicklung im Kontext sich wandelnder Anforderungen und Lebensverhältnisse beziehen. Die genannten Problemstellungen sind für die gesamte Geschichte des modernen Erziehungs- und Bildungswesens in Deutschland nachweisbar.[3] An ihr lassen sich Reform- und Normalisierungsphasen unterscheiden, in denen reformpädagogische Initiativen, staatliche Schulreformen, pädagogische Reflexionen sowie Bemühungen um eine Konzeptualisierung erziehungswissenschaftlicher Forschung in wechselnden Konstellationen aufeinander folgten.[4]

Wie in den vorliegenden Bänden zur Theorie und Geschichte der Reformpädagogik bereits ausgeführt wurde, entwickelte sich die moderne Pädagogik und Erziehungswissenschaft in Deutschland in drei Phasen, von denen jede besondere reformpädagogische Strömungen und staatliche Bildungsreformen hervorbrachte. Die erste Phase lässt sich gesellschaftshistorisch als Epoche des Übergangs von der feudalen zur bürgerlichen Gesellschaft beschreiben. Sie fällt politisch mit der Entstehung des absolutistischen Staates und ökonomisch mit der Entwicklung des merkantilistischen Wirtschaftssystems zusammen. In reformpädagogischer Hinsicht war sie dadurch gekennzeichnet, dass in ihr auf persönliche Initiative von Schulmännern, die als Privatleute agierten, Erziehungseinrichtungen gegründet wurden, in denen Heranwachsende nicht mehr für einen ihnen von Geburt her vorbestimmten Stand, sondern allgemein gebildet und auf eine ungewisse Zukunft vorbereitet wurden. Im ersten Teil der Theorie und Geschichte der Reformpädagogik wurden drei herausragende Schulversuche dieser Epoche vorgestellt und analysiert. In dem von Basedow 1774 in Dessau gegründeten ersten Philanthropin experimentierten führende Reformpädagogen der Zeit mit neuen Spiel-, Lern- und Lebensformen, welche Heranwachsende in Konkurrenzsituationen versetzten und zu Lernprozessen motivierten, die so weder in den Herkunftsfamilien noch in den traditionellen Standesschulen möglich waren. Salzmann, einer der Mitstreiter und Kritiker Basedows, erweiterte das reformpädagogische Handlungsrepertoire des Philanthropins in dem von ihm 1784 in Schnepfenthal errichteten Erziehungsinstitut um Arbeitsformen, die schulisches Lernen mit Exkursionen in die nähere und weitere Umgebung verbanden und erstmals Projekte einführten, in denen Formen des bürgerlichen Erwerbsstrebens didaktisch genutzt wurden. An dem 1801 in Jenkau eröffneten Conradinum ließ sich schließlich der um 1810 einsetzende Übergang einer philanthropischen Erziehungseinrichtung in eine neuhumanistische Schule beobachten, welche die moderne Schule nicht mehr eine dem Leben subordinierte oder koordinierte, sondern als eine diesem präordinierte Institution für vorwiegend geistig ausgerichtete Bildungsprozesse verstand.[5]

---

3 Vgl. z.B. Basedows Bildungsgesamtplan in der "Vorstellung an Menschenfreunde ..." von 1768, *Quellentextband 1*, S. 51ff.; siehe auch *Monographieband 1*, S. 90ff.

4 Zum Verhältnis von Normal- und Reformpädagogik siehe *Monographieband 1,* S. 16ff.

5 Vgl. die zu den genannten Schulversuchen zusammengestellten Dokumente im *Quellentextband 1*, S. 51ff, S. 227ff., S. 343ff. und ihre Interpretation im *Monographieband 1*, S. 87ff., S. 137ff., S. 188ff.

Aus der Würdigung und Kritik dieser und weiterer Experimente, die in Reforminstituten der Philanthropen und Neuhumanisten durchgeführt wurden, konnten Einsichten in die Grundstruktur moderner Erziehung und Unterweisung und die Möglichkeiten und Grenzen staatlicher Bildungsreform gewonnen werden. Eine systematische Fassung dieser Einsichten gelang in den als Handlungstheorien konzipierten Erziehungs-, Bildungs- und Institutionentheorien, die Ende des 18., Anfang des 19. Jahrhunderts von Trapp, W. von Humboldt, Herbart, Schleiermacher, Hegel und anderen ausgearbeitet wurden.[6] Sie entfalteten zu Beginn des 19. Jahrhunderts eine erste umfassende praktische Wirksamkeit im Kontext der Pogrammatik der Preußischen Reformen. Die von Humboldt konzipierte Bildungsreform sah eine Gliederung des Bildungssystems vor, welche die Schulen nicht mehr unterschiedlichen Ständen und Berufen zugeordnete, sondern nach horizontal aufeinander folgenden, allgemeinbildenden Schulstufen ordnete, die jeweils Übergänge in die nächst höhere Unterrichtsstufe oder den Eintritt in berufliche Bildungsprozesse erlauben.[7]

Der Erfahrungs- und Erkenntnisgewinn der ersten reformpädagogischen Bewegung lässt sich u.a. am Begriff individueller Bildsamkeit und am Verständnis des Generationenverhältnisses festmachen.[8] Die Lernfähigkeit und Bestimmung der Einzelnen wurde als eine solche interpretiert, die weder durch Naturanlagen noch durch die Gesellschaft im vorhinein festgelegt ist, sondern offen und unbestimmt lässt, was ein jeder lernen kann und welche Bestimmung er für sich wählen wird. Mit dem Begriff der unbestimmten Lernfähigkeit oder Bildsamkeit veränderte sich das traditionelle Generationenverhältnis und die in es eingefügte kategoriale Grundstruktur der pädagogischen Praxis. Die traditionelle Erziehung hatte die Bestimmung der Einzelnen als vom Vater auf den Sohn, von der Mutter auf die Tochter übergehende definiert. Das neue Generationenverhältnis zeichnete sich gegenüber dem traditionellen dadurch aus, dass ihm zufolge nicht nur die Heranwachsenden, sondern auch ihre erwachsenen Bezugspersonen nicht darum wissen, wie sich die Gesellschaft verändert und was aus den Einzelnen wird. Mit dem Wandel im Bildsamkeitsverständnis und Generationenverhältnis ging ein Wandel in der Struktur der Erziehungsinstitutionen einher. Neben die Erziehung in Familie, Stand und ständischen Erziehungseinrichtungen trat - erst in den höheren Schichten und später für alle Heranwachsende - eine in allgemeinen Schulen organisierte Erziehung und Unterweisung. Sie sucht seitdem Lernprozesse zu fördern, die nicht mehr auf eine vorbestimmte, sondern auf eine unbestimmte Zukunft hin ausgerichtet sind.[9]

---

6 Zur Diskussion über die moderne Schule siehe die im ersten und letzten Kapitel des *Quellentextbandes 1* zusammengestellten Dokumente (S. 13-49; S. 421-458) und ihre Interpretation im *Monographieband 1*, S. 59ff. und S. 303ff.

7 Siehe hierzu und zum folgenden die ausgewählten Dokumente im *Quellentextband 1* und ihre Interpretation im *Monographieband I*.

8 Vgl. hierzu D. Benner/F. Brüggen: Bildsamkeit/Bildung. In: Historisches Wörterbuch der Pädagogik, hrsg. von D. Benner und J. Oelkers. Weinheim und Basel 2004.

9 Siehe die erziehungs- und bildungstheoretischen Ausführungen in den Abschnitten 4.1 und 4.2 im *Monographieband 1*.

Die Herausbildung der Konzeption der allgemeinbildenden Schule kann als das eigentliche Resultat der ersten pädagogischen Bewegung angesehen werden. Zusammen mit der Transformation der vormodernen in die moderne Familie gründet sich ihre pädagogische und gesellschaftliche Legitimität darauf, dass Kinder in modernen Familien der Tendenz nach als werdende Persönlichkeiten anerkannt und Schulen als Orte einer systematischen Erziehung und Unterweisung konzipiert werden, die nicht den Gesamtraum der Erziehung umfasst, sondern die familiare und außerschulische Erziehung und Sozialisation ergänzt. Die moderne Schule trat zur Familienerziehung als eine neue Form des Lehrens und Lernens hinzu, die Heranwachsende nicht gemäß unmittelbar von ihren Bezugspersonen oder der Gesellschaft gesetzten Zielen erzieht, sondern auf übergreifende, allgemeine Aufgaben vorbereitet.[10] Zu diesen gehört, dass sich Heranwachsende auf einer ersten Schulstufe in Elementarschulen die Muttersprache im Medium der Schrift neu aneignen und dann in einer zweiten Schulstufe lernen, den Horizont unmittelbarer Erfahrung zu transzendieren. In der auf die Elementarschule folgenden mittleren Schulstufe werden Welterfahrung und zwischenmenschlicher Umgang um muttersprachliche, fremdsprachliche, mathematische, naturkundliche sowie gesellschaftlich-historische, ästhetische (musikalische und künstlerisch-gestaltende) und religiöse Wissensformen, -techniken und Kompetenzen erweitert, deren Aneignung an das Medium der Schriftsprache gebunden ist. Auf einer dritten allgemeinen Stufe schulischer Erziehung und Unterweisung geht es abschließend darum, auch den Horizont der schulischen Kunden zu überschreiten und die Anfangsgründe der neuzeitlichen Wissenschaften zu erlernen sowie die Blickwechsel zu analysieren und zu reflektieren, die in den Übergängen von der Muttersprache zur Schriftsprache und von dieser zu den schulischen Kunden und zu den Aussagesystemen der Wissenschaften zu vollziehen sind.[11]

Der Transformationsprozess war mit Differenzerfahrungen verbunden, die das Verhältnis der sich professionalisierenden Erziehung zu den anderen ausdifferenzierten gesellschaftlichen Systemen, insbesondere zu Kirche, Staat, Berufsleben und Sitte, betreffen und sich sowohl auf die Wirkungsweise erzieherischer Einflussnahmen als auch auf die Aufgaben der pädagogischen Praxis und ihre Institutionalisierung beziehen. Die in den Schulversuchen der pädagogischen Aufklärer und Neuhumanisten vor dem Hintergrund der sich ändernden Verhältnissen zwischen Leben, Schule und Erziehung unternommenen Experimente wurden in der pädagogisch interessierten Öffentlichkeit kontrovers diskutiert und in den sich neu formierenden pädagogischen Handlungstheorien differenziert reflektiert.[12] Die Preußischen Reformen boten einen

10 Siehe hierzu die Ausführungen zur schultheoretischen Diskussion im *Monographieband 1*, Abschnitt 4.3.

11 Vgl. hierzu D. Benner: Die Struktur der Allgemeinbildung im Kerncurriculum moderner Bildungssysteme. In: Zeitschrift für Pädagogik 48 (2002), S. 68-90.

12 Siehe hierzu die Berichte über interne und externe Kritiken der Schulversuche der Philanthropen und Neuhumanisten in den Abschnitten 3.1.7, 3.2.6, 3.3.5 und 3.4.1 im *Monographieband 1*; siehe auch ebd. das Kapitel 4.

Gesamtrahmen für eine Gesellschaftsreform, die sich der Tendenz nach auf alle Bereiche des gesellschaftlichen Handelns bezieht. Sie setzten sich aus Reformen der Kommunalverfassungen, des Lebens und Arbeitens auf dem Lande, der Gewerbe- und Zunftordnungen, der Militärlaufbahnen, der Verwaltung und des Erziehungswesens zusammen. Sie zielten darauf, die Selbstverwaltung der Gemeinden zu fördern, die Leibeigenschaft aufzuheben, die Leistung der agrarischen Produktion und des Handwerks anzuheben, auch Nicht-Adeligen eine Zugang zu den höheren Rängen zu öffnen. Die Reformer hofften, durch die Gewährung bürgerlicher Freiheiten die Handlungsspielräume für selbstbestimmte Aktivitäten der Einzelnen erhöhen und die Leistungsfähigkeit der Gesamtgesellschaft und ihrer Teilsysteme steigern zu können. Ein voller Erfolg blieb den Reformen jedoch zunächst versagt, weil die Bildungsreform als letze unter den Reformen konzipiert und dann nicht einmal wie geplant durchgeführt und das weitergehende Reformziel einer Transformation des Politiksystems aufgrund des Widerstands des Adels und der fehlenden Bereitschaft des Königs, auf einen Teil seiner Macht zu verzichten, nicht erreicht wurde. Die nicht zustande gekommene Reform des Politiksystems führte schließlich dazu, dass die für das Gelingen aller Reformen unverzichtbaren demokratischen Mitwirkungsrechte der Bürger nicht auf Dauer gestellt werden konnten und in der mit dem Wiener Kongress einsetzenden Restaurationsphase zurückgenommen wurden.

Aus den ungelösten Reformproblemen der ersten pädagogischen Bewegung entstanden Folgeprobleme, die später in einer zweiten und dritten Reformphase erneut thematisiert und bearbeitet wurden. Auf die reformpädagogische Bewegung von der Aufklärung bis zum Ende der Preußischen Reformen folgte zunächst eine Normalisierungsphase, in der sich die moderne Schule als eine staatliche Einrichtung für schulisch institutionalisierte Lehr-Lern-Prozesse allgemein durchsetzte. Als Institution des Staates entwickelte sich das Schulwesen in Deutschland im 19. Jahrhundert nicht zu einer an individuellen und öffentlichen Bildungsaufgaben gleicherweise ausgerichteten Einrichtung, welche Heranwachsenden eine umfassende Menschen- und Bürgerbildung vermittelt. An die Stelle der Reformkonzeption der Preußischen Reformer trat vielmehr eine Schulpolitik, welche ein in verschiedene Schultypen gegliedertes Schulwesen durchsetzte, die Vermittlung von Grundqualifikationen mit einer Erziehung von Untertanen verband und die Bildung der Einzelnen nach Gesichtspunkten ihrer Brauchbarkeit für niedere und höhere Berufe regelte.[13]

Der zweiten pädagogischen Bewegung gingen Kritiken am staatlichen Schulwesen des 19. Jahrhunderts voraus, welche die Schulen mit Unterrichtskasernen verglichen, in denen Heranwachsende nicht zum Selbstdenken und -urteilen erzogen,

---

13 Zur Entwicklung der deutschen Schule im 19. Jahrhundert siehe H.-G. Herrlitz/W. Hopf/H. Titze: Deutsche Schulgeschichte von 1800 bis zur Gegenwart. Eine Einführung. Weinheim und München ^{2}1998; zur Entwicklung im 20. Jahrhundert, insbesondere in der Zeit von 1945 bis 1989, siehe G. Geißler: Schule und Politik im geteilten Deutschland. 1945 bis 1989. (voraussichtlicher Erscheinungstermin 2004/05).

sondern einer Gesinnungs- und Gehorsamserziehung unterworfen werden, die nicht an der Hervorbringung mündiger Bürger, sondern an der Sicherung der Loyalität des Volkes gegenüber der Obrigkeit interessiert war.[14] Ihre Protagonisten der fanden Ende des 19. Jahrhunderts nicht die von den preußischen Schulreformern konzipierte öffentliche Schule, sondern eine Schule vor, in der wichtige Grundsätze moderner Erziehung verletzt wurden. Das staatliche Schulsystem erweiterte nicht Erfahrung und Umgang aller Heranwachsenden, wie von Herbart 1806 gefordert, zu neuzeitlicher Wissenschaft, reflektierender Kunst, öffentlicher Politik und reflektierender Religion, sondern die meisten Heranwachsenden von einer wissenschaftlichen und überkonfessionellen Grundbildung aus.

Weite Teile der Ende des 19., Anfang des 20. Jahrhunderts einsetzenden Pädagogischen Bewegung knüpften nicht an die Schulreformvorstellungen der preußischen Reformer an, sondern suchten die in der zweiten Hälfte des 19. Jahrhunderts verstärkt vorgenommene Ausrichtung schulischer Erziehung und Unterweisung an den Interessen des Obrigkeitsstaates auf anderen Wegen zu verändern. In den Landerziehungsheimen und Lebensgemeinschaftsschulen traten an die Stelle der staatlichen Schule Einrichtungen, in denen die für die moderne Schule grundlegende Trennung von Schule und Leben aufgehoben und durch Formen eines Lernens und Zusammenlebens ersetzt wurden, die eine Einheit von Leben und Lernen anstrebten. Insbesondere die von H. Lietz gegründeten Landerziehungsheime und die Hamburger Lebensgemeinschaftsschulen um W. Lottig versuchten die Künstlichkeit moderner, schulisch organisierter Lehr-Lern-Prozesse durch Konzepte eines unmittelbar lebensbedeutsamen Erfahrungslernens zu überwinden, das nach dem Vorbild des Zusammenlebens in dörflichen Lebensgemeinschaften organisiert wurde bzw. Vorstellungen einer von der Jugend ausgehenden, durch diese selbst geführten Bewegung folgte. Andere Richtungen der Pädagogischen Bewegung experimentierten dagegen mit Konzepten zur Entwicklung einer liberalen Gesprächskultur (B. Otto) oder arbeiteten mit Programmen einer Erziehung von Weltbürgern (P. Geheeb), die durch Begegnungen mit fremden Kulturen die Eigenarten nationaler Kulturen kennen und analysieren lernen. Wieder andere hielten stärker an überkommenen schulischen Lehr- und Lernformen fest und reicherten diese durch reformpädagogische Arbeits- und Lebensformen an (P. Petersen) oder entwickelten Schul- und Unterrichtsmodelle, die sozial benachteiligten Schülergruppen (Berliner Rütli-Schulen) eine besondere Förderung zukommen ließen bzw. die Schule in den Dienst der Herbeiführung einer klassenlosen sozialistischen Gesellschaft (Karl-Marx-Schule) stellten.[15]

---

14 Vgl. hierzu die Auszüge aus Abhandlungen von Diesterweg, Scheibert und Rein im *Quellentextband 2*, S. 17-54; siehe auch die Ausführungen zur Schulentwicklung und Schulpädagogik und zur Vorgeschichte der Pädagogischen Bewegung im 19. Jahrhundert im *Monographieband 2*, S. 21-56.

15 Vgl. hierzu die Dokumente aus wichtigen Schulversuchen der Pädagogischen Bewegung im *Quellentextband 2* und ihre Interpretationen im *Monographieband 2*.

Die Landerziehungsheimbewegung und die von ihr inspirierten Lebensgemeinschaftsschulen gingen - wie andere Versuche der Pädagogischen Bewegung auch - von einem Verständnis menschlicher Bildsamkeit aus, das oft nicht mehr um die Unbestimmtheit, Unentschiedenheit und Unentscheidbarkeit der anthropologischen Grundlagen der Erziehung (Schleiermacher) wusste, sondern vielfach nativistischen Vorstellungen einer weitgehend feststehenden Determination der Lernmöglichkeiten durch natürliche Begabungen anhing. Dem verkürzten Bildsamkeitsbegriff entsprach ein Generationenverständnis, das Kindheit nicht mehr als eine den Erwachsenen unbekannte, lernoffene Lebensphase interpretierte, sondern unterstellte, die Reformpädagogen wüssten, was Kinder sind und wie diese sich "natürlich" entwickeln. An die Stelle der in der ersten pädagogischen Bewegung propagierten Erziehungsvorstellung, Lernprozesse Heranwachsender durch Aufforderungen zur Selbsttätigkeit zu stimulieren, so dass die Lernenden als Mitkonstrukteure ihres Wissens und Könnens anerkannt werden, traten in der Pädagogischen Bewegung Vorstellungen von einer quasi-natürlichen Entwicklung von Kindern, die es durch Erziehung nicht zu stören gelte. Unter dem Einfluss solcher Maximen wandelte sich das Erzieher-Zögling-Verhältnis von einer Interaktionsform, in der um die Unbestimmtheit der Heranwachsenden gewusst wird, zu einer Beziehung, in dem der Erzieher und Lehrer ihren Zöglingen als Freund und Berater, als Vertrauter und Lebensgefährte entgegentreten.[16]

Die Ideologie einer Pädagogik "vom Kinde aus" und die Konzepte einer Erziehung des "Wachsenlassens" führten zusammen mit dem von der Generationendifferenz zwischen Erwachsenen und Heranwachsenden weitgehend abstrahierenden Gemeinschaftsideal dazu, dass weite Teile der Pädagogischen Bewegung letztlich über keinen angemessenen Begriff von den Aufgaben, Möglichkeiten und Grenzen der Schule als Institution mehr verfügten. Die Landerziehungsheime und die Lebensgemeinschaftsschulen verkannten in ihrer Praxis zunehmend, dass die moderne Schule als eine gesellschaftlich notwendige Alternative zu vormodernen Lern- und Lebensformen entstanden war. Sie bemerkten erst spät, dass die von ihnen propagierten Alternativen zur schulisch institutionalisierten Erziehung und Unterweisung letztlich daran scheitern mussten, dass die angestrebte Rückkehr in einfache Lebensformen in modernen Gesellschaften nicht möglich ist.

In erziehungs- und bildungstheoretischer Hinsicht erfolgreicher verliefen dagegen jene Schulversuche der Pädagogischen Bewegung, die - wie die Hauslehrerschule von B. Otto - zwischen den Aufgaben des Unterrichts und des Schullebens deutlich unterschieden und beide noch einmal von den Formen des Zusammenlebens der Generationen und den Lebensformen der Heranwachsenden außerhalb der Schule abgrenzten. Diese Schulen, zu denen auch die Berliner Rütlischulen und die Karl-Marx-Schule von F. Karsen in Neukölln sowie mit gewissen Abstrichen die Jena-

---

16 Vgl. hierzu die Ausführungen zu den veränderten Problemstellungen der Pädagogischen Bewegung im *Monographieband 2*, S. 57ff.

Plan-Schule von P. Petersen gehörten, kombinierten in ihren Erziehungs- und Unterrichtsexperimenten die bereits von der ersten pädagogischen Bewegung entwickelten und von der zweiten wiederentdeckten Arbeitsformen eines Lernens durch Erkundungen sowie in Vorhaben und Projekten mit schultypischen Lehr-Lernformen eines fachlichen Unterrichts und suchten Übergänge zwischen beiden Verfahren für Lehr-Lern-Prozesse zu nutzen. Ungeachtet zahlreicher Differenzen im einzelnen, unterschieden sie sich von den Reformanstalten der Landerziehungsheimbewegung und den Hamburger Lebensgemeinschaftsschulen dadurch, dass sie an wesentlichen Merkmalen schulischen Lehrens und Lernens festhielten. Insbesondere die Karl-Marx-Schule widmete sich intensiv der Aufgabe, das Erfahrungs- und Umgangswissen der Schüler durch schulische Kunden und Wissensformen zu erweitern, und legte besonderen Wert darauf, ihren Schülern die Anfangsgründe der neuzeitlichen Wissenschaften zu vermitteln.

Trotz der weitverbreiteten Ideologien einer Lebensgemeinschaftserziehung "vom Kinde aus" lässt sich die zweite pädagogische Bewegung als ein Versuch würdigen, einen Teil der Experimentierfreiheit, welche die erste pädagogische Bewegung hervorgebracht hatte, für die Arbeit in privaten Schulen sowie im staatlichen Schulwesen wiederzugewinnen und fruchtbar zu machen. Die wissenschaftliche Pädagogik erkannte früh die handlungstheoretischen Defizite der Pädagogischen Bewegung und suchte diese im Anschluss an die auf die erste pädagogische Bewegung zurückgehende Tradition pädagogischer Handlungstheorien sowie in Anknüpfung an neue geisteswissenschaftliche und philosophische Strömungen oder durch eine Hinwendung zur empirischen Forschung zu bearbeiten. So entstanden aus der Kritik der Pädagogischen Bewegung die Neuansätze einer geisteswissenschaftlichen, erziehungs- und bildungsphilosophischen sowie empirisch experimentierenden und forschenden Erziehungswissenschaft.[17]

Die Neukonzeptualisierung der Erziehungswissenschaft als einer theoretisch und empirisch forschenden Disziplin konnte die Probleme der zweiten pädagogischen Bewegung in Deutschland jedoch nicht lösen. In einigen ihrer Strömungen - wie z.B. in den Hamburger Lebensgemeinschaftsschulen - kündigte sich ihr Ende dadurch an, dass ihre Einrichtungen aufgrund sinkender Schülerzahlen allmählich ihre Klientel verloren, andere - wie der Jena-Plan-Pädagogik - fanden aufgrund ihrer Gemeinschaftsideologie schon früh Anschluss an die nationalsozialistische Bewegung. Wiederum andere - wie die Odenwaldschule von P. Geheeb und die Karl-Marx-Schule von F. Karsen - wurden wegen ihrer Distanz zur nationalsozialistischen Bewegung geschlossen bzw. in andere Einrichtungen überführt.[18]

---

17 Siehe hierzu die Ausführungen zur Wiederentdeckung der pädagogischen Handlungstheorien und zur Neukonzeption der Erziehungswissenschaft als Forschungsdisziplin im *Monographieband 2*, S. 315ff.

18 Siehe hierzu die Darstellung der Versuche im *Monographieband 2*.

Ungeachtet der Unterschiedlichkeit der Gründe ist das Scheitern der zweiten mit dem Scheitern der ersten pädagogischen Bewegung insofern verbunden, als es in der zweiten Reformbewegung nicht gelang, fruchtbare Wechselwirkungen zwischen dem nach dem Ersten Weltkrieg errichteten demokratischen Politiksystem, reformpädagogischen Experimenten und einer Liberalisierung der Lebensformen auf Dauer zu stellen. In der Weimarer Republik wurde zwar auf der Ebene des Politiksystems der in den Preußischen Reformen nicht gelungene Übergang von der absoluten in eine konstitutionelle Monarchie und der im Kaiserreich nicht vollzogene Übergang von einer konstitutionellen Monarchie in eine parlamentarische Demokratie mit der Verspätung eines Jahrhunderts gleichsam nachgeholt. Vor dem Hintergrund des Weimarer Parteienstreits, in dem Regierung und Opposition gleichermaßen den Staat schwächten, wenn sie abwechselnd das Volk zum Widerstand auf die Straße riefen, und angesichts der Tatsache, dass die Intellektuellen der neuen Verfassung zumeist mit Skepsis und Distanz gegenüber standen, kam es in den Schulen und in der Öffentlichkeit nur zögernd und ansatzweise zu einer Einführung demokratischer Diskurs- und Lebenformen. Mit ihrer Gemeinschaftsideologie und ihren Vorstellungen von einer Einheit von Leben, Lernen und Arbeiten fielen zahlreiche Richtungen der zweiten pädagogischen Bewegung in Deutschland hinter die moderne Ausdifferenzierung der gesellschaftlichen Systeme in solche der Arbeit, der Erziehung, der Politik und der Religion und die Unterscheidungen zwischen Familie, Gesellschaft, Staat und Öffentlichkeit zurück. Hierauf wiederum ist zurückzuführen, dass weite Teile der Pädagogische Bewegung sich nicht rühmen konnten, Wesentliches zur Festigung der neuen Staatsform beigetragen zu haben. Aus vielen ihrer Einrichtungen wurden 1933 nationalsozialistische Erziehungsanstalten.[19]

Nach dem Ende der nationalsozialistischen Diktatur traten im Bereich der Reform des Erziehungs- und Bildungswesens Aufgaben und Probleme in den Vordergrund, die unter der Maxime einer Pädagogik "vom Kinde aus" bzw. im geschlossenen Horizont einer Gemeinschaftserziehung nicht angemessen thematisiert werden konnten und daher nach anderen erziehungs-, bildungs- und schultheoretischen Konzepten verlangten. Hinzu kamen Reformaufgaben in den Bereichen Politik, Recht, Wirtschaft und Religion, die ebenfalls mit dem Problem konfrontiert waren, wie eine demokratische Gesellschaftsordnung verfasst sein müsse, die einen erneuten, mit legalen Mitteln erfolgenden Übergang von der Demokratie in ein totalitäres System verhindern, zumindest erschweren könne. Unter Schulreformern im Westen wie im Osten Deutschlands wurde darüber hinaus die Frage diskutiert, wie das Verhältnis der verschiedenen Bereiche der gesellschaftlichen Praxis zur institutionalisierten Erziehung und Bildung so zu regeln sei, dass indoktrinierende Einflussnahmen des Staates auf die Schulen und deren erneute Indienstnahme für totalitäre Zwecke ausgeschlossen werden.

---

19 Zu den Ausnahmen gehörten u.a. die Odenwaldschule und einige Berliner Schulen; siehe hierzu den *Quellentextband 2*, S. 176f., S. 351ff. und S. 403ff. sowie den *Monographieband 2*, S. 110ff., S. 238ff. und S. 268ff.

1.2 Die ungelösten Probleme im Verhältnis von staatlicher Bildungsreform, reformpädagogischen Initiativen und wissenschaftlicher Pädagogik

Die in Deutschland nach 1945 einsetzende und auch heute noch andauernde dritte Reformbewegung sah sich von Beginn an mit Aufgaben und Problemen konfrontiert, die in den vorausgegangenen pädagogischen Bewegungen zwar zuweilen gesehen und diskutiert, nicht aber gelöst worden waren. Ein Teil dieser Probleme bezog sich auf die institutionentheoretische Frage, ob die zu reformierende Schule im Hinblick auf die neue demokratische Struktur des Politiksystems als ein einheitliches, horizontal differenziertes oder als ein vertikal gegliedertes Schulsystem konzipiert werden solle. Ein anderer Teil hing mit der bildungstheoretischen Frage zusammen, ob die Legitimation der Inhalte künftig einer einheitlichen Begründung folgen oder jene Unterscheidungen zwischen volkstümlicher und wissenschaftlicher Grundbildung fortschreiben solle, die das gegliederte Schulwesen im 19. Jahrhundert bestimmt hatten. Ein dritter Teil der Probleme betraf schließlich die erziehungstheoretische Frage, wie der Auftrag und die Wirksamkeit der Schule zu definieren und von jenen der Familienerziehung zu unterscheiden sowie zu sozialisatorischen Erfahrungen in Familie, Schule und außerschulischer Lebenswelt in Beziehung zu setzen seien.[20]

Das folgende Schema listet Fragen zum Verhältnis von staatlicher Bildungsreform, reformpädagogischen Initiativen und wissenschaftlicher Pädagogik getrennt nach erziehungs-, bildungs- und institutionentheoretischen Problemstellungen auf. Es bietet einen formalen Ordnungsrahmen an, in den sich die Antworten eingetragen lassen, die auf sie in der ersten und zweiten pädagogischen Bewegung gegeben wurden. Was die zweite Bewegung betrifft, wird dabei noch einmal zwischen den Argumentationsstrategien der empirischen, geisteswissenschaftlichen und erziehungs- sowie bildungstheoretischen Neuansätze wissenschaftlicher Pädagogik im 20. Jahrhundert unterschieden.[21] Diesen gelang es zwar, Einseitigkeiten und Grenzen der Konzepte der Pädagogischen Bewegung offenzulegen, nicht jedoch miteinander abgestimmte Theorien der Erziehung, der Bildung und der Institutionalisierung der pädagogischen Praxis zu entwickeln, die der künftigen Praxis zur Anleitung und Orientierung hätten dienen und den Streit über die Ausrichtung der Reform des Erziehungs- und Bildungswesens versachlichen können. Die in den Ansätzen zu einer theoretisch reflektierenden Pädagogik und forschenden Erziehungswissenschaft skizzierten Antworten leiten schließlich zu jenen ungelösten Reform- und Reflexionsproblemen über, die nach 1945 im Zentrum der dritten pädagogischen Bewegung in beiden deutschen Nachkriegsstaaten standen.

---

20 Die folgenden Ausführungen fassen Fragen, Antworten und ungelöste Probleme der ersten und zweiten pädagogischen Bewegung zusammen, die im jeweils letzten Kapitel des *Monographiebandes 1* und des *Monographiebandes 2* vorgestellt worden sind.

21 Vgl. hierzu die entsprechenden Unterabschnitte des 4. Kapitels im *Monographieband 2*, S. 315ff, 336ff, S. 351ff.

Systematisches Tableau
der Fragen, Antworten und ungelösten Probleme
der ersten und zweiten pädagogischen Bewegung

	Theorie der Erziehung	Theorie der Bildung	Theorie der Schule
Erste pädagogische Bewegung			
Zweite pädagogische Bewegung			
Empirisch-experimentelle Pädagogik			
Geisteswissen-schaftliche Pädagogik			
Erziehungs- und Bildungs-philosophie			
Ungelöste Fragen und Probleme			

Auf die Frage nach der Eigenart pädagogischen Wirkens hatten verschiedene Strömungen der Pädagogischen Bewegung sehr verschiedene, nicht ohne weiteres miteinander synthetisierbare Antworten gegeben.[22] Einige ihrer Richtungen setzten auf eine Erziehung, die unter der Maxime des "Wachsenlassens" der Entwicklung der Heranwachsenden freien Lauf gewährte, andere betonten die Notwendigkeit einer führenden pädagogischen Einflussnahme und Tätigkeit. Die Geisteswissenschaftliche Pädagogik hoffte den zwischen den verschiedenen Richtungen ausgetragenen Streit dadurch entscheiden zu können, dass sie nach der richtigen Mischung und Zuordnung von Führen und Wachsenlassen fragte. Parallel dazu arbeiteten empirische Forscher aus dem Kreis der Experimentellen Pädagogik und der Feldforschung an der Aufstellung allgemeiner Gesetzmäßigkeiten, die Auskunft über den interdependenten Wirkungszusammenhang zwischen psycho-sozialen Bedingungen, verschiedenen

22 Zu den Antworten am Ende der ersten pädagogischen Bewegung siehe den Abschnitt 4.1 im *Monographieband 1*, S. 259ff.

Lehr-Lern-Methoden und Medien sowie pädagogischen Handlungszielen geben und in Erziehung und Unterricht zu beachten sind.[23]

Erziehungstheoretiker erinnerten an die in der ersten pädagogischen Bewegung bereits gewonnene und in der zweiten Bewegung nivellierte Einsicht, dass pädagogische Wirkungen über eine für Lern-Prozesse konstitutive Selbsttätigkeit vermittelt sind, die in dreifacher Hinsicht zu differenzieren ist und weder unter der Maxime des Führens noch unter jener des Wachsenlassens erfasst werden kann. A. Petzelt, ein führender Vertreter der neukantianischen Erziehungsphilosophie in Deutschland, unterschied zwischen einer auf Gegenstände des Wissens und des Unterrichts bezogenen Selbsttätigkeit und einer anderen Form von Aktivität, die der Entwicklung von Haltungen und Einstellungen zugrunde liegt. In ersterer geht es um ein Etwas-Wissen in der Korrelation von Lernendem und Welt, in letzterer um ein Sich-Wissen in der Beziehung des Lernenden zu sich selbst. Beiden ordnete er eine dritte Aktivitätsform zu, in der Heranwachsende das Verhältnis von Wissen und Haltung reflektieren und über deren konkrete Verbindung im Handeln entscheiden. Von dieser entscheidungsbezogenen Aktivitätsform sagte Petzelt, sie könne nur außerhalb pädagogischer Situationen praktisch werden, denn sie verlange, dass Erwachsene und Heranwachsende sich nicht mehr in den Rollen von Lehrern und Schülern bzw. Erziehern und Zöglingen begegnen, sondern in interaktive Handlungssituationen eintreten, in denen es letztlich keine Lehrer und Erzieher mehr gibt.[24]

Die empirischen, geisteswissenschaftlichen sowie erziehungs- und bildungsphilosophischen Richtungen erhoben gegeneinander den Anspruch, über die jeweils sachangemessenere Konzeption pädagogischer Wirkungsanalyse und -forschung zu verfügen. So forderte die Geisteswissenschaftliche Pädagogik mit Verweis auf den hermeneutischen Charakter ihrer Fragestellung einen Vorrang gegenüber den Resultaten empirischer Forschung, die Empirische Pädagogik wegen der Objektivität für ihre Erkenntnisse einen Vorrang vor jenen der Geisteswissenschaftlichen Pädagogik und die philosophisch argumentierende Pädagogik für ihre grundlagentheoretischen Einsichten einen Vorrang gegenüber geisteswissenschaftlichen und erfahrungswissenschaftlichen Erkenntnissen. Keine der drei Richtungen konnte eine allgemein überzeugende Theorie pädagogischen Wirkens vorlegen. Jede untersuchte Teilaspekte der Frage, was unter pädagogischen Wirkungen zu verstehen ist, ohne dass sich ihre Befunde in einen übergreifenden, in sich stimmigen Gesamtzusammenhang einfügen ließen.

Ein solcher Befund muss nicht notwendig negativ bewertet werden. Er könnte Anlass geben, künftig zwischen einer innerpsychischen Kausalität von Lern-Prozessen, einer handlungstheoretischen Kausalität pädagogischer Interaktionen sowie gesellschaftlichen Einwirkungen auf Lehr-Lern-Prozesse deutlicher zu unterscheiden. Diese müssen keineswegs alle ein und derselben Gesetzlichkeit folgen, sondern können durchaus unterschiedlichen Erklärungen zugänglich sein bzw. zugeführt werden. Durch eine

---

23 Siehe hierzu die Ausführungen im *Monographieband 2*, S. 318ff., S. 321ff., S. 327ff.

24 Vgl. A. Petzelt: Grundzüge systematischer Pädagogik. Freiburg ^{3}1964, S. 17ff.

Pluralisierung der Zugriffsweisen ließe sich der Sachverhalt "Kausalität pädagogischen Einwirkens" womöglich so erweitern, dass nicht nur in der handlungstheoretischen Diskussion, sondern auch in der empirischen Forschung die individuelle von der gesellschaftlichen Seite pädagogischen Handelns unterschieden und die Beziehungen zwischen beiden differenziert erfasst werden.[25] In der Analyse der reformpädagogischen Versuche und bildungspolitischen Reformkonzepte der dritten pädagogischen Bewegung soll u.a. geklärt werden, in wieweit es dieser gelang, den im ersten Drittel des 20. Jahrhundert bereits erreichten Problemstand weiterzuentwickeln und handlungstheoretische Praxis- sowie erziehungswissenschaftliche Forschungskonzepte auszuarbeiten, die dem Sachverhalt "pädagogische Kausalität" angemessen sind.

Eine analoge Problemstellung lässt sich für die im Tableau als eigener Bereich ausgewiesene bildungstheoretische Reflexion und Erörterung der Normprobleme der Erziehung identifizieren. Die in Auseinandersetzung mit der ersten pädagogischen Bewegung entstandene pädagogische Handlungstheorie hatte die Aufgaben moderner Erziehung an Abstimmungsproblemen zwischen der individuellen Existenz und bürgerlicher Koexistenz ausgerichtet und zwischen einer individuellen und einer gesellschaftlichen Seite der Erziehung unterschieden.[26] Nach Schleiermacher soll die Erziehung die Entwicklung einer nicht durch anthropologische Voraussetzungen prädeterminierten individuellen Eigentümlichkeit in jedem Einzelnen unterstützen und alle Heranwachsenden auf den Eintritt in die großen Lebensgemeinschaften von Staat, Kirche, freier Geselligkeit und Wissenschaft vorbereiten. Humboldt definierte Bildung als eine freie Wechselwirkung von Mensch und Welt, die ihre Ziele nicht mehr einem natürlichen oder gesellschaftlichen Ordnungszusammenhang entnehmen kann. Nach diesen Bestimmungen ist Bildung sowohl in ihren individuellen als auch in ihren gesellschaftlichen Aspekten über die unbestimmte Bildsamkeit des Menschen und die Erfahrung von Fremdheit und Andersheit vermittelt. Herbart nahm eine diesen Problemstellungen angemessene Neubestimmung der Bildungsaufgabe vor, als er zwischen den Aufgaben der Erziehung als Regierung von Kindern, als Bildung durch Unterricht und als Einführung in selbstverantwortetes Handeln unterschied. Dieser Binnendifferenzierung zufolge ist pädagogische Herrschaft als Regierung von Kindern nur dann legitim, wenn sie keine positiven Zwecke im "Gemüt" der Heranwachsenden verfolgt, und muss Unterricht so konzipiert werden, dass er die alltägliche Welterfahrung und den zwischenmenschlichen Umgang in parallelen Reihen zu Wissenschaft und Kunst bzw. Politik und Religion erweitert. Den Übergang aus pädagogischen Situationen in selbstverantwortete Handlungssituationen gilt es schließlich so zu gestalten, dass Heranwachsende lernen, aus eigener, selbstgeprüfter Einsicht tätig zu werden und Verantwortung für ihr Handeln zu übernehmen.

---

25 Zu der irrigen Annahme, die unterschiedenen Kausalitäten müssten sich zusammen zu einer Gesamtdetermination von 100 % addieren lassen, vgl. D. Benner: Allgemeine Pädagogik. Weinheim und München [4]2001, S. 70f.

26 Vgl. hierzu und zum folgenden *Monographieband 1*, S. 287ff.

Das in der ersten pädagogischen Bewegung der Moderne erarbeitete Problembewusstsein wurde von weiten Teilen der Pädagogischen Bewegung nicht bewahrt.[27] An die Stelle des Begriffs der unbestimmten Bildsamkeit eines jeden Einzelnen traten in vielen Richtungen Vorstellungen von einem Wachsen und Reifen menschlicher Anlagen. Eine analoge Reduktion fand auch für die gesellschaftliche Seite der Bildung statt. Hier wurde versucht, die Ausdifferenzierung der Humanität in auch institutionell voneinander getrennte Lebens- und Handlungsbereiche wieder rückgängig zu machen und die Erziehung nicht als eine ausdifferenzierte Praxisform neben anderen, sondern als eine alle Bereiche umfassende pädagogische Gemeinschaft ganzheitlich zu konzipieren.

Ein Teil der Defizite der Pädagogischen Bewegung wurde bereits in den Neuansätzen wissenschaftlicher Pädagogik erkannt.[28] Während die Experimentelle Pädagogik die weltanschaulichen Bindungen der Reform zu lockern suchte und eine strikte Trennung zwischen szientifischen und normativen Fragen anstrebte, sprachen Vertreter der Geisteswissenschaftlichen Pädagogik allein dem Staat das Recht zu, gesellschaftliche Zukunft durch die Setzung positiver Bildungsideale zu antizipieren. Stärker bildungsphilosophisch argumentierende Richtungen unterschieden dagegen zwischen der teleologisch unbestimmten Bildungsidee und normativen Bildungsidealen und lehnten letztere als ein trügerisches Mittel zur Lösung der Normproblematik in der Erziehung ab.[29] Sie wussten darum, dass das Normproblem der Pädagogik nicht empirisch oder geisteswissenschaftlich lösbar, sondern konstitutiv für eine moderne Erziehung ist, welche die Heranwachsenden auf den Eintritt in normative Diskurse vorbereitet, ohne ihnen fertige Antworten auf normative Fragen vorzugeben.[30]

Auch diese Ansätze ließen sich nicht in einer in sich stimmigen Bildungstheorie zusammenführen. Statt eine in sich geschlossene Theorie der Bildung zu entwickeln, die - quasi hierarchisch - aus eigener Kraft zur Klärung bildungstheoretischer Probleme und zur Identifikation der Aufgaben und Ziele der Erziehung befugt wäre, gilt es auch hier, die verschiedenen Bearbeitungsweisen des Normproblems als Ansätze zu betrachten, die sich zwar wechselseitig ergänzen und in ihren jeweiligen Fragestellungen befruchten, nicht aber bruchlos in einer Gesamttheorie zusammenführen lassen. Zu den am Ende der zweiten reformpädagogischen Bewegung ungeklärten Problemen gehörte die Frage, wie der Widerstreit zwischen den pädagogischen und außerpädagogischen Aufgaben der Erziehung aus den Perspektiven der pädagogischen Praxis und der anderen

---

27 Vgl. *Monographieband 2*, S. 336ff.

28 Vgl. ebd., S. 338ff., S. 341ff., S. 345ff.

29 Erinnert sei an dieser Stelle an Th. Litt, der in der Tradition des bereits von Schleiermacher aufgedeckten "Widerstreits" zwischen den pädagogischen Anforderungen an die Gesellschaft und den gesellschaftlichen Anforderungen an die Erziehung unterschied und vom antinomischen Charakter moderner Menschenbildung sprach. Siehe Th. Litt: Das Bildungsideal der deutschen Klassik und die moderne Arbeitswelt. Bochum ^{6}1959; vgl. auch D. Benner: F. Schleiermacher und W. von Humboldt. In: H.-E. Tenorth (Hrsg.): Klassiker der Pädagogik. Band 1. München 2003.

30 Vgl. hierzu J. Ruhloff: Das ungelöste Normproblem in der Pädagogik. Heidelberg 1980.

gesellschaftlichen Handlungsbereiche differenziert zu erfassen ist und wie die unterschiedlichen Sichtweisen rational in Diskursen über die Normproblematik in der Erziehung zusammenwirken können. Für die Analyse der Versuche und Konzepte der dritten pädagogischen Bewegung folgt hieraus, dass in dieser zu klären sein wird, ob es in den Reformen nach 1945 gelang, die bildungstheoretischen Defizite der Pädagogischen Bewegung zu überwinden und die sich ändernden Abstimmungsprobleme zwischen Pädagogik, Ökonomie, Ethik, Politik, Kunst und Religion unter Wahrung grundlegender Einsichten der ersten pädagogischen Bewegung zu reflektieren.

Ungelöste Reflexionsprobleme lassen sich schließlich auch im dritten Feld pädagogischer Handlungstheorie und Forschung ausmachen. Die in Auseinandersetzung mit der ersten pädagogischen Bewegung entstandenen pädagogischen Institutionen- und Schultheorien berücksichtigten sowohl die sich ankündigende Veränderung in der modernen Familie und Arbeitswelt als auch die neuen Formen von Geselligkeit und Öffentlichkeit. Sie entwickelten einen Begriff der allgemeinen Schule, der diese als eine Institution auswies, welche die nachwachsenden Generationen sowohl auf den Übergang von einer Stufe des Bildungssystems in die nächst höhere als auch auf den Übergang in berufliche Bildungsgänge und gesellschaftliche Handlungsfelder vorbereitet.[31] Die Pädagogische Bewegung folgte in vielen ihrer Versuchseinrichtungen dagegen anderen programmatischen Konzepten, die aufgrund ihrer Gemeinschaftsideologie der modernen Ausdifferenzierung der Lebensbereiche in solche der Schule, der Familie, der freien Geselligkeit und des Berufslebens nicht gerecht wurden.[32] Zwar wollte die Pädagogische Bewegung im bestehenden Bildungssystem neue Freiräume für pädagogische Prozesse schaffen; es gelang ihr jedoch nicht, einen Begriff des Schulsystems zu entwickeln, der dessen Eigenlogik hätte zur Geltung bringen können.

Unter den Neuansätzen wissenschaftlicher Pädagogik arbeitete die Geisteswissenschaftliche Pädagogik an einer begrifflichen Fundierung der Schule, welche die konkurrierenden Modelle der Lernschule, der Arbeitsschule u.a.m. sinntheoretisch zu synthetisieren suchte. In ihr sollen die konfligierenden Aufgaben der Schule, das Lernen zu methodisieren, die nachwachsende Generation in das Volksganze einzugliedern, für die Jugend Freiräume zu schaffen und den Heranwachsenden eine geistige Bildung zu vermitteln, harmonisch miteinander verknüpft werden. Andere Neuansätze versuchten reformpädagogische Programmatik mit empirischer Forschung zu verknüpfen. So strebte S. Bernfeld eine neue "Instituethik" an, welche die Zwänge und Nebenwirkungen des traditionellen schulischen Lernens offenlegen und kritisieren und die Reform der Schule auf psychoanalytische Gesetze der Entwicklung des Seelenlebens und geschichtsphilosophische Vorstellungen gründen sollte, die die Entstehung klassenloser sozialistischer Gesellschaften als einen vom Proletariat ausgehenden geschichtlichen Fortschritt erwarteten.[33]

31 Vgl. hierzu den Abschnitt 4.3 im *Monographieband 1*, S. 303ff.
32 Vgl. hierzu und zum folgenden den Abschnitt 4.3 im *Monographieband 2*, S. 351ff.
33 Vgl. *Monographieband 2*, S. 358ff.

Die schulreformerischen Synthesen und geschichtsphilosophischen Optionen der pädagogischen Bewegung führten zu keinen neuen schultheoretischen Einsichten. Die zweite pädagogische Bewegung bewahrte nicht einmal den schultheoretischen Erkenntnisgewinn der ersten Reformbewegung, der Ende der Weimarer Republik weitgehend in Vergessenheit geraten war und erst im Zuge der Reformen nach 1945 wiederentdeckt wurde. Bei der Analyse der dritten pädagogischen Bewegung wird daher zu diskutieren sein, welche neuen schultheoretischen Vorstellungen sie hervorbrachte und ob es in ihr gelang, die Schule als eine in ihrer Eigenstruktur relativ selbständige Einrichtung zu konzeptualisieren, die auf die ausdifferenzierten gesellschaftlichen Handlungsfelder bezogen ist und weder bloß nachgeordnete Aufgaben erfüllt noch über eine gesamtgesellschaftliche Lösungskompetenz verfügt.

Vergleicht man die Schulversuche und -reformen der ersten und zweiten pädagogischen Bewegung und die verschiedenen Formen ihrer pädagogischen und erziehungswissenschaftlichen Analyse und Thematisierung miteinander, so lassen sich nun die ungelösten Probleme genauer fassen. Die erste pädagogische Bewegung ging von Schul- und Erziehungsexperimenten aus, die private Schulgründer und Schulmänner unternahmen, um Möglichkeiten für eine staatliche Schulreform zu erkunden. Die pädagogischen Aufklärer und Neuhumanisten experimentierten mit konkurrierenden Konzeptionen für eine professionell zu institutionalisierende Erziehungs- und Unterrichtspraxis, die an Alltagserfahrungen der Lernenden anschlussfähig waren und diese künstlich zu erweitern suchten. Im Verlauf der ersten pädagogischen Bewegung kam es zu einem Wettstreit über die "richtige" Reform des gesamten Erziehungs- und Bildungswesens, der von den Schulgründern zwar initiiert, nicht aber entschieden werden konnte. Die Preußischen Reformer stellten darum dem Staat die Aufgabe, eine über die Einzelerfahrungen der Schulversuche hinausweisende Konzeption für die Transformation des traditionellen ständischen Schulwesens in ein horizontal gegliedertes Bildungssystem zu entwickeln, das weder privat noch staatlich, sondern öffentlich organisiert ist und unter der Aufsicht des Staates die Spielräume festlegt, die künftig für Schulversuche gelten sollen.

Die zweite pädagogische Bewegung ging wie die erste von Erziehungs- und Schulexperimenten aus, die von Einzelnen initiiert wurden. Ein großer Teil der Experimente unterschied sich von jenen der ersten pädagogischen Bewegung dadurch, dass in ihnen persönliche Überzeugungen und Weltanschauungen zur Grundlage einer subjektiv konzipierten Erziehungs- und Schulreform erhoben und vom Problem der Verallgemeinerbarkeit der Einzelerfahrungen weitgehend abstrahiert wurde. Die Folge war, dass die Reformvorhaben nicht in einer Gesamtkonzeption öffentlicher Schulreform zusammengeführt werden konnten, sondern weithin mit Formen einer Familien- und Gemeinschaftserziehung experimentierten, die, vom Ertrag der ersten pädagogischen Bewegung her gesehen, strukturell und organisatorisch antiquiert waren. Ungeachtet der in vielen ihrer Versuchseinrichtungen erkämpften Freiräume verfehlte die Pädagogische Bewegung das weitergehende Ziel, für die Einzelschulen und das Schulsystem insgesamt jene Experimentierfreiheit zurück zu gewinnen, welche die reformpädagogischen Initiativen und die im Rahmen der Preußischen Reformen initiierte Schulreform ausgezeichnet hatten.

Vor dem Hintergrund der angedeuteten Spannungsverhältnisse zwischen Reformentwürfen und Reformertrag lassen sich die Konzepte und Erfahrungen der dritten pädagogischen Bewegung unter systematischen Fragen erörtern. Zu diesen gehört *erstens* die Frage, wie die Reformen nach 1945 den Widerstreit zwischen reformpädagogischen Initiativen und staatlicher Schulreform interpretierten und für die Entwicklung alternativer Modelle öffentlicher Erziehung und Unterweisung nutzten, in denen die Aufgabe staatlicher Gesamtplanung mit reformerischen Einzelinitiativen verknüpft ist. In diesem Zusammenhang interessiert insbesondere, ob es den Schulreformen nach 1945 gelang, einen Rückfall in die von der zweiten pädagogischen Bewegung proklamierten Alternative einer privaten oder staatlichen Konzeptualisierung der Schulreform zu vermeiden, die in der ersten Reformepoche bereits überwunden war.

Zu dieser Frage tritt als *zweite* die nach den Anstrengungen der dritten pädagogischen Bewegung hinzu, die in der zweiten Bewegung verfolgten Vorstellungen von einer Einheit von Schule und Leben zu modifizieren. In den Bänden 3.1 und 3.2 werden darum die Bildungsreformen in beiden deutschen Nachkriegsstaaten darauf hin untersucht, wie sie die Differenz und Vermittlungsproblematik von Schule und Leben interpretiert haben und welche Versuche sie unternahmen, um individuell-familiare von allgemein-öffentlichen Erziehungs- und Bildungsaufgaben zu unterscheiden und innerschulische Lehr-Lern-Prozesse an außerschulische Erfahrungen und Sachverhalte anschlussfähig zu machen.

Zu den genannten institutionen- und schultheoretischen sowie lehr-lern-theoretisch-didaktischen Problemstellungen tritt als *dritte* die Frage hinzu, wie in der pädagogischen Bewegung nach 1945 die Übergänge aus dem allgemeinen in das berufsbildende Schulsystem geregelt und ob dabei Modelle entwickelt wurden, welche die Erfordernisse der Verwissenschaftlichung und Demokratisierung der allgemeinen und der beruflichen Bildung berücksichtigen und den Widerstreit zwischen der Sicherung individueller Wahlmöglichkeiten und der Befriedigung gesellschaftlicher Nachfragen reflektieren.

Auf die angesprochenen Fragen haben die staatlichen Schulreformen und reformpädagogischen Neuansätze in beiden deutschen Nachkriegsstaaten unterschiedliche Antworten gegeben. Eine unvoreingenommene, vergleichende Analyse der Entwicklung von Reformpädagogik, staatlicher Schulreform und Erziehungswissenschaft in der SBZ und der DDR und in den westlichen Besatzungszonen und in der alten BRD muss daher von der Frage ausgehen, ob es überhaupt eine gemeinsame Basis für einen solchen Vergleich gibt und worin diese liegen könnte, wenn die Kriterien für einen solchen Vergleich weder den westdeutschen noch den ostdeutsche Reformvorstellungen unmittelbar entlehnt werden können.

1.3 Zum Ansatz einer parallelen Analyse von Schulreform und Reformpädagogik in beiden deutschen Nachkriegsstaaten

Eine Theorie und Geschichte der Reformpädagogik, welche die Entwicklung von Schulreform, Reformpädagogik und Erziehungswissenschaft in der SBZ und in der DDR sowie in den westlichen Besatzungszonen und in der BRD untersuchen und diese zu den vorausgegangenen beiden Phasen von Reformpädagogik und staatlicher Bildungsreform in Beziehung setzen will, muss einen Ansatz wählen, der es erlaubt, die erste und zweite pädagogische Bewegung in Deutschland zu den Reformprozessen in beiden deutschen Nachkriegsstaaten in Beziehung zu setzen. Für eine solche Aufgabe scheiden die in der deutsch-deutschen Komparatistik vertretenen alternativen Grundsatzpositionen weitgehend aus. Die insbesondere in der BRD verbreitete konvergenztheoretische Auffassung und die in der BRD und DDR unterschiedlich interpretierte divergenztheoretische Deutung haben durch den Vereinigungsprozess in Deutschland nicht nur an politiktheoretischer Bedeutung verloren; sie bieten zudem kaum Anschlussmöglichkeiten an die erziehungs-, bildungs- und institutionentheoretischen Problemstellungen der ersten und zweiten pädagogischen Bewegung.

Bis zum Beitritt der DDR zur BRD und der Vereinigung der beiden deutschen Nachkriegsstaaten wurden in der Deutschlandforschung zwei einander ausschließende Hypothesen verfolgt. Die divergenzhypothetische Auffassung ging davon aus, dass sich die unterschiedlichen in der DDR und der BRD in den Bereichen Politik, Erziehung und Ökonomie favorisierten Gesellschaftsordnungen im Verlauf der Geschichte immer weiter auseinander entwickeln werden. Sie wurde in der DDR marxistisch-leninistisch, in der BRD vor allem totalitarismustheoretisch ausgelegt und mit einer Bewertung verbunden, die in der DDR eine zweite deutsche Diktatur erblickte. Die andere, insbesondere von Anhängern der Sozialdemokratie bevorzugte Hypothese glaubte, eine Annäherung der politischen, schulischen und ökonomischen Strukturen und Systeme prognostizieren und beobachten zu können. Ihr lag die Überzeugung zugrunde, die geschichtliche Entwicklung werde nach der Phase einer Annäherung der kapitalistischen und sozialistischen Gesellschaftssysteme in ein Stadium eintreten, in dem sich keines der beiden Modelle durchsetzte, sondern ein drittes entstehe.[34] Beide Hypothesen sind

34 Vgl. hierzu den von Ch. Führ und C.-L. Furck herausgegebenen zweiten Teil des Bandes VI des Handbuchs der deutschen Bildungsgeschichte. München 1998, dessen Beiträge z.T. den Diskussionsstand vor der 1990 einsetzenden Umschrift der deutschen Bildungsgeschichte nach 1945 präsentieren; stärker aus der Sicht der veränderten geschichtlichen Situation argumentiert E. Cloer: Bildungspolitik und Bildungssystem in der SBZ und DDR. Ausgewählte Aspekte der Entwicklung 1945-1989. In: H.-G. Herrlitz/W. Hopf/H. Titze: Deutsche Schulgeschichte von 1800 bis zur Gegenwart. A.a.O., S. 173-202; siehe auch E. Cloer: Wo bleibt die differentia specifica? In: Ders.: Theoretische Pädagogik in der DDR. Eine Bilanz von außen. Weinheim 1998, S. 294-306; E. Cloer: Die Bildungsgeschichte[n] der Bundesrepublik und der Deutschen Demokratischen Republik. In: Zeitschrift für Pädagogik 47 (2001), S. 121-136.

1990 durch den Beitritt der DDR zur BRD und die durch diesen erfolgte Vereinigung der beiden deutschen Staaten falsifiziert worden.

Die Divergenzhypothese ist durch die Geschichte nicht bestätigt worden, denn diese hat gezeigt, dass sich die DDR in den achtziger Jahren nicht, wie ihre Ideologen meinten, auf dem Weg der Weiterentwicklung der sozialistischen Gesellschaft befand, sondern, ohne dass dies von den Zeitgenossen bemerkt worden wäre, ihrem wirtschaftlichen und politischen Ende entgegen ging. Auch die Konvergenzhypothese erwies sich als irrig, denn von der Möglichkeit eines dritten Wegs konnte nur so lange die Rede sein, wie die von der Divergenzhypothese behaupteten Alternativen geschichtsmächtig waren. Die Konvergenzhypothese setzte also in gewissem Sinne die Divergenzhypothese voraus und verlor mit deren geschichtlicher Falsifikation ihre Grundlage und Glaubwürdigkeit.[35]

Für eine parallele Analyse und Rekonstruktion der Theorie und Geschichte der Reformpädagogik in Deutschland nach 1945 scheiden nicht nur Divergenz- und Konvergenzhypothesen, sondern auch Konzepte aus, die die Geschichte vornehmlich als eine Geschichte von Siegern und Opfern interpretieren. Bei diesen handelt es sich letztlich um Modifikationen der Divergenzhypothese, die durchaus unterschiedliche Optionen für einen - vorübergehenden oder gar endgültigen - Sieg in der Geschichte zugelassen hat. In Bildungsforschung und Politikberatung wird gegenwärtig die Frage, ob in den neuen Bundesländern das Bildungssystem der alten BRD eingeführt worden ist, unterschiedlich diskutiert und beantwortet. Einige, die sich vor 1989 als potentielle Sieger der Geschichte fühlten und sich heute zu den Opfern der Geschichte zählen, vertreten inzwischen die Auffassung, fortschrittliche Ansätze einer sozialistischen Reform des Bildungswesens seien auf dem Wege einer Kolonialisierung des Ostens durch den Westen vernichtet worden.[36] Andere glauben nachweisen zu können, dass sich in den neuen Ländern im Bildungssystem neue Strukturen durchsetzen, die zu einer Sekundarstufe I ohne Hauptschule führen.[37] Vielleicht ist es wegen der zeitlichen Nähe zur

---

35 Zur Kritik konvergenztheoretisch und divergenztheoretisch argumentierender Ansätze siehe D. Benner/H. Sladek: Vergessene Theoriekontroversen in der Pädagogik der SBZ und DDR. 1946-1961. Weinheim 1998, S. 29ff.; E. Cloer: Bildungspolitik, Pädagogik und Erziehungsverhältnisse in der DDR als Gegenstand der historischen Bildungsforschung in den 90er Jahren. In: A.M. Stroß/F. Thiel (Hrsg.): Erziehungswissenschaft. Nachbardisziplin und Öffentlichkeit. Weinheim 1998, S. 35-74.

36 Für die Geschichtsschreibung der Pädagogik hat zuletzt K.-H. Günther die der Kolonialisierungshypothese zugrunde liegende Auffassung vertreten, jede Geschichtsschreibung sei staatstragend; siehe Ders.: Geschichte der Pädagogik in der. In: E. Cloer/R. Wernstedt (Hrsg.): Pädagogik in der DDR. Eröffnung einer notwendigen Bilanzierung. Weinheim 1994, S. 115-128. Zur Problematisierung der These, der Einigungsprozess habe sich bei der Zusammenführung der Bildungssysteme als Kolonialisierung des östlichen Bildungswesens durch das westliche vollzogen, siehe G. Köhler/G. Knauss/P. Zedler (Hrsg.): Der bildungspolitische Einigungsprozeß 1990. Opladen 2000.

37 Vgl. hierzu P. Zedler: Modernisierung und Transformation des Schulwesens in den neuen Bundesländern - Entwicklungspfade und Problemfelder. In: R. Girmes (Hrsg.): Modernisierungsdruck als Bildungschance. Münster 1997, S. 45-67.

laufenden Entwicklung noch zu früh, die nach 1989 eingetretene Entwicklung abschließend zu beschreiben und zu interpretieren. Fest steht jedenfalls, dass die Analyse der Entwicklung von 1945 bis 1989 sich weder an einem der Bildungssysteme der beiden deutschen Nachkriegsstaaten noch an der Entwicklung nach 1989 orientieren kann, sondern größere Zusammenhänge berücksichtigen muss.

Eine vergleichende Analyse der Entwicklung von Reformpädagogik, staatlicher Bildungsreform und erziehungswissenschaftlicher Theorieentwicklung und Forschung wird heute auf die geschichtsphilosophischen Annahmen der Divergenz- und Konvergenzhypothesen verzichten. Sie steht vor der Schwierigkeit, den Vergleich so anzulegen, dass die Entwicklung der beiden zu vergleichenden Bildungssysteme weder unter Kategorien eines dieser Systeme noch einfach aus einer dritten Perspektive beschrieben, sondern so rekonstruiert wird, dass die Vergleichsgesichtspunkte mit der bis ins 18. Jahrhundert zurückreichenden Problemgeschichte abgestimmt sind. Diese aber ist auf kein bestimmtes Ende hin finalisiert.

Daraus folgt, dass es für eine parallele Rekonstruktion der Theorie und Geschichte der Reformpädagogik in Deutschland nach 1945 keine einfache Konzeption geben kann. Um den ideologischen Fallstricken eines bloß immanenten bzw. externen Systemvergleichs zu entgehen und zugleich auf die Inanspruchnahme einer Position zu verzichten, die von einem dritten, gleichsam externen Standort aus die Entwicklung zu beschreiben sucht, wird im Folgenden *erstens* mit Problemstellungen gearbeitet, die über die deutschen Nachkriegsstaaten hinaus auf die weiter zurückreichende Problemgeschichte aller drei pädagogischen Bewegungen verweisen. Diese finden sich in den Kopfspalten der folgenden Schemata, welche zwischen staatlicher Schulreform, epochenspezifischen Problemen der Entwicklung des Bildungssystems, reformpädagogischen Initiativen und der erziehungswissenschaftlichen Theoriediskussion unterscheiden und die in den bereits vorliegenden Bänden erörterten Abstimmungsprobleme zwischen diesen zur Geltung bringen. Die Entwicklungsprobleme der Reform des Bildungswesens werden *zweitens* unter Zugrundelegung jener Zäsuren beschrieben, die sich aus den einzelnen Reformphasen und -abschnitten der staatlichen Bildungspolitik in beiden deutschen Nachkriegstaaten ergeben. Sie bestimmen die vertikale oder zeitliche Gliederung der Schemata. Die für Ost- und Westdeutschland getrennt vorgelegten Analysen gehen *drittens* von übergreifenden Problemstellungen aus, die sich im Verlauf der Reformphasen wandeln. In der Anfangsphase nach 1945 ergeben sie sich aus dem Scheitern der Weimarer Republik im Kontext der zunächst mit legalen Mitteln erfolgten nationalsozialistischen Machtergreifung sowie aus der Tatsache, dass das Ende der nationalsozialistischen Diktatur nicht durch den Widerstand des deutschen Volkes, sondern durch den Sieg der Alliierten herbeigeführt wurde.[38] Die zwischen der horizontalen und vertikalen Gliederung der Schemata vermittelnden Problemstellungen werden im folgenden Kapitel detaillierter vorgestellt.

38 Vgl. hierzu die Ausführungen im folgenden Kapitel, insbesondere im Abschnitt 2.3.

DDR

	Staatliche Schulreform	Entwicklungs-probleme des Bildungssystems	Reform-pädagogische Initiativen	Entwicklung der Erziehungs-wissenschaft
1945 - 1949: Demokratisierung und Verwissenschaftlichung von Allgemeinbildung und Schule in der SBZ				
1949 - 1959: Schule im Spannungsfeld von Einheitlichkeit und Differenzierung				
1960 - 1970: Modernisierung des Bildungssystems unter dem Anspruch der wissenschaftlich-technischen Entwicklung				
1971 - 1989: Schule im Dienst der kommunistischen Erziehung				
1989 - 1990: Krisenbewusstsein und Entwicklung neuer Reformkonzepte				

BRD

	Staatliche Schulreform	Entwicklungsprobleme des Bildungssystems	Reformpädagogische Initiativen	Entwicklung der Erziehungswissenschaft
1945 - 1949: Von der Reedukationspolitik der Alliierten zur bildungspolitischen Rekonstruktion des deutschen Schulsystems				
1949 - 1959: Von der Kulturpolitik der Länder zur Bildungsgesamtplanung auf Bundesebene				
1960 - 1970: Von der reaktiven Bildungspolitik zur aktiven Schulplanung				
1971 - 1982: Von der staatlichen Bildungsreform zur Entwicklung reformpädagogischer Alternativen im staatlichen Schulsystem				
1983 - 1990: Bildungspolitischer Pragmatismus, reformpädagogische Pluralisierung und übergreifende Problemstellungen				

2. Die veränderten reformerischen Problemstellungen in Deutschland nach 1945

Die Aufgaben, vor denen Reformpädagogik und staatliche Schulreform in Deutschland nach 1945 standen, wurden in den nach Ende des Zweiten Weltkriegs eingerichteten Besatzungszonen und den aus diesen 1949 hervorgegangenen beiden deutschen Staaten unterschiedlich interpretiert. Gleichwohl lassen sich übergreifende Problemstellungen identifizieren, mit denen sich Reformpädagogik und Bildungsreform in der dritten pädagogischen Bewegung in ganz Deutschland auseinandersetzten. Sie beziehen sich *erstens* auf Abstimmungsprobleme zwischen dem Bildungs- und dem neuen Politiksystem und die Notwendigkeit einer intergenerationellen Aufklärung, *zweitens* auf die Beziehungen der pädagogischen Praxis zu den anderen sich institutionell weiter ausdifferenzierenden und voneinander abgrenzenden gesellschaftlichen Handlungsfeldern und *drittens* auf Veränderungen im Übergang von der Erziehung in der Familie zur schulischen Erziehung und Unterweisung, von allgemeinbildenden in berufliche Bildungsprozesse sowie auf den Eintritt der Heranwachsenden in die gesellschaftlichen Handlungsfelder.

Die angesprochenen Sachverhalte lassen sich bis in die erste und zweite pädagogische Bewegung zurückverfolgen und treten im Verlauf der Bildungsreformen in beiden deutschen Nachkriegsstaaten zunehmend in das Zentrum der pädagogischen Theoriebildung und erziehungswissenschaftlichen Forschung. Sie werden im Folgenden zunächst unter Absehung von ihren differenten Auslegungen in Ost- und Westdeutschland vorgestellt. Anliegen der einführenden Hinweise ist es, die veränderten erziehungs-, bildungs- und institutionentheoretischen Problemstellungen zunächst allgemein zu beschreiben und jene Alternativen und Spielräume herauszuarbeiten, die 1945 vor dem Hintergrund der vorausgegangenen pädagogischen Bewegungen für eine Neukonzeptualisierung von Reformpädagogik und Bildungsreform bereit standen oder zumindest denkbar waren.

2.1 Abstimmungsprobleme zwischen Bildungs- und Politiksystem und die Notwendigkeit einer intergenerationellen Aufklärung

Eine demokratische Kultur, die den Bestand ihrer Verfassung sichert und den Wechsel der Volksvertreter und Regierungen an frei zustande gekommene Willensentscheide des Volks zurückbindet, gab es in Deutschland in der Zeit zwischen 1933 und 1945 nicht. Der nationalsozialistische Staat hatte nach der zunächst mit legalen Mitteln erfolgten Machtergreifung der NSDAP das Politiksystem in eine Führer- und Parteidiktatur überführt und anschließend den Versuch unternommen, auch das Bildungssystem gleichzuschalten. Schule und Unterricht waren während des sogenannten Dritten Reiches in den Dienst der nationalsozialistischen Weltanschauung und ihrer politischen Ziele gestellt worden. Aus dem Scheitern der Weimarer Republik im Jahre 1933 und der Niederlage der nationalsozialistischen Diktatur 1945 ergaben sich für die Reform des Politik- und Bildungssystems weitreichende Probleme. Sie kulminierten in der Frage, wie der Faschismus in pädagogischer und politischer Hinsicht erklärt, bearbeitet und schließlich überwunden werden könne. Die besondere Brisanz dieser Frage war angesichts der geschichtlichen Zäsur des Jahres 1945 nicht zuletzt dadurch bestimmt, dass das Ende des nationalsozialistischen Herrschaftssystems nicht durch den Widerstand der Bevölkerung herbeigeführt, sondern durch den Sieg der Alliierten erzwungen worden war. Das hatte Folgen für das pädagogische Generationenverhältnis und die Frage, wie öffentliche Erziehung auf dieses einwirken solle.

Zwischen den Alliierten und den Verwaltungen der deutschen Länder bestand 1945 Einigkeit darin, dass das Bildungssystem von seiner Ausrichtung an der Ideologie und Weltanschauung des nationalsozialistischen Staates befreit und grundlegend reformiert werden musste. Die weiterreichende Frage, ob die Aufgaben der öffentlichen Erziehung künftig stärker an einer dem Bildungssystem eigenen Logik und Struktur orientiert oder wieder an einer vorgegebenen Staats- und Gesellschaftsordnung ausgerichtet werden sollten, gewann schon bald einen Teil jener Bedeutung zurück, die ihr bereits zur Zeit der ersten pädagogischen Bewegung zuerkannt worden war. Ende des 18., Anfang des 19. Jahrhunderts hatten die pädagogischen Aufklärer anfänglich auf den Staat als den natürlichen Verbündeten einer fortschrittlichen Erziehung gesetzt und diese Annahme später durch die Einführung einer Unterscheidung zwischen staatlicher und öffentlicher Erziehung zu korrigieren versucht.[39]

Vergleichbare Alternativen bestimmten auch 1945 die schulreformerische und reformpädagogische Diskussion. Aus dem Schulstreit der Weimarer Republik und der antidemokratischen Politisierung der Erziehung während der nationalsozialistischen Diktatur konnten sehr verschiedene institutionentheoretische Konsequenzen gezogen werden. Die Befugnisse des Staates konnten auf die Regelung allgemeiner Fragen begrenzt und die konkrete Ausgestaltung den Kommunen überlassen werden.

---

39 Siehe hierzu P. Villaume: Anmerkungen über die Frage: Ob der Staat sich in Erziehung mischen soll? (1788). In: *Quellentextband 1*, S. 36-43; Anonymus: Über die Frage, ob sich der Staat in Erziehung mischen soll? (1789). Ebd., S. 43-46; J.A.H. Reimarus: Bedenken über die Frage, ob der Staat Gesetze für die Erziehung und den Unterricht der Kinder vorschreiben solle? Ebd., S. 47-49; Anonymus (E.Ch. Trapp): Von der Notwendigkeit öffentlicher Schulen und von ihrem Verhältnisse zu Staat und Kirche (1792). Ebd., S. 421-426; siehe auch die Texte von W. von Humboldt: Über öffentliche Staatserziehung (1792), ebd., S. 427-431; J.F. Herbart: Über Erziehung unter öffentlicher Mitwirkung (1810), ebd., S. 432-437; G.F.W. Hegel: Schulrede vom 2. September 1811, ebd., S. 438-443, F.E.D. Schleiermacher: Über den Beruf des Staates zur Erziehung (1814), S. 444-458; vgl. ferner die Interpretation dieser Texte im *Monographieband 1*, S. 59ff., 243ff., S. 303-320.

Sie konnten aber auch so definiert werden, dass sie bis in die konkrete Praxis in den Schulen hineinreicht und sich nicht nur auf Rahmenvorgaben für den Unterricht bezieht, sondern auch die Inhalte des Unterrichts bis in einzelne Schulstunden hinein festlegt. Entsprechend konnte der Beruf des Lehrers als ein freier Beruf verstanden werden, der weitgehend unabhängig vom Staat ausgeübt wird und einer Aufsicht untersteht, die der Staat gemeinsam mit den Kommunen und sachverständigen Bürgern wahrnimmt, oder er konnte als ein Beruf von Staatsdienern definiert werden, die ihren Erziehungs- und Unterrichtsauftrag vom Staat erhalten und daher dem Staat gegenüber in allem, was sie tun, rechenschaftspflichtig sind.[40]

Zu diesen institutionentheoretischen Alternativen und Spielräumen kamen bildungstheoretische Problemstellungen und Alternativen hinzu. Sie beziehen sich auf die Frage, ob der Staat in der Erziehung und Bildung der nachwachsenden Generation als Repräsentant des Ganzen auftreten kann oder lediglich als eine für Politik und Gesetzgebung zuständige Institution wirksam werden soll. Nach dem Ende der nationalsozialistischen Diktatur konnten die Aufgaben der Erziehung und Bildung der nachwachsenden Generation nicht länger unter dem Anspruch einer biologisch-völkischen Untertanenerziehung definiert und auch nicht im Sinne des Gemeinschaftsgedankens der Pädagogischen Bewegung konzipiert werden. Der Gemeinschaftsgedanke der Pädagogischen Bewegung hatte sich als anschlussfähig an nationalsozialistische Überformungen erwiesen und von sich aus keine Widerstandskraft gegen die faschistische Ideologie und Weltanschauung entwickeln können. Diese hatte die Vorstellung eines Erziehungsstaats, in dem der Staat durch die Erziehung der Bürger Einfluss auf alle Bereiche des Lebens nimmt, sich nicht nur zu eigen gemacht, sondern zugleich endgültig obsolet werden lassen.[41] Die Reform des Erziehungs- und Politiksystems stand damit 1945 vor der Frage, wie künftig Rückfälle in Gemeinschaftsideologien und erziehungsstaatliche Okkupationen der Erziehung verhindert werden können. Auf diese Frage wurden in den vier Besatzungszonen sowie in der DDR und der BRD unterschiedliche Antworten gegeben. Sieht man vom Zeitpunkt der Proklamation der Reformziele und ihrer inhaltlicher Ausrichtung einmal ab, so kann man sagen, dass diese in formaler Hinsicht darin übereinstimmten, dass sie auf eine Demokratisierung und Verwissenschaftlichung von Erziehung und Unterricht setzten. Durch die Demokratisierung von Bildung und Schule sollte die erziehungsstaatliche Diktatur des NS-Staates überwunden, durch die Verwissenschaftlichung der Schule der Anfälligkeit der Erziehung für totalitäre Weltanschauungen vorgebeugt werden.

---

40 Zur Vorgeschichte dieser Unterscheidungen siehe den Auszug aus A. Diesterweg: Wegweiser zur Bildung deutscher Lehrer (1850). In: *Quellentextband 2*, S. 17-32; vgl auch die dazu Ausführungen im *Monographieband 2*, S. 21ff. und S. 35ff.

41 Zur systematischen Bestimmung erziehungsstaatlicher und staatspädagogischer Konzepte vgl. D. Benner/H. Sladek: Vergessene Theoriekontroversen in der Pädagogik der SBZ und DDR. 1946-1961. Weinheim 1998, S. 18-29.

Zu den bereits genannten schul- und bildungstheoretischen Problemstellungen trat als eine weitere eine erziehungstheoretische Reformproblematik hinzu. Sie bezog sich auf die künftige Ausgestaltung und Wirkungsweise des Generationenverhältnisses. An die Stelle des traditionellen Generationenverhältnisses, in dem Erwachsene die Zukunft der Heranwachsenden normativ und pragmatisch antizipiert hatten, war im Kontext der ersten pädagogischen Bewegung ein neues, modernes Generationenverständnis getreten, den Vorstellungen von der unbestimmten Bildsamkeit jedes Menschen und der Offenheit der Erziehungs- und Bildungsprozesse zugrunde lag. Beide Generationenverhältnisse waren nach 1945 in die Krise geraten. Die Erwachsenengeneration konnte sich selbst 1945 weder im Sinne des älteren noch des neuen Generationenverständnisses als urteils- und handlungskompetent ansehen. Das ältere Generationenverhältnis, in dem die Erwachsenen die künftige Bestimmung der Heranwachsenden normierten, war 1945 ebenso wie das jüngere, in dem die künftige Bestimmung der Einzelnen offen gehalten wird, dadurch diskreditiert, dass viele Erwachsene nicht nur als politische Generation, sondern auch als Erziehergeneration versagt hatten. Die Angehörigen der Erwachsenengeneration konnten nach 1945 nur in Ausnahmefällen der Jugend gegenüber die damals von vielen noch in Anspruch genommene positive Beispielfunktion erfüllen. Dies galt insbesondere für die Aufklärung über die vom und im nationalsozialistischen Staat begangenen Verbrechen, zu denen nicht nur die Angriffskriege, sondern auch die Vernichtung für unwert erklärten Lebens und der an den Juden in ganz Europa begangene Holocaust gehören. Was diese Verbrechen betrifft, war die Erwachsenengeneration, wenn auch in anderer Form, ebenso aufklärungsbedürftig wie die nachwachsende Generation. Da die gebotene Aufklärung nur selten von den Eltern ausgehen und in den Familien geleistet werden konnte, war sie in besonderer Weise auf die Medien und auf eine öffentliche Erziehung und Unterweisung in Schulen angewiesen.

Kants berühmte Definition, Aufklärung sei der Ausgang des Menschen aus der von ihm selbst durch den Mangel an Urteilskraft, Mut und Zivilcourage verursachten Unmündigkeit,[42] galt 1945 in besonderer Weise für die Generation der Erwachsenen. Dies verweist auf die Dringlichkeit und Schwierigkeit einer kritischen Selbstaufklärung nach dem Ende des Zweiten Weltkriegs.[43] Demokratie zu lernen und sich über die Verbrechen des NS-Staates aufzuklären, war gleichzeitig eine Aufgabe für die nachwachsende *und* die erwachsene Generation.

---

42 Siehe I. Kant: Beantwortung der Frage: Was ist Aufklärung? (1785), A 481.

43 Erinnert sei daran, dass nach der Befreiung Weimars der verantwortliche amerikanische General anordnete, nach Austeilung einer Suppe die gesamte erwachsene Bevölkerung von Weimar durch das Konzentrationslager Buchenwald zu führen, damit diese zu Zeugen der dort begangenen und von der Bevölkerung weitestgehend ohne Widerstand hingenommenen Verbrechen werden. Siehe hierzu auch J. Semprun: Was für ein schöner Sonntag. Frankfurt a.M. 1981; zum Streit über eine problemangemessene Erinnerungskultur siehe H. Zimmer: Der Buchenwald-Konflikt. Zum Streit um Geschichte und Erinnerung im Kontext der deutschen Vereinigung. Münster 1999.

Um die Schwierigkeit dieser Aufgabe zu ermessen, sei an eine Aporie erinnert, die Schleiermacher im Kontext der Preußischen Reformen bezogen auf die Probleme der Überwindung der Ständegesellschaft im absolutistischen Staat und der Aufhebung gesellschaftlich angestammter Ungleichheit reflektiert hat. Gesellschaftlicher Fortschritt, so führte Schleiermacher 1814 aus, könne durch staatliche Einflussnahmen auf öffentliche Erziehung nur unter der Bedingung eingeleitet werden, dass "die höhere Potenz", die durch Erziehung allgemein gemacht und im gesellschaftlichen Zusammenleben der Menschen gefördert werden soll, in der Gesellschaft selbst bereits ansatzweise vorhanden ist.[44] Diese Voraussetzung aber war nach dem Ende des Zweiten Weltkriegs in Deutschland nicht allgemein gegeben, denn die demokratische Verfassung und ihr affine Lebenformen waren weder im Staat noch in der Gesellschaft verankert. Die Schwierigkeit der Reform bestand somit darin, durch Politik und Erziehung einen Fortschritt einzuleiten, der in der Weimarer Verfassung zwar angelegt, durch die nationalsozialistischer Diktatur jedoch weitgehend zerstört worden war.

2.2 Problematische Verhältnisse von Bildung und Ökonomie, Schule und Religion, Erziehung und Wissenschaft

Abstimmungsprobleme gab es nicht nur zwischen Bildungssystem und staatlicher Verfassung, sondern auch zwischen diesen und den anderen gesellschaftlichen Bereichen, insbesondere den Kirchen, der Wirtschaft und den Wissenschaften. Diese waren hinsichtlich ihre Beteiligung und Tolerierung der zur Zeit der nationalsozialistischen Diktatur begangenen Verbrechen nicht minder aufklärungsbedürftig als die Einzelnen und die Öffentlichkeit. Die Kirchen hatten der Vernichtung der jüdischen Mitbürger wenig Widerstand entgegengesetzt, die Wirtschaft hatte die Konzentrationslager als Reservoir von Arbeitskräften oder sogar im Sinne des Programms "Vernichtung durch Arbeit" genutzt und die Wissenschaft war nicht nur in ideologisch anfälligen Disziplinen wie der Geschichtsschreibung, sondern auch in Fächern wie Biologie und Medizin vielerorts eine bereitwillige Gehilfin der nationalsozialistischen Gewaltherrschaft gewesen.[45]

---

44 Siehe F.E.D. Schleiermacher: Über den Beruf des Staates zur Erziehung (1814). In: *Quellentextband 1*, S. 444-458, S. 455; siehe auch *Monographieband 1*, S. 316f.

45 Vgl. für die Medizin E. Klee: Auschwitz, die NS-Medizin und ihre Opfer. Frankfurt a.M. 2001. Der ganze Umfang der verharmlosend zuweilen "Verstrickung" genannten Beteiligung der verschiedenen gesellschaftlichen Interessengruppen und Mächte war 1945 noch nicht bekannt und ist auch heute noch nicht abschließend aufgearbeitet. Entschädigungszahlungen an Zwangsarbeiter wurden erst im Jahre 2002 aufgenommen. Die Archive des Vatikans sind auch heute noch für Forschungs- und Aufklärungszwecke geschlossen. Mit dem Bau einer zentralen Stätte des Gedenkens an den Holocaust ist kürzlich erst begonnen worden. In welcher Form an die Vernichtung der Sinti und Roma und der Homosexuellen erinnert werden soll, ist noch ungeklärt.

Aus den Erfahrungen mit der nationalsozialistischen Diktatur konnten nicht nur, was die Beziehungen zwischen dem Bildungs- und Politiksystem betrifft, sondern auch bezüglich der Verhältnisse von Bildung und Ökonomie, Schule und Religion, Erziehung und Wissenschaft sehr verschiedene Konsequenzen gezogen werden. Der Einfluss der Religion konnte zurückgedrängt oder gestärkt, Religion als Unterrichtsfach aus dem Kanon der Schulfächer ausgrenzt oder in diesem legitimiert werden, z. B. dadurch, dass dieses Fach auch die Beziehungen zwischen christlicher und jüdischer Religion sowie anderen Glaubensrichtungen im Unterricht thematisiert. Die Demokratisierung des Politiksystems konnte auf dieses begrenzt oder auch auf das Ökonomiesystem ausgeweitet werden. Dem Bildungssystem konnte die Aufgabe zugewiesen werden, Heranwachsende durch allgemeinbildende Lernprozesse nicht nur auf politische Partizipation, sondern auch auf Mitwirkungsmöglichkeiten im Bereich der Arbeitswelt vorzubereiten. Die Bildungschancen für die unteren Klassen und Schichten konnten begrenzt oder verbessert und das Verhältnis von Bildung und Wissenschaft neu justiert werden. Hierzu bot sich an, die aus dem Schulsystem des 19. Jahrhunderts überkommene Trennung zwischen volkstümlicher und höherer Bildung zu problematisieren und die allgemeine Bildung dahingehend neu zu konzipieren, dass auch Fragen der Reichweite und Grenzen der szientifischen Wissensformen und Aufgaben und Möglichkeiten eines verantwortlichen Umgangs mit den Errungenschaften wissenschaftlicher Welterklärung und Technologie in den Kanon der Unterrichtsfächer aufgenommen wurden.

Auch auf diese Fragen wurden in den nach 1945 in Ost- und Westdeutschland durchgeführten Bildungsreformen verschiedene Antworten gegeben. Sie lassen sich nicht einfach einander als ost- und westdeutsche Antworten gegenüberstellen, sondern weisen sowohl Gemeinsamkeiten als auch Differenzen auf. Sie wandelten sich zudem mehrfach im Laufe der Entwicklung in beiden deutschen Staaten.

2.3 Übergangsprobleme zwischen schulischer Allgemeinbildung und beruflicher Bildung und der Eintritt der nachwachsenden Generation in die gesellschaftlichen Handlungsfelder

Die nationalsozialistische Machtergreifung und das Scheitern der Weimarer Republik waren nicht allein auf den Streit zwischen den Parteien in der ersten deutschen Republik zurückzuführen. Dass die KPD, welche die Sozialdemokraten vor 1933 als "Sozialfaschisten" diffamierte und eine "Diktatur des Proletariats" nach dem Vorbild des nachrevolutionären Russlands anstrebte, die NSDAP und die Deutsch-Nationalen, die sich jede auf ihre Weise mit ihren unterschiedlichen Zukunftsoptionen als Gegner der Republik betätigten, bei den Reichstagswahlen 1930 die Mehrheit erhielten, hing nicht allein mit der fehlenden Verankerung der neuen Staatsform im Bewusstsein der Menschen zusammen, sondern war zugleich dadurch bedingt, dass es in Deutschland damals sechs Millionen Arbeitslose gab. Die Arbeitslosigkeit aber war in weltweite

Entwicklungen eingebunden und ließ sich auf nationalstaatlicher Ebene weder durch politische Maßnahmen noch durch solche der Schulreform kurzfristig bekämpfen.

Gleichwohl waren die Abstimmungsprobleme zwischen allgemeiner und beruflicher Bildung vielfältig. Sie bezogen sich sowohl auf die Frage, welche Allgemeinbildung die Heranwachsenden benötigten, um sich ausreichend für eine anschließende Berufsausbildung und die sich wandelnden Anforderungen der Arbeitswelt zu qualifizieren, als auch auf Probleme der Verknüpfung und Abstimmung von schulischer und betrieblicher Berufsbildung. In der Weimarer Republik war nicht nur eine gemeinsame vierjährige Grundschule für alle Kinder, sondern auch eine allgemeine Berufsschulpflicht eingeführt werden. Letztere sollte die Durchlässigkeit von allgemeiner und beruflicher Bildung stärken und damit die beruflichen Bildungschancen sozial benachteiligter Schichten verbessern. Angesichts der hohen Arbeitslosigkeit gelang es jedoch nicht, für alle Heranwachsenden eine berufliche Ausbildung zu sichern. Insbesondere Jungarbeitern verhalf die neue Berufsschulpflicht nicht zu einer abgeschlossenen Berufsbildung, da im Beschäftigungssystem nicht die erforderliche Anzahl an Ausbildungsplätzen bereitgestellt werden konnte.[46]

Bereits in der Weimarer Republik und während der nationalsozialistischen Diktatur und dann erneut nach 1945 wurde daher in Deutschland die Frage diskutiert, wie Heranwachsende auf die Anforderungen eines dual konzipierten Berufsbildungssystems, das sowohl eine schulische als auch eine betriebliche Berufsbildung kennt, durch eine vorauslaufende schulische Allgemeinbildung besser vorbereitet werden können. Im Zentrum der Analysen der Entwicklung von staatlicher Bildungsreform, Reformpädagogik und erziehungswissenschaftlicherTheoriediskussion in beiden deutschen Nachkriegsstaaten stehen zwar Entwicklungen des allgemeinen Bildungssystems; gleichwohl soll jedoch auch auf die unterschiedlichen Modelle eingegangen werden, mit denen in Ost- und Westdeutschland experimentiert wurde, um Abstimmungs- und Übergangsprobleme zwischen allgemeiner und beruflicher Bildung zu regulieren.

Die Analyse dieser Probleme bezieht ihre gegenwärtige Aktualität daraus, dass das duale Berufsbildungssystem in unseren Tagen in eine Krise geraten ist. Diese hängt mit der fortschreitenden Verwissenschaftlichung der Arbeit und den Schwierigkeiten zusammen, betriebliche Ausbildungsplätze im erforderlichen Umfang bereitzustellen. Allgemeine und berufliche Schulbildung reichen für sich genommen auch heute nicht aus, um Heranwachsende auf den Eintritt in die Handlungsfelder der Gesellschaft angemessen vorzubereiten. Das gilt nicht nur für die Wahl des Berufs und dem Eintritt in berufliche Bildungsgänge, denen im Rahmen der Sicherung der Selbständigkeit der Menschen eine zentrale, durch keine andere Tätigkeit zu erset-

---

46 Vgl. hierzu und zum folgenden A. Kell: Beruf und Bildung. Entwicklungstendenzen und Perspektiven. In: Bildungsprozesse und Erziehungsverhältnisse im 20. Jahrhundert. 42. Beiheft der Zeitschrift für Pädagogik. Weinheim und Basel 2000, S. 212-238, insbesondere S. 215f.

zende Bedeutung zukommt. Das allgemeine Bildungssystem kann die Übergänge in die gesellschaftliche Praxis der Menschen nicht aus eigener Kraft regulieren. Dies gilt sowohl für die Berufswahl und -ausbildung als auch für die Bereiche der freien Geselligkeit und der politischen, der ästhetischen und religiösen Praxis. Letztere unterscheiden sich vom Übergang in eine berufliche Tätigkeit dadurch, dass sie nicht notwendig am Ende der allgemeinbildenden Schulzeit stehen, sondern sich bereits während dieser vollziehen können. Daher werden sich die Analysen zur staatlichen Schulreform, praktischen Reformpädagogik und erziehungswissenschaftlichen Theoriebildung in den Besatzungszonen, in der DDR und in der BRD u.a. auch mit der Frage auseinandersetzen, wie in den Reformen zwischen Schule und Leben unterschieden und welche in beide Richtungen erfolgenden Übergangsmöglichkeiten zwischen Schule und Leben entwickelt und erprobt wurden.

Von der ersten pädagogischen Bewegung Ende des 18., Anfang des 19. Jahrhunderts und der zweiten Bewegung Anfang des 20. Jahrhunderts unterscheidet sich die dritte pädagogische Bewegung in Deutschland dadurch, dass sie nicht aus privaten Initiativen von Schulgründern entstand, sondern von den Alliierten und später von den demokratischen Rechtsstaaten ausging.[47] In diesen liefen reformpädagogische Initiativen nicht der staatlichen Bildungsreform voraus, sondern begleiteten sie oder folgten ihr nach. Auch wenn die Spielräume für reformpädagogische Initiativen in der BRD größer waren als in der DDR, lassen sich für die DDR entsprechende Vorhaben in allen Abschnitten der Entwicklung des Bildungssystems identifizieren. Wegen der besonderen Stellung, die innerhalb der dritten pädagogischen Bewegung in Deutschland der staatlichen Gesetzgebung - wie in allen modernen Staaten - zukommt, erfolgt die Einteilung der Zeitabschnitte für beide deutsche Nachkriegsstaaten nach Maßgabe der Verabschiedung der staatlichen Verfassungen und Schulgesetze bzw. der Ausarbeitung von Rahmen- und Bildungsgesamtplänen.

Während für die BRD eine Konzentration reformpädagogischer Initiativen für die 70er Jahre festzustellen ist, die im Band 3.2 als Alternativen innerhalb des staatlichen Bildungssystems vorgestellt werden, lassen sich den verschiedenen Abschnitten der Entwicklung des Bildungssystems in der SBZ und DDR jeweils herausragende Schulreformversuche zuordnen. Ihre Konzepte und Erfahrungen werden zu den Entwicklungsproblemen des Bildungssystems in Beziehung gesetzt und auf die

---

47 Die DDR wird, was die Ordnung ihres Bildungssystems betrifft, wegen der in ihr geltenden allgemeinen staatlichen Gesetze - wie die BRD - als ein Rechtsstaat und nicht als ein Unrechtssystem interpretiert. Das schließt nicht aus, dass einzelne Reglementierungen und Entscheidungen der Staatsorgane und Schulverwaltungen - wie z.B. Relegationen oder die Nicht-Zulassung Einzelner oder ganzer Bevölkerungsgruppen zu weiterführenden Schulen - als rechtlich problematisch oder gar als rechtswidrig im Sinne des in ihrer Verfassung vorgegebenen Grundrechtekatalogs einzustufen sind. Auch in der BRD wurde das Recht auf Bildung in den verschiedenen Phasen der Entwicklung des Bildungssystems unterschiedlich interpretiert, ohne dass ihr in Zeiten stärkerer Bildungsbegrenzung der Status als Rechtsstaat deshalb hätte aberkannt werden können.

Bedeutung hin untersucht, die ihnen für die Entwicklung der erziehungswissenschaftlichen Theoriediskussion und Forschung zukam.

Die im dritten Teil der Theorie und Geschichte der Reformpädagogik gegenüber den vorausgegangenen Teilen veränderte Betrachtungsweise besteht somit darin, dass in den Teilen 1 und 2 private Initiativen einzelner Schulgründer der Konzeptualisierung und Durchführung staatlicher Schulreform vorangestellt werden konnten, dass hingegen im dritten Teil die staatlichen Reformvorgaben - ungeachtet der unterschiedlichen Spielräume, die für sie in den Schulsystemen der DDR und BRD bestanden - in temporärer und in abgeschwächter Form auch in begründungstheoretischer Hinsicht der praktischen Durchführung von Reformen in einzelnen Schulen und im Bildungssystem insgesamt vorausgingen.

Dieser Wechsel in der Betrachtungsweise hängt u.a. damit zusammen, dass jede Reformbewegung eine ältere Normalpädagogik abzulösen sucht und dabei dazu tendiert, zur neuen Normalpädagogik zu werden. Aus diesem Wechsel von Normal-, Reform- und Normalpädagogik folgt, dass aus Reformbewegungen hervorgegangene Neuerungen in späteren Reformabschnitten jene Normalität ausmachen, die es von neuem zu reformieren gilt. Zur Normalität von Reformpädagogik und Bildungsreform gehört seit dem Ende der ersten pädagogischen Bewegung in Deutschland wie in anderen modernen Staaten auch,

- dass im Zentrum der Reformen die Erziehung und Unterweisung der nachwachsenden Generation in allgemeinen Schulen steht,
- dass die Reformimpulse sowohl von einzelnen Schulgründern als auch vom Staat ausgehen können
- und dass über die rechtlichen und strukturellen Vorgaben für die Reformen im Politiksystem entschieden wird.

3. Staatliche Schulreform und Reformpädagogik in der SBZ und DDR

Während für die alte BRD weitgehend unstrittig ist, dass Bildungsreformen sowohl durch staatliche Schulreformen als auch durch reformpädagogische Initiativen initiiert und getragen wurden, wird dies für die DDR zumindest in Frage gestellt. In internen wie externen Analysen findet sich immer wieder die Behauptung, in der DDR hätten staatliche Bildungsreform und erziehungswissenschaftliche Theoriediskussion auf eine Liquidation der Reformpädagogik gesetzt, so dass reformpädagogische Strömungen aller Art nicht nur auf der Ebene der programmatischen Diskussion, sondern auch aus der Praxis der Schulen eliminiert worden seien. Eine solche Sichtweise begrenzt den Begriff und Sachverhalt der Reformpädagogik ganz im Sinne der in der DDR praktizierten Sprachregelung auf bestimmte Richtungen der Pädagogischen Bewegung und blendet aus, dass die Schulversuche der pädagogischen Aufklärung ebenso wie Teile der theoretischen Pädagogik der deutschen Klassik und die in der Pädagogischen Bewegung wirksamen Einheitsschulkonzepte zum fortschrittlichen und zu bewahrenden "Erbe" der DDR gerechnet wurden, das durch sozialistische Reformen weiterentwickelt werden sollte.[1]

Die folgenden Analysen zeigen, dass es in der SBZ und in der DDR kein totales Verdikt gegen jede Art von Reformpädagogik gegeben hat, und rekonstruieren, welche Traditionen staatlicher Schulreform und reformpädagogischer Initiativen in den sozialistischen Schulreformen wirksam wurden und wie diese in den einzelnen Entwicklungsphasen zwischen 1945 und 1990 interpretiert worden sind.

---

1 Zur These von der Eliminierung der Reformpädagogik siehe: K.-H. Günther: Über unser Verhältnis zur Reformpädagogik. Ein Diskussionsbeitrag anläßlich der Vorbereitung des V. Pädagogischen Kongresses. DIPF/BBF/Archiv: Sign 1511; M. Torhorst: Zur Liquidierung reformerischer Tendenzen in der Sowjetpädagogik in den 30er Jahren und zur Auseinandersetzung mit deutscher Reformpädagogik in den Jahren 1945 bis 1956. Persönliche Erinnerungen und Analysen. In: Jahrbuch für Erziehungs- und Schulgeschichte 17 (1977), S. 165-180; K.-H. Günther/G. Uhlig: Zur Entwicklung des Volksbildungswesens auf dem Gebiete der Deutschen Demokratischen Republik. 1946-1971. Berlin 1949; unter den neueren Publikationen siehe A. Pehnke: Reformpädagogik - ein Stiefkind der pädagogischen Historiographie in der DDR. Anmerkungen zum Umgang mit der Reformpädagogik vor der "Wende". In: Jahrbuch für Pädagogik (1992), S. 233-246.

3.1 Schulreform und Reformpädagogik in der SBZ. Demokratisierung und Verwissenschaftlichung von Allgemeinbildung und Schule als Reformprogramm: 1945-1949

Im Bereich der SBZ waren anfänglich sowohl im Bereich der Bildungsreform als auch in der praktischen Schulreform und der erziehungswissenschaftlichen Theoriediskussion und Forschung die aus der Weimarer Republik bekannten Richtungen und Strömungen vertreten. Zwischen ihnen kam es zu einem z.T. offen ausgetragenen Meinungsstreit, der auch außerhalb der SBZ Aufmerksamkeit erregte und Anerkennung fand.[1] Die Pluralität der schulreformerischen und reformpädagogischen Diskussion wird im Folgenden zunächst an zwei Zeitzeugenberichten, dann an dem 1946 nach seiner Beratung in den Ländern in Kraft getretenen "Gesetz zur Demokratisierung der deutschen Schule" sowie an einigen Stellungnahmen zu diesem Gesetz aufgezeigt. Anschließend werden das "Erziehungsprogramm" der SBZ von 1947 und die zu diesem ausgetragenen Kontroversen vorgestellt. Der Abschnitt schließt mit Hinweisen zu den frühen Entwicklungsproblemen der demokratischen Schulreform, die an Beispielen und Dokumenten aus der pädagogischen Praxis und deren erziehungswissenschaftlicher Diskussion illustriert werden.

3.1.1 Zwei Zeitzeugen: Günter de Bruyns und Lothar Klingbergs Erinnerungen an ihre Ausbildung zu Neulehrern

Nach dem Ende der nationalsozialistischen Diktatur besetzte die sowjetische Besatzungsmacht die zentralen Positionen im Bereich der Bildungsadministration mit Personen, die der KPD angehörten. Der aus der sowjetischen Emigration zurückgekehrte Paul Wandel wurde erster Präsident der Deutschen Zentralverwaltung für Volksbildung, Karl Sothmann, der während der nationalsozialistischen Diktatur aus dem Schuldienst entlassen worden war, Leiter des Schulamtes beim Magistrat von Berlin und danach Referent für Schulfragen bei der Deutschen Zentralverwaltung, Wilhelm Heise, der, ebenfalls 1933 aus dem Schuldienst entlassen, in den letzten Kriegsjahren in einem Mischlings- und Zwangslager der Gestapo bei Zerbst inhaftiert worden war, Leiter der Schulabteilung.[2] Bei der Neubesetzung von Stellen in der fachlichen Schulaufsicht

---

1 Vgl. hierzu E. Weniger: Die Epoche der Umerziehung. Teil III-V. In: Westermanns Pädagogische Beiträge 5 (1960) Heft 2, S. 74-79, S. 76; siehe auch: A. Pehnke: Zum Schicksal der Leipziger Gaudigschule (1945 bis 1951). Ein Stück Wirkungsgeschichte aus den Akten der Schulbürokratie. In: Neue Sammlung 37 (1997), S. 7-25, S. 7ff.

2 Vgl. hierzu die Angaben in G. Geißler/F. Blask/T. Scholze (Hrsg.): Schule streng vertraulich! Band 1. Berlin 1996, S. 567 und 571f.; zum Folgenden siehe G. Geißler: Geschichte des Schulwesens in der Sowjetischen Besatzungszone und in der Deutschen Demokratischen Republik. 1945 bis 1962. Frankfurt a.M. usw. 2000, S. 61ff.

ging man anders vor. Hier griff man vielerorts auf erfahrene Schulleute zurück, die als Anhänger der Einheitsschule nach 1933 aus dem Dienst suspendiert worden waren und zu einem erheblichen Teil der SPD angehörten oder nahestanden und aus der Pädagogischen Bewegung kamen oder mit dieser schulaufsichtlich befasst gewesen waren.

Die Entnazifizierung wurde in den Ländern der SBZ unterschiedlich, in Brandenburg z.B. rigoroser als in Sachsen-Anhalt gehandhabt. Lehrer, die der NSDAP oder anderen nationalsozialistischen Organisationen angehört hatten, wurden entlassen oder degradiert. Der hieraus resultierende Lehrermangel zwang vielerorts dazu, die Entnazifizierungsverfahren weniger streng durchzuführen und nationalsozialistisch vorbelastete, pädagogisch aber qualifizierte Personen, wenn sie sich während der Zeit der NS-Diktatur nicht an den Verbrechen der Nationalsozialisten beteiligt hatten, in gewissem Umfang sogar wieder einzustellen. Zugleich wurde versucht, neues Personal durch die Ausbildung und Einstellung von Neulehrern zu gewinnen, die aus anderen Berufen kamen bzw. nach ihrer Rückkehr aus Krieg und Gefangenschaft in mehrmonatigen Ausbildungsgängen auf ihre neue Tätigkeit vorbereitet wurden.[3] Die Leiter der Lehrgänge waren oft Schulleute, die aus der Pädagogischen Bewegung kamen und den Beruf des Lehrers zwischen 1933 und 1945 nicht hatten ausüben können. Sie versuchten nun reformpädagogisches Gedankengut an die Neulehrer weiterzugeben. Zu den Neulehrern gehörten u.a. der Schriftsteller Günter de Bruyn und der Erziehungswissenschaftler Lothar Klingberg. Über seine Ausbildung zum Lehrer und erste berufliche Erfahrungen berichtet de Bruyn in seiner "Zwischenbilanz" mit dem Titel "Eine Kindheit in Berlin":

> "Einmal in der Woche konnte ich meine Freude an einsamen Wegen mit Pflichten bemänteln, da ich zur Weiterbildung in ein zehn Kilometer entferntes Luchdorf mußte, wo der Rektor des Schulbezirks, immer korrekt mit Anzug, Krawatte und Weste bekleidet, den Neulehrern Lektionen in Unterrichtslehre erteilte, die die gleiche Traurigkeit ausstrahlten wie er. In ihm hatten die Schulreformer der zwanziger Jahre einen begeisterten Anhänger gefunden; 1933 war er amtsenthoben, 1945 wieder eingestellt worden; jetzt sah er, daß unter dem Ideal der neuesten sowjetischen Pädagogik sein Ideal einer demokratisch-kritischen Arbeitsschule wieder der Lernschule alten Stils geopfert wurde: ein Rückschritt, wie er meinte, in die wilhelminische Zeit."[4]

L. Klingberg, der später in Leipzig und Potsdam Professor für Systematische Pädagogik und Allgemeine Didaktik wurde und als Wissenschaftler internationale Anerkennung fand, berichtet ebenfalls über seine Neulehrerzeit, dass er von einem reformpädagogisch enthusiasmierten "Altlehrer" ausgebildet wurde, der ihn nicht reformpädagogisch indoktrinierte, sondern zur Auseinandersetzung mit der Pädagogik Herbarts anregte.

---

3 Siehe hierzu F. Hofmann: Ein Neulehrer erzählt. Berlin 1982.

4 G. de Bruyn: Zwischenbilanz. Eine Kindheit in Berlin. Frankfurt a.M. 1992, S. 334f.

1947 verfasste er im Rahmen der Neulehrerausbildung einen "Halbjahresbericht",[5] in dem er u.a. nach der Bedeutung des Klassikers Herbart für die Neuorientierung von Schulreform und Schulpädagogik fragte. Die Studie entstand in einer Zeit, die in pädagogischer und politischer Hinsicht durch zwei kräftige, einander zuweilen ausschließende, zuweilen überlagernde Strömungen bestimmt war, die beide den Neulehrer Klingberg für sich zu gewinnen suchten. Auf der einen Seite traten reformpädagogisch orientierte Praktiker auf, die während der nationalsozialistischen Diktatur unter Berufsverbot gestanden hatten und nun hofften, in der SBZ ihre Vorstellungen von einer reformierten Schule, in der die zentrale Aufgabe pädagogischen Handelns nicht mehr das Lehren und Lernen, sondern das Erziehen, Führen, Arbeiten und Leben sein sollte, in die Tat umsetzen zu können. Auf der anderen Seite war eine neue politische Kaste aktiv, die in der SBZ eine sozialistische Gesellschaftsordnung einführen und Schule, Unterricht und Schulleben an dieser ausrichten wollte.[6] Die neue Ordnung sollte keine formale oder bürgerliche, sondern eine substanzielle oder sozialistische Demokratie mit einer gleichermaßen antifaschistischen und antikapitalistischen Programmatik sein.

Klingbergs "Halbjahresarbeit" besticht durch ihre differenzierende Problemsicht, welche die beiden streitenden Parteien berücksichtigt, sich aber für keine entscheidet. Obwohl der pädagogische "Zeitgeist" damals, wie er an anderer Stelle ausführt, "antiherbartianisch" gewesen sei und man "Herbart und die Herbartianer" in reformpädagogischer Einstellung "in einen Topf geworfen" habe,[7] prüfte Klingberg, angeregt durch seinen aus der zweiten pädagogischen Bewegung kommenden Mentor, reformpädagogisches Gedankengut der ersten pädagogischen Bewegung auf seine Bedeutung für Schulreform und Reformpädagogik nach 1945. Dabei würdigte *und* kritisierte er Herbart als einen Theoretiker der ersten pädagogischen Bewegung, der "in der Methodik das Wesenhafte des Pädagogischen"[8] erblickt habe:

---

5 Die aus drei Teilen bestehende Abhandlung hat den Titel "Johann Friedrich Herbart. Versuch einer Darstellung seiner Pädagogik im Zusammenhange mit der Entwicklung des Bildungswesens in Deutschland von der Renaissance bis in die Jetztzeit". Sie findet sich in: Archiv für Reformpädagogik. Humboldt-Universität: Sign.: Archrefpaed/Klingberg-Nachlass.

6 Die von L. Klingberg unterschiedenen Richtungen wurden zuweilen durch ein und dieselbe Person repräsentiert, z.B. von R. Alt, der in den Jahren vor seiner Verhaftung und Einweisung in verschiedene Konzentrationslager Lehrer an jüdischen Volksschulen in Berlin gewesen war, oder von W. Heise.

7 zitiert nach einem Brief von L. Klingberg an D. Benner aus dem Jahre 1997. Archiv für Reformpädagogik. Humboldt-Universität: Sign.: Archrefpaed/Klingberg-Nachlass. Der Brief steht im Zusammenhang mit einer im Nachlass aufbewahrten "Laudatio auf Lothar Klingberg", die anlässlich der "Verleihung des 6. Preises der Stiftung Schulgeschichte des Bezirksverbandes Weser-Ems der Gewerkschaft Erziehung und Wissenschaft" an L. Klingberg verfasst wurde.

8 L. Klingberg: Johann Friedrich Herbart. A.a.O., S. 4.

> "Was wir an Herbart ablehnen, sind die Formalstufen als objektiv-gültige Unterrichtsnorm, angewandt in jeder unterrichtlichen Situation, ist der Schematismus, das System, der Totalitätsanspruch seiner Lehren und besonders seiner Schule [gemeint sind die Herbartianer, D.B./H.K.]; was wir an ihm als wertvoll und für uns gültig anerkennen, sind die psychologischen, ethischen und philosophischen Elemente [...,] wesentliche Grundlagen für die Weiterentwicklung der Pädagogik [...] in unserer Zeit."[9]

Wie aus beiden Zeitzeugenberichten hervorgeht, gab es in der Anfangszeit der SBZ einen an den Schulen und in der Lehrerausbildung offen ausgetragenen Meinungsstreit, in dem eine Vielzahl schul- und reformpädagogischer Konzepte zur Sprache kam. Dieser Meinungsstreit lässt sich sowohl für die praktische Schulreformarbeit als auch im Bereich der staatlichen Schulreform und in der erziehungswissenschaftlichen Theoriediskussion nachweisen. Die Pluralität der Reformvorstellungen und der zwischen diesen stattfindende Meinungsaustausch tendierten zu einer Befürwortung der Einheitsschulidee. Deren plurale Auslegung aber war insofern von Anfang an gefährdet, als die KPD schon früh versuchte, der angestrebten Einheitsschule eine Einheitspädagogik zur Seite zu stellen, die durch eine Sowjetisierung von Pädagogik und Schule durchgesetzt werden sollte.[10] Entsprechende Vorstellungen stießen jedoch in den ersten Jahren nach 1945 auf Widerstand sowohl bei Anhängern der Reformpädagogik als auch bei Vertretern der verschiedenen Neuansätze einer empirischen, geisteswissenschaftlichen und neukantianischen Erziehungswissenschaft. Sie gingen zudem von deutschen Kommunisten und weniger von der sowjetischen Militär-

---

9 Ebd., 3. Teil, S. 8.

10 Die in der Literatur zuweilen vertretene These von einer frühen Sowjetisierung der Schule und ihrer Pädagogik (vgl. z.B. Ch. Langewellpott: Erziehungswissenschaft und pädagogische Praxis in der DDR. Düsseldorf 1973; Ch. Lost: Sowjetpädagogik. Wandlungen, Wirkungen, Wertungen in der Bildungsgeschichte der DDR. Hohengehren 2000) kann weniger an Initiativen der russischen Besatzungsmacht und auch nicht an Bestrebungen der SED und der seit 1946 mit den Kommunisten vereinigten Sozialdemokraten festgemacht werden; entsprechende Initiativen gingen vielmehr von Mitgliedern der KPD aus, die sich erst später in der SED durchsetzten und den Einfluss der Sozialdemokratie zurückdrängten. Auch die Einführung russischer Lehrbücher taugt nicht als Beleg für eine frühe Sowjetisierung, da in diesen deutsche Traditionen des Herbartianismus wirksam waren. Vgl. hierzu W. Eichler: Der Stein des Sisyphos. Studien zur Allgemeinen Pädagogik in der DDR. Münster usw. 2000, S. 103ff. Siehe ferner E. Cloer: Theoretische Pädagogik in der DDR. Eine Bilanz von außen. Weinheim 1998, S. 197-260; G. Geißler: Geschichte des Schulwesens. A.a.O., S. 128ff.; E. Cloer: Argumentations- und Legitimationsmuster der Gründergeneration der universitären Pädagogik in der SBZ und frühen DDR. In: St. Hellekamps/O. Kos/H. Sladek (Hrsg.): Bildung - Wissenschaft - Kritik. Weinheim 2001, S. 202-222. Zur Vielfalt der pädagogischen und erziehungswissenschaftlichen Strömungen siehe auch D. Benner/H. Sladek: Vergessene Theoriekontroversen in der Pädagogik der SBZ und DDR. 1946-1961. Weinheim 1998.

administration aus, die über fachlich vorgebildete Offiziere verfügte, die eine gewisse Wertschätzung für die deutsche Pädagogik besaßen und diese weder auf Konzepte der Pädagogischen Bewegung reduzierten noch die Bewegung mit der Pädagogik während der nationalsozialistischen Diktatur gleichsetzten.[11]

3.1.2 Das "Gesetz zur Demokratisierung der deutschen Schule" von 1946 und seine unterschiedlichen Auslegungen

Als in der SBZ am 01.10.1945 die Schulen wieder eröffnet wurden, lagen neue Richtlinien vor, die die Mindestziele für den Unterricht fixierten. Der Schulanfang erfolgte unter erschwerten Bedingungen, er fand vielerorts in ungeheizten Gebäuden bzw. Notunterkünften statt und musste von einem dezimierten Kollegium erteilt werden. Da neue Lehrpläne und Schulbücher in der Kürze der zur Verfügung stehenden Zeit nicht hatten erarbeitet werden können, wurden Schulbücher und z.T. auch Lehrpläne aus der Zeit der Weimarer Republik zur Wiederverwendung freigegeben. Anfang 1946 wurde dann unter Mitwirkung der Sowjetischen Militäradministration in Deutschland (SMAD) ein neues Schulgesetz vorbereitet, das nach seiner Beratung in den ostdeutschen Ländern in Kraft trat.[12]

Das neue Schulgesetz hatte den Namen "Gesetz zur Demokratisierung der deutschen Schule". Mit seiner Umsetzung wurde das traditionelle deutsche Schulsystem abgelöst. Dieses kannte - anders als das von Humboldt für die Preußischen Reformen ursprünglich konzipierte - über die 1920 eingeführte 4-jährige Grundschule hinaus keine horizontal differenzierten Schulstufen, sondern vertikal angeordnete Schultypen (Volksschule; Mittelschule; Oberrealschule; Realgymnasium; Gymnasium).[13] An ihre Stelle trat in der SBZ eine Einheitsschule, die das gesamte Bildungssystem in vier Stufen, eine Vorstufe, eine Grundstufe, eine Oberstufe und eine Hochschulstufe, gliedert. Die Vorstufe bestand aus einem für 3- bis 5- bzw. 6-Jährige bestimmten nicht-obligatorischen Kindergarten, die Grundstufe aus einer 8 Jahrgänge umfassenden Grundschule, die Oberstufe aus einer 4 Klassen umfassenden Oberschule sowie - parallel dazu - aus einer 3-klassigen Berufsschule, an die sich der Besuch einer Fachschule in der Form einer 2-jährigen Aufbauschule anschließen konnte. Der Zugang zum Hochschulstudium wurde so geregelt, dass er nach einer abgeschlossenen Berufsausbildung mit Fachschulbesuch möglich war.

---

11 Als ein besonderer Ertrag der damaligen pädagogischen und politischen Meinungsbildung kann das Schulgesetz für Groß-Berlin angesehen werden. Siehe hierzu: Schulreform und Schulverwaltung in Berlin. Die Protokolle der Gesamtkonferenzen der Schulräte von Groß-Berlin. Juni 1945 bis November 1948. Bearbeitet und kommentiert von G. Geißler. Frankfurt a.M. usw. 2002; siehe auch den Textauszug und Kommentar von P. Oestreich im *Quellentextband 3.1*, S. 76-84.

12 Vgl. den 3. Entwurf der Thüringer Fassung des Gesetzes sowie das "Gesetz zur Demokratisierung der deutschen Schule". In: *Quellentextband 3.1*, S. 25-28 und S. 37-40.

13 Vgl. hierzu die Ausführungen im *Monographieband 2*, S. 21ff.

Struktur des Bildungssystems gemäß
"Gesetz zur Demokratisierung der deutschen Schule" (1946) [14]

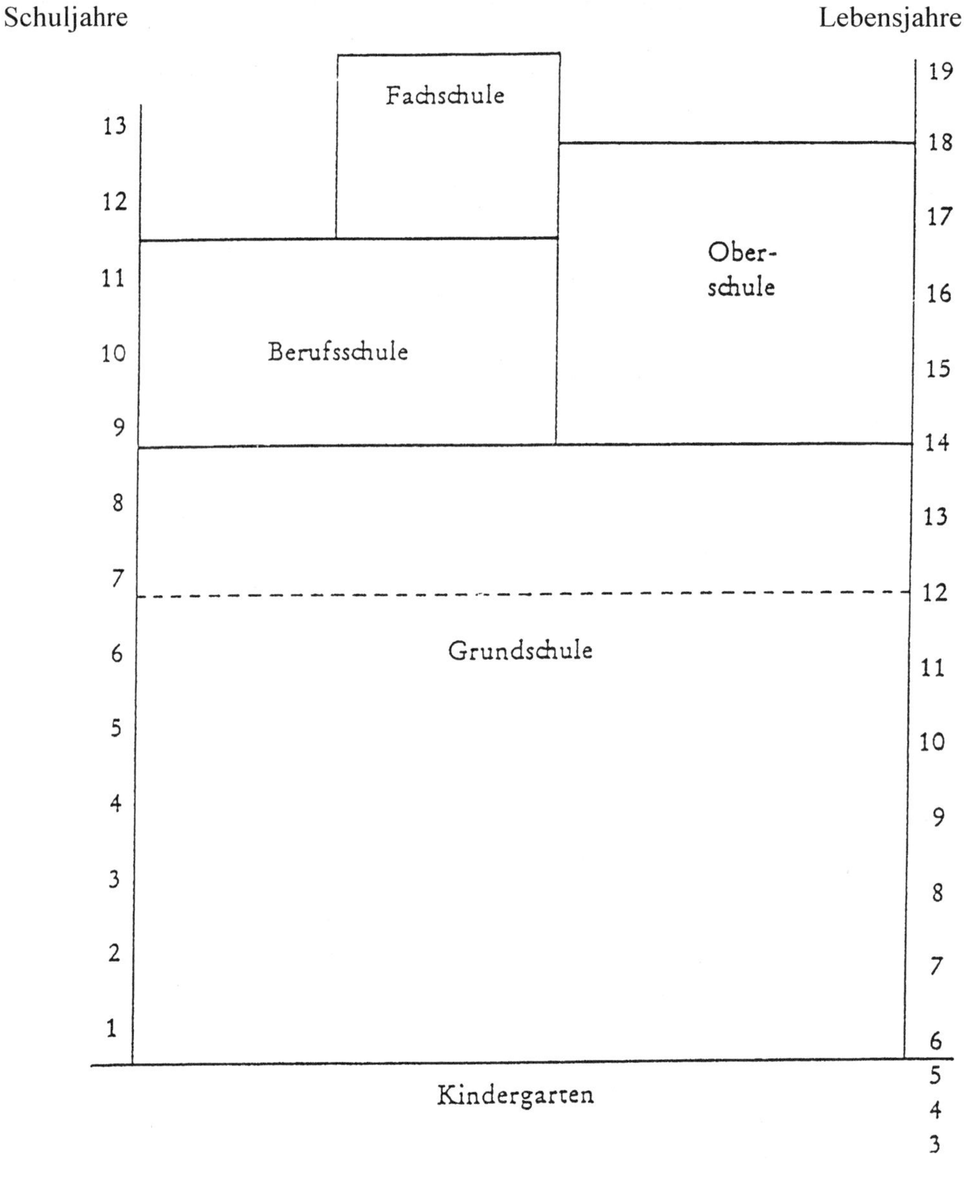

14 Das Schaubild wurde entnommen: L. Froese (Hrsg.): Bildungspolitik und Bildungsreform. Amtliche Texte und Dokumente zur Bildungspolitik im Deutschland der Besatzungszonen, der Bundesrepublik Deutschland und der Deutschen Demokratischen Republik. München 1969, S. 371.

Das Schulgesetz von 1946 definiert nicht nur eine neue Schulstruktur, sondern regelt auch die Ziele, Übergänge, Mitbestimmungsmöglichkeiten und schulaufsichtlichen Zuständigkeiten.[15]

Im § 1 stehen drei Zielformulierungen in lockerer Reihenfolge nebeneinander:

- "Die deutsche demokratische Schule soll die Jugend zu selbständig denkenden und verantwortungsbewußt handelnden Menschen erziehen, die fähig und bereit sind, sich voll in den Dienst der Gemeinschaft des Volkes zu stellen."
- "Als Mittlerin der Kultur hat sie die Aufgabe, die Jugend frei von nazistischen und militaristischen Auffassungen im Geistes des friedlichen und freundschaftlichen Zusammenlebens der Völker und einer echten Demokratie zu wahrer Humanität zu erziehen."
- "Sie wird, ausgehend von den gesellschaftlichen Bedürfnissen, jedem Kind und Jugendlichen ohne Unterschied des Besitzes, des Glaubens oder seiner Abstammung die seinen Neigungen und Fähigkeiten entsprechende vollwertige Ausbildung geben."

Im § 2 wird festgelegt,

- dass die "schulische Erziehung [...] ausschließlich Angelegenheit des Staates" und dass der "Religionsunterricht" als "Angelegenheit der Religionsgemeinschaften" angesehen wird, ferner
- dass die neue Schule keine geschlechterspezifischen Schulformen kennt und dass die genannten Ziele für Jungen und Mädchen in gleicher Weise gelten.

Der § 3 definiert die bereits genannten vier Stufen des Bildungssystems (Vorstufe, Grundstufe, Oberstufe, Hochschule) und regelt die zwischen diesen bestehenden Übergangsmöglichkeiten.

- Von der achtjährigen Grundschule als der Grundstufe des Bildungssystems wird gesagt, dass in den Klassen 1 bis 6 alle Kinder gemeinsam unterrichtet und in den Klassen 7 und 8 auf unterschiedliche Leistungsstärken zugeschnittene Kurse für Mathematik, Naturwissenschaften und eine zweite Fremdsprache eingerichtet werden.
- Eine Mittelstufe oder -schule kennt das Bildungssystem - vergleichbar den Schulplänen Humboldts - nicht.
- Die Grundstufe bereitet in den Klassen 7 und 8 den Übergang in die Oberstufe vor, in der leistungsstärkere Schüler die Oberschule besuchen und die anderen sich in der Berufsschule für eine Berufsausbildung qualifizieren.
- Die Oberschule führt zur Hochschule, die Berufschule kann zur Fachschule und über diese zur Hochschule führen.

Mit dieser Schulstruktur war zugleich eine Aufhebung der traditionellen Trennung zwischen volkstümlicher und wissenschaftlicher Grundbildung intendiert. Sie wurde im § 4 durch die Vorschrift abgesichert, dass der "gesamte Unterricht auf allen Stufen nach Lehrplänen" zu erteilen ist, "welche die Systematik und Wissenschaftlichkeit des Unterrichts gewährleisten".

---

15 Siehe den Abdruck des Gesetzes im ersten Heft des Gründungsjahrgangs der Zeitschrift "Pädagogik" 1 (1946), S. 2-4 im *Quellentextband 3.1*, S. 36-40.

Die Beteiligung aller Schichten der Bevölkerung sichert der § 5, indem er erklärt, dass der Besuch der Grund- und Berufsschule schulgeldfrei ist und der Besuch der Oberschule und Hochschule für "Kinder minderbemittelter Eltern" durch "Stipendien" und "Beihilfen" sowie "andere Maßnahmen" gefördert wird.

Durch den § 6 wird eine gestaffelte Schulaufsicht eingeführt, welche zwischen den Verantwortlichkeiten der Schulleitung, der Städte und Kreise sowie der Volksbildungsämter der Länder unterscheidet. Lediglich die Genehmigung der Lehrpläne bleibt nach § 4 der Zentralverwaltung für Volksbildung in der Sowjetischen Zone vorbehalten. Darüber hinaus regelt der § 4 die Mitwirkung der demokratischen Parteien, Eltern, demokratischen Jugendverbände und Schüler am Aufbau der neuen Schule; die direkten Mitwirkungsrechte der zuletzt genannten Gruppe werden auf die "Gestaltung des Schullebens" begrenzt. Abschließend kündigt der § 7 an, dass die gesamte Lehrerausbildung im Rahmen eines weiteren Gesetzesverfahrens nach den Vorschriften des "Gesetzes zur Demokratisierung der deutschen Schule" neu geordnet werden soll.

Bereits die Zielformeln im § 1 des Gesetzes lassen erkennen, dass dieses unterschiedliche Reformvorstellungen zu integrieren und einen Gesamtrahmen für eine Schulreform zu skizzieren suchte, an der verschiedene Richtungen und Gruppierungen beteiligt werden sollten. Wie unterschiedlich das Gesetz interpretiert werden konnte, geht aus den zahlreichen zeitgenössischen Stellungnahmen von Reformpädagogen, Schulreformern, Erziehungswissenschaftlern und für die Bildungspolitik Verantwortlichen hervor.

Peter Petersen, einer der führenden Reformpädagogen in der Weimarer Republik, der nach seiner Annäherung an die nationalsozialistische Bewegung auch während der Zeit der nationalsozialistischen Diktatur reformpädagogisch und wissenschaftlich wirken konnte,[16] äußerte sich zu der in Thüringen beratenen Fassung der Gesetzes über die deutsche demokratische Einheitsschule[17] wie folgt:

> "Der Gesetzesvorschlag [...] gibt [der deutschen demokratischen Einheitsschule, D.B./H.K.] den äußeren Rahmen. Seine Hauptbedeutung liegt darin, daß dieses Gesetz den unser Schulwesen zerklüftenden nebeneinander gestellten Schularten ein Ende machen und dafür eine sich organisch gegliederte 'Allgemeine deutsche Volksschule' schaffen will. Es nimmt dabei Forderungen auf, die von Vertretern der deutschen Schulreform - Männer und Frauen der äußersten Rechten wie Linken - seit zwei Generationen erhoben worden sind, und es verwertet die reichen Erfahrungen der praktischen Schulreform der letzten 30 Jahre."[18]

---

16 Vgl. hierzu die Texte aus Arbeiten von P. Petersen im *Quellentextband 2*, S. 255-312, und ihre Interpretation im *Monographieband 2*, S. 207-237.

17 Vgl. die Thüringer Fassung des Gesetzes zur Demokratisierung der deutschen Schule. In: *Quellentextband 3.1*, S. 25-28.

18 P. Petersen: Stellungnahme zum Thüringer Gesetz zur deutschen demokratischen Einheitsschule. Jena, den 25.02.1946. In: *Quellentextband 3.1*, S. 28-29, S. 28.

Petersen stilisierte sich mit dieser Würdigung zum Wortführer der Reformpädagogen und zu einem der geistigen Väter des Gesetzes. Er verschwieg dabei, dass er in seiner "Allgemeinen Erziehungswissenschaft" 1924 von feststehenden Menschentypen gesprochen hatte, die keine Erziehung und kein Zeitalter ändern könne. Paul Oestreich, ein Reformpädagoge und Schulreformer, der in der Weimarer Republik bereits als Befürworter einer radikalen demokratischen Schulreform aufgetreten war, distanzierte sich 1947 in einem Redebeitrag anlässlich der Beratungen über das Erziehungsprogramm der Sache nach von Petersens Einschätzung und unterzog das neue Gesetz einer weitreichenden Kritik.[19] In dieser bemängelte er an dem inzwischen verabschiedeten Gesetz, dieses habe die Trennung zwischen der höheren Schule und dem übrigen Schulwesen nicht überwunden, sondern in reduzierter Form fortgeschrieben:

> "Wir wollen ruhig offen unsere Meinung sagen. Ich für meinen Teil [...] sage: die höhere Schule ist reif zum vollkommenen Verschwinden, nicht etwa weil die Studienräte schlecht wären, sondern weil wir das ganze Berechtigungswesen nicht mehr tragen können und eine Durchbildung jedes einzelnen Menschen ganz unabhängig von diesen festen Anstalten durchführen müssen.
>
> Ich bedauere, daß noch vier Jahre höhere Schule vorhanden sind. Die höhere Schule wird vollkommen durch die entsprechenden Gruppenbildungen innerhalb einer Gesamtschule ausgefüllt, wobei man die Begabteren weit eher als auf der höheren Schule erfassen wird. Der Hochschule wird damit weit eher gedient, daß sie die wirklich fähigen Menschen bekommt.
>
> Ich bin immer der Meinung [...] gewesen, daß eine wirkliche Vorbildung für eine Wissenschaft eine sehr lange Zeit gebraucht. Ich bin deshalb unglücklich, wenn wir dies jetzt in vier Jahren erreichen wollen. [...] Aber mit der neun- oder achtjährigen Oberschule geht es nicht, weil wir zu Massenbildungsanstalten kommen, weil die Hineinkommenden einfach die Kinder ihrer Eltern sind.
>
> An der ganzen Auslese bin ich zweifelnd. Ich glaube nicht, daß die Auslese durch Tests und Prüfungen sich durchgreifend wird durchsetzen können. [...]
>
> Ich bin deshalb für eine Gesamtschule von 12 Jahren. [...] Ich bin der ketzerischen Meinung, daß die geistigen Begabungen nicht einseitig vorhanden sind und nicht mit absoluter Sicherheit gefunden werden können, sondern daß sie sich selbst an der Reibung mit der Welt entpuppen müssen."[20]

---

19 Zu P. Petersens Pädagogik und Schulreformkonzeption siehe *Monographieband 2*, S. 207-237; zu P. Oestreichs Konzeption von Schulreform siehe die Texte im *Quellentextband 2*, S. 465-502, und ihre Interpretation im *Monographieband 2*, S. 302-314.

20 P. Oestreich: Diskussionsbeitrag auf der Pädagogen-Tagung in Berlin, einberufen von der Deutschen Verwaltung für Volksbildung in der Sowjetischen Besatzungszone, vom 05.05.1947. In: *Quellentextband 3.1*, S. 60-61, S. 60f.

In einem weiteren Diskussionsbeitrag warnte Oestreich, die äußere Differenzierung in der Grundschule und die Trennung des Bildungssystems in eine Grund- und eine Oberschule werde dazu führen, dass es an Stelle der angestrebten "Einheitsschule" nur "lauter Stücke" derselben geben werde.[21] Wer wirklich für eine Einheitsschule eintrete, müsse die Schule gemäß seiner Konzeption für eine 12-jährige "elastische Einheitsschule" reformieren.

Eine mittlere Position nahm Heinrich Deiters ein, der wie Oestreich dem Bund der entschiedenen Schulreformer angehörte, seit 1920 Mitglied der SPD war und im Januar 1947 ordentlicher Professor für Pädagogik an der Berliner Universität wurde. Er verglich das Schulgesetz der SBZ mit Schulreformen in den westlichen Besatzungszonen und arbeitete dabei als Differenz heraus, dass der Einheitsschulgedanke nur in der SBZ voll wirksam sei, während in anderen Besatzungszonen Konzepte vorherrschten, welche die gemeinsame Schulzeit aller Heranwachsenden z.T. auf die 4-jährige Grundschule der Weimarer Republik begrenzten und weiterhin von der irrigen Auffassung ausgingen, dass sich theoretische und praktische Begabungen früh erkennen und strikt voneinander unterscheiden lassen. Gegen diese in Westdeutschland favorisierte Vorstellungen wandte er ein:

> "Theoretische und praktische Fähigkeiten des Menschen hängen in der Wurzel zusammen. Sie entwickeln sich neben- und durcheinander, treten erst in einem späteren Stadium des Lebens auseinander und werden durch die Spezialisierung der kapitalistischen Wirtschaftsform völlig auseinandergetrieben. Bei Kindern vom 10. bis 14. Lebensjahre bedeutet die einseitige Pflege der theoretischen Fähigkeiten einen schweren Verstoß gegen die Grundforderungen der Erziehung, ebenso wie es eine einseitige Begünstigung der praktischen Fähigkeiten tun würde. Dieser ganzen Theorie von einem ursprünglichen Unterschied zwischen theoretischen und praktischen Begabungen, so, wie sie hier vorgetragen wird, liegt letzten Endes eine klassenmäßig bedingte Unterscheidung zwischen der geistigen Arbeit als der sozial höher zu bewertenden und der Handarbeit als der niedrigen Form der Tätigkeit zugrunde. Eine frühzeitige Aufteilung des Schulwesens in einen theoretischen und einen praktischen Zweig ist aus psychologischen, pädagogischen und sozialen Gründen unhaltbar und würde nur dazu führen, den alten Dualismus unseres Bildungswesens in neuer Gestalt wieder aufleben zu lassen."[22]

---

21 Paul Oestreich: Diskussionsbeitrag auf der Pädagogen-Tagung in Berlin, einberufen von der Deutschen Verwaltung für Volksbildung in der Sowjetischen Besatzungszone, vom 06.05.1947. In: *Quellentextband 3.1*, S. 61.

22 H. Deiters: Die Schulpolitik im Westen und Osten Deutschlands. Ein kritischer Vergleich (unveröffentlichtes Manuskript 1946). DIPF/BBF/Archiv: Sign. 0.4.05/46. Nachlaß Deiters; veröffentlicht in: D. Benner/H. Sladek: Vergessene Theoriekontroversen in der Pädagogik der SBZ und DDR. 1946-1961. Monographie mit Quellenteil. Weinheim 1998, S. 198-200, S. 198f.; zur Interpretation siehe ebd., S. 56ff.; zur Rezep-

Zugleich problematisierte Deiters die in Westdeutschland vorherrschende nativistische und statische Begabungslehre, welche zur Legitimation für den Wiederaufbau eines vertikal gegliederten Schulsystems herangezogen wurde:

> "Die liberale Gesellschaftslehre hat einen anderen Begriff von der Individualität als die demokratische. Jene wird von einer individualistischen Tendenz beherrscht, diese von einer kollektivistischen. Infolgedessen bleibt bei der Begabtenförderung, so wie sie von der demokratischen liberalen Pädagogik vertreten wird, das Verhältnis des Individuums zur Gesamtheit unklar. Die Begabung, mit der ein Kind ins Leben tritt, ist ihm mitgegeben, wie der Ausdruck sagt, aber sie entfaltet und beweist sich nur in Wirkung und Gegenwirkung mit den Einflüssen der Umwelt. Wir können deshalb auch grundsätzlich niemals genau wissen, wie groß sie anfänglich war und wieweit sie reicht. Deshalb können sich die Anlagen des Einzelnen auch nur innerhalb der Gesellschaft entwickeln. Es ist unmöglich, auch nur mit einem geringen Maß von Treffsicherheit die individuellen Begabungen in einem frühen Lebensstadium nach ihrem Ausmaß zu sichten. Jeder Versuch, die Schüler frühzeitig nach allgemeinen Begabungstypen zu trennen, bedeutet ein Unrecht gegen sie alle."[23]

In seinem Ost-West-Vergleich knüpfte Deiters der Sache nach an Schleiermachers Einsicht in die Unentschiedenheit und Unentscheidbarkeit der menschlichen Anlagen an.[24] Das im Westen Deutschlands lange vorherrschende Begabungsverständnis kritisierend und die künftige Entwicklung von Reformpädagogik und Schulreform in der SBZ und DDR idealisierend, glaubte er diagnostizieren zu können, der Westen Deutschlands gehe von einem statischen und deterministischen Begabungsbegriff sowie einer abstrakten Moral aus, nur in Ostdeutschland existiere ein Bewusstsein von der Unverfügbarkeit der individuellen Bildsamkeit und der politischen Aufgabe, sozialisatorisch bedingte Ungleichheit unter den Menschen im Bildungssystem zu überwinden:

> "Man kann [...] den Unterschied zwischen den im Westen und Osten Deutschlands eingeschlagenen Grundrichtungen dahin zusammenfassen, daß die Erzieher im Westen mehr vom abstrakten Gesetzmäßigen, Moralischen ausgehen, die im Osten dagegen mehr vom individuellen Einmaligen und Politischen. Der im Osten gewählte Weg entspricht [...] den Bedingungen der Jugenderziehung und wird der Notwendigkeit, die Jugenderziehung gerade nach ihrer politischen Seite hin gründlich zu reformieren, gerecht."[25]

---

tion des Schulgesetzes in Westdeutschland siehe auch G. Rönnebeck: Wege zur neuen Schule. In: Frankfurter Hefte 1 (1946), S. 581-583.

23 H. Deiters: Die Schulpolitik im Westen und Osten Deutschlands. A.a.O., S. 199.

24 Vgl. hierzu die Ausführungen im *Monographieband 1*, S. 272ff. und 296ff.

25 H. Deiters: Die Schulpolitik im Westen und Osten Deutschlands. A.a.O., S. 200.

In dieser Frage vertrat Theodor Litt, der bereits in der Weimarer Republik als ein Kritiker reformpädagogischer Konzepte aufgetreten war und während der Zeit der nationalsozialistischen Diktatur seine Professur für Pädagogik und Philosophie an der Universität Leipzig hatte aufgeben müssen, eine gegenteilige Auffassung.[26] Im neuen Bildungssystem der SBZ sah er keine die Individualität der Einzelnen anerkennende und den gemeinsamen Aufgaben der Bildung angemessene Schulstruktur verwirklicht, sondern eine Erziehungsideologie und Politik am Werke, die den antinomischen Charakter moderner Bildung leugnet und von den Abstimmungsproblemen zwischen allgemeiner und beruflicher Bildung abstrahiert. Litts Stellungnahme zum Schulgesetz der SBZ enthält eine sachliche Kritik, die bestimmte Harmonieannahmen des Gesetzes problematisiert, eine kritische Diagnose, die auf den antinomischen Charakter moderner Bildung verweist, eine Antwort, wie mit dieser Antinomie umzugehen sei, sowie eine Voraussage zur künftigen Geltung des Gesetzes, die heute, 55 Jahre später, leicht überprüft werden kann.

Bei der Problematisierung des Gesetzes bezieht sich Litt der Sache nach auf dessen dritte Zielformulierung, welche in Aussicht stellt, die neue Schule werde jedem Heranwachsenden, "von den gesellschaftlichen Bedürfnissen" ausgehend, eine "seinen Neigungen und Fähigkeiten entsprechende vollwertige Ausbildung" vermitteln. In dieser Zielperspektive erblickt Litt, anders als Deiters, nicht eine politisch angemessene Anerkennung der individuellen Einmaligkeit der Einzelnen, sondern eine ideologische Verschleierung der antinomischen Abstimmungsprobleme zwischen der individuellen und der universellen Seite der Erziehung sowie der allgemeinen und der beruflichen Bildung:

> "Ich bin schon seit Jahrzehnten überzeugt gewesen, daß [...] das Verhältnis zwischen beruflicher Ausbildung einerseits und den Möglichkeiten beruflichen Unterkommens andererseits von den Pädagogen viel zu günstig beurteilt worden ist. Man begegnet immer wieder Ausführungen des Inhalts, daß, wenn erst einmal jeder junge Mensch in Deutschland dahin gebracht worden sei, seiner Neigung und Begabung entsprechend sich persönlich zu entwickeln, dann auch die Gewähr dafür geboten sei, daß man ihn innerhalb des gesellschaftlichen Ganzen aufnehmen könne. Das ist immer ein Irrtum gewesen, heute aber eine totale Verkennung der Tatsachen."[27]

---

26 Zu Th. Litts Verhältnis zu P. Oestreich vgl. seinen "Offenen Brief" aus dem Jahre 1924. In: *Quellentextband 2*, S. 481-490; zu Litts Verhältnis zu Deiters siehe seinen Brief vom 15.07.1946, veröffentlicht in: D. Benner/H. Sladek: Vergessene Theoriekontroversen in der Pädagogik der SBZ und DDR. 1946-1961. Monographie mit Quellenteil. Weinheim 1998, S. 196-197; siehe auch die Ausführungen zu Litt im *Monographieband 2*, S. 311ff. und 321ff.

27 Th. Litt: Diskussionsbeitrag auf der Pädagogen-Tagung in Berlin vom 06.05.1947, einberufen von der Deutschen Verwaltung für Volksbildung in der Sowjetischen Besatzungszone für den 05. bis 06.05.1947. In: *Quellentextband 3.1*, S. 62-63, S. 62.

Mit Verweis auf die Tatsache, dass es für bestimmte Stellen immer zu viele, für andere zu wenige Bewerbungen gebe, sowie mit Blick auf den Andrang "zu dem akademischen Berufe", der "zweifellos" über den "wirklichen Bedarf weit hinaus" gehe, wirft Litt die Frage auf, ob überhaupt die Annahme erlaubt sei, es könne bei einer nach "Neigung und Anlage" erfolgenden Zulassung zu den zu ihnen hinführenden Studiengängen gelingen, Neigung, Anlage und gesellschaftliche Nachfrage in ein ausgewogenes Verhältnis zu setzten:

> "Nun stelle ich die Frage: Nehmen wir an, daß es gelänge, alle diejenigen von dieser Berufslaufbahn abzuschrecken, die ihr aus unsachlichen Motiven zugestrebt haben; nehmen wir an, wir haben nur diejenigen, die nach Neigung und Anlage hingehören: dürfen wir hoffen und wünschen, daß die gewünschte Prästabilisierung zwischen Beruf und Anlage sich herstellt? Auch dazu nur ein klares kräftiges: Nein! Ich bin der Ansicht, daß man viel besser daran tut, die hier bestehende schwere und auf lange Zeit unlösbare Antinomie in aller Deutlichkeit einzugestehen und dem jungen Menschen von vornherein zu verstehen zu geben: Du wirst unter Umständen durch die Lebensnotwendigkeiten gezwungen werden, einen Beruf einzuschlagen, innerhalb dessen Deine persönlichen Anlagen nicht die Art von Betätigung finden werden, nach der Du verlangst. Der junge Mensch muß lernen, diese Diskrepanz aufzufinden und sich damit abzufinden, und wenn ich mir ein Bild von der nächsten Zukunft zu machen versuche, vermag ich nicht einzusehen, daß sich etwas daran ändern wird."[28]

Den Grund für die Unmöglichkeit, Neigungen, Anlagen und gesellschaftliche Bedürfnisse harmonisch miteinander abzustimmen, erblickte Litt in den für lange Zeit unabsehbaren Lebensumständen, so dass sich hier die Rückfrage aufdrängt, ob bei ihm die Abweisung der im "Gesetz zur Demokratisierung der deutschen Schule" mit Gewissheit unterstellten Harmonisierungsaussicht im Namen einer in umgekehrter Gewissheit unterstellten Disharmonie von Anlagen, Neigungen und gesellschaftlichen Positionen erfolgt, oder ob er auf andere Gründe verweisen kann. Auf diese Frage bleibt Litt in der Äußerung, der das Zitat entstammt, letztlich eine eindeutige Antwort schuldig. Der Kontext legt jedoch nahe, dass er der Auffassung war, Abstimmungsprobleme zwischen individuellen Wünschen und Fähigkeiten und gesellschaftlichen Erwartungen und Positionen seien in modernen Gesellschaften unvermeidbar und müssten von den Einzelnen als Herausforderung erkannt und angenommen werden. Wer auf Harmonie statt auf Widerstreit setze, könne dies nur um den Preis tun, dass er seine Handlungsfähigkeit einbüße und von der Gesellschaft Prämierungen von Leistungen verlange, die von ihm selbst nicht erbracht werden.

---

28 Ebd.

Aus dem so gefassten Widerstreit zwischen individuellen Anlagen und Neigungen auf der einen sowie diesen und Erfordernissen der gesellschaftlichen Allokation auf der anderen Seite leitet Litt eine pragmatische Schlussfolgerung und eine in die Zukunft vorausgreifende Diagnose ab. Die Schlussfolgerung lautet, es komme darauf an, die Selektionsfunktion des Bildungssystems auszuweiten und zu stärken:

> “Wenn dem so ist, wie ich angedeutet habe, dann gewinnt die Aufgabe der Begabtenauslese und -lenkung, verglichen mit den hinter uns liegenden Jahren, das verdutzendfachte und verhundertfachte Gewicht. Schon in den Jahrzehnten, die hinter uns liegen, schon vor der Nazizeit, hat unser Auslesesystem miserabel funktioniert. Ich bin vor allem der Meinung, daß bei vielen Fragen innerhalb von Schule und Hochschule es an Klarheit des Urteils und Entschiedenheit des Willens durchaus gefehlt hat. Wenn wir aber eine gewisse Nachsicht uns noch leisten konnten, so wird sie heute zum Verbrechen. Insbesondere wenn von Hochschulen und geistigen Berufen die Rede ist, muß gesagt werden, daß gerade in bezug auf diese Berufe die Auslese, die Aufgabe der rechten Auslese, so streng genommen werden muß wie noch nie.”[29]

Konfrontiert man die hier von Litt empfohlene Konsequenz mit den kritischen Einsichten der in Auseinandersetzung mit der ersten pädagogischen Bewegung entwickelten Schultheorie, so fällt auf, dass in ihr die Selektionsfunktion der Schule mit Verweis auf die Anforderungen und Struktur der gesellschaftlichen Arbeitsteilung zwischen den Berufen legitimiert und schulische Allgemeinbildung auf ein Abhärtungspraktikum für gesellschaftlichen Widerstreit verkürzt wird.[30] Hierbei verweisen Litts Ausführungen zu den antinomischen Beziehungen zwischen Anlagen, Neigungen, individuellen Fähigkeiten und gesellschaftlicher Nützlichkeit auf bildungstheoretisch legitime Problemstellungen, die durchaus in der Lage sind, die Harmonieannahmen des Gesetzes zu problematisieren. Dagegen entbehrt Litts Folgerung, moderne Gesellschaften seien auf eine alles bisher Gewesene überschreitende Stärkung der Selektionsfunktion der Schule angewiesen, einer tieferen schultheoretischen Stimmigkeit. Vergleichbares lässt sich für seine Zukunftsantizipation sagen, die weniger einer theoriegeleiteten pädagogischen und erziehungswissenschaftlichen Vorhersage entspringt als vielmehr den Gymnasiallehrer und -ideologen zu Worte kommen lässt. Der neuen Einheitsschule sagte er als zu erwartende Folge

---

29 Ebd., S. 62f.

30 Zum Stand der schultheoretischen Diskussion während und im Anschluss an die erste pädagogische Bewegung siehe die im *Quellentextband 1*, S. 36-49 und S. 421-458, zusammengestellten Texte von Villaume, Reimarus, Trapp, W. von Humboldt, Herbart, Hegel und Schleiermacher; zu deren Interpretation vgl. *Monographieband 1*, S. 59ff., 243ff., S. 303-320.

ihrer Vernachlässigung der Selektionsfunktion das "schlimmste Fiasko" voraus, das sich nur abwenden lasse, wenn man "so früh wie möglich energisch mit der Differenzierung der Begabung" einsetze.[31]

Litt irrte mit seiner Prognose. Die Schule der SBZ geriet nicht in die Krise, weil sie die Selektionsfunktion der Schule zugunsten der Einheitlichkeit des Bildungssystems vernachlässigte. Ihre Entwicklungsprobleme gingen, wie in einem der folgenden Abschnitte gezeigt wird, nicht von der ihr anzulastenden Unterforderung der Begabten aus, sondern hatten andere Gründe.

Ähnliche Stellungnahmen wie die des früheren Gymnasialprofessors Litt finden sich auch in den Äußerungen der Universitäten, die gegen die Einheitsschulgesetzgebung in der SBZ einwandten, diese missachte nicht nur die bildende Bedeutung des Religionsunterrichts und der alten Sprachen, sondern beschneide zugleich das Elternrecht auf freie Wahl der Schulform:

> "[D]er Grundsatz, alle schulfähigen Kinder, gleichgültig welcher Anlage und Begabung, volle 8 Jahre lang im wesentlichen denselben Weg zu führen, bringt den Begabteren, Rascheren, Geistigeren schwere Nachteile, weil die Gleichmachung nicht anders als durch Rücksicht auf die weniger Begabten zu erreichen ist. [...] Die Differenzierung, ohne die ja auch die Einheitsschule nicht auskommt, sollte spätestens im 5. Schuljahr einsetzen, und von diesem ab sollten die geistig strebsameren Schüler von der Hemmung durch die anspruchsloseren befreit sein."[32]

Ähnliche Argumente finden sich in Stellungnahmen anderer Hochschulen wie z.B. der Berliner Universität, die in ihrem Plädoyer für eine stärkere Beachtung des Leistungsprinzips dafür eintrat, die neue Schule so zu gestalten, dass in ihr Raum für die traditionellen Formen des deutschen Gymnasiums ist:

> "Zu den *Wegen*, auf denen die neue Schule ihr Ziel als Leistungsschule anstreben soll, hat die Universität im besonderen Folgendes zu sagen. Es mag im

---

31 Th. Litt: Diskussionsbeitrag auf der Pädagogen-Tagung in Berlin vom 06.05.1947. A.a.O., S. 63. Zur Kritik der hier von Litt vertretenen Position siehe die von M. Mitropolski, dem Leiter des Schulsektors in der Abteilung Volksbildung der SMAD, bereits am 09./10.01.1946 bei einer Diskussionsveranstaltung aufgeworfene Frage, ob die "Schule der Begabten" überhaupt demokratisch zu rechtfertigen sei oder ob sie nicht eine "Rasse" von Menschen erzeugen werde, "die sich von den übrigen Menschen ... nicht durch die verschiedenen Nasen - wie es die Nazis getan haben - unterscheiden, sondern durch die Zahl der Gehirnwindungen."? In: D. Benner/H. Sladek: Vergessene Theoriekontroversen in der Pädagogik der SBZ und DDR. A.a.O., S. 191-192, S. 192.

32 Universität Jena: Stellungnahme zu dem Entwurf eines Gesetzes betr. Schaffung eines neuen Schulaufbaus in Thüringen vom 26.02.1946. Thüringisches Hauptstaatsarchiv Weimar/Akte Volksbildung. Veröffentlicht in *Quellentextband 3.1*, S. 30-32, S. 31.

> einzelnen noch in der Schwebe bleiben, welche konkrete Form die neue Schule annehmen soll: wiederherzustellen und gesammelt neu herauszugestalten wäre auf alle Fälle der durch das Wesen unserer Kultur und unseres Lebens selbst gegebene *schulische Dreiweg* einer mathematisch-naturwissenschaftlichen, neusprachlich-literarischen, kulturwissenschaftlichen, altsprachlich-humanistischen Schulbildung."[33]

Prüft man das Schulgesetz der SBZ unter den im zweiten Kapitel genannten Fragen, so lassen sich Leistungen und Defizite identifizieren, die sich auf

- Abstimmungsprobleme zwischen Politik- und Bildungssystem,
- problematische Verhältnisse zwischen Ökonomie und Bildung sowie
- Übergangsprobleme zwischen allgemeiner und beruflicher Bildung und den Eintritt der Heranwachsenden in gesellschaftliche Handlungsfelder

beziehen.

Mit den Abstimmungsproblemen zwischen Politik- und Bildungssystem setzte sich Paul Wandel, der erste Präsident der deutschen Zentralverwaltung für Volksbildung, in einer Rede auseinander, in der er als offizielle Interpretation die folgende Deutung des im Gesetz verwendeten Begriffs der Demokratisierung der Schule herausarbeitete:

> "*Was heißt Demokratisierung der deutschen Schule?*
> Wir verstehen unter Demokratisierung der Schule erstens die Säuberung der deutschen Schule von allen Elementen und Erscheinungsformen der verhängnisvollen Kräfte, die Deutschland beherrschten, seine Entwicklung zu einem Land des Friedens, des Fortschritts und der Freiheit verhinderten und uns schließlich nach zwei Weltkriegen in die nationale Katastrophe stürzten [...].
>
> Demokratisierung der deutschen Schule ist für uns aber vor allem ein Aufbauwerk. Wir schaffen eine völlig neue deutsche Schule sowohl in ihrem Inhalt wie in ihrer gehobenen Stellung in den Gesamtbeziehungen unseres öffentlichen Lebens. Wir schaffen eine Schule, in der unsere Jugend nicht mehr als Opfer und Werkzeug volksfremder Kriege und als denkungewohnte Untertanen, sondern im Geiste der Humanität und der Völkerfreundschaft erzogen wird und in der eine selbständig denkende und verantwortungsbewußt handelnde Generation heranwächst, die fähig ist, die großen politischen Aufgaben zu erfüllen, die vor unserer Nation stehen. [...]
>
> Demokratisierung der deutschen Schule bedeutet für uns [...] Festlegung eines neuen, klar umrissenen, den Lebensinteressen unseres Volkes entsprechenden Erziehungszieles, die Festlegung neuen Lehrgutes, die Ausarbeitung

---

33 Forderung der Universität an eine kommende Schulbildung. In: D. Benner/H. Sladek: Vergessene Theoriekontroversen in der Pädagogik der SBZ und DDR. 1946-1961. Monographie mit Quellenteil. A.a.O., S. 187-189.

neuer Lehrpläne, neuer Lehrmethoden. Es bedeutet vor allem die Heranbildung eines neuen Lehrkörpers aus alten und neuen deutschen Lehrern, von denen nicht mehr der fragwürdige Königgrätzer und Sadowaer Ruhm verkündet wird [...], sondern der wahre Ruhm, daß sie durch ihre Erziehungs- und Bildungsarbeit [...] einen wesentlichen Beitrag zur Heranbildung bewußter Erbauer des neuen friedlichen und glücklichen demokratischen Deutschlands geleistet haben."[34]

An diesen Thesen fällt rückblickend nicht nur auf, dass in ihnen programmatisch von *deutscher* Schule und *deutschem* Volk, von der Abwehr *volksfremder* Kriege und dem Ruhm eines neuen friedlichen und glücklichen demokratischen Deutschlands die Rede ist, sondern auch, wie selbstverständlich in ihnen die in § 1 des Schulgesetzes aufgestellte Zielformulierung ausgelegt wird, der zufolge die Einzelnen zum "Dienst an der Gemeinschaft des Volkes" zu erziehen sind. Die Gemeinschaft des Volkes avanciert im Gesetz selbst und in Wandels Deutung des Gesetzes zu einer substanziellen Bestimmung der Einzelnen, die insofern hinter die moderne Ausdifferenzierungen von Staat, Gesellschaft und Geselligkeit zurückfällt, als in ihr kein Raum ist für die differenzierten Handlungslogiken und einen über Wechselwirkungen hinausgehenden Widerstreit von Politik und Ökonomie, Bildung und Moral, Schule und Leben.[35] Der Sache nach an die Gemeinschaftsideologie der Pädagogischen Bewegung anknüpfend, fährt Wandel fort:

> "Demokratisierung der Schule bedeutet, daß die Schule in engen und ständigen Wechselbeziehungen mit dem wirtschaftlichen, geistigen und politischen Leben des Volkes steht, daß sie die ununterbrochene auch pädagogische Hilfe der demokratischen Öffentlichkeit hat und ihrerseits sowohl als Gesamteinrichtung wie durch die sie tragenden Lehrer zur wichtigen Stütze der demokratischen Erneuerung unseres Landes, zu einem Zentrum des kulturellen Lebens, vor allem auch auf dem Lande, wird. Sie bedeutet eine Überwindung alles Autokratischen und Bürokratischen in der Schulverwaltung, das Finden neuer demokratischer Formen der Schulleitung, die eine wirkliche Entfaltung aller schöpferischen Kräfte in der Schule ermöglicht."[36]

Einzelne Aussagen dieser Deutung scheinen Vorstellungen nahe zu stehen, die John Dewey in seiner reformpädagogischen Programmschrift "Democracy and Education" entwickelte, als er ausführte, eine Gesellschaft sei dann "demokratisch" zu nennen,

---

34 P. Wandel: Demokratisierung der Schule. Rede auf dem 1. Pädagogischen Kongress in Berlin am 16.08.1946. In: Ders.: Demokratisierung der Schule. Berlin und Leipzig 1946, S. 3-7 und S. 20; *Quellentextband 3.1*, S. 53-56, S. 53.

35 Zur Kritik dieses Gemeinschaftsbegriffs vgl. *Monographieband 2*, S. 345ff.

36 P. Wandel: Demokratisierung der Schule. A.a.O., S. 53f.

wenn sie "für die gleichmäßige Teilhabe aller ihrer Glieder an ihren Gütern und für immer erneute biegsame Anpassung ihrer Einrichtungen durch Wechselwirkung zwischen den verschiedenen Formen des Gemeinschaftslebens sorgt" und durch Erziehung "diejenigen geistigen Gewöhnungen schafft, die soziale Umgestaltungen sichern, ohne Unordnung herbeizuführen".[37] In Wandels Auslegung des Gesetzes tritt jedoch an die Stelle von Deweys Wechselwirkung zwischen den Mitgliedern einer demokratischen Gesellschaft eine Wechselwirkung des Schulsystems mit den außerpädagogischen Systemen und Handlungsfeldern, die letztlich nicht offen, sondern politisch finalisiert und normiert ist.[38] Zu dem für alle Außenbeziehungen der Schule grundlegenden Verhältnis von Politik- und Bildungssystem führt Wandel aus:

> "Das bisher Gesagte, ja allein der oft von uns gebrauchte Begriff einer *demokratischen* Schule, ist eine offen betonte Forderung nach einem politischen Ausgangspunkt zur Lösung der pädagogischen und schulischen Fragen [...]. Wir verstehen Politik als Sammelbegriff aller Beziehungen in unserem gesellschaftlichen Leben und in der Gestaltung eines neuen Staates. [...] Ohne auf die vielartigen Auffassungen einer über der Politik stehenden Pädagogik einzugehen, möchte ich nur auf die historische Tatsache hinweisen, daß es bisher kein einziges Schulsystem in irgendeinem Lande gab und gibt, das nicht in seinem Erziehungsziel und in seinem ganzen Charakter auf den jeweiligen Staat, auf die jeweils herrschenden gesellschaftlichen Verhältnisse eingestellt wäre. [...] Das Neue in unserer Stellungnahme ist einmal, daß wir im Gegensatz zu vielen anderen diese Tatsache offen aussprechen, daß wir uns nicht auf etwas Bestehendes oder Vergangenes, sondern auf etwas Werdendes einstellen und vor allem daß die staatliche und gesellschaftliche Ordnung, auf die wir unsere Erziehung orientieren, sowie die Menschen, die in ihr leben und sie bauen sollen, sich grundlegend politisch und sozial von alledem unterscheiden, was früher in Deutschland war."[39]

Ohne die Differenzen zwischen der neu beginnenden Epoche und den Staats- und Gesellschaftssystemen früherer Epochen in Abrede stellen zu wollen, weist Wandel dem durch das "Gesetz zur Demokratisierung der deutschen Schule" konzipierten Bildungssystem eine in gewissem Sinne vergleichbare Stellung zum neuen Schulsystem wie der Schule im Deutschen Kaiserreich und der Schule in der nationalsozialistischen Diktatur zu. Als neue Leistung wird in formaler Hinsicht für das Gesetz lediglich beansprucht, dass es die Subordination von Bildung und Schule unter die

---

37 J. Dewey: Demokratie und Erziehung (1914). Braunschweig [3]1964, S. 136.

38 Siehe hierzu D. Benner: Bildung und Demokratie. In: J. Oelkers (Hrsg.): Zukunftsfragen der Bildung. 43 Beiheft der Zeitschrift für Pädagogik. Weinheim und Basel 2001, S. 49-65.

39 P. Wandel: Demokratisierung der Schule. A.a.O., S. 54.

normativen Setzungen des Staates nicht verheimliche, sondern offen eingestehe. Die herzustellende Öffentlichkeit, von der Wandel spricht, wird damit als staatlich formierte, nicht aber als sich selbst aufklärende, räsonierende Öffentlichkeit gedacht. Zwar gilt: "nur ein denkfähiger und wissender Mensch ist [...] in der Lage, die ihm in einer demokratischen Staatsverfassung zugesprochenen Rechte der Mitbestimmung und der Mitverwaltung des öffentlichen Lebens in vollem Maße auszunutzen"; damit er dies in einem substanziellen Sinne kann, muss er zuvor gelernt haben, "sein persönliches Glück in Übereinstimmung mit dem Glücke seines Volkes zu gestalten und sich im Leben, vor allem auch im politischen Leben seiner Nation, zurechtzufinden".[40] Das schließt nach Wandel das folgende Bekenntnis ein:

> "Unser Erziehungsziel der Heranbildung eines demokratischen, deutschen Menschen ist kein Gegensatz zum Menschlichen schlechthin und damit zu der immer wieder aufgestellten großen Forderung für die Pädagogik. Die Tatsache, daß wir die Notwendigkeit der Schaffung einer neuen deutschen Schule mit einer so nationalen Aufgabe wie der Schaffung eines demokratischen Staates, der Sicherung der nationalen Wiedergeburt und der nationalen Einheit unserer Heimat begründen, widerspricht nicht der Erziehung zu wahrer Humanität. Wir müssen allerdings aufhören, in unserem deutschen Denken die Menschlichkeitsidee immer nur im grenzenlosen [...] Raum zu sehen. Menschlichkeit existiert in jeder nationalen Form; sie existiert praktisch überhaupt nur in bestimmter nationaler Form. [...] Die Menschlichkeit wird erst dann bei uns in Deutschland zur beherrschenden Idee werden und mehr sein als ein schöner Traum unserer größten Denker, wenn sie sich endlich auf die Realität eines fortschrittlichen, friedlichen, auf sozialer Gerechtigkeit beruhenden Deutschlands gründet, wenn sie getragen wird von Menschen, die gute Menschen sind, weil sie gute Deutsche, und gute Deutsche, weil sie gute Menschen sind."[41]

Von dieser substanziellen Bestimmung des deutschen Menschen im deutschen Staate, ist es dann nur noch ein Schritt bis zur Festlegung, wie die Auslese des deutschen Menschen in der deutschen Schule zu erfolgen hat. Dieser Schritt wird von Wandel 1946 in einer weiteren Rede vollzogen, in der er ausführt, dass das "Gesetz zur Demokratisierung der deutschen Schule" keineswegs zu der von Litt befürchteten Vernachlässigung der Auslesefunktion der Schule, sondern in seiner Oberstufe zu einer "Geschlossenheit des 'Schülermaterials'" führen wird, die es im deutschen Schulen zuvor nicht gegeben hat:

> "Für Standesschulen ist im demokratischen Deutschland kein Platz mehr. Als Moment jedoch eines einheitlichen Schulaufbaus vermag auch die neue [...]

40 Ebd., S. 54.
41 Ebd., S. 55.

> Oberschule wichtige Funktionen zu erfüllen. Als Stätte der Vorbereitung eines Teiles der gehobenen Funktionäre der Gesellschaft kann sie eine neue Phase des 'gelehrten' Unterrichts einleiten. Frei von allen Residuen der Standesschule, wird sie den Weg zu einer echten Bildung der intellektuell besonders Begabten einschlagen können. Als Schule, die nur begabte Jugendliche umfaßt, ist sie eher in der Lage, sich eine besondere Form zu geben als die alte Oberschule, die nicht über jene *Geschlossenheit des 'Schülermaterials'* verfügte."[42]

Auf dem 2. Pädagogischen Kongress wurde u.a. über Auslesekriterien beraten, die dem neuen Schulgesetz und seiner substanziellen Normierung des Ziels und Wegs der Erziehung affin sind. Die verabschiedeten Leitsätze führen dazu aus:

> "Die Auslese der Schüler in der Oberschule bei der Aufnahme und während der Schulzeit erfolgt auf Grund der nachzuweisenden Leistungsfähigkeit. Dabei ist Wert darauf zu legen, daß die bisher benachteiligten Volksschichten (Arbeiter- und Bauernkinder) im Hinblick auf ihre zahlenmäßige Stärke besonders berücksichtigt werden. [...]
>
> Schüler, deren Verhalten, Fähigkeiten und Leistungen die Aufwendung der öffentlichen Mittel, die für die Oberschüler wesentlich höher sind als für andere Schüler, nicht rechtfertigen, müssen so zeitig wie möglich ausgesondert werden. Schüler, die beharrlich und demonstrativ die Ideen der Demokratie und Humanität als Grundlage des Staates ablehnen, sind zu entfernen."[43]

In Aussagen, wie diesen, bleibt die Kollision der drei im § 1 aufeinander folgenden Erziehungsziele ebenso unbemerkt wie unreflektiert. Der bildungstheoretische Streit hierüber wurde im Kontext von Beratungen über das Erziehungsprogramm der SBZ ausgetragen, die 1946/47 stattfanden.

3.1.3 Das "Erziehungsprogramm der SBZ" von 1947 und seine kontroverse Diskussion

Den im § 1 des "Gesetzes zur Demokratisierung der deutschen Schule" fixierten Zielformulierungen zufolge soll die Jugend (1) zu selbständigem Denken und verantwortlichem Handeln sowie zur Bereitschaft, "sich voll in den Dienst der Gemeinschaft des Volkes zu stellen", (2) "frei von nazistischen und militaristischen Auffassungen" zu Völkerfreundschaft, "echter Demokratie" und "wahrer Humanität"

---

42 Wandel, P. (anonym): Die Demokratisierung der deutschen Schule. In: Pädagogik 1 (1946), S. 5-12, S. 9; zu Autorenschaft dieses Textes siehe D. Benner/H. Sladek: Vergessene Theoriekontroversen in der Pädagogik der SBZ und DDR. A.a.O., S. 52.

43 Leitsätze des 2. Pädagogischen Kongresses zu den Fragen der demokratischen Schulreform. In: Pädagogik 2 (1947), S. 26-31.

erzogen werden und (3) in der Schule eine den individuellen "Neigungen und Fähigkeiten der Einzelnen entsprechende vollwertige Ausbildung" erhalten.

Die genannten Ziele waren vorwiegend politisch gesetzt, weniger theoretisch begründet und in sich stimmig formuliert. Die einzelnen Zielaspekte standen untereinander - wie bei politischen Texten zuweilen üblich - in zahlreichen Spannungen. Nach der Verabschiedung des Gesetzes sollte die Umsetzung der neuen Schulstruktur durch ein "Erziehungsprogramm" gesteuert werden, das die Ziele konsistent miteinander vermittelt und praktikabel umsetzbar macht. Bei der Beratung von Entwurfstexten für dieses Programm, das anfangs "Pädagogisches Manifest" genannt wurde und später den Titel "Grundsätze der Erziehung in der deutschen demokratischen Schule" erhielt, spielten verschiedene Widersprüche und Spannungen zwischen den einzelnen Zielnormierungen eine wichtige Rolle.

Diskutiert wurde u.a.,

- ob zwischen dem Ziel der Befähigung zu selbständigem Denken und eigenverantwortlichem Handelns und der Sorge für den vollen Eintritt der Jugend in den Dienst an der Gemeinschaft des Volkes ein konkludenter Zusammenhang gegeben sei oder ob beide Zielaspekte in einem widersprüchlichen Verhältnis zueinander stehen,
- ob die negative Formulierung einer Freiheit vom Nazismus mit der positiven Formulierung einer Erziehung zu "echter Demokratie" und "wahrer Humanität" vereinbar sei,
- ob die Schule als eine Institution definiert werden dürfe, die Kindern und Jugendlichen unter Anerkennung ihrer Neigungen und Fähigkeiten eine Ausbildung vermittle, die ihnen schließlich ihren Platz in der Gesellschaft zuweist.

Strittig war, ob der Staat überhaupt befugt ist, der Erziehung Ziele zu setzen, welche die gesamte Persönlichkeit der Einzelnen umfassen und diese zu einem staatlich definierten Dienst an der Gesellschaft verpflichten, oder ob solche Ziele nicht mit der Vorstellung, Heranwachsende zum Selbstdenken, -urteilen und -handeln zu erziehen, letztlich unvereinbar sind. Reichen solche Zielbestimmungen aus, um den Horizont "echter Demokratie" und "wahrer Humanität" zu definieren? Lässt sich "wahre Humanität" überhaupt staatlich fixieren? Ist es überhaupt Aufgabe der Schule, sogenannte Anlagen, Begabungen und Fähigkeiten mit den gesellschaftlichen Bedürfnissen und Abnehmererwartungen zu harmonisieren?

Im Zentrum zweier Tagungen zur "Erarbeitung eines Pädagogischen Manifestes", die am 11. und 25.10.1946 stattfanden und auf denen Entwurfsfassungen beraten wurden, trugen die geladenen Experten zahlreiche Kritiken vor, von denen einige bei der abschließenden Formulierung der "Grundsätze" berücksichtigt werden konnten.[44]

---

44 Die Mitschriften zur "Ersten Besprechung zur Erarbeitung eines Pädagogischen Manifestes vom 11.10.1946" und zur "Zweiten Beratung zur Erarbeitung eines Pädagogischen Manifestes vom 25.10.1946" finden sich im DIPF/BBF/Archiv: Sign. 0.4.01/01 (Nachlaß Sothmann); zu ihrer Interpretation siehe D. Benner/H. Sladek: Vergessene

Arthur Liebert, der letzte Herausgeber der Kant-Studien während der Weimarer Republik und der erste Dekan der Pädagogischen Fakultät an der wieder eröffneten Berliner Universität, wandte gegen das Programm ein, dieses bedürfe einer "grundlegenden Bearbeitung", welche sowohl Fragen der "philosophischen Begründung" als auch solche der "wissenschaftlichen Durchdringung" berücksichtigen müsse. Beides sei in dem vorliegenden Text nicht geleistet und könne "bei der Kürze" der zur Verfügung stehenden Zeit auch gar nicht geleistet werden.[45]

Robert Alt, der das KZ Auschwitz überlebt hatte und erst kürzlich zum Professor für Pädagogik an der Pädagogischen Hochschule Berlin ernannt worden war, gab zu bedenken, der Entwurf strebe einen Konsens an und unterstelle in Teilen bereits einen solchen Konsens, den es in der Gesellschaft jedoch nicht gebe und der von vielen als gar nicht wünschenswert eingeschätzt werde.[46]

Max Kreuziger, der in der Weimarer Republik Rektor einer Versuchsschule gewesen und nun Mitglied des Zentralen Bildungsausschusses der SPD war und später Hauptabteilungsleiter der Schulabteilung bei der deutschen Zentralverwaltung für Volksbildung wurde, wies darauf hin, dass das Erziehungsprogramm nicht als Legitimation einer neuen indoktrinierenden Bildung missverstanden werden dürfe, sondern vom Lehrer verlange, sich jeder politischen Indoktrination zu enthalten:

> "[...] der Erzieher darf sich nicht in einen Politiker verwandeln, die Klasse ist keine Volksversammlung. Die Schule soll in diesem Sinne keine Politik treiben, nicht willkürliche politische Parteinahme wecken.
>
> Aber sie soll die Jugend instand setzen, die Politik in ihrer gesellschaftlichen Bedingtheit zu verstehen. Sie soll ihr zeigen, dass die deutsche Entwicklung zur Demokratie drängt. Sie soll die Jugend so erziehen, dass sie bereit ist, einmal an der Entwicklung und Entfaltung dieser Demokratie aktiv mitzuarbeiten und sie zu verteidigen. [...] Wir werden jeden Lehrer zur Ordnung rufen, der auch nur den Versuch macht, seinen Schülern eine parteipolitische Meinung aufzuzwingen unter Missbrauch seiner Autorität. Aber wir müssen auch verlangen, dass der Lehrer sich ständig der gesellschaftlichen Verflochtenheit seines Tuns bewusst ist, und dass er das Ziel der demokratischen Schule, die Schüler für die Demokratie zu erziehen, bejaht."[47]

Theoriekontroversen in der Pädagogik der SBZ und DDR. A.a.O., S. 63ff.. Im Folgenden wird auf die auszugsweise Veröffentlichung der Mitschriften unter Angabe der Dokumentennummer im Quellenteil dieses Bandes verwiesen.

45 Erste Besprechung zur Erarbeitung eines Pädagogischen Manifestes vom 11.10.1946. Dokument II.1, S. 201.

46 vgl. Zweite Beratung zur Erarbeitung eines Pädagogischen Manifestes vom 25.10.1946. Dokument II.2, S. 203.

47 Wörtlicher Bericht zur Pädagogen-Tagung, Berlin 5. und 6. Mai 1947. In: D. Benner/H. Sladek: Vergessene Theoriekontroversen in der Pädagogik der SBZ und DDR. 1946-1961. Monographie mit Quellenteil. Dokument 2.4, S. 206-259, S. 215f.

Kreuzigers Stellungnahme war nicht dem von der KPD verfolgten Konzept einer politischen Ausrichtung von Erziehung und Bildung, sondern dem in der SPD und in anderen Parteien vertretenen Konzept einer pluralen Mehrparteiendemokratie verpflichtet. Sie distanzierte sich gleichermaßen von Vorstellungen, welche die Arbeit von Lehrern politisch nach Maßgabe einer Einheitspartei zu normieren suchten, als auch von der Vorstellung, der Lehrer könne für sich eine freie Wahl zwischen verschiedenen politischen Parteien treffen und sei dann befugt, seine eigene Überzeugung an Schüler weiterzugeben.

Zum Streit kam es auch über das Verhältnis von Erziehung und Gesellschaft und die Frage, ob der Einheitsschule eine Einheitspädagogik zur Seite gestellt werden solle, die womöglich in einer Einheitspolitik zu begründen sei. Dabei wurde auch auf die Tatsache eingegangen, dass sich die westlichen und die östliche Besatzungszonen aufgrund von Differenzen im Demokratieverständnis rapide auseinander entwickelten. Im Hinblick auf diese Fragen unterschied Th. Litt, der noch im selben Jahr einen Ruf an die Universität Bonn annahm, auf einer von der Deutschen Zentralverwaltung für Volksbildung für den 05. bis 06.05.1947 einberufenen Pädagogen-Tagung, die sich mit einer überarbeiteten Fassung der "Grundsätze" befasste, zwischen einer soziologischen und einer geisteswissenschaftlichen Funktionalität der Schule, indem er zu dem "viel zitierten Begriff Gesellschaft" ausführte:

> "In unseren Tagen wird aus diesem Begriff alles hervorgehoben. Wenn dieses Wort auftaucht, kann man erkennen, dass zwei grundverschiedene Bedeutungen ineinander fliessen. Auf der einen Seite steht die Gesellschaft im Sinne von Marx und Engels, d.h. der sozialökonomische Aufbau, die äussere Ordnung unter den Produktionsverhältnissen und den politischen Verhältnissen. Der andere Sinn ist der als Inhalt der geistig-politischen Bestrebungen, von denen ein Zeitalter erfüllt ist, wobei Kunst, Wissenschaft, Sittlichkeit mit hineingenommen werden, nicht als abhängige Variable, sondern als Komponenten dieses Ganzen.
>
> Wenn nun jemand behauptet, die Erziehung ist eine Funktion der Gesellschaft in diesem zweiten Sinne, dann ist das selbstverständlich richtig, genau so wie die Kunst und die Wissenschaft auch eine Funktion der Gesellschaft sind. Niemals hat jemand Wissenschaft und Pädagogik getrieben, als ob er aus eigenen Voraussetzungen losarbeitete. [...]
>
> Aber dann heisst es auf einmal, die Gesellschaft ist das Gefüge der sozialökonomischen Ordnungen, und von diesem Gefüge hängt die Erziehung ab. In dieser Form ist der Satz falsch."[48]

---

48 Ebd., S. 225.

Während der in Westdeutschland lehrende Erziehungswissenschaftler Erich Weniger, der Stammvater einer ganzen Generation von geisteswissenschaftlichen Pädagogen, die sich jedoch zum großen Teil in den 60er Jahren von ihrem akademischen Lehrer emanzipierten, die "Grundsätze" als eine "Art Katechismus der modernen Pädagogik, Unterrichtsforschung und Schulorganisation" würdigte,[49] kritisierten andere die in sie eingegangene Option für eine staatliche Normierung des ganzen Menschen. Auf eine solche Gefahr wies auf der Pädagogen-Tagung vom 05. und 06.05.1947 neben Th. Litt auch A. Grimme hin, der von 1930 bis 1932 Preußischer Kultusminister gewesen war und dieses Amt 1946 in Niedersachsen inne hatte:

> "[L]assen Sie uns auf der Hut sein, der Jugend mit irgendwelchen Dogmatismen zu kommen. Es gibt nicht nur ein kirchliches Dogma, es gibt auch politische Dogmen. Es gibt zwei große Begriffe, die noch nicht abgeklappert sind. [...] Das ist einmal der Begriff des Sozialismus, der seinen vollen Klang behalten hat trotz seines Missbrauches mit der Verbindung 'national', und es ist der Begriff und die Idee der Freiheit. Es gibt nichts Wesentlicheres, als dass wir der Jugend zeigen, dass diese beiden Begriffe keine Gegensätze sind, sondern dass der Sozialismus gar nichts anderes ist als der wirtschaftliche und der gesellschaftliche Weg, um jedem einzelnen Menschen dahin zu verhelfen, dass er eine wirklich freie Persönlichkeit werden kann, gleichgültig aus welcher Schicht er kommen mag. [...] Wenn wir die Jugend für die Idee des Sozialismus und für die neue Gesellschaftsordnung gewinnen wollen, muss sie klar sehen, dass das Verhältnis von Staat und Mensch nicht das ist, dass der Mensch nur um des Staates oder auch nur um der Gesellschaft willen da sei, sondern dass umgekehrt Staat und Gesellschaft überhaupt nur soviel Sinn und soviel Existenzberechtigung haben, als sie ihrerseits im Dienste des Menschen stehen, jenes Menschen, für den den letzten Generationen [...] der Blick verloren gegangen ist."[50]

In den schließlich verabschiedeten "Grundsätzen der Erziehung in der deutschen demokratischen Schule"[51] finden sich die zwischen den Zielformulierungen im § 1 des Schulgesetzes aufweisbaren Spannungen in abgemilderter Form wieder. Die "Grundsätze" gehen aber über das Schulgesetz weit hinaus. Sie enthalten nicht nur Aussagen über die Ziele der Erziehung, sondern auch zu den "Wege[n] zum Ziel" sowie den "Wandel" der Inhalte und Methoden. Von einer pauschalen Verabschiedung der Reformpädagogik ist in diesem Programm nicht die Rede. Zwar wird eine Pädagogik des "Wachsenlassens" - mit guten Gründen - als überholt

---

49 E. Weniger: Die Epoche der Umerziehung. Teil III-V. A.a.O., S. 74ff.

50 Wörtlicher Bericht zur Pädagogen-Tagung. A.a.O.; Dokument II.4, S. 258.

51 Grundsätze der Erziehung in der deutschen demokratischen Schule. Gedruckt als Beilage für "die neue schule". Berlin und Leipzig 1947.

abgewiesen, neben dem lehrerzentrierten Unterricht werden jedoch weite Teile des in der Pädagogischen Bewegung entwickelten Methodenrepertoires ausdrücklich zugelassen.[52]

Den Formulierungen, in denen der Staat als Erziehungsstaat auftritt, stehen andere in großer Zahl gegenüber, die sich gleichermaßen gegen eine erziehungsstaatliche Bevormundung der Bildung der Bürger und gegen eine staatspädagogische Lenkung der Kultur richten.[53] Zu den erziehungsstaatlich interpretierbaren Zielformulierungen gehören Aussagen,

- die eine "erfolgreiche Erziehung der deutschen Jugend" von der "Bildung eines neuen demokratischen Nationalcharakters der Deutschen" abhängig machen und auf diese verpflichten,[54]
- die der Schule die Aufgabe zuweisen, "gute Menschen" zu formen, "die anständig, edel, hilfsbereit und tolerant" sind, "wissende Menschen, die Einblick haben in die Gesetze der Natur und der menschlichen Gesellschaft" und "handelnde Menschen, die selbstbewußt und verantwortungsfreudig in brüderlicher Gemeinschaft mit ihrem Volke und der Menschheit ein Leben in Frieden, Freundschaft und sozialer Gerechtigkeit gestalten",[55]
- die von der Jugend verlangen, dass diese erkennen müsse, "daß die Arbeit im demokratischen Staat eine neue Arbeitsgesinnung verlangt", der zufolge Arbeit selbständig zu gestalten und als "Dienst am Volke" zu begreifen ist.[56]

Hinter Zielformulierungen wie diesen steht die Überzeugung, die Deformation des deutschen Menschen im nationalsozialistischen Staat lasse sich durch eine staatlich angeordnete Erziehung zum guten Menschen korrigieren. Der dieser Auffassung zugrunde liegende erziehungsstaatliche Fortschrittsoptimismus setzt auf eine Formung des ganzen Menschen und kennt letztlich keine funktionale Differenzierung der Gesellschaft mehr, sondern nur vom Staat geleitete Kulturbereiche.

Zu den Aussagen der Erziehungsgrundsätze, die solchen Vorstellungen widerstreiten, gehören Zielformulierungen, die die Aufgabe der Schule darin erblicken,

- Heranwachsende nicht zu "Untertanen", sondern zu freien "Bürgern" zu erziehen,[57]
- die Jugend nicht für die "bestehende Gesellschaftsform", die, wie in der Vergangenheit oft geschehen, als "gottgewollt" und "gut" und "vernünftig" ausgegeben

---

52 Vgl. ebd., S. 16ff.

53 Zum Verhältnis erziehungsstaatlicher und staatspädagogischer Vorstellungen siehe D. Benner/H. Sladek: Vergessene Theoriekontroversen in der Pädagogik der SBZ und DDR. A.a.O., S. 18ff.

54 Grundsätze der Erziehung in der deutschen demokratischen Schule. A.a.O., S. 5.

55 Ebd., Vorwort, S. 2; zum angestrebten Zusammenhang der dreifachen Erziehung heißt es später, sie bilde eine "organische Einheit" (ebd., S. 8).

56 Ebd.

57 Ebd., S. 4ff.

wurde, sondern "für eine sich erst entwickelnde und von ihr zu gestaltende Gesellschaft" zu erziehen sei.[58]

- dass weder "Anlage" noch "Umgebung" als schicksalhafte und volksorganische Vorgegebenheiten interpretiert werden dürften, welche die Bestimmungen der künftigen Persönlichkeit festlegen,[59]
- dass die neue Erziehung und Politik sowohl die Natur der Einzelnen als auch die gesellschaftlichen Verhältnisse für gestaltbar, veränderbar und interpretierbar ansehen,[60]
- und dass die Lehrer daher darum wissen müssen, dass die Kinder "verschieden vorgebildet" in die Schule kommen, und dass ihre Förderung nicht nach einem starren Schema erfolgen kann, sondern ihre selbsttätige Mitwirkung an Lernprozessen einbeziehen muss.[61]
- dass die Schulen sich zu Lehr-Lern-Orten entwickeln müssen, an denen Experimentierfreiheit in den Bereichen Unterricht, Schulleben und Schülermitverwaltung besteht.[62]

Rückblickend auf diese Zeit formulierte Theodor Litt, nachdem er die SBZ verlassen und einen Ruf an die Universität Bonn angenommen hatte, zugleich die Inanspruchnahme von Bildungsidealen in der westdeutschen Pädagogik kritisierend:

> "Wenn die freie Welt des Westens so, wie es manchem Erzieher dieser Welt unterläuft, sich der Welt des Kommunismus darin unterlegen glaubt, daß sie nicht dahin gelangt sei, ihr innerstes Wesen in einem allerseits anerkannten Menschenbild zur Ausprägung zu bringen, so kann sie nicht hoffen, dieses Komplexes Herr zu werden, es sei denn, daß sie erkenne, wie sehr schon das Verlangen nach einem solchen Einheitsmuster, erst recht aber der Versuch, sich seiner auf dem Wege einer wissenschaftlichen Ableitung zu versichern, in die Irre geht. [...] Es ist schlechthin unstatthaft, der Selbstbesonderung des geistigen Lebens im Namen eines allverpflichtenden Menschenbildes, wie immer es sich begründen möge, in den Weg zu treten."[63]

Litt argumentiert hier - ungeachtet der ansonsten bestehenden weitreichenden Differenzen - ähnlich wie A.S. Makarenko, der die Auffassung vertrat, keine Erziehung komme ohne konkrete Ziele aus, und sich in einem "Versuch einer Methodik für die Arbeit in einer Arbeitskolonie für Kinder" kritisch zu einem Verbalismus bürgerlicher und sozialistischer Erziehungsziele äußerte, der von konkreten Erziehungsaufgaben abstrahiert:

---

58 Ebd., S. 5.
59 Ebd., S. 7.
60 Ebd.
61 Ebd., S. 11.
62 Ebd., S. 16ff.
63 Th. Litt: Wissenschaft und Menschenbildung im Lichte des West-Ost-Gegensatzes. Heidelberg ^{2}1959, S. 62f.

"Freilich fehlte es nicht an Versuchen, sich mit den 'Erziehungszielen' zu befassen. Zu Beginn der Revolution nahmen unsere auf dem Gebiet der Pädagogik wirkenden Schriftsteller und Propagandisten einen Anlauf vom Sprungbrett der westeuropäischen Pädagogik, sprangen sehr hoch und 'nahmen' mit Leichtigkeit solche Ideale wie 'die harmonische Persönlichkeit'. Danach ersetzten sie die harmonische Persönlichkeit durch 'den kommunistischen Menschen', ohne sich darüber Gedanken zu machen, daß dies nicht 'ein und dasselbe' sei. Mitunter erweiterten sie das Ideal und verkündeten, daß wir 'einen Kämpfer voller Initiative' erziehen müßten. Von Anfang an war sowohl den Verkündern als auch ihren Anhängern sowie den Unbeteiligten klar, daß bei einer derartigen abstrakten Fragestellung ... ohnehin niemand Gelegenheit hat, die pädagogische Arbeit zu prüfen, und darum war auch die Aufstellung der genannten Ideale eine völlig ungefährliche Angelegenheit."[64]

3.1.4 Entwicklungsprobleme des Schulsystems bei der Umsetzung des Schulgesetzes und des Erziehungsprogramms

Die pädagogische Praxis stand in den Jahren von 1946 bis 1949 vor schwierigen Problemen, die nicht auf dem Wege einer Realisierung staatlich verordneter Bildungsziele gelöst werden konnten. Im Folgenden werden einige dieser Probleme im Rückgriff auf die im *Quellentextband 3.1* abgedruckten Notizen, Berichte, Verordnungen und Visitationsprotokolle skizziert. Sie geben Auskunft über die Schwierigkeiten, mit denen Erziehung und Unterricht in den neu eröffneten Schulen konfrontiert waren.

Im April 1946, ein halbes Jahr nach der Wiedereröffnung der Schulen, besuchte H. Deiters einen von etwa 120 Neulehrern besuchten Ausbildungslehrgang im Kreis

---

64 A.S. Makarenko: Versuch einer Methodik für die Arbeit in einer Arbeitskolonie für Kinder. In: Pädagogik 7 (1952), S. 847-858 und 892-905, S. 849. Im selben Heft, in dem mit dem Abdruck des Beitrags von Makarenko begonnen wurde, wurde auch eine "Erklärung des Redaktionskollegiums zum Beschluss des Politbüros des Zentralkomitees der Sozialistischen Einheitspartei Deutschlands" vom 29. Juli 1952 abgedruckt, in welchem dieses dem im folgenden zitierten neuen Bildungsziel der DDR ausdrücklich zustimmt: "Die deutsche demokratische Schule hat die Aufgabe, Patrioten zu erziehen, die ihrer Heimat, ihrem Volke, der Arbeiterklasse und der Regierung treu ergeben sind, die Einheit des friedliebenden, unabhängigen, demokratischen Deutschlands im Kampf gegen die imperialistischen Okkupanten und die Adenauer Clique erzwingen, ewige Freundschaft mit der Sowjetunion, den Volksdemokratien und allen für Frieden und Fortschritt kämpfenden Menschen halten, die schöpferische Arbeit als eine Sache der Ehre und des Ruhms betrachten, das sozialistische Eigentum mehren und schützen, zur Festigung der volksdemokratischen Grundlagen der Staatsmacht mit allen Kräften beitragen und erfüllt sind von Liebe und Vertrauen zu unserer Volksarmee." ebd., S. 795. Es ist nicht auszuschließen, dass der Kontrast zwischen diesem Erziehungsziel und der von Makarenko an Erziehungszielen dieser Art geübten Kritik zumindest einigen Herausgebern bewusst gewesen ist.

Perleberg. Einige stammten offenbar aus dem Osten und waren auf der Flucht aus den deutschen Ostgebieten in die SBZ gelangt, wo sie nun nach einer neuen Betätigung suchten. Zum Stand der Vorkenntnisse und Fähigkeiten der Teilnehmer notierte Deiters, dass für schwächere Teilnehmer Förderkurse in Mathematik und deutscher Sprache eingerichtet worden waren und dass die Teilnehmer wenig Interesse und Bereitschaft zeigten, sich mit dem "Nürnberger Prozeß und seinen Enthüllungen" zu beschäftigen:

> "Auch die Frage der Schuld am Kriege wurde von den Hörern gern zurückgeschoben, und die Verbrechen in den Konzentrationslagern werden vielfach nicht für möglich gehalten und die Nachrichten über sie nicht geglaubt. In ihrem Nachdenken über die politischen Fragen der Gegenwart und Zukunft beschäftigen sich die Teilnehmer am meisten mit dem künftigen Schicksal Deutschlands im allgemeinen und besonders in den Ostgebieten, aus denen so viele Schüler stammen, und mit dem Verhältnis zu den Besatzungsmächten."[65]

Deiters Hinweis auf die Gegenwartskunde verweist auf ein reformpädagogisches Element, dass im Schulsystem der SBZ bereits 1945 allgemein eingeführt worden war und der Sache nach auf Berthold Ottos Gesamtunterricht zurückgeht. Unter Gesamtunterricht hatte Otto eine unterrichtliche Gesprächsform von der Dauer etwa einer Stunde verstanden, in der sich die Klasse mit dem Lehrer in einen Kreis setzt, um über Themen nach eigener Wahl oder auch vom Lehrer vorgegebene Themen zu sprechen. Ziel des Gesamtunterrichts war es, eine Gesprächskultur zu entwickeln, in der die Einzelnen lernen, einander zuzuhören, die eigene Meinung zu artikulieren, sich mit fremden Meinungen auseinander zu setzen und Toleranz gegenüber anderen Meinungen einzuüben.[66] Im obligatorischen Gegenwartskunde-Unterricht der SBZ wurden u.a. Zeitungsausschnitte gelesen, darunter solche, die über die Nürnberger Prozesse berichteten, in denen die deutsche politische Klasse angeklagt war, die Gräuel und Verbrechen des nationalsozialistischen Staates in die Wege geleitet zu haben. Aufgabe des Gegenwartskundeunterrichts sollte es sein, über die während der nationalsozialistischen Diktatur begangenen Verbrechen aufzuklären und eine Wirkung zu entfalten, die über den Raum der einzelnen Schulklassen hinaus auch die Elternhäuser der Kinder erreicht. Deiters Notiz ist in diesem Zusammenhang auch deshalb von Bedeutung, weil sie auf Schwierigkeiten hinweist, mit denen ein solcher Unterricht aufgrund des fehlenden Interesses auf Seiten der Lehrer - und wohl auch der Eltern - zu kämpfen hatte. Viele Erwachsene lebten noch unter dem Schock der deutschen Niederlage, der Vertreibung, der weitreichenden Zerstörung der Infra-

---

65 Heinrich Deiters: Notizen über meinen Besuch des Lehrgangs für Neulehrer in Dallmin im Kreise Perleberg vom 11.04.-13.04.1946, Berlin den 16.04.1946. In: *Quellentextband 3.1*, S. 93-97, S. 94.

66 Vgl. hierzu *Quellentextband 2*, S. 197ff.; *Monographieband 2*, S. 181ff. und S. 188ff.

struktur und der Städte, aber auch unter Armut und Hungersnot, so dass sie nicht über die intellektuelle Distanz verfügten, die ein aufklärender Gegenwartskundeunterricht - zumindest bei den Lehrenden - voraussetzte.

Deiters berichtet, dass ein großer Teil der angehenden Neulehrer deutliche Kenntnislücken auf den Gebieten der Mathematik und der deutschen Sprache hatte, und legte zugleich offen, dass viele kaum dem Unterricht folgen konnten, der ihnen zum Zwecke ihrer eigenen Ausbildung erteilt wurde. Ebenso problematisch wie ihr Kenntnisstand war auch die Unterrichtspraxis, die sie bei älteren Lehrern im Kreis Perleberg kennen lernten. In den Schulen habe eine "veraltete Lehrart" vorgeherrscht, welche die Schüler auf "mechanische Art" instruierte. Der Bericht schließt mit der Feststellung, es gebe ebenso große Defizite im Bereich der pädagogischen und psychologischen Wissenschaft, in die die Neulehrer zum Zwecke ihrer Berufsvorbereitung eingeführt wurden.

Probleme gab es auch auf anderen Gebieten. In einem Schreiben vom 23.05.1946 an die nachgeordneten Behörden der Länder äußerte sich die Deutsche Zentralverwaltung zu "zahlreichen Klagen" über "unzureichende Schulzucht". Die Beispiele, über die berichtet wird, erwähnen Disziplinlosigkeit und Tätlichkeiten von Schülern. Sie belegen, dass viele von ihnen sich nicht auf dem Weg einer Tugenderziehung zum wahren Menschen befanden, sondern gewalttätig agierten. Ihnen standen zuweilen Lehrer gegenüber, die unfähig waren, mit auftretenden Disziplinproblemen angemessen umzugehen, und auf Formen körperlicher Züchtigung und sozialer Ächtung zurückgriffen, die mit der neuen demokratischen Ordnung unvereinbar waren. In der Stellungnahme der Zentralverwaltung zu Vorfällen dieser Art werden Handlungsmaximen empfohlen, die plausiblen reformpädagogischen Handlungsmustern folgen:

> "Es muß erneut klar zum Ausdruck gebracht werden, daß nur jugendgemäßer, lebendiger Unterricht und eine für die Sorgen und Nöte der Kinder Verständnis besitzende Lehrerschaft auch die Unbotmäßigen, Widerstrebenden und Gleichgültigen gewinnen wird. Es ist selbstverständlich, daß ehrenrührige Zuchtmittel wie Schläge, Freiheitsberaubung, allgemeine Verfemung, die einer demokratischen Erziehung unwürdig sind, zu unterbleiben haben. Auch Ausschluß vom Unterricht, der ja Pflicht ist, ist als Strafe unmöglich. Statt dessen sind die Schüler durch aktive Teilnahme am allgemeinen Schulleben immer lebhafter für die Ordnung und den Erfolg ihrer Schulgemeinschaft zu interessieren. Praktischer Aufbauwillen von Lehrern, Schülern und Eltern muß die gesamte Schularbeit tragen."[67]

---

67 Schreiben der Deutschen Zentralverwaltung für Volksbildung in der Sowjetischen Besatzungszone an die Landes- und Provinzialverwaltungen der Länder Mecklenburg, Sachsen, Thüringen, der Provinz Mark Brandenburg und Sachsen vom 23.05.1946. In: *Quellentextband 3.1*, S. 97-98, S. 98.

Aus einem "Bericht über Grundschulen und Oberschulen" geht hervor, dass viele der Probleme, mit denen sich die Schulen bei der Wiedereröffnung im Oktober 1945 konfrontiert sahen, in Mecklenburg auch 1947 fortbestanden. Der Bericht stellt "Schulraumnot" und "Papiermangel", das Fehlen von Heizmaterial vor allem in den Städten, einen Mangel an Schulbüchern und Anschauungsmitteln sowie einen "hohen Prozentsatz an Schulversäumnissen", die auf schlechte Kleidung und häufige Erkältungskrankheiten zurückgeführt werden, fest. Aus ihm wird deutlich, dass zwischen den im Schulgesetz und Erziehungsprogramm formulierten Reformvorstellungen und der Schulwirklichkeit zu Beginn der Reformen Welten lagen, so dass von einer Umsetzung der Programmatik in der Praxis in den Anfangsjahren keine Rede sein konnte. Den Grund für die nur am Rande vermerkten schlechten Schülerleistungen erblickt der Berichterstatter jedoch nicht in den genannten äußeren Umständen, sondern in der fehlenden Qualifikation der Lehrer:

> "Die Hauptursache für die mangelhaften Leistungen in der Grundschule liegt [...]in der Unzulänglichkeit der Lehrkräfte. Ausgebildete erfahrene sind die große Minderheit, in der Mehrzahl Frauen, überaltert und trotz guten Willens von geringer Leistungsfähigkeit. Bei den Neulehrern ist ein hoher Prozentsatz völlig ungeeignet."[68]

Als weitere Probleme nennt der Bericht ein zunehmendes Land-Stadt-Gefälle. Dieses führte er darauf zurück, dass die neue Schulstruktur auf dem Land in weitaus geringerem Maße als in den Städten realisiert werden konnte:

> "Es kann nicht angehen, daß in den Städten, namentlich in den Ausbildungsorten, fast ausschließlich Junglehrer mit Reifezeugnis sitzen, während die weniger befähigten Lehrkräfte dem Lande, namentlich den Grenzkreisen zugewiesen wurden."[69]

Zu den Verhältnissen an den Oberschulen vermerkt der Bericht, dass diese "noch weniger" befriedigen:

> "Hier ist zunächst die Beseitigung einer Anzahl Zwergschulen dringend geboten. Abgesehen davon, daß die Aufrechterhaltung dieser Schulen den hohen Kostenaufwand nicht rechtfertigen, müssen auch die Leistungen dieser Schulen minderwertig bleiben, da für eine erfolgreiche Unterrichtsarbeit die erforderlichen Fachlehrer nicht zur Verfügung stehen. [...]

---

68 N.N.: Bericht über Grundschulen und Oberschulen (1947). In: *Quellentextband 3.1*, S. 98-102, S. 100.

69 Ebd.

Die Lehrerschaft der Oberschulen ist überaltert, auch in ihrer methodischen Arbeit, und steht in der großen Mehrzahl der neuen Zeit und dem demokratischen Staate fremd, ja ablehnend gegenüber. 70% der Oberschullehrer gehören der CDU an bzw. sind parteilos, d.h. sie warten auf eine andere Zeit."[70]

Der Bericht schließt mit der Feststellung, auch das Ziel einer verstärkten Förderung von Bauern- und Arbeiterkindern bis zum Abitur und zum Hochschulstudium sei noch nicht erreicht: "50 der diesjährigen 67 Schweriner Abiturienten stammen aus den sogen. besseren Kreisen. Man merkt den politischen Einfluß des Elternhauses".[71]

Die Probleme der Umsetzung des Schulgesetzes und der Grundsätze wurden 1948 auf dem 3. Pädagogischen Kongress diskutiert, der vom 05.-08.06.1948 in Leipzig stattfand. Aus dem Tagungsbericht geht hervor, dass die Schülerleistungen in den Klassen 1-4 als "befriedigend", in den Klassen 5-8 hingegen als geringer eingeschätzt wurden. M. Kreuziger führte dies in seinem Referat darauf zurück, dass die im Schulgesetz vorgesehene Differenzierung in den Klassen 7 und 8 in den zurückliegenden Jahren überhaupt nicht oder nicht in der vorgesehenen Form realisiert worden war. An 80 % der Schulen, insbesondere an Schulen auf dem Lande, gab es keinerlei Kursunterricht, an 20 % der Schulen nur Kurse für leistungsstärkere Schüler, so dass in diesen gymnasiale Gruppen von anderen Gruppen abgesondert wurden. Der Bericht stellt fest, damit werde "der Sinn des Kursunterrichts verkannt", der "der Hebung des allgemeinen Bildungsniveaus" und nicht der Einführung gymnasialer Zweige in der Einheitsschule dienen solle.[72] Die am Schulgesetz der SBZ von P. Oestreich geübte Kritik, die Einrichtung von Kursen in der 7. und 8. Klasse der Grundschule werde nicht dem Aufbau der Einheitsschule dienen, sondern zur Wiederentstehung traditioneller Gymnasien führen, wurde damit durch die praktische Schulentwicklung bestätigt.[73] Im Jahre 1949 zeigte sich, dass auch die "Stundenpläne in den Schulen" nicht eingehalten, sondern nur zu "60-70% erfüllt" werden konnten.[74] Eine in Mecklenburg durchgeführte Oberschulrevision gelangte zur gleichen Zeit zu dem Resultat, dass der Auftrag der Oberschule, "aus den befähigten Kindern unseres Volkes ohne Unterschied des Standes ihrer Eltern eine neue Intelligenz zu bilden, die tatkräftig am Wiederaufbau eines demokratischen Deutschlands

---

70 Ebd., S. 101f.

71 Ebd., S. 102.

72 Die neue Schule wächst in der neuen Gesellschaft. Erster Tagungsbericht vom 3. Pädagogischen Kongress vom 5.6. - bis 8.6.1948 in Leipzig. In: neue schule 3 (1948), Heft 15, S. 3-4; *Quellentextband 3.1*, S. 102-103, S. 103.

73 Vgl. hierzu H. Köhler: Die Durchsetzung der achtjährigen Grundschule in der DDR. In: P. Drewek/A. Huschner (Hrsg.): Politische Tranformation und Eigendynamik des Schulsystems im 20. Jahrhundert. Regionale Schulentwicklung in Berlin und Brandenburg 1890-1990. Weinheim 2001.

74 Deutsche Verwaltung für Volksbildung: Richtlinien für die Hebung des Leistungsstandes in den Grundschulen vom 04.03.1949. In: *Quellentextband 3.1*, S. 104.

mitzuarbeiten bereit und fähig ist, bisher nicht erfüllt" werden konnte. Die "Haltung der Oberschüler" und besonders ihre "Einstellung zur FDJ" sei "in den vergangenen Jahren abwartend, oft auch ablehnend" gewesen und beginne sich erst in letzter Zeit zu ändern. Der "größte Teil der Lehrerschaft, etwa 75 %," sei "konservativ" und wirke "fortschrittshemmend". Überhaupt lebe die "Oberschule [...] immer noch auf einer Insel".[75]

Feststellungen wie diese konnten in neueren Beiträgen zur Transformationsforschung an Hand der Schulstatistiken der SBZ und DDR sowie in Regionalanalysen bestätigt werden, welche die Entwicklung der Schulstrukturen im Kaiserreich, in der Weimarer Republik, während der nationalsozialistischen Diktatur sowie in der SBZ und der DDR miteinander vergleichen.[76] Aus ihnen geht hervor, dass es auch unter den Bedingungen des Einheitsschulsystems der SBZ und DDR eine gymnasiale Klientel gab, welche dazu beitrug, dass einzelne Schulen ihren gymnasialen Charakter über die politischen Systemwechsel hinweg noch lange Zeit bewahren konnten, bis auch sie ihre Schulprogramme aufgeben mussten oder geschlossen wurden.

Grenzen der Umsetzbarkeit erwuchsen dem Schulgesetz und dem Erziehungsprogramm aber auch von Seiten der aus Arbeiter- und Bauernkreisen stammenden Klientel, die an der Oberstufe besonders gefördert werden sollte. Der Anteil der an Oberschulen unterrichteten Arbeiter- und Bauernkinder war 1946 noch sehr gering und stieg dann kontinuierlich in den folgenden Jahren, ohne jedoch die gewünschte Auswirkung auf den weiteren Bildungsgang der Heranwachsenden nach dem Abitur zu haben:

> "Die Eltern dieser Kinder geben bei der Abmeldung fast ausnahmslos an, daß sie ihre Kinder in eine Lehrstelle geben wollen; offenbar lassen sich die Eltern leiten von der Überlegung, daß der Besuch der Oberschule nichts einbringt, vielmehr gewisse Aufwendungen verlangt, während der bezahlte Lehrling dem elterlichen Haushalte eine nicht unwesentliche finanzielle Unterstützung zuführt."[77]

Zu Konflikten kam es auch zwischen den Schulverwaltungen und der Evangelischen Kirche. Erstere suchten u.a. auch dadurch Einfluss auf die Entwicklung der politi-

---

75 N.N.: Schlußfolgerungen aus den Ergebnissen der Oberschulrevision. Schwerin, den 10.03.1949. In: *Quellentextband 3.1*, S. 104-105.

76 Siehe H. Köhler: Was die Schulstatistik der SBZ/DDR erfragte. Analyse und Dokumentation des Erhebungsprogramms 1945-1989. Berlin 1999; P. Drewek: Vereinheitlichung und Differenzierung in der Schulentwicklung Berlin-Brandenburgs 1920-1990: Untersuchungsdimensionen, Zwischenergebnisse und Hypothesen der Regionalanalyse. In: D. Benner/H. Merkens/T. Gatzemann (Hrsg.): Pädagogische Eigenlogiken im Transformationsprozeß von SBZ, DDR und neuen Ländern. Berlin 1996, S. 183-202.

77 Schreiben der Oberschule Grevesmühlen an das Kreisschulamt Schönberg vom 11.03.1949. In: *Quellentextband 3.1*, S. 105-106, S. 106.

schen Gesinnung von Schülerinnen und Schülern zu nehmen, dass sie der FDJ besondere Aktivitätsräume in den Schulen gewährten und ihr ein Monopol hinsichtlich der nach § 6 des Schulgesetzes vorgesehenen Mitwirkung "demokratischer Jugendorganisationen" an der Gestaltung des Schullebens einräumten.[78]

Vom Kampf zwischen Kirche und Staat in der SBZ, in den Eltern und Schüler gleichermaßen einbezogen waren, ist u.a. in einem Bericht die Rede, den der Kreisschulrat von Greifswald für das Ministerium für Volksbildung verfasste. In diesem geht es um einen Schulamtsbewerber mit Namen Uplegger, der die Religionsstunden als "Spielstunden" bezeichnet und den "Schöpfungsbericht" als wissenschaftlich unhaltbar oder widerlegt hingestellt hatte. Diese und weitere Bemerkungen lösten einen Kulturkampf aus, in den auch der örtliche Pfarrer eingriff, der nun Einspruch gegen die Aufführung von Theaterstücken durch Mitglieder der FDJ an einem Elternabend in der Schule einlegte. Das Ministerium entschied diesen Streit, indem es die Entscheidung des Kreisschulrates bestätigte, der eine Strafversetzung des Schulamtsbewerbers abgelehnt hatte:

> "Ich halte die getroffene Entscheidung für richtig! Erst wenn Uplegger einverstanden ist, kommt eine Versetzung in Frage. Auf jeden Fall muß d. Pastor ebenfalls verschwinden! Uplegger ist der Vorwurf zu machen, daß er höchst ungeschickt gewirkt hat."[79]6

3.1.5 Reformbeispiele aus der pädagogischen Praxis: Der Schulversuch von Max Schmidtbauer in der Produktionsschule Drosedow

Nach 1945 existierten in der SBZ einige aus der Pädagogischen Bewegung hervorgegangene bzw. sich auf diese berufende Reformschulen. Zu diesen gehörten u.a. die Leipziger Gaudigschule, die aus der Übungsschule der Herbartianer entstandene Jena-Plan Schule P. Petersens und die Rudolf-Steiner-Schule in Dresden. Sie konnten ihre Konzepte in der SBZ zunächst weiter verfolgen und wurden von 1948 an zunehmend durch die staatliche Schulaufsicht gezwungen, Besonderheiten ihres Unterrichts und Schullebens aufzugeben und sich in die allgemeine Schulordnung der SBZ einordnen.[80] Die genannten

---

78 Vgl. hierzu U. Henning/G. Kluchert/A. Leschinsky: Interessenartikulation oder Konfliktausgrenzung? Schülervertretung in der SBZ und der frühen DDR. In: S. Häder/H.-E. Tenorth (Hrsg.): Bildungsgeschichte einer Diktatur. Bildung und Erziehung in SBZ und DDR im historisch-gesellschaftlichen Kontext. Weinheim 1997, S. 349-372.

79 Handschriftliche Notiz eines Sachbearbeiters im Ministerium zum Bericht des Kreisschulrates von Greifswald an das Ministerium für Volksbildung der Landesregierung Mecklenburg vom 16.03.1949. In: *Quellentextband 3.1*, S. 106-109, S. 109.

80 Siehe hierzu: A. Pehnke: Zum Schicksal der Leipziger Gaudigschule (1945-1951). A.a.O.; H. Retter (Hrsg.): Peter Petersen und der Jenaplan: Von der Weimarer Republik bis zur Nachkriegszeit. Weinheim 1996; vgl. auch den Bericht über die Überprüfung der Universitäts-Forschungsschule (Petersenschule) in Jena am 04.11.1949. In: *Quellen-*

Einrichtungen waren nicht repräsentativ für die in der SBZ durchgeführte Schulreform. Sie machten sich insbesondere deren politische Ausrichtung nicht zu eigen, sondern folgten weiterhin dem Gemeinschaftsgedanken der Pädagogischen Bewegung. Dieser unterschied sich vom Gemeinschaftsprinzip des Schulgesetzes und Erziehungsprogramms dadurch, dass er Gemeinschaft und Gesellschaft in Opposition zueinander brachte und zwischen Staat und Gemeinschaft unterschied.[81] Hierauf ist zurückzuführen, dass sich die aus der Pädagogischen Bewegung hervorgegangenen Schulen von sich aus nicht zu staatspädagogischen Gemeinschaftsschulen weiterentwickelten.

In der SBZ kam es nicht nur zur Fortführung, sondern auch zu Neugründungen von pädagogischen Reformschulen. Zu den Reformschulen, die sich als Reformeinrichtungen im Geiste des Schulgesetzes von 1946 und der in diesem vorgesehenen 8-jährigen Grund- und 4-jährigen Oberstufe verstanden, gehören die Produktionsschule Drosedow und die Zwölfklassige Einheitsschule in Thüringen. Die Schule in Drosedow wurde auf private Initiative von Max Schmidtbauer gegründet, der schon in der Weimarer Republik als Schulreformer gewirkt hatte; die Thüringer Einheitsschule ging aus der Schulreform einer ganzen Region hervor und entwickelte eine eigenständige Reformperspektive zur Lösung der systemischen Entwicklungsprobleme der Schule in der SBZ.

M. Schmidtbauer gehörte in der Weimarer Republik dem Kollegium der Rütlischulen an. Gemeinsam mit Casparius hatte er die kunsterzieherisch ausgerichtete Schule von A. Jensen und die stärker proletarisch orientierte Schule von W. Wittbrodt verlassen und an der 45./46. Schule einen dritten Zweig errichtet, der stärker polytechnisch ausgerichtet war und naturwissenschaftlichen Unterricht mit technischen Experimenten zu verbinden suchte. Während seiner Jahre an der Rütlischule führte Schmidtbauer ein Tagebuch, in dem er seine konzeptionellen Überlegungen und die bei deren praktischer Umsetzung gewonnenen Erfahrungen festhielt. Zur persönlichen Eigentümlichkeit dieses Lehrers gehörte, dass er im Unterschied zu anderen Reformpädagogen, die vornehmlich über eine gelungene Praxis berichten, insbesondere Misserfolge notierte und seine Reflexionen so einrichtete, dass er diese theoriegeleitet reflektierte, um aus ihnen Hypothesen für neuerliche Reformversuche zu gewinnen.

Zu den ersten Misserfolgen, über die er berichtet, gehörten Versuche mit Schülerexperimenten im Unterricht, die deswegen scheiterten, weil sie vom Lehrer bis in jedes Detail vorbereitet worden waren und von den instruierten Schülern in einer Form vor der Klasse wiederholt wurden, dass die Schüler die traditionelle Lehrerrolle

---

textband 3.1, S. 144-145. Zur Auseinandersetzung um die Rudolf-Steiner-Schule in Dresden siehe die Protokollnotizen und Berichte im *Quellentextband 3.1*, S. 123-125.

81 Zur Kritik des Gemeinschaftsverständnisses der Pädagogischen Bewegung und seinem Rückfall hinter die am Ende der ersten pädagogischen Bewegung bereits erarbeiteten Differenzierungen zwischen individueller Geselligkeit, Staat, Gesellschaft und Gemeinschaft vgl. *Monographieband 1*, S. 287ff. und *Monographieband 2*, S. 347ff.

übernahmen und sich beide Rollen nicht veränderten. Nachdem Schmidtbauer lange die Schuld bei sich gesucht hatte, gelangte er schließlich zu der Einsicht, dass ein Teil seiner Misserfolge u.a. auch damit zusammenhing, dass seine Schüler in der Rütlischule nicht auf selbständige Arbeitsformen vorbereitet worden waren und infolgedessen die von ihm gestellten Aufgaben nicht in der erhofften Selbständigkeit bearbeiten konnten. Selbstkritisch sagte Schmidtbauer von seinen reformpädagogischen Versuchen:

> "Ich habe meine Stunden mit der größten Sorgfalt stofflich vorbereitet. Ich habe in der Methode Wege beschritten, die bei anderen die Wege des Erfolgs sind, jedenfalls wenn man ihnen glaubt. Ich habe alle Zeit des letzten Jahres für die Schule geopfert, die Schuld für das Versagen fast immer bei mir gesucht, durch strenge Selbstanalyse versucht, meine Fehler auszuschalten. Ich habe meine Gesundheit dabei verloren, meine innere geistige Ruhe und bin nicht weiter gekommen."[82]

Schmidtbauer unternahm in der SBZ einen neuen Versuch, seine Ideen in die Tat umzusetzen, und reichte bei der zuständigen Landesbehörde einen Antrag auf Genehmigung eines Schulversuchs in Drosedow, einem kleinen Landbezirk in der Nähe von Güstrow, ein. Die Konzeption schrieb nicht das Reformprogramm der Neuköllner Rütlischulen fort, sondern nutzte die mit dem "Gesetz zur Demokratisierung der deutschen Schule" gegebenen Reformmöglichkeiten. Schmidtbauer beantragte die Einrichtung einer "Produktionsschule", die nicht allein, wie die Rütlischulen, auf die Selbsttätigkeit von Kindern und Jugendlichen setzt, sondern diese zu solcher Selbsttätigkeit durch eine Verbindung von Lernen und produktiver Arbeit zu stimulieren sucht. In der Programmschrift selbst schickte Schmidtbauer jedem Abschnitt - wohl stärker in legitimatorischer als in fundamentierender Absicht - Zitate aus Schriften von Marx und Lenin voran, um dann zu zeigen, wie in der neu zu gründenden Schule konkret gearbeitet und verfahren werden sollte. Dabei hob er vier "Einzelaufgaben" oder Teilziele hervor, die er zunächst allgemein vorstellte und dann hinsichtlich der zu ihrer Erreichung bereitzustellenden Mittel erläuterte. Als Einzelaufgaben werden genannt:

> "I. Der Versuch soll die materiellen Bedürfnisse der Kinder durch produktive Arbeit befriedigen. Außerdem soll er an der Befriedigung der sozialen und ökonomischen Bedürfnisse der Öffentlichkeit teilnehmen.
>
> II. Das 'Lernen' soll mit der produktiven Arbeit weitgehend verbunden werden.

---

82 M. Schmidtbauer: Pädagogisches Tagebuch. In: *Quellentextband 2*, S. 359-367, S. 366; zu Schmidtbauer siehe auch *Monographieband 2*, S. 260ff.

III. Im Schulversuch sollen die Grundsätze der Demokratie konsequent zur Anwendung kommen.

IV. Der Schulversuch soll mit dem öffentlichen Leben und seinen Einrichtungen, insbesondere mit dem Leben der Bauern, Handwerker und Arbeiter aufs engste verbunden sein."[83]

Das Ziel der Befriedigung der materiellen Bedürfnisse durch produktive Arbeit geht theoriegeschichtlich auf Schulversuche der ersten pädagogischen Bewegung zurück, die zur Zeit der pädagogischen Aufklärung in Industrieschulen unternommen wurden; erneute Plausibilität kam ihm 1947 wegen der bestehenden Armut und Hungersnot zu.[84]

Das zweite Ziel verweist ebenfalls auf Programme der ersten pädagogischen Bewegung, z.B. auf Fichtes Konzeption einer Erziehung im geschlossenen Handelsstaat, welche ebenfalls auf eine enge Verbindung von Lernen und produktiver Arbeit setzte.[85]

Durch das dritte Ziel ist die Programmatik des Schulversuchs von M. Schmidtbauer mit derjenigen des von Salzmann 1784 in Schnepfenthal gegründeten Erziehungsinstituts verbunden. Dieses stellte "Denken, Dulden und Handeln" in einen engen, von den Schülern in einer "kleinen Republik" mitzugestaltenden Zusammenhang und war an der Erziehung eines "merkantilischen Menschen" ausgerichtet, der bürgerlich-ökonomische und moralisch-solidarische Tugenden in sich vereinen und aufgrund seiner theoretisch und praktisch ausgerichteten Verstandes- und Herzensbildung zu individuellem und gesellschaftlichem Fortschritt beitragen sollte.[86]

Das vierte Ziel verweist auf eine "institutionelle Öffnung" des schulischen Lernens und Arbeitens, welche die Lebensbedeutsamkeit des in der Schule Gelernten auf zweifache Weise sicher zu stellen sucht. Es verlangt, dass innerschulische Lernprozesse an außerschulische Phänomene und Erfahrungen anknüpfen, und sucht die Lebensbedeutsamkeit des in der Schule Gelernten über die Relevanz erfahrbar zu machen, die den in der Schule erworbenen Kenntnissen und Fertigkeiten in außerschulischen Handlungsfeldern zukommt. Durch die vierte Zielperspektive öffnet sich die pädagogische Provinz einer Produktionsschule, indem sie Anschluss sucht an die im Umkreis der Schule zugänglichen gesellschaftlichen Tätigkeitsfelder.[87]

---

83 M. Schmidtbauer: Grundsätze für den Aufbau einer Produktionsschule (1947). In: *Quellentextband 3.1*, S. 115-119, S. 115.

84 Siehe hierzu K.-F. Göstemeyer: Pädagogik und gesellschaftliche Synthesis. Zur Dialektik von Menschheits- und Gesellschaftsbildung bei Hobbes, Sextro und Jachmann. Frankfurt a.M. 1989.

85 Vgl. die Ausführungen hierzu im *Monographieband 1*, S. 189ff.

86 Zum Schnepfenthaler Institut siehe die Texte im *Quellentextband 1*, S. 227-342; vgl. auch den *Monographieband 1*, S. 137-187.

87 Zur institutionellen Öffnung von Schule siehe D. Benner/J. Ramseger: Wenn die Schule sich öffnet. Erfahrungen aus dem Grundschulprojekt Gievenbeck. München 1981.

Die Praktikabilität seiner Konzeption gründete Schmidbauer nicht allein auf die Ziele, sondern auf die Mittel, die er für seinen Schulversuch reklamierte. Als institutionellen Rahmen zur gleichzeitigen Sicherung der materiellen Bedürfnisse der Kinder, der Jugendlichen und der Öffentlichkeit wählte er eine genossenschaftliche Ordnung, die jeder Schulklasse zugrunde gelegt werden und aus dieser eine "Produktions- und Konsumtionsgenossenschaft" machen sollte. Von der Produktion sagte er, sie erfolge nach "Gesichtspunkten und Methoden" einer "Planwirtschaft", in der die Arbeitenden selbst den Plan aufstellen und umsetzen und die hierbei gewonnenen Erfahrungen zur Weiterentwicklung und Korrektur ihrer Planungen nutzen.[88]

Die Umsetzbarkeit der zweiten Zielperspektive suchte Schmidtbauer durch eine Differenzierung der Arbeitsformen abzusichern, welche zwischen "Gesamtunterricht", "Fachunterricht" und "Arbeitsgemeinschaften" unterschied. Während er den Gesamtunterricht nicht nach dem Vorbild der Hamburger Lebensgemeinschaftsschulen sondern ganz im Sinne von B. Ottos Ansatz zur Förderung von Gesprächskultur konzipierte, definierte er den Fachunterricht im traditionellen schulunterrichtlichen Sinne. Arbeitsgemeinschaften ordnete er sowohl fächerübergreifende Vorhaben als auch Projekte zu, in denen inner- und außerschulische Erfahrungen miteinander verknüpft werden.[89]

Mit seiner genossenschaftlichen Organisation knüpfte Schmidtbauer an die in der SBZ durchgeführte Landreform an, welche den Großgrundbesitz enteignete und die Entstehung kleinerer Gruppierungen von freien Bauern begünstigte, die nicht staatlich, sondern selbständig und ab 1952 genossenschaftlich organisiert arbeiteten. Die Wirtschaftsform dieser Genossenschaften unterschied sich von der späteren Planwirtschaft der DDR dadurch, dass in ihr diejenigen, die wirtschafteten, den Plan selbst aufstellten und als Arbeitende zugleich Planende und als Planende zugleich Arbeitende waren. Zur Selbstorganisation einer in diesem Sinne freien Planwirtschaft gehörten Aufgaben wie Buchführung und Kontrolle, die Schmidtbauer - wie einst Salzmann - zugleich der dritten Aufgabenstellung seines Schulversuchs zuordnete, welche auf die Errichtung demokratischer Strukturen und Verantwortlichkeiten zielte:

> "Arbeitsmittel der Schuldemokratie sind a) Besprechung und Beratung in kleinen Kreisen [...], Beratung und Beschluß umfassender Fragen in 'Versammlungen', [...] b) die mannigfaltigen Arbeits- und Produktionsgruppen; c) die Verwaltungs- und Kontrollorgane (Buchhalter, Verwalter und Prüfer).
>
> [...] Alle Beratungen, Besprechungen und Versammlungen bedienen sich des kollegialen Arbeitsverfahrens. Die Erledigung von Aufgaben wird bestimmten geeigneten Personen mit voller Verantwortung übertragen.

---

88 M. Schmidtbauer: Grundsätze für den Aufbau einer Produktionsschule. *Quellentextband 3.1*, S. 115f.

89 Zu Max Schmidtbauers Schulversuch siehe den von seinem Sohn W. Schmidtbauer verfassten Beitrag: Zur Rezeption reformpädagogischen Gedankengutes im mecklenburgischen Landschulversuch Drosedow. In: Pädagogik und Schulalltag 48 (1993), S. 245-263.

> [...] Das Vorgesetztenverhältnis ist aus dem Schulleben grundsätzlich zu entfernen. Der Vorgesetzte wird durch den 'Vorarbeiter', 'Buchhalter' und 'Prüfer' ersetzt.
>
> [...] Die Funktionen der Rechnungslegung und Kontrolle sollen von jedem Schüler der Reihe nach ausgeführt werden. Sie sind nicht das Vorrecht einzelner und sollen zu einer selbstverständlichen Gewohnheit im Dienste des Ganzen werden."[90]

Schmidtbauers Schulversuch weist eine größere Nähe zu Programmatiken der ersten pädagogischen Bewegung sowie zu Makarenkos reformpädagogischen Konzepten, weniger zu jenen der zweiten pädagogischen Bewegung in Deutschland auf. Als Hauptaufgabe seines Schulversuchs bezeichnet Schmidtbauer die "Steigerung der Produktivität" der innerschulischen Genossenschaften, denen er einen Ertrag zutraute, der nicht nur zur Sicherung der Subsistenz der Schülerinnen und Schüler beitragen, sondern auch für die Öffentlichkeit bestimmte Güter bereitstellen sollte:

> "Berechnung der landwirtschaftlichen Fläche, die gebraucht wird,
> wenn die 500 Kinder des Rektorates Drosedow täglich eine
> Zusatzspeisung und im Jahre zusätzlich Wollkleidung erhalten.

1.	650 Ztr. Roggen		=	130 Morgen
2.	1350 Ztr. Gemüse		=	9 Morgen
3.	1350 Ztr. Kartoffeln		=	18 Morgen
4.	900 Ztr. Zuckerrüben		=	26 Morgen
5.	14 Kühe oder 56 Milchziegen			
		Weide	=	28 Morgen
		Heu	=	8 Morgen
		Rüben	=	8 Morgen
6.	90 Schafe	Weide	=	40 Morgen
		Heu	=	22 Morgen
		Rüben	=	6 Morgen
				295 Morgen

> (Die zusätzliche Speisung soll bestehen aus ½ Liter Mehlsuppe, enthaltend 166 g Mehl, 1/8 Liter Milch, 25 g Sirup, 50 g Brot. Zum Mittag soll ein Eintopfessen gegeben werden, das 3/4 Pfund Gemüse und 3/4 Pfund Kartoffeln enthält).
> Die Schulen des Rektorates verfügen zur Zeit über etwa 50 Morgen Land. Es fehlen also 245 Morgen."[91]

---

90 M. Schmidtbauer: Grundsätze für den Aufbau einer Produktionsschule. *Quellentextband 3.1*, S. 117.

91 Ebd., S. 119.

Ferner enthielt die Konzeption für die Produktionsschule Drosedow eine an Makarenko erinnernde Konzeption der Moralerziehung. Diese sah vor, dass auf einer ersten Stufe die Schwächen und Laster identifiziert werden, die einer demokratischen Moral widersprechen und die die Einzelnen in sich bekämpfen sollen. Hierzu rechnete Schmidtbauer die Moral des "schmutzigen Eigennutzes", der "Lüge", des "Diebstahls", des "Neides", und der "Faulheit". An ihrer Stelle sollten als neue Tugenden "Wahrhaftigkeit", "Ehrlichkeit", "Wohlwollen", "Fleiß", "Ordnung" und "Hilfsbereitschaft" kultiviert werden. Als Mittel für die Transformation der alten in die gewünschte neue Moral empfahl Schmidtbauer die aus der Produktion bekannten Formen von "Stoßarbeit" oder Akkord, aber auch "Massenwettbewerb" sowie die traditionelle "Gewöhnung".[92]

Die institutionelle Öffnung der Einrichtung, in der die neue Moral gelebt werden kann, sollte nicht nur gegenüber bäuerlichen und handwerklichen Tätigkeiten erfolgen, sondern sich auch in Kooperation mit Kinderlandgruppen der FDJ sowie in Zusammenarbeit mit den demokratischen Organen in den Orts-, Bezirks- und Kreisbehörden vollziehen. Offenbar sah Schmidtbauer vor, dass die Schüler an den Beratungsprozessen und Entscheidungen in den örtlichen Organen in der Weise partizipieren, dass zwischen ihrer Schulgenossenschaft und den in Entstehung begriffenen außerschulischen Genossenschaften und demokratischen Organen in beide Richtungen Wechselwirkungen möglich werden.

Der Schulversuch, für den die Bildung eines "Wahlkollegiums" und für "zwei Jahre Versuchsfreiheit" sowie die Finanzierung durch das Land Mecklenburg beantragt wurde, wurde nach einer gutachterlichen Prüfung durch P. Oestreich, Hauptschulrat in Berlin-Zehlendorf, und G. Rosenow, Leiterin des Amtes für Lehrerbildung in der Schulabteilung der Deutschen Zentralverwaltung für Volksbildung, am 2. Juli 1948 genehmigt. G. Rosenow hatte die "landwirtschaftliche Grundlage" des Versuchs problematisiert, diesen aber zugleich als "bahnbrechend nach dem endlosen Gerede über pädagogische Bewegung" eingestuft und insbesondere die Verbindung zwischen der allgemeinen und der beruflichen Bildung gewürdigt.[93] Oestreich kritisierte das Hauptziel der Steigerung der Produktivität und die zu seiner Erreichung einzusetzenden Mittel. Hierzu führte er aus, die "Aufgabe" des Schulversuchs könne nicht dahin gehen, "die Jugend zur höchsten Arbeitsproduktivität im Sinne der staatskapitalistischen Produktion zu erziehen, sondern an der Spitze steht die Aufgabe, die gesamten Naturenergien zu sozialisieren und die Jugend dazu reif zu machen, diesen Sozialisierungsprozeß zu beschleunigen und die der Natur abgerungenen Energien vernünftig zu verwenden"; er empfahl ferner, auf die "historisch berechtigt[en] Marx- und Lenin-Zitate in der Öffentlichkeit" zu verzichten, befür-

92 Ebd., S. 118.

93 G. Rosenow: Brief an Paul Hofmann vom 07.01.1948. Mecklenburgisches Landeshauptarchiv Schwerin, Min. f. Volksbildung. Sign.: 209, Blatt 25-26; *Quellentextband 3.1*, S. 121.

wortete aber ansonsten die Genehmigung des Versuchs und schlug vor, ihm eine "Aufbau- und Bewährungsfrist" im Umfange "mindestens eines Jahrzehnts" einzuräumen .[94]

Am 19. Januar 1949 fand die Eröffnungsfeier des Schulversuchs Drosedow statt. Bereits im Juli 1949 wurde vereinbart, den Versuch bis zum Ende des gleichen Jahres auslaufen zu lassen. Als Grund für das frühe Ende des Versuchs wird in der Literatur eine "Veränderung der pädagogischen 'Großwetterlage'" genannt. Sowohl in der Sowjetische Militäradministration als auch in der Zentralverwaltung für Volksbildung setzten sich Vorstellungen durch, die auf eine Verabschiedung der bürgerlichen Reformpädagogik, zu denen u.a. Kerschensteiner und Petersen gezählt wurden, zielten.[95] Da der Schulversuch Drosedow, kaum dass er begonnen hatte, bereits beendigt wurde, konnten keine Erfahrungen bei der Umsetzung seiner Konzeption gesammelt werden. Aufgrund seiner Konzeption hatte eigentlich kein Anlass bestanden, ihn unter jene Richtungen der Reformpädagogik zu subsumieren, denen aufgrund ihrer vordemokratischen Führungsstrukturen und Gemeinschaftsbegriffe jede Bedeutung für die Zukunft aberkannt wurde. So ist zu vermuten, dass es noch andere Gründe für die Beendigung des Schulversuchs gegeben hat.

In ihren Stellungnahmen zum Entwurf für die Einrichtung einer Produktionsschule hatten Rosenow und Oestreich bereits darauf hingewiesen, dass die Eigenlogik landwirtschaftlicher und handwerklicher Produktion nicht ohne weiteres mit derjenigen schulisch organisierter Erziehungs- und Unterrichtsprozesse gleichsetzt werden kann. Als Ende der 40er Jahre die notwendigsten Subsistenzmittel durch Landwirtschaft und Gewerbe gesichert werden konnten, verlor die Produktionsschule ihre Daseinsberechtigung zur Milderung der Not, unter der Kinder und Jugendliche damals aufwuchsen.[96] Die Schließung der Versuchsschule zerstörte jede Möglichkeit der Weiterentwicklung ihrer Konzeption. Diese hätte von ihrem Ansatz her und mit Blick auf die fortschreitende Verwissenschaftlichung von Landwirtschaft und gewerblicher sowie industrieller Produktion durchaus der neuzeitlichen Wissenschaft und Technologie eine stärkere Bedeutung in Unterricht und Schulleben einräumen

---

94 P. Oestreich: Brief an Paul Hofmann vom 22.12.1947. In: *Quellentextband 3.1*, S. 120-122.

95 Über Vorgeschichte und Verlauf des Versuchs informiert W. Schmidtbauer: Zur Rezeption reformpädagogischen Gedankengutes im mecklenburgischen Landschulversuch Drosedow. A.a.O. Die Daten der Eröffnungsfeier und des Abschlusses des Versuchs finden sich ebd., S. 257 und 259.

96 In der DDR wurde später weiterhin mit Produktionsschulen experimentiert, die jedoch in Konzepte der Industrialisierung der Landwirtschaft und des Abbaus des Stadt-Land-gefälles eingebunden waren; vgl. hierzu die Ausführungen zur "Mittelschule Wesenberg" im Abschnitt 3.2 (d), insbesondere S. 144ff.; siehe auch den von einem Autorenkollektiv unter Leitung von Robert Alt und Werner Lemm hrsg. Band: Zur Geschichte der Arbeitserziehung in Deutschland. Teil 2: Von 1900 bis zur Gegenwart. Monumenta paedagogica. Band XI. Berlin 1971, insbes. S. 230-236 und S. 236-250.

und Abstimmungsproblemen zwischen wissenschaftlichen und lebensweltlichen Fragen eine größere Aufmerksamkeit widmen können.

Der zweite reformpädagogische Neuansatz in der SBZ ging nicht von der Initiative eines Einzelnen aus, sondern suchte auf Entwicklungsprobleme der neuen Einheitsschule zu antworten, welche die Kursdifferenzierung in den Klassen 6 und 7 und die Selektion beim Übergang von der 8-klassigen Grundschule in die 4-klassige Oberstufe des Schulsystems betrafen. In Thüringen wurde versucht, die in vielen Ländern der SBZ fehlende Kursdifferenzierung in der Grundstufe und das Entstehen neuer gymnasialer Oberstufen in der Einheitsschule dadurch zu vermeiden, dass die 8-klassige Grundschule und die 4-klassige Oberschule in einer 12-klassigen Einheitsschule zusammengeführt wurden, wie sie P. Oestreich bereits während der Weimarer Republik gefordert und in seiner frühen Kritik des Schulgesetzes der SBZ neuerlich reklamiert hatte. Während M. Kreuziger die 12- klassige Einheitsschule in einem Artikel in der "neuen schule" als eine "Fehlkonstruktion" kritisierte,[97] da sie die zur Oberstufe gehörende Berufsschule nicht berücksichtige und infolgedessen den Namen Einheitsschule zu unrecht für sich in Anspruch nehme, lagen seitens der Lehrer, Eltern und Schüler positive Erfahrungen mit der modifizierten Einheitsschule vor. Sie hatte nicht nur vielerorts zur Durchsetzung der Kursdifferenzierung in der Grundstufe und der Oberstufe des Bildungssystems geführt, sondern zugleich, wie aus einem Bericht der zuständigen Schulrätin an das Ministerium für Volksbildung vom 21.12.1948 hervorgeht, eine Dezentralisierung der Oberschule möglich gemacht und zu einer Anhebung der Schulleistungen geführt. Am 21.12.1948 wurde auf einer "Konferenz der zwölfklassigen Einheitsschulen", auf der über Kreuzigers Kritik beraten worden war, beschlossen

> "1.) das Ministerium für Volksbildung zu bitten, daß wir im Kreise Gera unsere Arbeit fortsetzen dürfen,
> 2.) daß eine Konferenz mit dem Thema 'Zwölfklassige Einheitsschulen in Thüringen' einberufen wird."[98]

Dem Schreiben der Schulrätin an das Ministerium für Volksbildung in Berlin wurde ein Bericht beigelegt, dem zu entnehmen ist, dass an der Aussprache und Diskussion auch ein Vertreter der thüringischen Volksbildungsabteilung der Sowjetischen Militäradministration mitgewirkt hat, der sich für die Beibehaltung und den Ausbau der Zwölfjahresschulen aussprach. Aus dem Bericht geht hervor, dass es damals 11 "Zwölfjahresschulen" in Thüringen gab. Deren Schulleiter waren wie die Lehrer der Grundschulen "durchweg Anhänger dieser Schulform", die auch bei den Lehrern der

---

97 Vgl. M. Kreuziger: Die Thüringische Zwölfjahresschule eine Fehlkonstruktion. In: die neue schule 3 (1948) Heft 1, S. 6-7.

98 Schreiben der Schulrätin für Gera I an das Ministerium für Volksbildung - Allgemeine Schulabteilung - Weimar vom 21.12.1948. In: *Quellentextband 3.1*, S. 129-130, S. 130.

Oberschule, welche anfangs "Bedenken" geäußert hatten, zunehmend "Zustimmung" fand. Als besondere Leistung der Zwölfjahresschule wird die Überwindung des "alte[n] Dualismus zwischen Grund- und Oberschule" herausgestellt, die dringend zu fordern sei, nachdem durch das Schulgesetz der SBZ die Oberstufe nur mehr als "vierjähriger Torso" fortbestand.

Der Bericht und die in ihm wiedergegebene Diskussion setzten sich u.a. mit den Einwänden auseinander, die Kreuziger in seinem Artikel gegen die Zwölfjahresschule vorgebracht hatte. Dessen Argument, es gebe praktische und theoretische sowie aus beiden gemischte Begabungen, wurde mit Verweis auf den Arbeitsschulcharakter der Zwölfsjahresschule zurückgewiesen. Auf den Einwand, die "zwölfklassige Einheitsschule [sei] eine Fiktion", weil sie die Berufsschule nicht berücksichtige, wurde mit dem Hinweis reagiert, die "Berufsschule" sei "eine Fiktion", da sie die Anforderungen, die man an eine berufsbildende Schule stellen müsse, nur "unzulänglich" erfülle. Ferner wurde festgestellt, dass in der Zwölfjahresschule in allen oberen Klassen "mindestens 50 % Arbeiter- und Kleinbauernkinder vertreten" seien, so dass die Gefahr einer Pervertierung dieser Schulform zur alten gymnasialen "Wahlschule" gar nicht bestehe.[99]

Die Thüringer Zwölfjahresschule war der vielleicht weitestgehende Reformversuch in der SBZ. In dieser Schule fand nach Abschluss der 6. bzw. 8. Klasse keine Auslese statt, welche die Heranwachsenden auf die beiden im Schulgesetz der SBZ vorgesehenen Schultypen der Oberstufe, die Berufsschule und die Oberschule, verteilte, sondern es wurde allen Heranwachsenden bis zum Abschluss der 12. Klasse eine allgemeine, der Berufswahl nicht vorgreifende, sondern zu dieser hinführende Bildung angeboten. So gesehen kann man sagen, dass in dieser Schulform Humboldts Prinzip einer horizontalen Differenzierung des Bildungssystems am konsequentesten durchgehalten und eine Verkürzung der Bildungsmöglichkeiten nach Maßgabe der unterschiedlichen Wertigkeit der in der Gesellschaft etablierten Berufe strikt vermieden wurde.

Der Sache nach machte die Thüringer Zwölfsjahresschule auf einen Konstruktionsfehler des Schulgesetzes der SBZ aufmerksam. Dieser lag darin, dass das Schulgesetz von 1946 die Oberstufe des Bildungssystems in eine Berufsschule und eine Oberschule ausdifferenzierte und mit dieser Ausdifferenzierung gegen das zeitliche Nachfolgeverhältnis von allgemeiner und beruflicher Bildung verstieß. Dieses ist nicht in einer ungleichen Wertigkeit von allgemeiner und beruflicher Bildung, sondern darin begründet, dass die Berufsschulen eine bereits getroffene Berufswahlentscheidung auf Seiten der Lernenden voraussetzen, die Erziehung und Unterweisung in allgemeinen Schulen hingegen nicht an eine solche Entscheidung gebunden sind.

---

99 Die Thüringer Zwölfjahresschule eine Fehlkonstruktion? Bericht und Stellungnahme aus dem Kreise Gera vom 21.12.1948. In: *Quellentextband 3.1*, S. 130-144, S. 130 und S. 135f.

Die Deutsche Zentralverwaltung für Volksbildung in Berlin war insbesondere daran interessiert, in der Oberstufe der Einheitsschule eine neue, hoch qualifizierte Intelligenz heranzuziehen. Sie stand daher dem Thüringer Schulversuch ablehnend gegenüber. Bereits im August 1948 war sie an die Volksbildungsabteilung der Sowjetischen Militäradministration mit der Bitte herangetreten, diese möge gegen ihre "territorialen Volksbildungsabteilungen", insbesondere jene in "Thüringen und Brandenburg" vorgehen und diesen untersagen, "zwölfjährige Einheitsschulen zu schaffen".[100] Als im Jahre 1949 aus der SBZ die DDR als teilweise souveräner Staat hervorging, war das Ende der Thüringer Zwölfjahresschule gekommen, deren Konzeption ein agonales Verhältnis von allgemeiner und beruflicher Bildung favorisierte und mit den Schulreformvorstellungen der SED insofern unvereinbar war, als diese die schulische Selektion planwirtschaftlich auf den Bedarf an Facharbeitern und Studierenden ausrichtete.

3.1.6 Neuanfänge erziehungswissenschaftlicher Theoriebildung und Forschung

Bei der Vorstellung des Schulgesetzes der SBZ und seiner verschiedenen Auslegungen und der Behandlung des Erziehungsprogramms und seiner kontroversen Diskussion sind bereits verschiedene reformpädagogische und erziehungswissenschaftliche Positionen zu Worte gekommen. Hierzu gehörten die Reformpädagogen Peter Petersen und Paul Oestreich, die schon innerhalb der Pädagogischen Bewegung als Bildungsreformer und Reformpädagogen wirksam waren, sowie die Erziehungswissenschaftler Heinrich Deiters und Theodor Litt, die in der Weimarer Zeit sozial- und geisteswissenschaftliche Fragestellungen verfolgt hatten. Oestreich, Deiters und Litt waren, anders als P. Petersen, keinerlei Bündnisse mit der nationalsozialistischen Bewegung eingegangen und konnten sich daher in der SBZ erstmals wieder frei zu Fragen der Schulreform äußern.

Innerhalb der in der SBZ geführten schulreformerischen Diskussionen kamen alle Neuansätze wissenschaftlicher Pädagogik zu Worte, die in Auseinandersetzung mit der Pädagogischen Bewegung im Zeitraum von der Jahrhundertwende bis 1933 entstanden waren.[101] Theodor Litt (Leipzig) und Albert Reble (Halle) traten als Vertreter der Geisteswissenschaftlichen Pädagogik, Alfred Petzelt, der wie Litt in Leipzig lehrte, als neukantianisch ausgerichteter Erziehungsphilosoph auf. Es gab aber auch empirisch forschende Erziehungswissenschaftler wie der 1950 auf eine Professur in Halle berufene Friedrich Winnefeld, der die Entwicklung der empirischen Erziehungswissenschaft in Ost- und Westdeutschland wesentlich beeinflusst hat.

---

100 Deutsche Verwaltung für Volksbildung: Beschlußprotokoll Nr. 14 der Ministerkonferenz vom 10. bis 13. August 1948 in Kloster auf Hiddensee: *Quellentextband 3.1*, S. 141.

101 Vgl. Monographieband 2, S. 315ff.

Zu den genannten Neuansätzen trat in der SBZ von Anfang an ein vierter, von sozialistischen Erziehungswissenschaftlern vertretener Ansatz hinzu. Zu ihnen gehörten Robert Alt, seit 1946 Professor für Pädagogik an der Pädagogischen Hochschule Berlin, ab 1952 Professor am Institut für Systematische Pädagogik und Geschichte der Pädagogik der Humboldt-Universität, Wilhelm Heise, der bereits 1946 zum Professor an der Pädagogischen Fakultät der Humboldt-Universität ernannt worden war, und Max-Gustav Lange, der seit 1946 Schriftleiter der neu gegründeten Zeitschrift "Pädagogik" und von 1947 an Professor für Soziologie an der Pädagogischen Fakultät der Universität Halle war. Er war für die Besetzung der ersten Professur für marxistische Pädagogik vorgesehen, die als Professur für "materialistische Erziehungswissenschaft" an der Humboldt-Universität eingerichtet werden sollte. Zu der von der sowjetischen Militäradministration vorbereiteten Berufung kam es nicht mehr, weil Lange, der während der Zeit der nationalsozialistischen Diktatur Mitglied der NSDAP gewesen war, sich - vielleicht aus Sorge um eine bevorstehende Entlassung - nach West-Berlin absetzte und dort eine Tätigkeit in der westdeutschen Arbeiterwohlfahrt aufnahm.[102]

Eine Gesamtdarstellung der Entwicklung der erziehungswissenschaftlichen Diskussion in der SBZ und in der DDR, auf die bei der Darstellung der Theorieentwicklung im Bereich der reform- und schulpädagogischen Diskussion zurückgegriffen werden könnte, gibt es noch nicht.[103] Daher sollen im letzten Abschnitt für jede Entwicklungsphase jeweils nur eine oder zwei Abhandlungen vorgestellt werden, die zwar nicht für den Epochenabschnitt insgesamt als repräsentativ angesehen werden können, wohl aber die zentrale Thematik und Fragestellung erläutern, die im Zentrum des behandelten Reformabschnitts stand.

Zu den wichtigsten Vertretern einer marxistischen Pädagogik in der SBZ gehörten neben Max-Gustav Lange Robert Alt und Wilhelm Heise. Während Lange, von den

---

102 Vgl. das Schreiben des Kurators der Martin Luther-Universität Halle-Wittenberg an die Provinzialregierung Sachsen Anhalt vom 05.06.1947. Betr.: Professor Max Lange. Universitätsarchiv Halle: Sign.: 82.

103 Es gibt aber neuere Studien, die sich einzelnen Zeitabschnitten, Teildisziplinen oder Regionen zuwenden; vgl. E. Cloer: Die Pädagogik in der DDR - ein monolithisches Gebilde? Differenzierung tut not: Das Nebeneinander von Staatspädagogik und reflektierenden Pädagogik-Ansätzen. In: E. Cloer/R. Wernstedt (Hrsg.): Pädagogik in der DDR. Eröffnung einer notwendigen Bilanzierung. Weinheim 1994, S. 15-36; E. Cloer/R. Tappe: Ausgewählte Aspekte der Wissenschaftsentwicklung in der Pädagogischen Fakultät der Universität Halle-Wittenberg im Zeitraum von 1945 bis 1963/64. In: A. Langewand/A. von Prondczynsky (Hrsg.): Lokale Wissenschaftskulturen in der Erziehungswissenschaft. Weinheim 1999, S. 235-267; E. Cloer: Theoretische Pädagogik in der DDR. A.a.O., S. 45-93, S. 197-260; U. Mietzner: Enteignung der Subjekte - Lehrer und Schule in der DDR. Eine Schule in Mecklenburg von 1945 bis zum Mauerbau. Opladen 1998; D. Benner/H. Sladek: Vergessene Theoriekontroversen in der Pädagogik des SBZ und DDR. Weinheim 1998; W. Eichler: Der Stein des Sisyphos. A.a.O.

Frühschriften von Marx ausgehend, an der Konzeption einer materialistischen Pädagogik arbeitete,[104] stammt von Alt die erste theoretische Begründung für eine sozialistische Auslegung der Schulreformkonzeption der SBZ, die Heise schließlich zu Vorstellungen von einer gesetzmäßig verlaufenden Geschichtsentwicklung in Beziehung setzte.

Im ersten Heft der neu gegründeten Zeitschrift "Pädagogik" entwickelte Alt eine "gesellschaftliche Begründung" für die Struktur und Erziehungskonzeption "der neuen Schule", welche Erziehung nicht mehr aus der Sicht der beteiligten Akteure als individuelle Interaktion, sondern als eine "Funktion der Gesellschaft"[105] interpretiert und "allem sozialen Leben als Mittel der Fortdauer wesensgemäß" zuordnet. Dieser funktionale Begriff der Erziehung wird von Alt deskriptiv und normativ zugleich verstanden und einmal als analytische Betrachtung der gesellschaftlichen Verfasstheit von Erziehung überhaupt ausgelegt, dann aber auch zur normativen Orientierung einer zeitgemäßen Erziehung im Sinne des neuen Schulgesetzes herangezogen. Die normative Bedeutung folgt Vorstellungen einer Entwicklung der "formalen Demokratie zur sozialen Demokratie".[106]

Dem analytischen Verständnis zufolge dient Erziehung der Reproduktion vorgegebener gesellschaftlicher Herrschaftsordnungen und Besitzverhältnisse, indem sie Bildung so monopolisiert, das nur die jeweils herrschende politische und ökonomische Klasse in den Besitz der Kenntnisse gelangt, die sie zur Aufrechterhaltung ihrer Herrschaft benötigt, derweil der jeweils unterdrückten Klasse, der der Zugang zu diesen Kenntnissen versperrt wird, ein ideologisches Wissen vermittelt wird, welches die gesellschaftlich verursachte Ungleichheit unter den Menschen als eine quasi-natürliche legitimiert:

> "Das bisherige Schulsystem war Repräsentant einer Ordnung, deren wesentliches Charakteristikum in ihrer Klassengliederung bestand. Neun Zehntel aller Kinder besuchten die Volksschule, ein Zehntel - vorwiegend aus den besitzenden Schichten stammend - die höheren Schulen. In einer Organisationsform der Gesellschaft, in der die Herrschaft einer zahlenmäßig kleinen Oberklasse über die große Masse des Volkes besteht, kann eine für alle gleiche Möglichkeit des Bildungserwerbs nicht gegeben sein. Unterschiede des Besitzes und der Macht sind gleichzeitig Unterschiede der Bildung. Die Monopolisierung wirtschaftlicher und politischer Macht trägt notwendig in sich die Verfügungsgewalt über die geistig-seelischen Kräfte. Diese drei Monopole stehen im

---

104 Vgl. M.G. Lange: Der pädagogische Gehalt der ökonomisch-philosophischen Manuskripte (1844) von Karl Marx. In: Pädagogik 4 (1949), S. 1-9; Ders.: Theorie und Praxis in der Pädagogik. In: Pädagogik 2 (1948), S. 289-296.

105 R. Alt: Zur gesellschaftlichen Begründung der neuen Schule. In: Pädagogik 1 (1946), S. 12-22; *Quellentextband 3.1*, S. 40-52, S. 40.

106 Ebd., S. 41.

Prozeß des gesellschaftlichen Gesamtgefüges in einander bedingender und durchdringender Verflechtung."[107]

Unter einer Monopolisierung der Bildung verstand Alt eine der politischen Herrschafts- und ökonomischen Eigentumsordnung nachfolgende Funktion der Erziehung, welche ihren Ausdruck sowohl in der Schulstruktur als auch in den Inhalten, Methoden und Interaktionsformen des Unterrichts findet. Eine Änderung der inhaltlichen Ausrichtung dieser Funktion des Erziehungssystems kann nur zusammen mit einer Veränderung der Herrschaftsstrukturen im Politiksystem und der Eigentumsverhältnisse im Produktionssystem gelingen. Im bisherigen Geschichtsprozess erkennt Alt zwei Phasen, in denen eine Aufhebung monopolisierter Bildung zwar angestrebt, aufgrund partieller Reformen im Erziehungs- und Politiksystem jedoch nicht auf Dauer gestellt und durchgesetzt werden konnte. Die erste beginnt mit der Französischen Revolution und endet in Deutschland mit den Preußischen Reformen, die zweite war der Versuch, in der Weimarer Republik ein Herrschaftssystem zu begründen, in dem alle Macht vom Volke ausgehen sollte. Das "Gesetz zur Demokratisierung der deutschen Schule" leitet nach Alt in der SBZ eine dritte Phase in der Überwindung des Bildungsmonopols ein, die diesmal jedoch durch Veränderungen im Politik- und Wirtschaftssystem abgesichert wird.

Die Hinweise reichen aus, um deutlich zu machen, dass Alt aus der Perspektive von 1946 die Geschichte der Überwindung des Bildungsmonopols in vordemokratische (Preußische Reformen), formal-demokratische (Weimarer Republik) und sozial- oder substanziell-demokratische Epochen (SBZ) einteilte und allein von letzeren einen wirkungsvollen Beitrag zur Aufhebung monopolisierter Bildung erwartete:

> "Mit Ablösung der ständischen Ordnung durch die bürgerliche Gesellschaft und mit der Herausbildung formaler Demokratie taucht als Antithese gegen die Monopolisierung bestimmter Kenntnisse und Fertigkeiten durch die einzelnen Stände der Gedanke eines für das ganze Volk einheitlichen Schulsystems auf. Die Forderung tritt uns in den Schulprogrammen der französischen Revolution bis zum Schulgesetzentwurf Süverns in verschiedener Gestalt entgegen. Sie fand aber ihre Schranke in den bürgerlichen Eigentumsverhältnissen, bei denen zwar jetzt juristisch allen Bürgern das gleiche Recht zum Erwerb jeden Wissens und zum Besuch aller Schulen zustand, realiter aber durch die Trennung in Volksschulen und die eine längere Ausbildungszeit und Schulgeld erfordernden höheren Schulen eine einheitliche Volksbildung verhindert wurde."[108]

---

107 Ebd., S. 41f.
108 Ebd., S. 42.

Die Differenz zwischen der formalen und der sozialen Demokratie erblickt Alt darin, dass die in den Preußischen Reformen der Tendenz nach angestrebte und in der Weimarer Republik verwirklichte "Gleichheit vor dem Gesetze" zwar "auch den Kindern der Arbeiter" erlaubte, die höheren Schulen zu besuchen", dass sie dies ihnen aber nicht "ermöglichte".[109] Zur Verwirklichung der Demokratie reicht formale Rechtsgleichheit nicht aus, sondern ist eine "entfaltete" oder substanzielle Umgestaltung der Gesellschaft erforderlich, die nicht nur das Erziehungs- und Rechts- sondern auch das Politik- und Wirtschaftssystem umfasst:

> "Im Gegensatz zu dem aufgezeigten Charakter und der Funktion der Schulen in einer nur formalen Demokratie wird Umfang und Funktion der Bildung in einer entfalteten Demokratie nur von den Interessen des gesamten Volkes bestimmt. Bildung zielt hier nicht auf die Erhaltung von Monopolen und ist nicht in hohem Grade selbst monopolisiert. Die Erhaltung und Vervollkommnung des Produktionsprozesses materieller und geistiger Güter ist allein ausgerichtet an den Bedürfnissen der Gesamtgesellschaft. So wird auch die Schule Instrument des Volkes in seiner Gesamtheit, nicht Institution zur Heranbildung einer in materieller und geistiger Sphäre wieder geschiedenen neuen Generation. Sie wird allen Kindern des Volkes gleicherweise den Zugang zum Kulturbesitz eröffnen. Die kulturellen Güter werden unabhängig von Besitz und Geburt allen Angehörigen des Volkes gemäß ihrer inneren Bildungskapazität zu eigen gegeben. Dauer und Ausmaß des Schulbesuches werden unabhängig von der Zugehörigkeit zu noch bestehenden sozialen Schichten."

Formale Demokratie unterscheidet sich von substanzieller Demokratie dadurch, dass erstere Heranwachsende aus bürgerlichen Schichten privilegiert und Rechtsgleichheit nur in einem formalen Sinne gewährt, letztere dagegen von den "Bedürfnissen der Gesamtgesellschaft" ausgeht, so dass "nur" mehr die Interessen des "gesamten Volkes" "Umfang und Funktion der Bildung" bestimmen. Die Interessen und Bedürfnisse der Einzelnen und die der Gesellschaft werden in Alts Systematik so einander gegenübergestellt, dass beide unter den Bedingungen formaler Rechtsgleichheit unversöhnt nebeneinander stehen, unter den Bedingungen einer sozialen Demokratie dagegen miteinander versöhnt sind. Auf den von Alt vollzogenen Wechsel von einer analytischen in eine normative Betrachtungsweise ist zurückzuführen, dass dieser die in seinem Begriff einer substanziellen Demokratie angelegte neuerliche Monopolisierung von Bildung und Politik nicht bemerkte. In analytischer Hinsicht sprach er von einer Neuausrichtung der Erziehung an den sogenannten "Interessen des gesamten Volkes" bzw. den "Bedürfnissen der Gesamtgesellschaft". In normativer Hinsicht versprach er sich hiervon eine Entmonopolisierung der Bildung im Rahmen

---

109 Ebd., S. 45.

einer substanziellen Demokratie. Der Sache nach aber kann in Alts Konzeption von einer Überwindung des Bildungsmonopols überhaupt nicht die Rede sein. An die Stelle eines durch Besitzstand, Klassenzugehörigkeit und Herrschaftsordnung definierten Bildungsmonopols tritt vielmehr eine Monopolisierung der Bildung nach Maßgabe sogenannter Interessen der Gemeinschaft und Bedürfnisse der Gesellschaft. In dieser sind die modernen Unterscheidungen zwischen Staat, Gesellschaft, individueller Gesellung und persönlicher Eigentümlichkeit letztlich zugunsten eines Primats der Ökonomie und eines substanziellen Verständnisses von Demokratie suspendiert.

In seinem Versuch zu einer "gesellschaftlichen Begründung der neuen Schule" argumentiert Alt noch nicht im Namen einer kommenden kommunistischen Gesellschaft, welche im Durchgang durch die Gesellschaftsformationen einer "Diktatur des Proletariats" und einer entwickelten sozialistischen Gesellschaft erreicht werden wird. Vielmehr stellt er formale und soziale Demokratie direkt einander gegenüber und charakterisiert letztere so, dass in ihr die richtig verstandenen Interessen und Bedürfnisse der Einzelnen und das wohlverstandene Interesse des Volkes oder der Gesamtgesellschaft eine harmonische, durch wissenschaftliche Forschung noch zu steigernde Einheit bilden:

> "Selbstverständlich aber ist die Einheitsschule keine Schule 'unterschiedsloser Einerleiheit' [Paul Natorp], sondern weist stärkste Differenzierung auf. Diese aber nimmt ihre grundlegenden Gesichtspunkte, was Art und Zeitpunkt ihres Einsetzens betrifft, von den Bedürfnissen der Gesamtgesellschaft. Schon daß der Zugang zu speziellem beruflichem Wissen nicht an Besitz, sondern an Begabung gebunden ist, ergibt von der Ökonomie der Kräfte in der Gesamtgesellschaft her gesehen ein erhöhtes In-den-Dienst-Stellen latent verfügbarer Energien und stellt einen Akt planmäßiger gesellschaftlicher Organisation der Bildung dar. Ebenso ist dies der Fall mit der Differenzierung der Schulen, die einzig und allein von Art und Stärke der Differenzierung der Arbeitsvorgänge bestimmt wird. Der Stand der organischen Teilung der Arbeit ist der maßgebende Gestaltungsfaktor der weiterführenden Schularten innerhalb des einheitlichen Schulsystems. Hier wird eine wissenschaftliche Erforschung die begabungsmäßigen, im Individuellen der zukünftigen Berufsträger wurzelnden Voraussetzungen und die von der Seite der arbeitsteiligen Wirklichkeit an jeden Beruf gestellten Forderungen, genauestens ergründen müssen."[110]

War zunächst von sozialer Demokratie die Rede, die aufgrund der ihr eigenen Substanz die Grenzen einer bloß formalen Demokratie übersteigt, so ist nun von einer "organischen Teilung der Arbeit" die Rede, in der die Begabungen und Interessen der Einzelnen mit den Bedürfnissen und Interessen der Gesellschaft und des Volkes

---

110 Ebd., S. 45.

versöhnt sind. Aufgrund der heimlichen Monopolisierung der angeblich organischen Teilung der Arbeit in einer sozialen Demokratie avanciert die berufliche Existenz zum Zentrum der neuen Schule und des in ihr zu erziehenden neuen Menschen. Mit Blick auf die an dieser Konzeption geübte Kritik stellt Alt fest:

> "Der vom Beruflichen her bestimmte Charakter der weiterführenden Schulen ist stärksten Einwendungen begegnet. Sie resultieren aber meist aus einer vom rein privatwirtschaftlichen Denken her beeinflußten Einstellung zum Beruf. Diese betont am Beruf vor allem die Erwerbsfunktion, sieht in der Berufsbildung nur die Ertüchtigung zum Produzieren individuellen Nutzens, die Schulung zu einer Lebenstüchtigkeit, die sich im Konkurrenzkampf gegen andere, in der Verbesserung der individuellen wirtschaftlichen Position, in der Fähigkeit, Produktionsmittel zu erwerben und zu verwerten, erschöpft. Dies aber ist nur eine historische Form der sozialbezogenen Tätigkeit 'Beruf'. In einer zur sozialen Demokratie sich entwickelnden Gesellschaft wird Beruf die durch die Arbeitsteilung gegliederte Mitverantwortung, Mitaufgabe und Mitarbeit an der Neugestaltung der Gesellschaft in demselben Maße, wie in dieser Gesellschaft, was Besitz und Verfügung über die Produktionsmittel anbetrifft, die wirklichen Grundlagen für eine solche Berufsauffassung geschaffen werden."[111]

Die Transformation des Berufs von einem Status bloßer Erwerbstätigkeit in eine substanzielle Mitverantwortung für die Neugestaltung der Gesellschaft bindet Alt an die Transformation der bürgerlichen Gesellschaft in eine soziale, von den Arbeitenden selbst zu gestaltende Gesellschaft zurück. Die Differenzen zwischen den ausdifferenzierten Bereichen gesellschaftlicher Praxis werden auf diese Weise zwar nicht geleugnet. An die Stelle ihrer formellen Ausdifferenzierung in bürgerlichen Gesellschaften und formalen Demokratien soll jedoch eine substanzielle gesamtgesellschaftliche Ausrichtung treten, in welcher der Gemeinschaftsgedanke der Pädagogischen Bewegung sozialistisch neu interpretiert wird[112] und als Gesamthorizont menschlicher Koexistenz wirksam bleibt. Sozialistische Koexistenz soll sich von bürgerlicher fortan dadurch unterscheiden, dass in ihr ein überwölbender Konsens herrscht, der die Einzelnen als Teile eines Kollektivs definiert, welches selbst wiederum als kleinste Einheit der neuen Gesellschaft verstanden wird.

Alts gesellschaftliche Begründung der neuen Schule wurzelt in einem Begriff der Gesellschaft, der für alle Gesellschaftsformationen gelten will und Erziehung analy-

---

111 Ebd., S. 46.

112 Zu Alts Überführung des Gemeinschaftsbegriff der Pädagogischen Bewegung in den sozialistischen Kollektivbegriff siehe U. Wiegmann: Die semantische Reform. Von der Gemeinschafts- zur Kollektivpädagogik in der SBZ/DDR. In: Grundlagen der Sozialen Arbeit. Band 4. Hohengehren 2000, S. 122-135.

tisch als einer Funktion der Gesellschaft interpretiert und normativ auf die Verfasstheit einer sozialistischen Gesellschaft ausrichtet, welche durch dieselbe funktionale Struktur bestimmt ist und sich von Klassengesellschaften dadurch unterscheidet, dass in ihr keine ausbeutende Klasse über eine arbeitende Klasse, sondern die arbeitende Klasse über sich selbst herrscht. In diesem Sinne kann das folgende Zitat analytisch als eine Aussage über *jegliches* gesellschaftliche Zusammenleben von Menschen und normativ als Orientierung eines *menschlichen* Zusammenlebens gelesen werden:

> "Der Bestand jedes menschlichen Zusammenlebens ist notwendig geknüpft an das Vorhandensein eines alle Mitglieder der Gesellschaft gleicherweise umschlingenden Bandes der Gemeinsamkeit, eines 'Consensus'. Die innere Einstimmigkeit der Gruppe, die in den Individuen in einer gewissen Uniformität nicht so sehr tatsächlich in Erscheinung tretender als vielmehr dispositioneller Art sich ausprägt, muß das Ziel jedes auf die Dauer bedachten Kollektivums sein. Erziehung vollzieht die Eingliederung der wechselnden Träger des Kollektivganzen in jenes Netz von Haltungen, Wertungen, Gewohnheiten."[113]

Hinter R. Alts analytischem und normativem Gesellschaftsverständnis steht ein Bildungs- und Gesellschaftsideal, das ohne Differenzen zwischen Staat, Gesellschaft und Gemeinschaft auskommt und letztlich keinen Widerstreit und auch kein agonales Verhältnis zwischen den ausdifferenzierten Bereichen menschlicher Koexistenz kennt. Das Erstaunliche an dieser Konzeption ist, dass R. Alt , der sich immer wieder kritisch zur Monopolisierung der Bildung in vorbürgerlichen und bürgerlichen Gesellschaftsformationen geäußert hat, die in seinem eigenen Gesellschaftsbegriff angelegte Monopolisierung der Bildung nach Maßgabe eines alle Bereiche der Gesellschaft übergreifenden Konsensus verborgen geblieben ist.

Die normative Wendung der analytischen Kritik früherer Bildungsmonopole und ihrer ideologischen Funktion in eine ideologische Legitimierung einer durch Konsens definierten Bildungs- und Gesellschaftkonzeption vollzieht Alt, indem er der alten Schule, die ein Spiegelbild vorsozialistischer Gesellschaftsformationen gewesen sei, eine neue Schule gegenüberstellt, die er als Spiegelbild einer im Entstehen begriffenen sozialistischen Gesellschaft fasst. In diesem Zusammenhang ist es wichtig, die Differenz zu reflektieren, die zwischen der Spiegelung einer bestehenden und dem Entwurf einer in Entwicklung begriffenen Gesellschaft besteht. Denn die neue Schule soll die nachwachsende Generation nicht auf den Eintritt in eine fertige, sondern auf jenen in eine in Entwicklung begriffene Gesellschaft vorbereiten. Die damit veränderte Funktion von Erziehung und Schule kann unterschiedlich interpretiert und ausgelegt werden.

Der am Ende der ersten pädagogischen Bewegung erarbeiteten Neudefinition des pädagogischen Generationenverhältnisses und seiner Abgrenzung von anderen -

113 R. Alt: Die gesellschaftliche Begründung der neuen Schule. A.a.O., S. 47.

ethischen, politischen und religiösen - Generationenverhältnissen zufolge, kann die Aufgabe schulischer Erziehung und Unterweisung darin gesehen werden, die nachwachsenden Generationen in den Streit um die Weiterentwicklung und Veränderung der Gesellschaft einzuführen, damit sie die widerstreitenden Zukunftsantizipationen kennen lernt. Solche Einführung muss darauf verzichten, die Einführung in die verschiedenen Positionen mit einer Aufklärung über ihren wahren Charakter aus der Sicht einer allein richtigen Position zu verknüpfen. Die Abgrenzung von bürgerlicher und sozialistischer Demokratie legt nahe, die Aufgaben von Erziehung und Unterweisung anders zu definieren und an einem Konsensus auszurichten, der zwar in der bestehenden Gesellschaft noch nicht existiert, auf den jedoch die gesellschaftliche Entwicklung hinstrebt und der daher in der Gemeinschaft von Schülern und Lehrern, Zöglingen und ihren Erziehern vorweggenommen werden kann.

Erziehung scheint auf diese Weise in zweifacher Form möglich zu sein: einmal als Funktion einer bestehenden, das andere Mal als Funktion einer im Werden begriffenen Gesellschaft. In beiden Fällen ist sie auf einen Konsensus angewiesen. Soll Erziehung als Funktion der Gesellschaft in einem fortschrittlichen Sinne legitimiert sein, so kommt es darauf an, durch sie nicht bloß einen für richtig gehaltenen, sondern jenen Konsensus zu erzeugen, der als der objektiv richtige von der Gesellschaftsentwicklung gefordert wird:

> "Mit der Entfaltung der Demokratie wird nun eine grundlegende Wandlung in den Bildungsinhalten der Schule sich vollziehen müssen. Das gesamte Gefüge der Bildungsgüter wird als Kern einen geistigen Grundbestand erhalten müssen, der dazu führt, die Gegenwart und die in ihr liegenden Entwicklungsmöglichkeiten zu bejahen, und der zur Mitarbeit an dem geschichtlichen Prozeß einer sich durch gesellschaftliche Gleichberechtigung konsolidierenden realen Volkseinheit befähigt und begeistert. Es ist eine der demokratischen Schule gestellte Aufgabe hervorragender Wichtigkeit, aus dem Bildungsgut der Schule alles das zu eliminieren, was die Existenz einer klassengegliederten Gesellschaft von absoluten natürlichen, sozialen oder überweltlichen Gesetzmäßigkeiten ableitet, deren Fortdauer damit begründet und stabilisiert."[114]

Die vorzunehmende neue Monopolisierung der Bildung und ihrer Inhalte soll alles das eliminieren, was den Glauben an die neue Ordnung problematisieren oder in Frage stellen könnte. Unter dem zu Eliminierenden versteht Alt Überzeugungen und Vorstellungen, welche die Unvermeidlichkeit von Klassen und Ständen mit Verweis auf natürliche, gesellschaftliche Gesetzmäßigkeiten oder übernatürliche Ordnungsvorstellungen zu legitimieren suchen. Kritisch erscheint diese Eliminierung insoweit, als in ihr die Annahme überhistorischer Gesetzmäßigkeiten, die eine bestimmte Gesellschaftsordnung auf Dauer stellen, zurückgewiesen wird. Der Horizont dieser Zurück-

---

114 Ebd., S. 50f.

weisung und Kritik wird von Alt jedoch sofort dahingehend eingeschränkt, dass nur die Annahme der Unausweichlichkeit einer "klassengegliederten Gesellschaft" zu problematisieren sei. Von hier her ist es dann nur mehr ein - freilich entscheidender - Schritt bis zur Setzung eines neuen Deutungsmonopols. Dieses glaubt die Entmonopolisierung der Bildung dadurch vollenden zu können, dass es an die Stelle einer Legitimation der Verschiedenheit der Menschern unter Berufung auf natürliche, soziale und überweltliche Herrschaftsordnungen die Überzeugung setzt, in einer entwickelten sozialen oder sozialistischen Gesellschaft ließen sich die naturhaften und gesellschaftlichen Unterschiede zwischen den Menschen so weit verändern, dass in ihr ein Jeder die Bestimmung finde und erreiche, die seiner Natur entspricht.

Der naturalistische Fehlschluss von einer Position, die um die Nichtlegitimierbarkeit gesellschaftlicher Klassen durch Verweise auf eine vorgegebene Naturordnung weiß, zur Legitimation einer im Werden begriffenen sozialistischen und kommunistischen Gesellschaftsformation, die sich auf allgemeine natürliche und gesellschaftliche Gesetzmäßigkeiten beruft, wird von Alt in seiner "gesellschaftlichen Begründung der neuen Schule" noch nicht vollzogen. Er findet sich jedoch bereits in jenen Folgerungen, die Wilhelm Heise aus Alts Legitimation des Schulgesetzes wenige Monate später abgeleitet hat.

Alt setzte auf eine substanzielle gesellschaftliche Verfasstheit der Einzelnen und der Gesellschaft insgesamt, die aus dem Übergang von der bloß formalen zur sozialen Demokratie hervorgehen werde, ließ aber noch offen, worin die neue Form der Vergesellschaftung bestehen und welche Positivität sie aufweisen werde. Heise ging einen - allerdings entscheidenden - Schritt über Alt hinaus. In seiner Rede auf dem 1. Pädagogischen Kongress in Berlin führte er aus, der Mensch sei "von vornherein immer nur als gesellschaftliches Wesen gegeben" und könne daher an seiner Bestimmung auch nur als ein solches Wesen arbeiten:

> "Soviel dürfte heute [...] jedermann gewiß sein, daß Erziehungsziele, Wegweisungen, Bildungsideale nicht aus der Konstruktion abstrahierenden Denkens zu finden sind, sondern aus der konkreten Lebenssituation einer Zeit erwachsen. Das ist ganz gewiß, daß ihre Verwirklichung abhängig ist vom geschichtlichen, vom politischen und gesellschaftlichen Geschehen."[115]

Aus der Gewissheit, dass der Mensch ein gesellschaftliches - nach Aristoteles ein sich vergesellschaftendes - Wesen ist, leitet Heise in einem zweiten Schritt die Vorstellung ab, dass man die Zukunft voraus wissen und bereits kennen müsse, um in einem vernünftigen Sinne geschichtsmächtig handeln zu können. Dabei bekennt er sich zu der folgenden Zukunftsgewissheit:

---

115 W. Heise: Grundfragen der Pädagogik in der neuen demokratischen Schule. Rede auf dem 1. Pädagogischen Kongress in Berlin am 16. August 1946. Berlin/Leipzig 1946, S. 6-12; *Quellentextband 3.1*, S. 57-59; S. 57.

> "Wir müssen wissen, wie die Struktur der Gesellschaft von morgen sein wird und müssen aus der Form dieser Gesellschaft, aus ihren Aufgaben das Bild des neuen Menschen zu zeichnen verstehen. Und wir müssen uns bewußt zum Träger dieses Kommenden machen. Diese kommende Welt aber, und nun lassen Sie mich das ganz klar aussprechen, über alle Schranken der Tagespolitik und der Parteien hinweg, diese Welt wird sozialistisch sein."[116]

Seine Gewissheit hinsichtlich einer sozialistischen Zukunft will Heise jedoch nicht als ein Bekenntnis im Sinne einer persönlichen Prophetie, sondern als eine Gewissheit verstanden wissen, die sich Einsichten in die "Gesetzmäßigkeit im Leben in der Natur wie in der Gesellschaft" verdankt. Die von Heise in Anspruch genommenen Einsichten werden dem Publikum jedoch nicht in der Form hypothetischer und fallibler wissenschaftlicher Einsichten, sondern als fundamentale Gewissheiten präsentiert. Aus Alts Eliminierungsgebot wird hierbei ein Implementierungsgebot, dem zufolge nicht nur all das aus Lehrplänen auszusondern ist, was wissenschaftlichen Standards widerspricht, sondern nur solche Inhalte zugelassen werden dürfen, die wissenschaftlich fundiert erscheinen:

> "Es soll auf den deutschen Schulen der Zukunft nichts gelehrt werden, was nicht wissenschaftlich unanfechtbar ist. Wissenschaft ist Wirklichkeitserkenntnis, ist Erkenntnis der wirkenden Kräfte und ihrer Gesetze um uns in der belebten und unbelebten Natur als Physik, Chemie, Biologie, Astronomie, Geologie usf. sowie der Kräfte und Gesetze im Leben und Sein der Gesellschaft und Geschichte als Psychologie, Soziologie, Historie. Die Erkenntnis zielt auf die Wirklichkeit, wie sie ist, auf die Wahrheit, wie sie sich der gewiß standortgebundenen, durch ihr Wissen um diese Gebundenheit sich aber freimachenden Erkenntnis ergibt. Wir wollen dem Forschen kein Ziel setzen; wir anerkennen seinen autonomen Charakter. Wir wissen aber, daß aus der Erkenntnis der Gesetzmäßigkeit im Leben der Natur wie der Gesellschaft sich mit Gewißheit die Richtigkeit unserer Auffassung vom Gang der Geschichte und die Notwendigkeit der Bejahung der von uns geforderten Form der Gesellschaft der Zukunft ergibt."[117]

Mit dieser Wissenschaftsauffassung spricht sich Heise nicht dafür aus, ideologische Überzeugungen als wissenschaftliche Gewissheiten auszugeben. Vielmehr vertritt er die Auffassung, wissenschaftliches Wissen stelle, richtig verstanden, stets zugleich Erklärungswissen und Orientierungswissen bereit. Als Erklärungswissen präsentieren die Wissenschaften Einsichten in die gesetzmäßige Ordnung der Welt - der Natur und der Geschichte - ; als Orientierungswissen formulieren sie Aussagen über die Wirk-

116 Ebd., S. 57.
117 Ebd., S. 58.

lichkeit, die zugleich den Sinn dieser Wirklichkeit offenbar werden lassen. Durch diese Koppelung will er die Gefahr einer ideologischen Indienstnahme der Wissenschaften ausräumen und die Erziehung auf eine Gewissheit gründen, die sie aus der Abhängigkeit von Überzeugungen und Ideologien befreit:

> "Weil die Wissenschaft Wissenschaft ist und weil diese Wissenschaft zugleich die Quelle ist, aus der eine einheitliche Anschauung von den Gesetzen, der Entwicklung und dem Sinn des Seins sich ergibt, weil sie der Boden ist, auf dem eine einheitliche, in sich geschlossene geistige Haltung sich gründen kann, darum trägt unsere Forderung von der Durchtränkung alles Unterrichts mit dem Geist dieser echten Wissenschaftlichkeit einen hervorragend politischen Charakter. Das bedeutet nicht eine Indienststellung der Wissenschaft zu politischen oder gar parteipolitischen Zwecken. Ich könnte gar nicht gröber mißverstanden werden. Aber es bedeutet, daß, wenn die Wissenschaft wirklich echte Wissenschaft, wenn sie Erkenntnis des Realen ist, daß sie dann gar nichts anderes sein kann als Bahnbrecherin einer neuen Gesellschaft."[118]

Zwei Irrwege sucht Heise auszuschalten, den Irrweg einer Pädagogik "vom Kinde aus", die von der gesellschaftlichen Funktion und Vermitteltheit der Erziehung abstrahiert, und den Irrweg einer manipulativen Erziehung, welche als "Erziehung auf etwas hin" zur "Abrichtung" verkümmert. Gegen sie bringt er vor:

> "Niemals darf der Lehrer - und gerade der starke Lehrer gerät hier in Versuchung, der von seinem Auftrag innerlich erfüllte, der glühende und faszinierende - niemals darf er ein Vergewaltiger sein. Er muß Raum lassen und Freiheit. Erziehen ist auch nicht Gruppenbildung, nicht Schaffung einer Gefolgschaft, einer von Glauben und Begeisterung erfüllten Schar, auch nicht um den Besten."[119]

Der Gefahr, Heranwachsende durch Indoktrination zu manipulieren, kann Erziehung nach Heise nur entgehen, wenn sie auf zweifache Weise wissenschaftlich verfährt, indem sie Lernende nach wissenschaftlichen Grundsätzen erzieht und ihnen Erkenntnisse vermittelt, die auf Einsichten in wissenschaftliche Sachverhalte basieren. Eine in diesem Sinne wissenschaftliche Erziehung ist nach Heise deshalb über jeden Indoktrinations- und Manipulationsverdacht erhaben, weil sie nicht nur in die gesetzmäßige Ordnung der gesamten Welt einführt, sondern zugleich Einsichten in den Sinn von Natur, Menschheit und Geschichte vermittelt und auf diese Weise als Bahnbrecherin der mit wissenschaftlicher Gewissheit kommenden Gesellschaft fungiert.

---

118 Ebd., S. 58.
119 Ebd., S. 59.

In Heises Argumentation sind szientifische, historische, lebensweltliche, erzieherische, politische und religiöse Vorstellungen und Denkformen so vermengt und synthetisiert, dass Wissenschaft selbst als Ideologie auftritt. Wissenschaftlichen Aussagen wird ein Wahrheitsgehalt zugesprochen, der sich in gleicher Weise auf ein vom menschlichen Verstand konstruiertes hypothetisches Erklärungswissen, Einsichten in die reale Wirklichkeit der Dinge, Aussagen über den Sinn der Welt und die Struktur einer kommenden Menschheit erstreckt. Einerseits soll die Manipulations- und Indoktrinationsgefahr mit Hilfe der Wissenschaft gebannt werden. Anderseits wird wissenschaftlichen Erkenntnissen eine Allzuständigkeit und Allwissenheit zuerkannt, welche sich über alle Differenzen zwischen vormodernen teleologischen und neuzeitlich-szientifischen Wissensformen hinwegsetzt und Gewissheiten verkündet bzw. für sich in Anspruch nimmt, die allenfalls fundamentalistisch genannt werden können. Zu dieser Gewissheit gehört die Überzeugung, dass Wissenschaft zu unanfechtbaren Einsichten führe, die szientifisch-prophetische Einsicht, dass die kommende Gesellschaft eine sozialistische und kommunistische sein werde, und die pädagogische Überzeugung, dass jemand, der dies lehrt, nichts als die Wahrheit sage.[120]

Hinter dem Reformprogramm der SBZ, das auf eine Demokratisierung und der Verwissenschaftlichung von Allgemeinbildung und Schule zielte, stehen weitreichende und schwerwiegende Probleme, die nicht nur die Schulreform in der SBZ, sondern auch jene in der DDR beschäftigt haben und darüber hinaus auch in der alten BRD diskutiert worden sind. Sie konnten in diesem Abschnitt nur ansatzweise beleuchtet werden. Die bisherigen Überlegungen dienten nur der Exposition eines Problems, das in beiden deutschen Nachkriegsstaaten diskutiert worden ist und Schulreform und Reformpädagogik in allen Epochenabschnitten beschäftigt hat. Die Begriffe von Demokratie und Wissenschaftlichkeit waren in der SBZ noch nicht einheitlich definiert. Die Überzeugung, dass auf der Grundlage eines dialektisch-materialistischen Wissenschaftsverständnisses ein Wirklichkeitsbegriff entwickelt werden könne, der die von Heise angesprochenen Dimensionen und Aspekte umfasst, wurde jedoch schon früh formuliert. Das gilt auch für die Gegenposition, welche Unterscheidungen einklagt, die im marxistischen Wissenschaftsverständnis aufgegeben sind oder als versöhnt unterstellt werden.

---

120 Schärfster Kritiker dieser Auffassung in der Erziehungswissenschaft war in der Zeit von 1945 bis 1960 Th. Litt, der Max Webers These, dass die Aussagen neuzeitlicher Wissenschaft schlicht "sinnlos" seien, auf das nomologische Paradigma bezog und zwischen verschiedenen Wissensformen unterschied, die sich untereinander in einem antinomischen Widerstreit befinden. Siehe Th. Litt: Das Bildungsideal der deutschen Klassik und die moderne Arbeitswelt. Bochum [6]1959; Ders.: Naturwissenschaft und Menschenbildung. [5]Heidelberg 1968.

3.2 Schule im Spannungsfeld von Einheitlichkeit und Differenzierung. Die Einführung der zehnklassigen polytechnischen Schule: 1949-1959

Im Folgenden wird zunächst die programmatische Diskussion an Hand der "Verfassung der DDR" von 1949, der "Verordnung über die Unterrichtsstunde" (1950) und des "Gesetzes zur sozialistischen Entwicklung des Schulwesens in der DDR" von 1959 untersucht, die zur Einführung einer zehnklassigen polytechnischen Schule führten. In einem zweiten Abschnitt werden die Entwicklung des Ideals der sozialistischen Persönlichkeit und der Idee der sozialistischen Gesellschaft rekonstruiert und Spannungen zwischen den Forderungen nach Einheitlichkeit und Differenzierung beschrieben, die die schultheoretische Diskussion in der DDR vom ersten Jahrzehnt an bestimmt haben. Es folgen Abschnitte, welche die realen Entwicklungsprobleme des Erziehungssystems herausarbeiten und über reformpädagogische Strömungen am Beispiel ausgewählter Reform-, Versuchs- und Forschungsschulen berichten. Der Abschnitt schließt mit einem Rückblick auf Entwicklungsprobleme einer sozialistischen Erziehungswissenschaft, die auch die folgenden Reformabschnitte bestimmten.

3..2.1 Von der Verfassung der DDR zum Schulgesetz von 1959

Am 23.05.1949 entstand mit der Verkündung des Grundgesetzes aus den westlichen Besatzungszonen die "Bundesrepublik Deutschland" (BRD) und am 07.10.1949 mit der Verabschiedung der Verfassung der DDR aus der sowjetischen Besatzungszone die "Deutsche Demokratische Republik" (DDR). Beide Staaten verfügten nur über eine begrenzte Souveränität. Die Unterschiede ihrer Staatsformen lassen sich aus ostdeutscher Sicht mit den von R. Alt und anderen betonten Differenzen zwischen einer formalen und einer sozialistischen Demokratie beschreiben.

Die auf das Erziehungssystem bezogenen Aussagen der Verfassung der DDR finden sich in den Artikeln 34 bis 40.[1] Sie enthalten - wie schon das Schulgesetz der SBZ - sowohl formal-rechtliche Festlegungen als auch Ausführungen, in denen der formale Rahmen staatlich substanzialisiert und die Aufgaben schulischer Erziehung inhaltlich fixiert werden.

Der Paragraph 34 erklärt zunächst formal: "Die Kunst, die Wissenschaft und ihre Lehre sind frei." Ihre inhaltliche Normierung findet sich in der Aussage, der Staat nehme "an ihrer Pflege teil" und gewähre ihnen "Schutz, insbesondere gegen den Mißbrauch für Zwecke, die den Bestimmungen und dem Geist der Verfassung widersprechen."

---

1 Die Verfassung der Deutschen Demokratischen Republik, beschlossen von der Volkskammer der DDR am 07.10.1949, hrsg. vom Amt für Information der DDR. Berlin 1949; der Abschnitt "IV Erziehung und Bildung" findet sich ebd., S. 18-19; *Quellentextband 3.1*, S. 146-147.

In ähnlicher Weise erklärt der Artikel 35 zunächst für jeden Bürger "das gleiche Recht auf Bildung und auf freie Wahl seines Berufes". Eine indirekte inhaltliche Normierung findet sich in dem folgenden Satz, der ausführt, dass die "Bildung der Jugend" und die "geistige und fachliche Weiterbildung der Bürger [...] auf allen Gebieten des staatlichen und gesellschaftlichen Lebens durch die öffentlichen Einrichtungen", die in der Regel staatliche Einrichtungen sind, gesichert werden.

Der Artikel 36 regelt die Zuständigkeiten der Zentralregierung und der Länder. Letzeren obliegt die "Einrichtung des öffentlichen Schulwesens und die Durchführung des Schulunterrichtes". Im Artikel 37 kehren die drei Ziele des Schulgesetzes wieder, welche besagen,

- dass die "Jugend im Geiste der Verfassung zu selbständig denkenden, verantwortungsbewußt handelnden Menschen, die fähig und bereit sind, sich in das Leben der Gemeinschaft einzuordnen", zu erziehen ist,
- dass die Schule als "Mittlerin der Kultur" die "Jugend im Geiste des friedlichen und freundschaftlichen Zusammenlebens der Völker" erzieht und
- dass diese Erziehung auf "echte Demokratie" und "wahre Humanität" ausgerichtet ist.

Im Artikel 38 wird festgelegt, dass die "[a]llgemeine Schulpflicht [...] bis zum vollendeten 18. Lebensjahr" reicht und dass das Schulsystem auf einer "obligatorischen Grundschule" aufbaut, an die sich "die Weiterbildung in der Berufsschule oder Fachschule, in der Oberschule und anderen öffentlichen Bildungseinrichtungen" anschließt.

Im Artikel 39 werden die anderen Aussagen des Schulgesetzes von 1946 zum Erziehungs- und Bildungsziel wiederholt und präzisiert. Er besagt,

- dass "jedem Kind [...] die Möglichkeit zur allseitigen Entfaltung seiner körperlichen, geistigen und sittliche Kräfte" zu geben ist,
- dass sein Bildungsgang "nicht [...] von der sozialen und wirtschaftlichen Lage des Elternhauses" abhängig sein darf,
- dass Kindern, die durch soziale Verhältnisse benachteiligt sind, besondere Aufmerksamkeit zuzuwenden" ist und
- dass der "Besuch der Fachschule, der Oberschule und der Hochschule [...] Begabten aus allen Schichten des Volkes zu ermöglichen" ist.

Die im Gesetz von 1946 getroffenen Regelungen zur Schulgeldfreiheit der Grundschulen und zu Unterhaltsbeihilfen beim Besuch der weiterführenden Schulen werden durch die Verfassung bestätigt. Der Artikel 40 regelt, dass die Erteilung von "Religionsunterricht [...] Angelegenheit der Religionsgemeinschaften" ist und dass die "Ausübung des Rechtes" auf religiöse Unterweisung "gewährleistet" wird.

Die bedeutendste Veränderung zwischen dem Schulgesetz von 1946 und der Verfassung von 1949 liegt in der Festschreibung einer Schulpflicht bis zum "vollendeten 18. Lebensjahr". Mit dieser Regelung wurde die, volkswirtschaftlich gesehen, damals gar nicht finanzierbare Zwölfklassige Thüringer Einheitsschule nicht eingeführt und die Differenzierung der Oberstufe des Schulsystems in eine Oberschule und eine Berufsschule beibehalten. Neben die Oberschule trat - vor allem in den ländlichen Gebieten - von 1950 an eine Mittelschule, welche als "Zehnjahresschule" Heranwachsende auf den Besuch von Fachschulen wie z.B. Ingenieurschulen vorbereiten sollte.[2]

Die weitere Neukonzeptualisierung von Schule und Unterricht in der DDR ist nicht der Verfassung, sondern einer "Verordnung über die Unterrichtsstunde" zu entnehmen, die 1950 in Kraft trat. Mit ihr wurde das in der Verfassung verankerte Erziehungsziel auf die "organisierte Unterrichtsarbeit" ausgelegt und Unterricht als "die durch eine fortschrittliche pädagogische Theorie systematisierte und planmäßig geleitete Tätigkeit des Lehrers und der Schüler" definiert.[3]

> "Alle Unterrichtsmethoden, die diesen didaktischen Prinzipien widersprechen oder sie abschwächen, sind aus dem Unterricht zu entfernen. Das sind alle reaktionären, imperialistischen Unterrichtsmethoden. Dazu gehören aber auch die Methoden der sogenannten bürgerlichen Schulreformer, wie zum Beispiel 'Erziehung vom Kinde aus', 'freie Erziehung', 'Arbeitsschulunterricht', 'Auflösung des Klassenunterrichtssystems durch *Gruppenunterricht*', 'Gelegenheitsunterricht' und andere."[4]

Der Erlass führte die Unterrichtsstunde von 45 Minuten und eine "regelmäßige Aufeinanderfolge" von Phasen der "Arbeit und Erholung" als Normalform schulischer Lehr-Lern-Prozesse ein. Er wandte sich keineswegs pauschal gegen eine innere Differenzierung der Lehr-Lern-Prozesse, sondern verlangte vom Lehrer, dass dieser außerhalb des regulären Unterrichts im Klassenverband "zeitweise zusätzliche Lernarbeiten für einzelne Schüler seiner Klasse oder für kleine Gruppen von Schülern" einrichtet.[5] Er wies dem Lehrer die "führende Rolle" im Unterricht zu, der von ihm vorbereitet, verantwortet und ausgewertet wird.

Vom Lehrer wird verlangt, dass er

- "mitten im gesellschaftlichen und kulturellen Leben seines Volkes" steht,
- ein "politisch bewusste[r] und wissenschaftlich gebildete[r] Lehrer" ist,
- über eine "gute Allgemeinbildung" und "objektive Kenntnis des Marxismus-Leninismus" verfügt und sich ein "gründliches Wissen in seinem Unterrichtsfach" und in der "fortschrittlichen Erziehungswissenschaft" angeeignet hat,

---

2 Vgl. G. Geißler: Geschichte des Schulwesens in der Sowjetischen Besatzungszone und in der Deutschen Demokratischen Republik. 1945 bis 1962. Frankfurt a.M. usw. 2000, S. 263ff.

3 Verordnung über die Unterrichtsstunde als Grundform der Schularbeit, die Vorbereitung, Organisation und Durchführung der Unterrichtsstunde und die Kontrolle und Beurteilung der Kenntnisse der Schüler vom 04.07.1950. In: Pädagogik 5 (1950) Heft 6, S. 27-30; *Quellentextband 3.1*, S. 148-154, S. 148.

4 Ebd., S. 151.

5 Ebd., S. 148.

- "jederzeit als Kämpfer für die Einheit Deutschlands und einen gerechten Frieden" eintritt,
- sich als "ein aufrechter Kämpfer für den Frieden [...] gegen jede Kriegshetze" wendet,
- die "Freundschaft der friedliebenden Völker" pflegt und ein "wahrhafter Freund der Sowjetunion" ist, sowie
- um seinen "Auftrag" gegenüber der "demokratischen Öffentlichkeit" weiß und diesen "durch die führende Rolle in seiner Unterrichts- und Erziehungsarbeit" verwirklicht.[6]

Zu seiner Professionalität soll gehören, dass Lehrer ihren Unterricht kompetent vorbereiten und einen "detaillierten Arbeitsplan" erstellen, der
- "die stoffliche Aufgliederung auf die Stunden"
- die "Ziele und Ergebnisse der Stunden",
- die "angewandten Arbeitsmittel sowie die Methoden"

umfasst.

Von der "für jede Stunde" auszuarbeitenden "schriftlichen Vorbereitung" des Unterrichts wird gesagt, sie entwerfe das Unterrichtsgeschehen im Sinne einer zeitlich präzisierten Verlaufsplanung sowie unter Anerkennung der "Prinzipien"
- der "Verbindung der Wissenschaftlichkeit des Unterrichts mit der Erziehung der Schüler zu fortschrittlichen Demokraten",
- der "Verbindung der Theorie mit der Praxis im Unterricht",
- des "systematischen Charakters des Unterrichts",
- der "Bewußtheit und des schöpferischen Charakters der Arbeit des Schülers bei führender Rolle des Lehrers"
- der "Faßlichkeit"
- und des "individuellen Eingehens auf die Schüler".[7]

Die Verordnung enthält nicht nur allgemeine Vorgaben, sondern gibt auch Hinweise zu verschiedenen Formen des Unterrichts, die an Herbarts Unterscheidung zwischen darstellendem oder erzählendem sowie analytischem und synthetischem Unterricht erinnern. Der Lehrer soll sich vor einem übermäßigen "Schematismus" hüten, "verschiedene Unterrichtsmethoden" anwenden und neben dem "Unterrichts- oder Lerngespräch" auch "die Erzählung" einsetzen.[8]

Die Unterrichtsvorbereitung und Planung wird bis in Einzelheiten wie die folgenden hinein vorgeschrieben:

> "Der Lehrer muß beim Durchdenken der organisatorischen Seite des Unterrichts genau die Zeit bemessen, die einzelnen Teile der Stunden miteinander abstimmen und alles so vorbereiten, daß keine Zeit nutzlos verloren geht, die

---

6 Ebd., S. 149.
7 Ebd., S. 150f.
8 Ebd., S. 151.

> einzelnen Abschnitte gleichmäßige Berücksichtigung finden, und die 45 Minuten der Stunde voll ausgenutzt werden. [...] Der Lehrer muß darauf achten, daß zu Beginn der Unterrichtsstunde die Wandtafeln gesäubert sind und Kreide und Lappen bereitliegen."[9]

Die genannten Hinweise geben nicht nur Kriterien für die Vorbereitung, sondern auch für die Nachbereitung des Unterrichts vor, dessen faktischer Erfolg in der "Kontrolle und Beurteilung der Kenntnisse der Schüler" ermittelt wird, die nach einer Notenskala mit Ziffernnoten von "1= sehr gut" und "2=gut" über "3=genügend" bis "4=mangelhaft" und "5=ungenügend" beurteilt werden.[10]

Die "Verordnung über die Unterrichtsstunde" ist immer wieder als eine Verabschiedung reformpädagogischer Methoden aus der schulischen Praxis der DDR interpretiert worden. Trotz der eindeutigen Weisung, auf "freie Erziehung", "Arbeitsschulunterricht", "Gruppenunterricht" und "Gelegenheitsunterricht" zu verzichten, kann von einer pauschalen Verabschiedung jedoch nicht die Rede sein. Denn weiterhin soll der Unterricht im ganzen Klassenverband durch Arbeiten in "kleinere[n] Gruppen" sowie durch außerunterrichtliche Arbeitsformen wie "Schülerlektüre", "Zirkelarbeit der Jungen Pioniere und FDJ" sowie "Exkursionen außerhalb der Schulzeit" ergänzt und "unterstützt" werden.[11] Daher ist es vielleicht angemessener, nicht von einer Verabschiedung schlechthin, sondern von einer stärkeren Betonung der unterrichtlichen Erziehung und einer gleichzeitigen Neuausrichtung reformpädagogischer Handlungs- und Interaktionsmuster an sozialistischen Lebensvorstellungen zu sprechen.

Die weiteren Schritte in der Reform des Bildungssystems der DDR waren durch Abstimmungsprobleme zwischen allgemeiner und beruflicher Bildung sowie Experimente mit der polytechnischen Erziehung als einer sozialistischen Variante reformpädagogischer Arbeitserziehung und nicht zuletzt durch Versuche bestimmt, in den Unterricht im geschlossenen Klassenverband Formen der inneren Differenzierung einzuführen. Es gab die 8-klassige Einheitsschule mit der auf diese aufbauenden Oberschule, Zehnklassenschulen sowie Bestrebungen, diese in Elfklassenschulen zu überführen.[12]

---

9 Ebd., S. 152.

10 Ebd., S. 153f.

11 Ebd., S. 148 und 151.

12 Vgl. Protokoll der Sitzung des Politbüros des Zentralkomitees der SED am 24. März 1953. In: *Quellentextband 3.1*, S. 158-160, S. 158. Die Reorganisation der Ober- und Zehnklassenschulen mit dem Ziel der Errichtung von Elfklassenschulen wurde durch eine Verordnung vom 15. Mai 1953 in Gang gesetzt, die jedoch bereits am 1. Oktober 1953 wieder aufgehoben wurde.

Struktur des Bildungssystems gemäß Gesetz über die sozialistische Entwicklung des Schulwesens in der DDR (1959) [13]

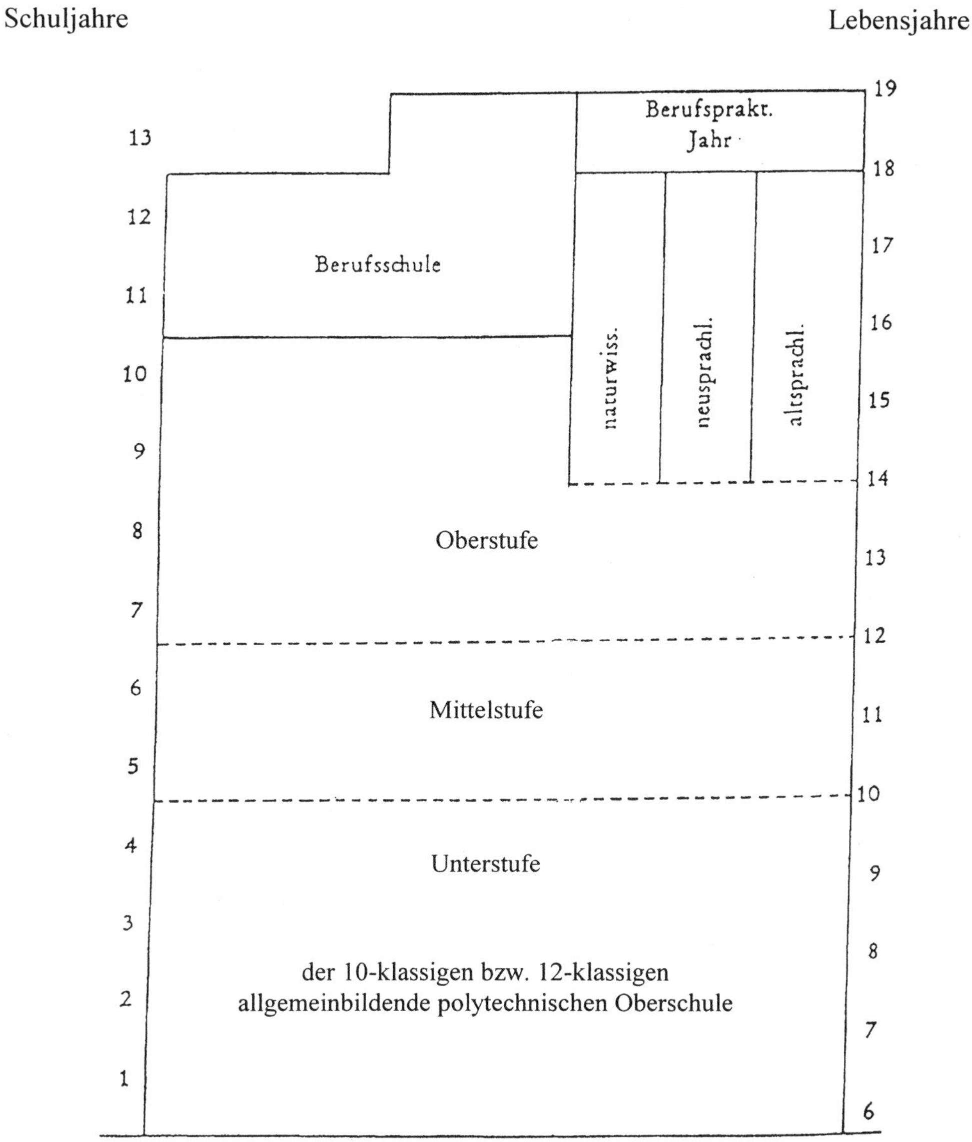

13 Überarbeitete Fassung des Schaubilds in L. Froese (Hrsg.): Bildungspolitik und Bildungsreform. Amtliche Texte und Dokumente zur Bildungspolitik im Deutschland der Besatzungszonen, der Bundesrepublik Deutschland und der Deutschen Demokratischen Republik. München 1969, S. 372.

Ende 1959 wurde versucht, diese Vielfalt durch ein "Gesetz über die sozialistische Entwicklung des Schulwesens" zu vereinheitlichen.[14] Dieses führte die "zehnklassige" bzw. "zwölfklassige allgemeinbildende polytechnische Oberschule" ein, die sich in eine 4-klassige Unter-, eine 2-klassige Mittelstufe sowie eine 4- bzw. 6-klassige Oberstufe gliedert. An die 4-klassige Oberstufe der zehnklassigen polytechnischen Oberschule schließt sich eine 2- bis 3-klassige Berufsschule, an die auf 6 Klassen erweiterte Oberstufe der zwölfklassigen polytechnischen Oberschule ein berufspraktisches Jahr an. Die erweiterte Oberstufe differenziert sich noch einmal in naturwissenschaftliche sowie neu- und altsprachliche Zweige aus. Darüber hinaus sieht das Gesetz die verstärkte Einführung von Kindergärten, Schulhorten und Internaten sowie eine Auswertung der "Erfahrungen der Lehrer und Erzieher" im neuen Schulsystem durch die "pädagogischen Wissenschaftler" vor.[15]

Für die Umsetzung des Gesetzes wurde ein Zeitraum von 5 Jahren vorgesehen. Vergleicht man das Schulgesetz von 1959 mit dem Schulgesetz von 1946, mit der Thüringischen Zwölfjahresschule und der 1950 schrittweise in der DDR eingeführten "Zehnjahresschule", so kann man sagen, dass das erste Schulgesetz der DDR einen Mittelweg zwischen dem Schulgesetz der SBZ und der Zwölfjahresschule einschlug. Die in ihm konzipierte Schule besteht aus einer zehn und einer zwölf Jahrgänge umfassenden Schule, die untereinander durch eine gemeinsame Unter- und Mittelstufe verbunden sind. An erstere schließt eine zwei- bzw. dreijährige Berufsschule an; letztere differenziert sich in den Klassen acht bis zwölf in einen naturwissenschaftlichen, neusprachlichen und altsprachlichen Zweig aus. Beide Schulen kennen eine zwölfjährige Schulzeit und verwirklichen insofern die Vorstellung der Thüringer Zwölfklassenschule, unterscheiden sich von dieser jedoch dadurch, dass sie an der Differenz zwischen einer allgemeinbildenden und einer berufsbildenden Oberstufe festhalten.

Das Problem von Einheitlichkeit und Differenzierung war damit keineswegs abschließend geklärt.[16] Im ersten Jahrzehnt des Bestehens der DDR kam es zu einer Kontroverse über Abstimmungsprobleme zwischen der Einheitlichkeit und Differenzierung des Schulsystems. Diese wurde durch einen Schulstrukturreformvorschlag ausgelöst, den der in Halle lehrende Erziehungswissenschaftler Hans Herbert Becker in einem auf Einladung der Redaktion der Zeitschrift "Pädagogik" verfassten Beitrag der Öffentlichkeit unterbreitete, der das Persönlichkeits- und Gesellschaftsideal der DDR in Frage stellte und mit der modernen Vermittlungsproblematik von allgemeiner und beruflicher Bildung konfrontierte.

---

14 Gesetz über die sozialistische Entwicklung des Schulwesens in der Deutschen Demokratischen Republik vom 2. Dezember 1959. Gesetzblatt der DDR. Teil 1. Jg. 1959, S. 859-863; *Quellentextband 3.1*, S. 215-224.

15 Vgl. §§ 3, 13, 16.

16 Zur weiteren, auch international argumentierenden Erörterung dieses Problems insbesondere in der Akademie der Pädagogischen Wissenschaften (APW) siehe W. Kienitz (Hrsg.): Einheitlichkeit und Differenzierung im Bildungswesen. Ein internationaler Vergleich. Köln 1973.

3.2.2 Das Persönlichkeits- und Gesellschaftsideal der DDR und Abstimmungsprobleme zwischen allgemeiner und beruflicher Bildung

In der DDR wurde nach 1952 das Ideal des sozialistischen Menschen und die Idee einer sozialistischen Gesellschaft zur normativen Zielorientierung aller Erziehungs- und Bildungsprozesse erhoben. Eine frühe, besonders dogmatische Formulierung dieser Konzeption findet sich in einem Anfang der 50er Jahre entstandenen, undatierten Arbeitspapier des Deutschen Pädagogischen Zentralinstituts (DPZI), einer Vorgängerinstitution der späteren Akademie der pädagogischen Wissenschaften (APW). In ihm wird die Zielperspektive der Verwirklichung einer Einheit von Mensch und Gesellschaft aufgestellt, die freilich erst auf einem konfliktreichen Weg zu erreichen sei:

> "Im Sozialismus stehen die Interessen des Einzelnen und die Interessen der Gesellschaft grundsätzlich nicht im Widerspruch, sondern bilden eine Einheit.
>
> Die Interessen des Einzelnen werden beim weiteren Aufbau des Sozialismus mehr und mehr auf allen Gebieten in Übereinstimmung mit den Interessen der Gesellschaft gebracht."[17]

Mit diesen Aussagen ist die Richtung angezeigt, in die sich die Einzelnen und die Gesamtgesellschaft weiterentwickeln sollen. Die Interessen der Einzelnen sollen mit jenen der Gesellschaft, die der Gesellschaft mit den Interessen der Einzelnen in Übereinstimmung gebracht werden. Die angestrebte Einheit und Harmonie soll sich auf alle gesellschaftlichen Handlungsfelder beziehen und den Bereich der privaten Existenz und Koexistenz ebenso wie die Bereiche der individuellen Geselligkeit, der Arbeit und der öffentlichen Kommunikation umfassen. Sozialismus wird verstanden als eine Formierung des gesamten Menschen auf allen Kulturgebieten und in allen Bereichen menschlichen Denkens und Handelns. Der angestrebte sozialistische Mensch ist nur in einer sozialistischen Gesellschaft möglich, und diese kann nur als eine Gesellschaft sozialistischer Menschen verwirktlicht werden. Als Begründung für diese Annahme wird angeführt:

> "Nur die sozialistische Gesellschaft gibt allen ihren Mitgliedern die Möglichkeit, ihre Persönlichkeit allseitig zu entwickeln, eine hohe theoretische und musische Allgemeinbildung zu erwerben und alle ihre geistigen und körperlichen Fähigkeiten voll zu entfalten. Sie fordert von ihnen Solidarität, kollektives Planen und Handeln und kämpferische Aktivität."[18]

---

17 N.N.: Charakteristische Merkmale des sozialistischen Menschen. Arbeitspapier der Kommission für die Beratung der künftigen Aufgaben und Struktur des DPZI. In: *Quellentextband 3.1*, S. 199-203, S. 199.

18 Ebd., S. 199.

Obwohl nach Auffassung des Papiers weder die Idee einer sozialistischen Gesellschaft noch das Ideal des sozialistischen Menschen in der bestehenden sozialistischen Gesellschaft verwirklicht sind, soll diese doch Vorblicke auf die künftige Gesellschaft und die Verfasstheit des neuen Menschen erlauben. Diese wird von den unbekannten Autoren des DPZI-Papiers wie folgt beschreiben:

> "Unsere besten Produktionsarbeiter und Genossenschaftsbauern verkörpern wesentliche Züge des neuen, sozialistischen Menschen, sie machen die Tendenz der weiteren Entwicklung deutlich und sind leuchtende Vorbilder für ihre Arbeitskollegen und die heranwachsende junge Generation. Die Erzieher unserer Jugend brauchen ein Leitbild, in das nicht nur alles eingegangen ist, was in der gegenwärtigen Situation den Typ der sozialistischen Persönlichkeit ausmacht, sondern [in das] auch alle Vorstellungen einbezogen werden, die auf Grund der Kenntnis der Gesetzmäßigkeiten beim Aufbau des Sozialismus und Kommunismus vom Bild des neuen Menschen entwickelt werden."[19]

In einer Gesellschaft, die in allen Lebensbereichen sozialistische Gesellschaft ist, sollen Menschen, die in allen Handlungsfeldern sozialistische Menschen sind, die Produktivität der Arbeit im "Kollektiv" ständig steigern und das Eigentum des ganzen Volkes mehren, sich gegenüber Andersdenkenden "unduldsam" verhalten und diese als "Saboteure und Schädlinge" ausgrenzen. An die Stelle von Duldsamkeit und Toleranz als Grundsätzen, die in formalen Demokratien nach Anerkennung verlangen, tritt in der sozialistischen Demokratie eine Unduldsamkeit, die in einem substanziellen "Leitbild" sozialistischer Arbeit begründet ist, das Geltung nicht nur für den engeren Bereich der ökonomischen Praxis, sondern weit über diesen hinaus beansprucht:

> "Im folgenden soll der Umriß eines solchen Leitbildes gegeben werden, das an den wichtigsten Bereichen gesellschaftlicher Tätigkeit orientiert ist.
>
> *Die Arbeit,* die in der kapitalistischen Gesellschaft für den Arbeiter nur ein Mittel ist, sein Leben zu fristen, ist für den neuen, sozialistischen Menschen zu einer unmittelbaren gesellschaftlichen Tätigkeit geworden. Er ist sich bewußt, daß seine Arbeit im Dienst der sozialistischen Gesellschaft steht und daß er durch sie an der Vollendung des Sozialismus mitwirkt. Die Arbeit ist ihm nicht nur erstes Lebensbedürfnis, sondern zugleich eine Sache der Ehre und des Ruhmes geworden."[20]

Auf den Begriff der Arbeit werden nicht nur Attribute von "Ehre" und "Ruhm" übertragen, die in früheren Gesellschaften wissenschaftlichen, künstlerischen oder militärischen Leistungen vorbehalten waren. Die neue Applikation wird zugleich

---

19 Ebd.

20 Ebd., S. 199.

dadurch legitimiert, dass Wissenschaft und Produktion in der sozialistischen Arbeit eine neue Beziehung eingehen, die darin besteht, dass die Wissenschaft an Bedeutung für die Steigerung der Produktion gewinnt und die Arbeit zunehmend verwissenschaftlicht wird. Aufgabe der Schule ist es, Lernprozesse zu fördern, durch die sich die Einzelnen für die Mitarbeit am Aufbau einer sozialistischen Gesellschaft qualifizieren. Das neue "Leitbild" verpflichtet die Schule,

- den Schülern "die Bedeutung der kollektiven Arbeit bewußt zu machen",
- in ihnen "Charaktereigenschaften und Wesensmerkmale" auszubilden, "durch die sich der sozialistische Mensch in der Arbeit auszeichnet",
- "[u]nermüdliches *Lernen,* ständige Erweiterung des Wissens, rege Anteilnahme am Fortschritt der Wissenschaften" zu einem "echte[n] Lebensbedürfnis des sozialistischen Menschen" werden zu lassen
- sowie die "Überzeugung" zu festigen, "daß das sozialistische Arbeitskollektiv alle Aufgaben meistern und alle Schwierigkeiten überwinden kann".[21]

Solchen "Optimismus" und solche "Kraft" schöpft der sozialistische Mensch nicht nur aus seiner "hohen Allgemeinbildung", sondern auch aus dem Wissen um den weiteren Gang der Weltgeschichte, die er aus der wissenschaftlichen Weltanschauung des dialektischen Materialismus bezieht, in welcher alle bisherigen Probleme der Geschichte und alle künftigen eine Antwort gefunden haben.

> "Der sozialistische Mensch besitzt eingehende Kenntnisse des Marxismus-Leninismus und vertieft sie durch planvolles Selbststudium ständig weiter. Er verfolgt mit großem Interesse die Fortschritte der Wissenschaften und ist ständig bemüht, sein Weltbild zu erweitern. Die Ergebnisse der Wissenschaften führen ihn zu der Überzeugung, daß die Welt materiell und die Materie gegenüber dem Bewußtsein ursprünglich ist. Er sieht die Welt und ihr Geschehen als erkennbar an und ist bestrebt, in die Gesetzmäßigkeiten der Natur, der Gesellschaft und des menschlichen Denkens immer tiefer einzudringen. Der dialektische Materialismus, die wissenschaftliche Weltanschauung der Arbeiterklasse, ist für ihn kein Dogma, sondern eine Anleitung zum Handeln. Die Interessen der Arbeiterklasse, Parteilichkeit auf allen Gebieten des gesellschaftlichen Lebens und das Streben nach Wahrheit sind Richtschnur seines Handelns. Ihm ist bewußt, daß allein im Sozialismus die Wissenschaft dem Leben aller Menschen in Frieden, Wohlstand und Glück dient. Er ist Agitator und Propagandist des Marxismus-Leninismus."[22]

Das Bild vom sozialistischen Menschen in der sozialistischen Gesellschaft, das hier gezeichnet wird, gründete sich in ideologischer Hinsicht nicht nur auf das Programm einer Überwindung der Monopole von Macht, Besitz und Bildung in früheren Gesell-

---

21 Ebd., S. 200.
22 Ebd., S. 201.

schaftsformationen, es leitet zugleich eine - in ihm selbst nicht reflektierte - neue Monopolisierung ein, in der Macht in Volksmacht, Besitz in sozialistisches Eigentum und Bildung in total gedachte sozialistische Weltanschauung überführt sind. Diese definiert die Lebenseinstellung des sozialistischen Menschen als Überzeugtheit von der Wahrheit des wissenschaftlichen Sozialismus, der nicht nur den Übergang älterer Gesellschaftsformationen in die sozialistische Gesellschaft erklärt, sondern auch deren Selbsttransformation in den Kommunismus als gewiss erscheinen lasse. Vom so verstandenen "Marxismus/Leninismus" wird in diesem Zusammenhang gesagt, er sei für den sozialistischen Menschen "kein Dogma, sondern eine Anleitung zum Handeln".[23]

Die Autoren des DPZI-Papiers waren sich der in dieser These vorgenommenen Monopolisierung des Marxismus-Leninismus womöglich durchaus bewusst. Ihre Unterscheidung zwischen "Dogma" und "Anleitung zum Handeln" zielte darauf, die Handlungen anleitende und normierende Funktion der neuen Weltanschauung von Dogmatismen anderer Weltanschauungen abzugrenzen. Im Unterschied zu Dogmatismen, die sich religiös oder metaphysisch zu begründen und auszuweisen suchen, soll dem Marxismus-Leninismus auf rechtmäßige Art und Weise die von ihm beanspruchte Qualität einer Universaltheorie zukommen, welche Erkenntnistheorie, Wissenschaftstheorie, Handlungstheorie und Theorie der Geschichte zugleich umfasst. Dabei wird freilich übersehen, dass unter modernen Bedingungen kein stärkeres Dogma denkbar ist als dasjenige von der einheitswissenschaftlichen Erkennbarkeit der Welt, welches Wissenschaft - anscheinend gänzlich undogmatisch - als eine legitime "Anleitung zum Handeln" ausgibt. Denn dieses Dogma feiert den Marxismus-Leninismus als eine wissenschaftliche Weltanschauung, welche die ganze Welt ohne jeden Rest erklärt und zugleich Antworten auf Sinnfragen zu geben befugt ist, die nach anderen Weltbegriffen außerhalb des Horizonts und der Reichweite wissenschaftlicher Wissensformen anzusiedeln sind.

Nachdem die Begriffe des sozialistischen Menschen und der sozialistischen Gesellschaft durch diejenigen der Arbeit und der wissenschaftlichen Erkennbarkeit der Welt definiert worden sind, spricht das bereits mehrfach zitierte Papier ganz im Sinne des damals üblichen Sprachgebrauchs auch die im Begriff des "unduldsamen" sozialistischen Arbeiters noch nicht erfassten Seiten menschlicher Existenz und Koexistenz an. Dabei werden nacheinander Kunst, Theater und Sport, Landesverteidigung, Wandern und das Leben in der Familie in die antizipierte sozialistische Einheit von Mensch und Welt eingeordnet.

Dem "Kunstwerk" wird in diesem Zusammenhang die durch die Kunstauffassung des "Sozialistischen Realismus" legitimierte Bedeutung einer "scharfe[n] Waffe im Klassenkampf" zugeschrieben. Kunst erhält auf diese Weise die affirmative Funktion, die "ästhetischen Auffassungen" der Arbeiterklasse "gegen alle Einflüsse der

23 Ebd.

dekadenten bürgerlichen Kunst durchzusetzen".[24] Im Sinne eines so normierten Kunstverständnisses soll der sozialistische Mensch nicht nur Arbeiter in der Produktion und in anderen Bereichen beruflicher Tätigkeit sein, sondern zugleich

- über ein "hohes Kunstverständnis" verfügen,
- an der "kulturellen Massenarbeit, am Laienspiel, an Agit-Prop- und anderen Kulturgruppen" freudig teilnehmen,
- "gern ins Theater und zu Konzerten" gehen, "häufig Kunstaustellungen, Museen und künstlerische Veranstaltungen" besuchen, "regelmäßig Werke der schönen Literatur" lesen und sich "am Tanz und allem Schönen erfreuen",
- im "Sport [...] Eigenschaften wie Kollektivgeist, Mut, Ausdauer, Härte, Entschlossenheit, Selbstüberwindung, Selbstbeherrschtheit und Diszipliniertheit" entwickeln,
- die "Losung unseres Sportabzeichens [...] 'Bereit zur Arbeit und zur Verteidigung der Heimat'" befolgen,
- sich an "Wandern und Touristik" erfreuen;
- "eine neue, höhere Auffassung" vom "Leben in der *Familie* und von dem Verhältnis zwischen den beiden Geschlechtern haben;
- welche die Eltern ihre "oberste Pflicht" darin erblicken lässt, "die Kinder im Geistes des Sozialismus zu erziehen".[25]

Die Einheit von sozialistischem Menschen und sozialistischer Gesellschaft soll alle Bereiche des Zusammenlebens der Menschen durchherrschen. Untereinander sollen Männer und Frauen, Eltern und Kinder einander als sozialistische Menschen begegnen, die, erfüllt von "tiefer Liebe zur Arbeiterklasse und ihrer Partei", als "Patrioten" im Dienst der DDR als "sozialistischem Vaterland" stehen und den "Dienst in der Nationalen Volksarmee und in den Kampfgruppen" als "Ehrendienst" ansehen.[26]

Solidarität und Unduldsamkeit sollen den sozialistischen Menschen nicht nur als Arbeiter in der Produktion, sondern auch in allen anderen Lebenslagen auszeichnen. Der Sowjetunion begegnet er als "ein zuverlässiger und treuer Freund", der "die führende Rolle der Sowjetunion im sozialistischen Lager und im Weltfriedenslager [...] vorbehaltlos" anerkennt und davon "überzeugt" ist, "daß der Sozialismus auf der ganzen Welt siegen wird". Vom Zweck des sozialistischen Menschen heißt es abschließend:

> "Er ist von glühendem Haß gegen alle Feinde des Sozialismus und des Friedens erfüllt und unterstützt die Forderung nach Verbot aller atomaren und nuklearen Waffen. Auf der Grundlage der Leninschen Prinzipien der friedlichen Koexistenz tritt er für eine friedliche Regelung aller politischen Streit-

---

24 Ebd., S. 201f.
25 Ebd., S. 201ff.
26 Ebd., S. 203.

fragen zwischen den Staaten und für breite wirtschaftliche und kulturelle Beziehungen zwischen den sozialistischen und den kapitalistischen Staaten ein. Er übt Solidarität mit den um ihre nationale Befreiung kämpfenden und den ihre nationale Unabhängigkeit verteidigenden Völkern."[27]

Eine Engführung aller genannten Merkmale findet sich in einem Satz, welcher besagt, dass dem "sozialistischen Menschen" die "Beschlüsse der Partei" die "Richtschnur seines Handelns" sind.[28] In ihm ist die Einheit zwischen dem sozialistischen Menschen und der sozialistischen Gesellschaft nicht nur auf den Punkt gebracht; beide kollabieren vielmehr zugleich ins Nichts. Denn der im DPZI-Papier beschriebene Mensch sollte über eine sozialistische Identität verfügen, die ihn als Einzelnen wie als Teil eines Kollektivs, in der Arbeit wie in der Freizeit, beim Wandern wie in Sport und Spiel, in der Familie wie in der Oper als einen Sozialisten ausweist, der nicht mehr zwischen den Sphären des privaten Lebens und der interindividuellen Geselligkeit, des gesellschaftlichen Handelns und der staatsbürgerlichen Existenz sowie öffentlicher Kommunikation zu unterscheiden versteht, sondern in all seinem Denken und Handeln einer einzigen Logik folgt, derjenigen der Entwicklung und Stärkung der sozialistischen Gesellschaft.

Von diesem Menschen hat bereits Aristoteles in seiner Kritik an Platons Staat gezeigt, dass sich in ihm der Staat der Tendenz nach selbst vernichte. Werde nämlich die Einflusssphäre des Staates so weit ausgedehnt, dass der Staat bis in die Lebensstile und Freundschaften der Menschen sowie das Leben in der Familie hinein Staat sei, so löse er sich am Ende auf. Denn wo alles Denken und Handeln der Menschen eine staatlich festgelegte Form annehme, da gebe es nur mehr staatlich normierte Verhaltensweisen und nichts anderes mehr, von dem sich der Staat in seiner Besonderheit unterscheide. Ein auf diese Weise total gewordener Staat bleibe dann aber kein Staat mehr, sondern falle in sich zusammen.[29] Hierunter verstand Aristoteles nicht, was in der Tradition von Fichte und Marx Absterben des Staats bzw. Übergang in eine kommunistische Gesellschaft genannt wird, sondern eine Selbstaufhebung des Staates durch Ausdehnung der Grenzen seiner legitimen Wirksamkeit

Zu einem Streit über das Ideal der Einheit von sozialistischem Menschen und sozialistischer Gesellschaft kam es in der DDR, als 1957 die Redaktion der Zeitschrift "Pädagogik" den bereits erwähnten Beitrag von Hans Herbert Becker zum Druck annahm und veröffentlichte, in welchem dieser das harmonische Menschenbild der DDR problematisierte und mit Abstimmungsproblemen zwischen beruflicher und allgemeiner Bildung in der sozialistischen Gesellschaften konfrontierte. Der

---

27 Ebd.

28 Ebd.

29 Aristoteles: Politik 1261a16-b8; siehe auch W. von Humboldt: Ideen zu einem Versuch, die Grenzen der Wirksamkeit des Staats zu bestimmen (1792). In: Ders.: Werke in fünf Bändern, hrsg. von A. Flitner und K. Giel. Band 1. Darmstadt 1960, S. 59ff.; vgl. *Monographieband 1*, S. 243ff.; siehe auch D. Benner/H. Sladek: Vergessene Theoriekontroversen in der Pädagogik der SBZ und DDR. 1947-1961. Weinheim 1998, S. 18ff.

Hintergrund, vor dem Becker seine Thesen vortrug, war die Fortsetzung der Schulkrise der SBZ im ersten Jahrzehnt der DDR, auf die erst im nächsten Abschnitt genauer eingegangen wird. Mit Bezug auf diese Krise führte Becker aus, das Verfassungsziel des neuen Staates, jedem Heranwachsenden eine seinen Begabungen und Fähigkeiten angemessene vollwertige Bildung zu vermitteln, werde überall dort verfehlt, wo Schüler die Einheitsschule mit einer abgebrochenen Bildung, d.h. ohne qualifizierten Schulabschluss, verlassen.[30]

Becker problematisierte die inzwischen zum Dogma erhobene Vorstellung, Aufgabe der neuen Erziehung im neuen Staate sei es, allseitig-harmonische sozialistische Persönlichkeiten zu bilden. Gegen diese in der DDR bis zu ihrem Beitritt zur BRD vertretene Auffassung wandte Becker ein, in sozialistischen Gesellschaften könne es ebensowenig wie in bürgerlichen Gesellschaften ein harmonisches Verhältnis zwischen individuellen Begabungen und den Erfordernissen der gesellschaftlichen Arbeitsteilung geben.

> "Wenn wir auch meinen, daß es in unserer Gesellschaft einen Gegensatz von Allgemeinbildung und Berufsbildung nicht gibt, so gehen wir dabei von anderen Voraussetzungen [als Spranger, D.B./H.K.] aus. Wir haben es nicht mehr nötig, den in der kapitalistischen Klassengesellschaft vorhandenen Gegensatz zwischen dem individuellen Bildungsanspruch und den von der herrschenden Klasse bestimmten gesellschaftlichen Forderungen dadurch zu verschleiern, daß wir die Allgemeinbildung einseitig auf das Individuum zuschneiden und die Berufsbildung auf die Weise mit ihr in Einklang zu bringen suchen, daß wir den Beruf ebenso einseitig und wirklichkeitsfremd auf eine biologische Veranlagung des einzelnen für ein bestimmtes Arbeitsgebiet zurückführen. In unserer Gesellschaft gibt es diesen grundsätzlichen Gegensatz nicht mehr. Hier entspricht dem individuellen Bedürfnis nach größtmöglicher Persönlichkeitsentfaltung die gesellschaftliche Forderung nach allseitiger Bildung aller ihrer Bürger. Diese Feststellung darf nicht dahin mißverstanden werden, daß es nach Beseitigung dieses grundsätzlichen Gegensatzes bei uns keine Schwierigkeiten mehr gäbe bei der Verwirklichung der allseitigen Bildung für alle. Deren gibt es noch genug; aber sie sind von anderer Qualität im Vergleich zu den grundsätzlichen Widersprüchen, denen sich die kapitalistische Gesellschaft auch auf pädagogischem Gebiet gegenübersieht."[31]

---

30 Es handelt sich um den Artikel von H.H. Becker: Über das Wesen der Allgemeinbildung und einige aus ihm sich ergebende Folgerungen für das System der Volksbildung. In: Pädagogik 12 (1957), S. 663-676 und 727-746. Zur Vorgeschichte und Nachgeschichte dieses Artikels siehe D. Benner/H. Sladek: Vergessene Theoriekontroversen in der Pädagogik der SBZ und DDR. 1946-1961. Monographie mit Quellenteil. Weinheim 1998, S. 89 ff; siehe auch das Interview mit H.H. Becker ebd., S. 327-354.

31 H.H. Becker: Über das Wesen der Allgemeinbildung und einige aus ihm sich ergebende Folgerungen für das System der Volksbildung. A.a.O., S. 665f.

Die auch in sozialistischen Gesellschaften nicht zu leugnenden Abstimmungsprobleme zwischen allgemeiner und beruflicher Bildung verlangen nach Becker eine Neubestimmung des Verhältnisses von allgemeiner Menschenbildung und Schulstruktur, welche nicht im Dual von allgemeiner und beruflicher Bildung aufgeht, sondern zwischen verschiedenen Formen von allgemeiner und beruflicher Bildung unterscheidet und den Bildungsgang nach den Stufen "grundlegende Allgemeinbildung", "berufsbezogene Allgemeinbildung", "Berufsbildung" sowie einer das gesamte Leben andauernden Menschenbildung differenziert. Allgemeine und berufliche Bildung konzipierte Becker in Anknüpfung an eine von E. Spranger bereits 1918 vorgenommene Begriffsbestimmung[32] bei gleichzeitiger Distanzierung von dessen noch statisch konzipiertem Begabungsverständnis jeweils zweifach. Die allgemeine Bildung differenzierte er in eine grundlegende Allgemeinbildung, die in modernen Gesellschaften den verschiedenen Formen der beruflichen Bildung vorausgeht, sowie in eine zwar noch allgemeine, jedoch bereits berufsbezogene Bildung, welche die Berufswahlentscheidungen der Heranwachsenden vorbereitet. Die berufliche Bildung fasste er einmal als Vorbereitung der Einzelnen auf eine bestimmte, gesellschaftlich nützliche Berufstätigkeit, dann als eine lebenslange Bildung, die auf den individuell zu gestaltenden, allgemeinen und allen Menschen gemeinsamen Beruf des Lebens bezogen ist.[33]

Bei seiner nicht-dualistischen Bestimmung des Verhältnisses von allgemeiner und beruflicher Bildung knüpfte Becker an die in der DDR allgemein anerkannte Abgrenzung zwischen einem bürgerlichen und einem sozialistischem Berufsverständnis an, distanzierte sich jedoch gleichzeitig von Annahmen einer in sozialistischen Gesellschaften erreichten oder erreichbaren Harmonie zwischen individuellen

---

32 Vgl. E. Spranger: Grundlegende Bildung, Berufsbildung, Allgemeinbildung (1918). In: Ders.: Kultur und Erziehung. Gesammelte pädagogische Aufsätze. Leipzig ^{2}1923, S. 159-177.

33 Legte man Beckers Differenzierung auf den Begriff der polytechnischen Bildung aus, so müsste man zwischen einer polytechnischen Bildung im engeren Sinne, die sich auf die Ausübung von Berufen in Kontext der gesellschaftlichen Arbeitsteilung bezieht, und einer polypragmatischen Bildung, die ihren Bewährungshorizont in den ausdifferenzierten Praxen des gesellschaftlichen Zusammenlebens der Menschen hat, unterscheiden. Für beide gilt, was Becker vom Verhältnis von allgemeiner und beruflicher Bildung gesagt hat: keine ist in die andere aufhebbar. Die grundlegende Allgemeinbildung geht als polytechnische Bildung der beruflichen voraus und ist zugleich auf eine polypragmatische Bildung bezogen, die den Eintritt der nachwachsenden Generation in die ausdifferenzierten gesellschaftlichen Handlungsfelder vorbereitet; die polypragmatische Bildung bezieht sich auf Lebensphasen sowohl vor als auch neben und nach der im engeren Sinne beruflichen Tätigkeit und kennt entsprechend mannigfaltige Stufen bzw. Formen der Partizipation der Einzelnen an den ausdifferenzierten Bereichen der menschlichen Gesamtpraxis. Siehe hierzu die Ausführungen im fünften Kapitel dieser Arbeit, das sich abschließend mit Dauerproblemen im Verhältnis von Erziehung, Bildung und Schulstruktur befasst.

Begabungen und den Anforderungen der gesellschaftlichen Arbeitsteilung. Mit Berufung auf Litt und gleichzeitiger Abgrenzung von Kerschensteiner führte er aus:

> “Dabei verstehen wir unter ‘Beruf’ nicht - wie Kerschensteiner - die durch Veranlagung vorausbestimmte innere Berufung, sondern stimmen Litt zu, der betont, daß ‘die Zahl derjenigen, die durch die Eigenart ihrer Begabung gebieterisch auf *eine* bestimmte Richtung der Tätigkeit hingewiesen werden, nicht so groß (ist), wie die einschlägigen pädagogischen Auslassungen es vielfach vermuten lassen’ (Theodor Litt: Berufsbildung und Allgemeinbildung. Wiesbaden 1947, S. 11). Die meisten Menschen sind vielfach bildsam, und wenn es nur gelingt, sie von der Notwendigkeit, einen gesellschaftlich wichtigen Beruf zu ergreifen, wirklich so zu überzeugen, daß sie ihre ganze Kraft für seine Erlernung einsetzen, dann werden sie sich auch alsbald bei entsprechender Anleitung das Wissen und Können, die Fähigkeiten und Charaktereigenschaften aneignen, die für seine fruchtbare Ausübung erforderlich sind. Vorausgesetzt wird dabei freilich, daß der von der Gesellschaft angebotene Beruf mehr ist als nur ein Mittel der äußeren Daseinsfristung, mehr als eine aufgezwungene Fron im Dienste des Profits irgendeines Unternehmers.”[34]

Harmonische bzw. organologische oder teleologische Bildungsvorstellungen - gleich welcher Provenienz - abstrahierten nach Becker von zentralen Abstimmungsproblemen zwischen allgemeiner und beruflicher Bildung und fallen hinter wesentliche Problemstellungen der Pädagogik der Moderne zurück. Die berufliche Allokation der Einzelnen lässt sich weder mit Verweis auf deren Anlagen noch im Rekurs auf naturwüchsige Erfordernisse gesellschaftlicher Arbeitsteilung legitimieren. Allgemeine Bildung muss vielmehr so konzeptualisiert und organisiert werden, dass sie differenzierte Anschlussmöglichkeiten an berufliche Bildungsprozesse erlaubt, und diese sind so zu konzipieren, dass die in gesellschaftlicher Arbeitsteilung auszuführenden Berufstätigkeiten ihrerseits Anschlussmöglichkeiten an eine möglichst vielseitige Bildung erlauben.

Beckers Schulreformvorschlag zielte darauf, die in der Oberstufe der Einheitsschule der SBZ und der frühen DDR vorgenommene Differenzierung der Bildungsgänge in allgemeinbildende und berufliche dahingehend zu verändern, dass der Dual von allgemeiner und beruflicher Bildung überwunden und in eine Trias von grundlegender Allgemeinbildung, berufsbezogener Allgemeinbildung und beruflicher Bildung überführt wird.

---

34 H.H. Becker: Über das Wesen der Allgemeinbildung und einige aus ihm sich ergebende Folgerungen für das System der Volksbildung. A.a.O., S. 667.

"Gleiches Recht auf Bildung ist *nicht* identisch mit *Gleichmacherei*, mit Uniformierung der Bildung. Gemeinsam ist zum größten Teil die grundlegende Allgemeinbildung. [...] Während ein großer Teil der Grundschulabgänger in die Berufsausbildung und damit auch in die Berufsschule eintritt, wird die grundlegende Allgemeinbildung der übrigen in der Mittel- und Oberschule fortgesetzt, da die Ausbildung für mittlere und akademische Berufe einen höheren Stand der grundlegenden Allgemeinbildung erfordert.

Ist also zum Teil bereits die grundlegende Allgemeinbildung notwendigerweise verschieden, so ist das erst recht der Fall bei der Berufsausbildung und der berufsbezogenen Allgemeinbildung. Gleich ist das Recht jedes Jugendlichen auf Berufsausbildung und berufsbezogene Allgemeinbildung überhaupt; verschieden sind die Berufe und daher auch der Inhalt und die Dauer dieser Bildungsphase. Gleich ist auch das Recht auf die höchste Stufe, die allgemeine Menschenbildung; doch auch sie wird bei verschiedenen Menschen eine verschieden große Weite und Höhe aufweisen. Trotz des gleichen Rechts auf Bildung - oder besser: gerade seinetwegen - gibt es also bei gleichen Chancen eine verschieden weite und hohe Allgemeinbildung, und das entspricht ebensosehr den gesellschaftlichen Bedürfnissen wie den individuellen Fähigkeiten.

Völlige Gleichartigkeit der Bildung nämlich und ihrer Anforderungen kann geradezu die Gleichwertigkeit und damit das gleiche Recht auf Bildung gefährden. Das zeigen [...] unsere Erfahrungen mit der völlig undifferenzierten achtjährigen Grundschule. Sie suchte durch Gleichartigkeit der Anforderungen das gleiche Recht auf Bildung zu sichern und hat für einen erheblichen Teil ihrer Schüler genau das Gegenteil erreicht, nämlich die Gleichwertigkeit der Bildung gefährdet."[35]

Beckers Schulstrukturvorschlag sieht eine auf freiwillige vorschulische Erziehungseinrichtungen (VSE) aufbauende Mittelschule (M) vor, die Heranwachsende nach 6-jährigem Schulbesuch in die 6-jährige Oberschule (O) mit neusprachlichen, mathematisch-naturwissenschaftlichen, altsprachlichen und musischen Zweigen (A-D) bzw. nach 9-jährigem Schulbesuch in die zweijährige Berufsschule (B) entlässt. Parallel dazu ist eine 9-jährige Sonderschule (S) und eine an diese anschließende 2-jährige Sonderberufsschule (SB) vorgesehen. Die Absolventen der Oberschule nehmen nach einem Praxisjahr (P) ein zu akademischen Berufen führendes Universitäts- (U) oder Hochschulstudium (H) auf, die Absolventen der Berufsschule werden nach abgeschlossener Berufsbildung Facharbeiter und können anschließend eine Fachschule (F) besuchen und dort die Berechtigung zu einem Hochschulstudium erlangen. Universitätsabsolventen können nach einem Jahr beruflicher Praxis (Pr) ein postgraduales Promotionsstudien aufnehmen und als Wissenschaftlicher Aspirant bzw. Wissenschaftlicher Assistent (WA) im Wissenschaftssystem verbleiben, um sich durch eine Wissenschaftliche Habilitation (WH) für die Hochschullehrerlaufbahn zu qualifizieren.

---

35 Ebd., S. 670.

Hans Herbert Beckers Konzeption einer in Stufen grundlegender Allgemeinbildung, berufsbezogener Allgemeinbildung und beruflicher Bildung differenzierenden Einheitsschule (1957)[36]

Lebensjahre

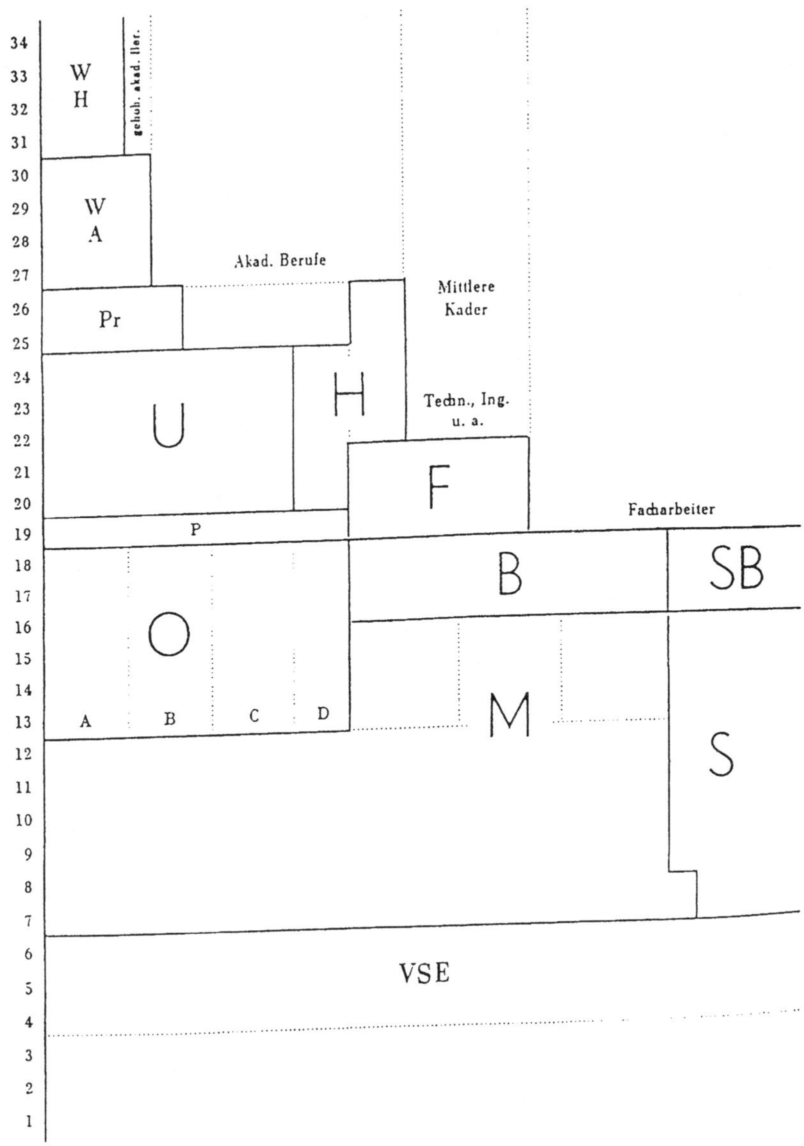

36 Ebd., S. 736

Legt man auf diesen Plan die Unterscheidungen zwischen grundlegender Allgemeinbildung, berufsbezogener Allgemeinbildung und beruflicher Bildung aus, so kann man sagen, dass die 6-jährige Mittelschule als eine Institution grundlegender Allgemeinbildung konzipiert ist, an die sich in der Oberschule und den Klassen 7 bis 9 der Mittelschule eine berufsbezogene Allgemeinbildung anschließt, die wiederum mit der Aufnahme eines Studiums oder dem Besuch einer Berufsschule und einer parallelen Ausbildung in einem Betrieb in die dritte, berufsbildende Phase übergeht.

Die Gleichwertigkeit aller Bildungsgänge gründet Becker darauf, dass diese - mit Ausnahme der Sonderschule, in der nicht zwischen grundlegender Allgemeinbildung und berufsbezogener Allgemeinbildung unterschieden wird - analoge Übergänge von der grundlegenden Allgemeinbildung in eine berufsbezogene und von dort in eine berufliche Bildungsstufe vorsehen. Von daher lässt sich Beckers Schulreformvorschlag als eine Modifikation der Schulpläne Humboldts interpretieren, welche zwischen den aufeinander aufbauenden horizontalen Stufen des Elementarunterrichts, des Schulunterrichts und des Universitätsunterrichts unterschieden und zu unterschiedlichen Zeiten Übergänge aus allgemeinen in berufsbildende Ausbildungsgänge erlaubten.[37]

Becker selbst verstand seinen Strukturplan als einen Schulreformvorschlag zur Vereinheitlichung der 8-, 10-, 11- und 12-klassigen Schulen, welcher das unvermittelte Nebeneinander allgemeiner und beruflicher Schulstufen überwinden und den Übergang von allgemeinbildenden in berufsbildende Phasen durch die Zwischenschaltung einer berufsbezogenen Allgemeinbildung regulieren sollte. Die im ersten Jahrzehnt der DDR bestehende hohe Quote von Schulabgängern ohne qualifizierten Schulabschluss führte er auf eine Überforderung weiter Teile der Schülerschaft durch die neue Einheitsschule zurück, welche kaum Möglichkeiten einer inneren Differenzierung des Unterrichts vorsah und äußere Differenzierungen erst zu einem Zeitpunkt erlaubte, zu dem Schulversagen für viele längst eingetreten war.

3.2.3 Qualitätssicherung und Republikflucht als Entwicklungsprobleme des Schulsystems im ersten Jahrzehnt der DDR

Die Entwicklungsprobleme der Einheitsschule im ersten Jahrzehnt der DDR gingen aus den Schulentwicklungsproblemen der SBZ hervor, die u.a. mit der Entlassung von Lehrern, welche enge Verbindungen zum Naziregime unterhalten hatten, und der Einstellung von Neulehrern, die in Schnellkursen ausgebildet worden waren, zusammenhingen und nicht zuletzt durch große Flüchtlingsströme verursacht wurden, die auf dem Weg aus den früheren Ostgebieten die SBZ durchquerten oder in dieser eine neue Heimat zu finden suchten. Der in der SBZ zu verzeichnende geringe Leistungsstand der Schulen verbesserte sich nach 1949, insbesondere in ländlichen Gebieten, nur langsam.

---

37 Vgl. hierzu *Monographieband 1*, S. 250ff.

Die im *Quellentextband 3.1* für den Zeitraum von 1949 bis 1959 zusammengestellten Dokumente machen deutlich, dass die von der Verfassung für alle Kinder garantierte vollwertige Ausbildung vielerorts mehr Programm als Realität war. Die neue Einheitsschule produzierte kontinuierlich in hohem Maße Schulversager. Ihre Mängel werden aus einer "Anweisung des Volksministeriums zur Schularbeit" vom 29.07.1950 deutlich, welche zwischen fachlichen und ideologischen Defiziten des Unterrichts unterscheidet und diese auf fehlende Qualifikationen bei den Lehrkräften sowie die Arbeit der Schulaufsicht und Schulverwaltung zurückführt.[38] Als fachliche Mängel werden benannt:

- "Es fehlt sehr oft an bewußter Sprecherziehung zu dialektfreiem und lautreinem, grammatisch richtigem, stilistisch reinem, ausdrucksvollem, zusammenhängendem Reden."[39]
- "Die Auswahl der auswendig gelernten Gedichte und Prosatexte ist zu gering und nicht so getroffen, daß die Schüler wenigstens je eine gute, typische Probe aus den hauptsächlichen Gebieten des deutschen und ausländischen Literaturschaffens ihr eigen nennen. Es wird zu wenig zu *freiwilligem* Lernen guter poetischer oder Prosatexte angeregt."[40]
- "Gegenwartskundliche Themen werden losgelöst von ihren historischen Voraussetzungen betrachtet."[41]
- "Es fehlt an einer bewußten Erziehung zu mathematischem Vorstellungsvermögen und Denken, zu exakter mathematischer Ausdrucksweise, sowohl mündlich wie schriftlich."[42]
- "Biologische Erkenntnisse werden nicht gründlich genug verarbeitet. Dem Unterricht mangelt es an wissenschaftlicher Fundierung, daher fehlt auch die exakte Formulierung naturwissenschaftlicher Begriffe. Da die Kenntnisse oft stichwortartig geboten werden oder der Stoff auswendig gelernt wird, kommt es zu einem Verbalismus, der jede klare Begriffsbildung verhindert."[43]
- "Die Schüler zeigen [*im Russischunterricht*] z.T. eine sehr schlechte Aussprache, ohne von den Lehrern konsequent auf ihre Fehler aufmerksam gemacht zu werden."[44]

---

38 Hauptabteilung Unterricht und Erziehung beim Ministerium für Volksbildung: Anweisung zur Verbesserung der Schularbeit im neuen Schuljahr 1950/51 vom 20.07.1950. In: *Quellentextband 3.1*, S. 225-233.

39 Ebd., S. 225.

40 Ebd.

41 Ebd., S. 226.

42 Ebd.

43 Ebd.

44 Ebd.

Ideologische Mängel werden insbesondere für den Deutsch-, Geschichts- und Russischunterricht konstatiert. Beklagt wird insbesondere, dass die Lehrer im Unterricht fachlichen Gesichtspunkten einen Vorrang einräumen und die Funktion dieser Fächer als Gesinnungsfächer vernachlässigen:

- "Der Deutschunterricht wird rein formalistisch betrieben. Seine eigentliche Bedeutung als Gesinnungsfach, seine Aufgabe, zu echter patriotischer Gesinnung und fortschrittlichem Denken, sicherem Stilgefühl und gutem literarischen Geschmack, kritischem Lesen im Sinne einer eigenen Urteilbildung zu erziehen, werden zumeist außer acht gelassen."[45]
- "Der Geschichtsunterricht wird zu formalistisch erteilt, d.h. es wird Schlagwortwissen geboten. Die Schüler werden nicht dazu geführt, die gesellschaftlichen Zusammenhänge zu erkennen und ein gestelltes Problem selbständig zu durchdenken und zum Ausdruck zu bringen. Daher wurde, besonders auch bei der Wahl der Deutschthemen durch die Schüler, beobachtet, daß sie den politischen, also gegenwartskundlichen Fragen ausweichen."[46]
- "Sowjetkunde ist nicht Erdkunde von der Sowjetunion! Darüber herrscht bei Lehrern und Schülern Unklarheit."[47]

Zugleich finden sich Äußerungen über Defizite, die stärker reformpädagogischen Vorstellungen verpflichtet sind:

- "Es fehlt das Ausgehen von der Anschauung, vom lebendigen Objekt und [vom] Experiment."
- "Die Schulung der Beobachtungsfähigkeit fehlt und damit auch das selbständige Auswerten des Beobachteten."
- "Es werden nicht die Möglichkeiten zur Schaffung biologischer Schulgärten (Mitschuringarten) ausgenutzt. Überhaupt fehlt der Schulgarten noch vielfach."[48]

Als von der Schulaufsicht- und -verwaltung zu verantwortende Defizite werden neben der Tatsache, dass es "noch zahlreiche Schulen" gibt, die "keinen Russischunterricht haben", der nicht ausgeschöpfte Einsatz von "Wanderlehrern" und das "häufige und langfristige Fehlen von Lehrkräften" genannt. Der Unterricht leide unter der "Verschlechterung der Arbeitsmoral" ebenso wie darunter, dass es an Kontrolle der Einhaltung und Umsetzung der Lehrpläne fehle, dass ein Mangel an "methodischen Hinweisen" bestehe, dass die "vorhandenen Möglichkeiten zur "Schaffung biologischer Schulgärten nicht restlos ausgenutzt" würden, dass z.B. im

---

45 Ebd., S. 225.
46 Ebd., S. 226.
47 Ebd.
48 Ebd.

"Lande Thüringen [...] in vielen Schulen nur Gegenwartskundeunterricht" an Stelle der Gesinnungsfächer Geschichte und Russisch erteilt werde.[49]

Zwischen der im Papier des Volksbildungsministeriums geübten fachlichen, ideologischen und reformpädagogischen Kritik besteht ein spannungsreicher Zusammenhang. Die fachliche Kritik weist auf Defizite in der fachwissenschaftlichen Kompetenz der Lehrer hin, die ideologische bemängelt, dass die Lehrer ihren Unterricht in einem zu eingeschränkten Sinne fachlich - z.B. als Geographieunterricht - konzeptualisieren und von der ideologischen Botschaft abstrahieren, die durch den Unterricht übermittelt werden soll. Die reformpädagogische Kritik bringt eine quer zur fachlichen und ideologischen Kritik liegende Problematik zur Sprache, indem sie die unzureichende didaktische und schulpädagogische Kompetenz der Lehrer herausstellt oder moniert, dass diese Teile des Gesinnungsunterrichts auf Gegenwartskunde verkürzten.

Da es sich bei dem Papier, wie schon aus seinem Titel hervorgeht, um eine "Anweisung zur Verbesserung der Schularbeit" handelt, interessiert in besonderer Weise, welche Vorschläge das Ministerium zur Abstellung der aufgezeigten Mängel unterbreitet. Der Übergang von der Feststellung von Defiziten zur Anweisung, diese zu beheben, erfolgt durchgängig nach demselben Muster. Schüler, Lehrer, Schulaufsicht sollen das, was nicht geleistet wird, leisten, das was nicht gekonnt wird, können, das was nicht gelernt ist, lernen. Die Sätze, in denen Mängel identifiziert werden, sind nahezu identisch mit Sätzen, die angeben, wie die Mängel zu beheben sind. So sollen für die fehlenden Mitschuringärten durch die Einrichtung solcher Gärten eine Abhilfe geschaffen werden:

> "Der biologische Versuchsgarten (Mitschuringarten) darf bei keiner Schule fehlen. Der 'biologische Blumenstrauß' der Jahreszeit gehört in jedes Schulzimmer bzw. -haus."[50]

Übersehen wird bei solchen Anordnungen, dass die notwendige Kompetenz der Lehrer, einen Garten zur Veredlung von Pflanzen nach den vom russischen Biologen Mitschurin aufgestellten Regeln mit Schülern anzulegen, nicht auf dem Anordnungswege kompensiert werden kann. Lediglich bezogen auf die von Seiten des Ministeriums selbst einzuleitenden Verbesserungen gehen die Anweisungen ansatzweise über tautologische Aussagen dieser Art hinaus. Das Stadt-Land-Gefälle soll dadurch abgebaut werden, dass die "kleinen Landschulen [...] mit den besten Lehrkräften" besetzt, häufige Versetzungen künftig unterlassen, die Einhaltung der Lehrpläne stärker kontrolliert werden. Insbesondere soll auf die "Heiligkeit der Unterrichtsstunde" - wohl im Sinne der Verordnung vom 04.07.1950 - immer wieder hingewiesen, deren bloß schematische Umsetzung jedoch vermieden werden. In diesem Zusammenhang wird der "Lehrerfrage" eine besondere Bedeutung zuerkannt:

---

49 Ebd.
50 Ebd., S. 232.

> "Die Lehrerfrage muß klar und bestimmt und auf das Wesentliche abzielen. Sie soll nicht wiederholt werden und hat in ihrem Aufbau grammatikalisch einwandfrei zu sein. Entscheidungs- und Suggestivfragen sind nicht zulässig.
>
> Der Lehrer soll die Schüler allmählich an umfassende Fragen, d.h. an Aufgabenstellungen gewöhnen, um sie zu überlegtem, zusammenhängendem Sprechen zu erziehen.
>
> Er muß deshalb auch allzu schnelles und häufiges Dazwischenfragen vermeiden, da dadurch die Schüler in der Entwicklung zusammenhängender Gedankengänge gehemmt werden. Fragendes Gängeln ist zu vermeiden."[51]

Die Anordnung lässt erkennen, dass die Schulaufsicht zwar um die Mängel des Schulsystems und der Unterrichtspraxis wusste, aber kaum über Mittel verfügte, die eine Abarbeitung der konstatierten Defizite erlaubt hätten. Das ganze Ausmaß der Entwicklungsprobleme des Schulsystems ist jedoch nicht dem zitierten Bericht, sondern einem vertraulichen Brief vom 02.08.1950 zu entnehmen, mit dem der Minister für Volksbildung das Sekretariat des ZK über Leistungsdefizite im Bildungssystem unterrichtete. In diesem wird festgestellt, dass es "40 % Sitzenbleiber" gibt, dass die Leistungen der versetzten Schüler allenfalls eine "60 - 70 %ige Erfüllung der Lehrpläne" erreichen, dass die Lehrpläne insgesamt also nicht einmal zur Hälfte erfüllt werden und dass die im Schulgesetz vorgeschriebene Kursdifferenzierung in den Klassen 7 und 8 nur für "10 bis 15 % der Kinder" eingerichtet ist.[52]

Die tatsächlichen Leistungen blieben somit hinter dem Reformziel der angestrebten Homogenisierung der Schülerleistungen weit zurück. Und wo die ideologische Homogenisierung auf Seiten der Lehrer ansatzweise gelang, kam es, wie schon in der SBZ, zu Konflikten mit der Evangelischen Kirche sowie Teilen der Elternschaft, die sich auf das in der Verfassung eingeräumte Recht der Religionsgemeinschaften beriefen, die religiöse Unterweisung in eigener Verantwortung vorzunehmen. Die Evangelische Kirche reagierte auf ihre Ausgrenzung aus der Gesellschaft der DDR, indem sie auf die vom Staat vollzogene Trennung von Staat und Kirche mit einer Trennung von Konfirmation und Jugendweihe antwortete und in den fünfziger Jahren zeitweise Jugendliche, die sich für die FDJ und Jugendweihe entschieden, von der Konfirmation ausschloss.[53] Stellvertretend für andere Beispiele sei ein "Vorgang in Pegau" erwähnt, über den der Ministerpräsident des Landes Sachsen 1952 den sächsischen Minister für Volksbildung wie folgt unterrichtete:

---

51 Ebd., S. 230.

52 Vertrauliches Schreiben des Ministers für Volksbildung P. Wandel an das Sekretariat des ZK der SED vom 2. August 1950. In: *Quellentextband 3.1*, S. 233-234, S. 233.

53 Vgl. hierzu: In Linie angetreten. Die Volksbildung der DDR in ausgewählten Kapiteln. Berlin 1996; siehe insbesondere den Abschnitt zur Jugendweihe, S. 141; siehe ferner: Freundschaft! Volksbildung in der DDR in ausgewählten Kapiteln. Berlin 1966, insbesondere die Abschnitte zur FDJ, S. 285ff., und zur kirchlichen Jugendarbeit, S. 305ff.

> "Der *Lehrer Füssel* in Pegau, gegen den der Vorwurf erhoben wurde, daß er wiederholt über Bibel, Pfarrer und Kirche Witze gemacht habe, hatte bei Kindern des 5. Schuljahres über die biblische Darstellung der Erschaffung des Menschen in folgender Weise gespottet: 'Der liebe Gott nahm einen Haufen Dreck, blies Luft ein, dann gab er dem einen Tritt in den A. und sagte: Los, lauf!' Das Bezirkskirchenamt stand vor der Frage, ob es gegen Lehrer Füssel gemäß Artikel 6 der Verfassung der DDR bei der Staatsanwaltschaft Anzeige erstatten sollte. Es hat auf Veranlassung des Landeskirchenamtes davon Abstand genommen und auf Grund einer Beschwerde an den Kreisschulrat mit diesem am 25. Januar 1952 über die Angelegenheit verhandelt. Lehrer Füssel hat die Aussage nicht bestreiten können, wenn er auch die Angelegenheit zu verharmlosen suchte. Der Herr Kreisschulrat von Borna verurteilte das Verhalten des Lehrers Füssel, ließ aber sehr deutlich werden, daß ihn nur taktische Erwägungen zur Zurückhaltung gegenüber den Gläubigen veranlaßten, da die Friedensbewegung in den Gläubigen ihre Bundesgenossen habe."[54]

Der Bericht schließt mit der Bitte, das Verhalten des Lehrers zu überprüfen und den Fall "gründlich zu bereinigen", ohne über ihn den "Mantel der christlichen Nächstenliebe" zu decken. Worin jedoch die angemessene Klärung des Falles bestehen könne, blieb unklar und konnte im Kontext eines materialistischen Wirklichkeitsverständnisses, demzufolge die neuzeitliche Wissenschaft im Verbund mit dem Marxismus-Leninismus die gesamte Welt erklärt, letztlich auch nicht geprüft werden. In einer materialistische Wissenschaft, die sich als Einheitswissenschaft von Natur und Geschichte versteht und die Grenzen ihres Wissens nicht reflektiert, ist für religiöse Deutungsmuster, welche die unvordenkliche Gegebenheit der Welt als Schöpfung thematisieren, kein Raum.

Zu den bisher angesprochenen Entwicklungsproblemen der Einheitsschule in der DDR kam als dritte Problematik hinzu, dass die Kriterien einer fachlichen, ideologischen und didaktischen Prüfung und Beurteilung der Unterrichtspraxis der Lehrer vielerorts zu Kollisionen führten, welche Lehrer, die den ideologischen Dienst an der in Entstehung begriffenen sozialistischen Gesellschaft anders interpretierten oder gänzlich verweigerten, dazu veranlasste, die DDR zu verlassen und den Lehrerberuf in West-Berlin oder in Westdeutschland auszuüben. Mitte der fünfziger Jahre kam es in Folge von "Revisionen" verstärkt zu solchen Abwanderungen, die wiederum das Ministerium für Volksbildung veranlassten, bei den Universitäten und Lehrausbildungseinrichtungen eine strikte Einhaltung der vorgeschriebenen fachlichen und ideologischen Struktur der Ausbildungsgänge anzumahnen und Erklärungen für die Häufung von Fällen der "Republikflucht" einzufordern. Auf eine entsprechende

---

54 Schreiben der Kanzlei des Ministerpräsidenten des Landes Sachsen an den Minister für Volksbildung des Landes Sachsen vom 8. April 1952. In: *Quellentextband 3.1*, S. 234-235.

Anfrage antwortete 1954 der Hallenser Erziehungswissenschaftler Hans Ahrbeck, der mehrfach an der Martin-Luther-Universität das Amt eines Dekans der Pädagogischen Fakultät innehatte, folgendermaßen:

> "1. Die Abwanderung ist offenbar dort, wo Revisionen stattgefunden haben, stärker als an anderen Orten. Von Halle wurde mir berichtet, daß etwa 16 bis 18 Grundschullehrer und 7 Oberstufenlehrer die Republik verlassen haben. Ich lege bei
> – die Liste der betr. Oberstufenlehrer aus Halle; es sind sehr bewährte Kräfte darunter,
> – einen Bericht über den Fortgang des Oberschullehrers Deinhardt, der an der Universität mit einem Lehrauftrag betraut war.
>
> 2. Da mir die urkundlichen Unterlagen fehlen und ich die Personen, die ich noch nennen werde, außer Herrn Deinhardt nicht kenne, vermag ich nicht alle Motive anzugeben, die bei der Flucht in Betracht kamen. Eins aber ist sicher, daß einer der entscheidenden Gründe, vielleicht *der* entscheidende Grund, die Behandlung der Lehrer durch die vorgesetzten Dienststellen ist.
>
> Ich habe mit einer Reihe von Lehrern gesprochen, an deren Loyalität kein Zweifel besteht; auch Verdiente Lehrer des Volkes gaben mir Auskunft. Das Resümee ihrer Ausführungen ist kurzgesagt dies: Es seien zumeist nicht politische Gründe, nicht eine Frontstellung gegen die DDR, was die Lehrer zur Flucht veranlasse, sondern die demütigende, mit der Berufsehre nicht verträgliche Behandlung durch die Dienststellen, insbesondere durch die Revisionsbeamten; das schikanöse, kleinliche Verfahren von Leuten, die weder von Menschenführung etwas verstehen noch in den Fachwissenschaften zu Hause sind, noch in Schuldingen - zumal in Fragen der Methodik der Oberstufe - auch nur über einigermaßen ausreichende Erfahrung verfügen, sich aber doch herausnehmen, erfahrene Menschen in unziemlicher Weise zurechtzuweisen und einen Ton anzuschlagen, der an die 'spanische Inquisition' erinnert. Diesen Ausdruck gebrauchte ein Verdienter Lehrer des Volkes, der hohe Achtung genießt. Wir haben den Eindruck, daß die Verzweiflung, die Mutlosigkeit und auch die Erbitterung zum Teil verhängnisvoll sich auswirken. Man verläßt nicht so leicht seine Heimat, sein Eigenhaus und seinen gesamten Besitz. Es ist für die Arbeitsfreudigkeit einer Schule nicht förderlich, wenn im Konferenzzimmer eine Gruppe von Lehrerinnen ihr Los beweint."[55]

55 Hans Ahrbeck: Brief an das Staatssekretariat für Hochschulwesen der DDR vom 21.6.1954 und Antwort des Ministeriums für Volksbildung vom 30.07.1954. In: *Quellentextband 3.1*, S. 235-237, S. 235f.

Im Fortgang seines Berichts nennt Ahrbeck Beispiele für Amtsanmaßungen auf Seiten der Schulaufsicht sowie von diesen betroffene Lehrer und fordert die für "Volksbildung, Kultur und Wissenschaft unserer Republik" verantwortlichen "leitenden Stellen" dazu auf, umgehend die notwendigen Konsequenzen zu ziehen, damit nicht "die Flucht der Lehrer in den Sommerferien wieder einsetzen" werde.[56]

Die Abwanderung von Lehrern aus der DDR in die BRD und nach West-Berlin fand unverändert bis zum Bau der Mauer im Jahre 1961 statt.[57] Korrekturen im Bildungssystem selbst, die sie hätten stoppen können, waren entweder nicht möglich oder sollten nicht vorgenommen werden. Die Folge war, dass der Mangel an qualifizierten Lehrern fortbestand und die erhoffte Steigerung der Schulleistungen nicht erreicht werden konnte. Im selben Jahr, in dem H.H. Becker seinen Schulreformvorschlag unterbreitete, erschienen in erziehungswissenschaftlichen Zeitschriften Aufsätze, die erneut auf Leistungsdefizite der Einheitsschule aufmerksam machten. Unter diesen befand sich ein Beitrag von Albert Tebbe,[58] der neben einer kritischen Bestandsaufnahme Vorschläge für eine Reform der Schulen unterbreitete, die in einigen Punkten mit denjenigen von H.H. Becker übereinstimmten.

In seiner Bestandaufnahme führte Tebbe aus, im Jahre 1946 sei den Lehrern und Schülern "die neue Schule" geschenkt worden, die mit dem "Bildungsmonopol" früherer Zeiten brach und dem "Rohrstock" und die "schändlichen Ideen des Nazismus" aus Unterricht und Schulleben verbannte. Viele Lehrer seien in dieser Schule den Kindern anfangs "nur um Seiten im Lehrbuch voraus" gewesen, hätten dann ihr Wissen und Können mit dem Entstehen neuer Lehrpläne immer weiter vermehrt und seien sogar zeitweise "stolz" z.B. auf den "Fremdsprachenunterricht in der Grundschule und [...] auf die naturwissenschaftlichen Fächer" gewesen. Auf diese Zeit seien dann aber Jahre der "Klagen und der Ernüchterung" gefolgt. Nun sei es an der Zeit, eine kritische Bilanz zu ziehen. Diese müsse lauten: "Zweifellos haben wir zuviel verlangt, weil wir zuviel erreichen wollten."[59]

Tebbes Ausführungen erinnern an Schleiermachers Analysen zum Verhältnis von Allmacht und Ohnmacht in der Erziehung.[60] Man habe auf Seiten des Staates und der Lehrer so getan, als könne man alles erreichen und bewirken, und habe die Erfahrung gemacht, die gesetzten Ziele nicht erreichen zu können:

---

56 Ebd., S. 237.

57 Vgl. den Beitrag von Fritz Lange: Fehler und Schwächen in der Arbeit der allgemeinbildenden Schulen. Aus dem Referat des Ministers für Volksbildung auf dem 5. Pädagogischen Kongress. In: Aufgaben und Probleme der deutschen Pädagogik. Aus den Verhandlungen des 5. Pädagogischen Kongresses Leipzig 1956. Berlin 1956, S. 53-57; *Quellentextband 3.1*, S. 238-241.

58 A. Tebbe: Zur Diskussion über Probleme der Allgemeinbildung. In: Pädagogik 12 (1957), S. 184-192; *Quellentextband 3.1*, S. 241-248.

59 Ebd., S. 241f.

60 Vgl. F.E.D. Schleiermacher: Die Vorlesungen aus dem Jahre 1826. In Ders.: Ausgewählte pädagogische Schriften. Paderborn 1959, S. 48ff.

> "Vor mir liegen die Planzahlen eines Kreises über die Schulabgänger im Sommer 1957. Demnach werden 38,5 Prozent der Jungen und Mädchen ab 1. September 1957 Mittel- und Oberschulen besuchen, 61,5 Prozent werden in das Berufsleben eintreten. Wenn man diese 61,5 Prozent gleich 100 Prozent setzt, dann kommen
> 68 Prozent aus der 8. Klasse,
> 17 Prozent aus der 7. Klasse,
> 5,8 Prozent aus der 6. Klasse,
> 9,2 Prozent aus der 5. Klasse und der Sonderschule.
> Die Berufsschulen interessieren sich natürlich besonders für diese Schulabgänger, von denen 32 Prozent die 8. Klasse nicht besucht haben, wobei noch nicht einmal feststeht, wie viele von den 68 Prozent die Abschlußprüfung etwa nicht bestehen."[61]

Tebbe stellte die These auf, das neue Schulsystem habe sich "zu sehr nach den Besten" orientiert und infolgedessen die meisten Schüler nicht angemessen gefördert.[62] Eine Reform müsse sich daher der schwierigen Frage einer "Festlegung eines [...] Minimums" zuwenden, das drei Forderungen gerecht wird:

> " *1. Sicherheit im Gebrauch der Muttersprache* [...]
> *2. Vertrautheit im Umgang mit Zahlen* [...]
> *3. Zuverlässigkeit in der Arbeit* [...]."[63]

Tebbe forderte nicht nur eine Neubestimmung des Fundamentum, in das die Einheitsschule alle Schüler einführen muss, sondern war sich zugleich bewusst, dass sein Vorschlag keine Antwort auf die Frage der Gestaltung der patriotischen Erziehung und die Weiterentwicklung der polytechnischen Erziehung enthielt. Er schlug vor,
- den "Unterricht in einer Fremdsprache erst ab 7. Schuljahr zu beginnen und ihn auch dann nur fakultativ zu erteilen",
- den "Übergang zur Oberschule" bereits mit "Beginn des 7. Schuljahrs" anzusetzen
- und "Mittelschüler nur nach abgeschlossener Lehre zum Studium an Fachschulen" zuzulassen.[64]

Mit diesen Vorschlägen lehnte sich Tebbe der Sache nach an einzelne Momente in Beckers Schulstrukturreformvorschlag an, ohne diesen jedoch in Gänze zu übernehmen. Seine Vorschläge verweisen erneut auf Abstimmungsprobleme zwischen Einheitlichkeit und Differenzierung in modernen Bildungssystemen, für die es einfache Lösungen nicht geben kann. Größere Einheitlichkeit ohne Differenzierung führt zwangsläufig zu einer Unter- oder Überforderung weiter Teile der Schülerschaft; stärkere Differenzierung kann die Einheitlichkeit des Bildungssystems gefährden. Das ist jedoch nicht zwangsläufig

---

61 A. Tebbe: Zur Diskussion über Probleme der Allgemeinbildung. A.a.O., S. 243.
62 Ebd.
63 Ebd., S. 244f.
64 Ebd., S. 247f.

so. Eine frühzeitige Differenzierung im Fremdsprachenunterricht kann auch die Einheitlichkeit und Gleichwertigkeit schulischer Bildung stärken, indem sie sicher stellt, dass fremdsprachliche Bildung nicht erst mit dem 7. Schuljahr einsetzt und dann - wie in Tebbes Vorschlag - vor allem Oberschülern zugute kommt.

Tebbes Fehleranalyse überzeugte stärker als sein minimalistisches Schulreformprogramm, das so auch nicht von Becker vertreten wurde. Die von ihm und anderen festgestellten Mängel im Schulsystem der DDR blieben zunächst unkorrigiert. Am 01.12.1958 beriet die Schulkommission der Abteilung Volksbildung des ZK der SED über beide Hauptprobleme der Schulreform. Auf der Tagesordnung standen (1) die "Beratung des Mittelschulprogramms" und (2) "Maßnahmen gegen das Ansteigen der Republikflucht". Im Protokoll wird festgestellt, dass 22% der Schüler jährlich "Sitzenbleiber" sind und dass die Republikflucht der Lehrer ein solches Ausmaß annahm, dass Gegenmaßnahmen dringend geboten erschienen. Die weiteren Hinweise lesen sich wie eine Umsetzung jener Vorschläge, die H. Ahrbeck bereits 1954 unterbreitet hatte:

> "Es muß [...] eingefügt werden, daß die Abwerbung von Lehrern durch Entstellungen und Überspitzungen unserer Politik sowie durch herzloses Verhalten gegenüber den Lehrern erleichtert wird. Sektiererische Tendenzen, bürokratisches Verhalten und administrativer Arbeitsstil spielen ebenfalls eine große Rolle.
>
> Die Wiedereinstellung der republikflüchtigen Lehrer muß individuell behandelt werden.
>
> Dieses Dokument kann als 'Verordnung über die gesellschaftliche Rolle des Lehrers' benannt werden und ist als streng vertraulich zu behandeln."[65]

3.2.4 Reformpädagogische Praxisbeispiele aus Reform-, Versuchs- und Forschungsschulen: Die Zentralschulen Mosel und Kalkreuth, die Internatsoberschule Haubinda und die Mittelschule Wesenberg

Die in der Literatur zuweilen vertretene These, im ersten Jahrzehnt der DDR sei schrittweise das Ende aller Reformpädagogik herbeigeführt worden, gilt, wie an der "Verordnung über die Unterrichtstunde" gezeigt werden konnte, uneingeschränkt nur für die bereits von R. Alt - mit guten Gründen - eingeleitete Verabschiedung einer Reformpädagogik "vom Kinde aus". In dem durch die erste Verfassung der DDR und das Schulgesetz von 1959 begrenzten ersten Entwicklungsabschnitt gab es eine Vielfalt reformpädagogischer Vorhaben, die sich mit Blick auf Differenzierungen, die sich später in der DDR durchsetzten, in Reformschulen, Versuchsschulen und Forschungsschulen unterscheiden lassen. Unter Reformschulen werden im Folgenden Einrichtungen verstanden, die sich selbst ein Programm gaben, mit dem experimentiert wird. Zu Versuchsschulen gehören Einrichtungen, deren Programm offiziell

---

65 Abteilung Volksbildung des ZK der SED: Protokoll über die 7. Sitzung der Schulkommission am 1.12.1958. In: *Quellentextband 3.1*, S. 248-249, S. 249.

anerkannt und als Versuch genehmigt wurde. Von diesen unterscheiden sich die Forschungsschulen dadurch, dass sie eng mit wissenschaftlichen Einrichtungen - dem DPZI und der späteren APW oder bestimmten Instituten und Fakultäten von Hochschulen und Universitäten - zusammenarbeiteten. Die Unterscheidungen zwischen Reform-, Versuchs- und Forschungsschulen gab es 1949 noch nicht; Ansätze, die auf sie hinweisen, sind jedoch bereits im ersten Jahrzehnt der DDR nachweisbar.

Die Vielheit reformpädagogischer Vorhaben, zu denen Anfang der 60er Jahre auch Versuche mit Tagesschulen gehörten,[66] wird im Folgenden am Beispiel von vier Reform- und Versuchsschulen vorgestellt, von denen Dokumente, die aus den Jahren 1954 bis 1958 stammen, im *Quellentextband 3.1* veröffentlicht wurden. Es sind dies die bei Zwickau gelegene "Zentralschule Mosel", die ebenfalls in Sachsen gelegene "Zentralschule Kalkreuth", die thüringische "Internats-Mittelschule Haubinda" im Kreis Hildburghausen und die mecklenburgische "Mittelschule Wesenberg". Zwei von ihnen lassen sich aufgrund ihrer Programmatik eher Reformschulen, zwei eher Versuchsschulen zuordnen; eine bemühte sich um eine Zulassung als Forschungsschule.

Unter den genannten Reformeinrichtungen wies im Berichtzeitraum die "Zentralschule Mosel", wie Dokumente aus dem Jahr 1954 zeigen, sowohl in zeitlicher als auch in schulreformerischer Hinsicht die größte Nähe zu der "Verordnung über die Unterrichtsstunde" auf. Auf den ersten Blick mag es daher befremdlich erscheinen, diese Schule überhaupt zum Kreis der reformpädagogischen Einrichtungen zuzurechnen. Sowohl aufgrund ihrer Programmatik als auch von ihrer Praxis her verstand sich die "Zentralschule Mosel" eher als das Gegenteil einer reformpädagogischen Einrichtung. Insofern sie jedoch eine Reformschule der DDR war, die die "Verordnung über die Unterrichtsstunde" ihrer Praxis zugrunde legte, wird sie hier als eine Institution vorgestellt, an der sich die Umsetzung dieser Verordnung, deren Regelwerk sich in der Praxis nicht bewährte, sondern umstritten blieb, exemplarisch erläutern lässt.

Die "Zentralschule Mosel" experimentierte seit 1949 mit Formen eines "voll organisierten Schülerkollektivs".[67] Die in einem vom Kollegium selbst beschlossenen "Plan zur Aufrechterhaltung von Ruhe und Ordnung" umschriebenen Teilaspekte ihrer

---

66 Siehe hierzu auch den Bericht über den Schulversuch an der Oberschule Edwin Hoernle (8. Oberschule) von H. Klein/G. Heinke/W. Salzwedel: Einige Erfahrungen und Probleme beim Aufbau der Tagesschule in Berlin Köpenick [1962/63]. In: Archiv für Reformpädagogik. Humboldt-Universität: Archrefpaed/HUB-Klein/III/B/K/13; vgl auch Wagner/Winkler/Eißner mit Unterstützung von Oberstudienrat Dr. Wutzler: Erfahrungen und Probleme des komplexen Aufbaus der Tagesschulen im Stadtbezirk Südwest der Stadt Leipzig [1962/1963]. In: Archiv für Reformpädagogik. Humboldt-Universität: Archrefpaed/Klingberg-Nachlass.

67 N.N.: Pädagogische Entwicklung der Oberschule Mosel. Unveröffentlichtes Manuskript vom 08.02.1966. In: Archiv der Zentralschule Mosel; siehe auch die Berichte aus den 60er Jahren von G. Ebersbach: Erziehung zu bewußter Disziplin im Schülerkollektiv. In: Pädagogik 18 (1963), S. 796-808; Ders.: Maßnahmen und Erfolge der ersten Etappe der Kollektiverziehung. In: Pädagogik 19 (1964), S. 454-464.

Konzeption beginnen mit Hinweisen zur Schulordnung und Aufsichtspflicht der Lehrer, an die sich Ausführungen zur Führung des Unterrichts anschließen, die wiederum in Anordnungen zur Einhaltung der neuen Schulordnung einmünden.

Der "Plan zur Aufrechterhaltung von Ruhe und Ordnung" regelt u.a., dass die Aufsicht

- von "3 Lehrern und einem Leiter der Aufsicht durchgeführt" wird, die um "2 Pionier-Aufsichten" auf jedem Korridor ergänzt werden,
- um "7.45 Uhr [beginnt] und [...] mit Schulschluß [um]13.30 Uhr" endet,
- sicherzustellen hat, dass "die Schüler geordnet ankommen, nicht sprechen, die Kleidung ordnungsgemäß aufhängen und sich in ihr Klassenzimmer begeben"
- und dass hierbei "kein Umherrennen und Schreien der Schüler erfolgt".[68]

Von der Führung des Lehrers wird gesagt,

- dass der Lehrer erst "das Klassenzimmer betritt", nachdem er sich zuvor "einige Sekunden vor der Tür" davon überzeugt hat, "daß in der Klasse Ordnung und kein Reden zu hören ist",
- dass sich bei seinem Eintreten alle Schüler von den Plätzen erheben und "in gerader Haltung" stehen, ohne dass ein Wort, "auch nicht das leiseste, gesprochen wird",
- dass "Bücher, Hefte, Federhalter [...] beim Eintritt des Lehrers [...] bei allen Schülern auf der Bank" liegen.[69]

Der Unterricht ist so zu strukturieren, dass

- jede Stunde "mit einer Wiederholung" beginnt,
- "Zensuren [...] begründet" und in einer Form erteilt werden, die den Schüler einen Weg zur Steigerung ihrer Leistung aufzeigt,
- "Lob und Tadel [...] in jeder Unterrichtsstunde" als Erziehungsmittel eingesetzt werden,
- die "Ziele der Unterrichtsstunde" jeweils "klar" vorgestellt werden und
- Lehrer und Schüler in "ganzen Sätzen" miteinander kommunizieren, d.h. fragen und antworten.

Zum Verhalten der Schüler wird ausgeführt, dass diese

- "nur dann sprechen" dürfen, "wenn sie dazu vom Lehrer aufgefordert werden",
- "während der Unterrichtsstunde in guter Haltung zu sitzen" haben,
- "beim Melden nur noch die Hand halbhoch, ungefähr im rechten Winkel" heben, so dass es unmöglich ist, "mit den Fingern zu schnappen", und
- dass alle "während der Unterrichtsstunde nur die gleiche Tätigkeit ausführen" dürfen.[70]

Die zuletzt zitierten Anordnungen sprechen ein allgemeines Differenzierungsverbot aus und teilen insofern die hinter der "Verordnung über die Unterrichtsstunde" stehende Sorge, Differenzierungen könnten dazu beitragen, Kinder aus sozial benach-

---

68 Siehe: Zentralschule Mosel: Plan zur Aufrechterhaltung von Ruhe und Ordnung an der Zentralschule Mosel. 05.06.1954. In: *Quellentextband 3.1*, S. 250-252, S. 250.

69 Ebd., S. 250f.

70 Ebd., S. 251.

teiligten Schichten in der Schule zusätzlich durch im Anspruchsniveau niedrigere Anforderungen zu benachteiligen.

Der Plan enthält einzelne Ordnungselemente, die das Schule- und Unterricht-Halten erleichtern können. Er enthält zugleich Überreglementierungen, die sich nicht nur auf das "schnappfreie" Melden in Einheitshaltung, sondern auch auf das Verhalten nach dem das Ende der Unterrichtsstunde anzeigenden "Klingelzeichen" sowie nach Schulschluss beziehen:

> "Sobald das Klingelzeichen ertönt, tritt eine verschärfte Ruhe in Kraft. Jedes Verlassen des Platzes sowie Sprechen sind verboten. Schüler, die dagegen verstoßen, sind vom Klassenvertreter anzuschreiben. [...]
>
> Ist in einer Klasse der Unterricht beendet, so hat der Lehrer darauf zu achten, daß das Einpacken und Antreten lautlos geschieht. Jeder Lehrer überzeugt sich, bevor die Klasse das Zimmer verläßt, daß das Zimmer sauber und die Tafel abgewischt ist. An der Treppe wird nochmals gewartet, die Kinder schließen auf und gehen ohne auch nur ein Wort zu sprechen, unter Führung des Lehrers (der sich beim Heruntergehen laufend über das Verhalten aller Schüler überzeugt) die Treppe herunter, werden bis zur Ausgangstür geführt und verlassen somit lautlos das Schulhaus. Schüler, die während des Heruntergehens reden, auch wenn es nur 1 Wort ist, treten heraus und gehen in das Klassenzimmer zurück."[71]

Ob es in der Praxis gelang, überzogene Vorstellungen wie diese in die Tat umzusetzen, kann an den im Archiv der Mittelschule Mosel aufbewahrten Dokumenten nicht geprüft werden. Aber auch unabhängig von der Frage, welche Erfahrungen mit dem zitierten Plan gemacht wurden, kann dessen Kommando-Pädagogik, die der Philanthrop Basedow als Erziehung zu einem klostermäßigen Gehorsam beschrieben und zu seiner Zeit nur in deutlich abgeschwächter Form für die Anfangsklassen des Schulsystems empfohlen hat,[72] nicht als repräsentativ für die Schulen der DDR angesehen werden. Andere Reformschulen schlossen nicht in dem Sinne an die "Verordnung über die Unterrichtsstunde" an, dass sie deren Differenzierungsverbot ohne Didaktik allein mit Hilfe einer Ordnungserziehung umzusetzen suchten, sondern griffen auf die ganze Breite des schul- und reformpädagogischen Erziehungs- und Unterrichtsrepertoires zurück.

Verdeutlichen lässt sich dies an einem aus dem Jahre 1956 stammenden Bericht von K. Zeller über die pädagogische Arbeit in der "Zentralschule Kalkreuth", der im "Neuen Deutschland" in einer gekürzten Fassung erschien, in der die Passagen zur finanziellen Absicherung der Schule durch von den Schülern geleistete Arbeit in der Produktion fehlten. Von ihrer Konzeption her stand die "Zentralschule Kalkreuth", die bereits in der SBZ reformpädagogische Traditionen weiterführte, Vorstellungen nahe, die auch im Schulversuch von Max Schmidtbauer in Drosedow wirksam waren.

---

71 Ebd., S. 251f.

72 Vgl. *Quellentextband 1*, S. 88f.; siehe auch *Monographieband 1*, S. 113.

Bei der Schule in Kalkreuth handelte es sich um eine Landschule, die damals von etwa 200 Schülern besucht wurde, die in 8 Klassen von insgesamt 8 Lehrern unterrichtet wurden. Schenkt man dem Bericht Glauben, so wurde die Einrichtung allein zwischen 1953 und 1956 von mehr als 12.000 Gästen besucht, die nicht nach Kalkreuth kamen, um dort die Umsetzung der "Verordnung über die Unterrichtsstunde" zu studieren, sondern um in einer reformpädagogisch und polytechnisch ausgerichteten Einrichtung zu hospitieren und deren Arbeitsformen sowie Schulleben kennen zu lernen.[73]

In dem bereits erwähnten Entwurf für einen Artikel im "Neuen Deutschland" wird über das "erfolgreiche Bemühen aller Lehrer" berichtet, "die Schüler [...] zu naturverbundenen und heimattreuen Menschen zu erziehen" und auf ein Leben auf dem Lande vorzubereiten.[74] Diese Aussage erinnert nicht nur an aus der Landerziehungsheimbewegung stammende Erziehungsvorstellungen, sondern macht zugleich deutlich, dass die in Sachsen gelegene Reformschule keine oder nur wenige Fälle von "Republikflucht" zu verzeichnen hatte und insofern auch nach DDR-internen Maßstäben erfolgreich arbeitete. Ihre Programmatik richtete sich nicht nur an Lehrer und Kinder, sondern auch an die ländliche Umgebung. Die Schule wollte ihren Schülern nicht nur die "Grundlagen von Landwirtschaft und Gartenbau [...] vermitteln", sondern zugleich als ein "Organ wahrer Volksbildung" wirken. Wie andere Schulen auch, sollte sie einen Beitrag zur Verwissenschaftlichung der Landwirtschaft leisten, dem Abbau des Stadt-Land-Gefälles dienen und die Landflucht der Jugend stoppen helfen. Anders als den von H. Lietz gegründeten Landerziehungsheimen, ging es ihr nicht um eine Initiation der Jugend in die vorgegebene ländliche Kultur, sondern um eine Anhebung dieser Kultur und der landwirtschaftlichen Produktionsmethoden, die in enger Zusammenarbeit mit den landwirtschaftlichen Betrieben der Umgebung und einigen in der Nähe gelegenen Forschungsinstituten optimiert werden sollten. So hieß es in dem Bericht:

> "Um [...] die soziale, wirtschaftliche und politische Rückständigkeit des Dorfes zu überwinden, wurden außer der engen Verbindung zu den zwei LPG Patenschaftsverträge mit landwirtschaftlichen und gärtnerisch-wissenschaftlichen Instituten abgeschlossen, die die Schule in ihrer Arbeit ganz vorbildlich unterstützen. Dies sind das 850 h große VEG Kalkreuth, das Institut für Pflanzenzüchtung Großlüsewitz, das Institut für Gartenbau Dresden-Pillnitz, das Sortenamt Nossen und die Seminargruppen Kalkreuth der Karl-Marx-Universität Leipzig. Die Patenarbeit dieser Betriebe beschränkt sich nicht nur auf materielle Hilfeleistungen der Lieferung von Düngemitteln, Saatgut, Geräten für den Schulgarten, Übernahme von Transporten, finanzielle Unterstützung.

---

73 Siehe hierzu: K. Zeller: Entwurf für einen Artikel im "Neuen Deutschland" über die Zentralschule Kalkreuth vom 16.07.1956. In: *Quellentextband 3.1*, S. 253-258; S. 253; an Stelle der Zahl von 12.000 Besuchern könnten 1.200 gemeint sein.

74 Ebd., S. 253.

> Es werden auch gegenseitige Besuche und Beratungen durchgeführt und Vorträge von Wissenschaftlern und Lehrern gehalten. Durch diese Zusammenarbeit erkennen die Schüler, wie ihre Tätigkeit mit dem gesellschaftlichen Leben zusammenhängt, wie die Schule als Teil des Ganzen wirkt."[75]

Von ihrer Konzeption her war die "Zentralschule Kalkreuth" weder eine Versuchsschule mit einem expliziten Versuchsauftrag noch eine Forschungsschule, deren Aktivitäten wissenschaftlich begleitet wurden, sondern eine Reformschule, die sich vielleicht auf dem Weg zu einer Versuchsschule befand und deshalb an einem Bericht über ihre Arbeit im "Neuen Deutschland" interessiert war. In ihr arbeiteten nicht nur Lehrer mit Schülern. Es wurden vielmehr auch Experten aus den landwirtschaftlichen Arbeitsgebieten zu Rate gezogen sowie Übergänge aus schulischen Lehr-Lern-Prozessen in außerschulische Erfahrungsräume und umgekehrt systematisch angebahnt und planmäßig genutzt.

Angesichts der Art und Weise, in der versucht wurde, an der Entwicklung der dörflichen Kultur und der landwirtschaftlichen Produktionsmethoden teilzunehmen und auf diese Einfluss zu nehmen, kann man sagen, dass in der "Zentralschule Kalkreuth" eine über Schmidtbauers Schulversuch in Drosedow hinausweisende Dynamisierung reformpädagogischer Vorstellungen stattfand, die im letzten Drittel des 18. Jahrhunderts in den Schulversuchen der Philanthropen erarbeitet und im ersten Drittel des 20. Jahrhunderts auf Vorstellungen einer anzustrebenden Einheit von Leben und Lernen zurückgenommen worden waren. An ihre Stelle traten in der "Zentralschule Kalkreuth" Vorhaben, die auf eine transformatorische Wechselwirkung zwischen Schullernen und Erfahrungen im außerschulischen Bereich setzten und die Schule für die Aufnahme solcher Erfahrungen zu öffnen suchten. Ziel dieser Wechselwirkungen war nicht die Herstellung und Reproduktion einer fertigen, in sich abgeschlossenen Einheit von Leben und Lernen, sondern eine Veränderung von Leben *und* Lernen auf dem Wege einer Differenzierung *und* Verknüpfung von innerschulischen und außerschulischen Erfahrungsprozessen.

Die Mittel, welche die Schule einsetzte, um an einem solchen Entwicklungsprozess teilzuhaben, reichen von der auf die erste pädagogische Bewegung zurückgehenden Einrichtung von Naturkabinetten sowie der Planung und Durchführung von Projekten bis hin zu Vorhaben, die sich auf eine wissenschaftliche Erkundung der Artenvielfalt und Lebenszusammenhänge in der Natur beziehen. Berichtet wird u.a.,

- dass zur "Veranschaulichung biologischer Erkenntnisse [...] eine vielseitige naturwissenschaftliche Sammlung (Vögel, Vogeleier und -nester, Schädel, Skelette, Pflanzen, Samen, Steine und Schmetterlinge)" entstand,
- dass die Kinder an der Aufbereitung und Beschriftung der Sammlungsstücke mitwirkten und "schon beim Sammeln" selbst "mit der heimatlichen Natur vertraut gemacht" wurden,

---

75 Ebd.

- dass "seit 1948 1600 Vögel beringt" wurden und dass die Kinder einen gewissen Stolz entwickelten, "im Dienste der Wissenschaft zu arbeiten" und sich über "Rückmeldungen aus allen Teilen Deutschlands sowie Italien, Ungarn, der CSR, Frankreich, Spanien, Palästina" freuten,
- dass in einem Vorhaben "über Nutzen und Wert der Schleiereule [...] der Biologielehrer mit den Schülern Vorkommen und Ernährung der Schleiereule im Kreise Großenhain" erforschte und dabei " auf 52 Türmen mehr als 8000 Beutetiere aus Gewöllen" bestimmte,
- dass "auf einer Fläche von 6000 qm" Lehrer und Schüler mit Unterstützung des Personals der Schule und unter Mitarbeit von Betrieben in der Nähe der Schule "einen Schulgarten" zur Vermittlung "neue Erkenntnisse von Landwirtschaft und Gartenbau als Teile[n] der polytechnischen Bildung" anlegten, der als "Beispielgarten für die Republik" ausgezeichnet wurde,[76]
- und dass in diesem jeder Klasse eine eigene Fläche zur Bearbeitung und für Versuche zugewiesen wurde.

Für die in ihr praktizierte, auf landwirtschaftliche Produktions- und Lebensformen ausgerichtete polytechnische Bildung entwickelte die "Zentralschule Kalkreuth" ein differenziertes Schulprogramm, das eine Verknüpfung von Fachunterricht und Projekten vorsah und einen Teil der Lehrplaninhalte und -vorhaben wie folgt systematisierte und auf 8 Schuljahre auslegte:

1. Schuljahr	Betreuung der Blumenbeete des Bienengartens
2. Schuljahr	Aussaatzeitenversuche mit Buschbohnen
3. Schuljahr	Gemüsegarten mit Fruchtfolge und Mischkulturen
4. Schuljahr	Sortenvergleich der in der DDR angepflanzten Sortimente
5. Schuljahr	Veredlungs- und Pflanzarbeiten in Baumschule und Wald
6. Schuljahr	Betreuung eines Gartens mit Gewürzen, Heil-, Gift- und Duftpflanzen
7. Schuljahr	Zuchtgeschichte und Experimente mit landwirtschaftlichen Nutzpflanzen
8. Schuljahr	Experimentelle Sortenvergleiche und Düngungsversuche

76 Ebd., *Quellentextband 3.1*, S. 254f.

Am Ende der Schulzeit sollten die Schüler über Kenntnisse und Fertigkeiten verfügen, die sie nicht nur für eine Tätigkeit in der traditionellen Landwirtschaft qualifizieren, sondern darauf vorbereiten, an der fortschreitenden Verwissenschaftlichung der Landwirtschaft mitzuwirken, eigene Versuche zur Steigerung der Produktivität und Qualität der landwirtschaftlichen Erzeugnisse durchzuführen. An die Stelle der in der "Verordnung über die Unterrichtsstunde" propagierten Kommandopädagogik und sozialistischen Haltungserziehung zum Arbeiter eines sozialistischen Staates traten in der "Zentralschule Kalkreuth" Erziehungsvorstellungen und Unterrichtskonzepte, die stärker auf ein Selbstdenken, -urteilen und -handeln der Schülerinnen und Schüler ausgerichtet waren. Sie zielten auf eine Öffnung der Schule und des schulischen Lernens für außerschulische Erfahrungen und auf eine Mitgestaltung der in der Umgebung der Schule vorfindbaren Lernwelten durch Heranwachsende. Hierzu führt der unveröffentlichte Bericht aus:

> "Außer diesen Klassengärten gibt es noch Anlagen, die von "Spezialisten" betreut werden. Der Imkermeister des Volksgutes Max Hilse vermittelt am Lehrbienenstand den "Jungen Imkern" Kenntnisse und Fertigkeiten. In den Kastenbeeten werden Blumen- und Gemüsepflanzen und Gurken gezogen. Im Freilandterrarium können heimische Schlangen, Eidechsen und Frösche beobachtet werden. Auf dem geräumigen Kompostplatz wird aus Unkräutern, Abfällen und Stallmist der notwendige Humusdünger erzeugt. An einer selbst gebauten Sonnenuhr können die Schüler sehen, wie man mit Hilfe der Sonne die Uhrzeit ablesen kann. Eine Wetterbeobachtungsstation, Sitzbänke, Rasenflächen, ein kleiner Park und eine Teichanlage fügen sich harmonisch in das Gesamtbild ein. In zwei Tiergehegen werden kranke Wildtiere gesund gepflegt oder Beispiele für naturgemäße Haustierhaltung gezeigt."[77]

Bei der Polytechnik, nach der in dieser Schule gearbeitet wurde, handelte es sich um eine Unterrichts- und Arbeitspolytechnik, die nicht auf landwirtschaftliche Arbeits- und Lebenssituationen begrenzt war. Ihre in bestimmten Aspekten an A. Reichwein erinnernde Weite[78] zeigt sich u.a. daran, dass sie Grundzüge einer auch die anderen Bereiche gesellschaftlichen Handelns berücksichtigenden allgemeinbildenden Polypragmatik aufwies , die neben den Techniken der landwirtschaftlichen Produktion auch ästhetische, sportliche, musikalische, künstlerische sowie diskursiv-rhetorische Praktiken mit erfasste.[79] So wurden beispielsweise in dem unter der Leitung des

---

77 Ebd., S. 255.

78 Vgl. A. Reichwein: Schaffendes Schulvolk. Die Tiefenseer Schulschriften. Kommentierte Neuausgabe, hrsg. von W. Klafki. Weinheim 1993.

79 Zum Verhältnis von Polytechnik und Polypragmatik siehe D. Benner/G. Fischer/Th. Gatzemann/K.-F. Göstemeyer/H. Sladek: Sittliche, patriotische und sozialistische Lernzielnormierungen in Bildungs- und Lehrplänen der SBZ und DDR für den Oberstufenunterricht in den Fächern Chemie, Gegenwarts-/Staatsbürgerkunde, Geschichte

Biologielehrers wöchentlich tagenden "Klub Junger Neuerer", dem zum Zeitpunkt des Berichts "30 Lehrlinge, Studenten, Landarbeiter und Ausbilder der VEB angehörten", diskursive Verhaltensweisen gepflegt und eingeübt, die zugleich die Interaktion und Kommunikation der Mitglieder des Klubs mit den anderen Schülern positiv beeinflussten.[80] Die pädagogische Arbeit konzentrierte sich zwar auf Erfahrungswelten des ländlichen Raums, erweiterte diese jedoch zugleich um andere kulturelle Horizonte bis hin zu Fragen der Verwissenschaftlichung der Landwirtschaft. Die freien Arbeitsgruppen und Zirkel bearbeiteten die genannten Themen und Inhalte, indem sie

- "Farb-Dia-Serie[n]" herstellten, welche die auch nach ästhetischen Gesichtspunkten ausgerichtete Arbeit im Schulgarten festhielten,
- ökologische Fragen der "Gesundung unserer Böden" thematisierten und zu "ökonomischen Fragen der "Ertragssteigerung" und der Hebung des "Lebensstandards unseres Volkes" in Beziehung setzten,
- den "Schmutz- und Fettgehalt der von Bauern mitgebrachten Milch" bestimmten
- oder unter der "Leitung des Musiklehrers" in schulischen "Kulturgruppen" sich Aktivitäten im "Chor, Orchester, Volkstanz" widmeten und die "kulturelle Betreuung der fünf Dörfer" übernahmen.[81]

Auf die Weite ihrer Fragestellungen und die Konzentration auf den ländlichen Kulturraum ist zurückzuführen, dass die "Zentralschule Kalkreuth" weite Teile des reform- und schulpädagogischen Spektrums an Arbeitsformen in ihr Repertoire aufnahm und die in den Lehrplänen verankerten Bereiche der Allgemeinbildung unter Herstellung von Bezügen zur Erfahrungs- und Arbeitswelt ihrer Umgebung thematisierte. Möglicherweise hat sie dabei ihren Schülern nicht immer die in der Reformdiskussion geforderte berufsoffene Allgemeinbildung, sondern stärker eine auf die Vorbereitung für ländliche Facharbeiterberufe zugeschnittene grundlegende Allgemeinbildung vermittelt. In ihrer pädagogischen Arbeit folgte sie - anders als Max Schmidtbauers Produktionsschule in Drosedow - nicht mehr Fichtes Ideal eines geschlossenen Handlungsstaates, in dem Schüler die für ihre Subsistenz erforderlichen Mittel selbst produzieren, sondern entwickelte Arbeits- und Kooperationsformen mit Betrieben in der Umgebung, die an den Erfordernisse einer fortgeschrittenen Arbeitsteilung in warenproduzierenden Gesellschaften angepasst waren.

Das dritte Beispiel stammt aus einer reformpädagogischen Einrichtung, die auf das von H. Lietz 1901 im Kreis Hildburghausen in Thüringen gegründete "Land-

---

und Polytechnik. In: D. Benner/H. Merkens/Th. Gatzemann (Hrsg.): Pädagogische Eigenlogiken im Transformationsprozeß von SBZ, DDR und neuen Ländern. Berlin 1996, S. 268-286, insbes. S. 283ff.; siehe auch die Stellungnahmen der Experten Lothar Klingberg und Siegfried Protz ebd., S. 287ff. und S. 292ff.

80 Z. Teller: Entwurf für einen Artikel im "Neuen Deutschland" über die Zentralschule Kalkreuth vom 16.07.1956.. A.a.O., S. 258.

81 Ebd., S. 257f.

erziehungsheim Haubinda" zurückgeht,[82] das 1957 nach einer wechselvollen Geschichte auf der Grundlage eines mit der Hermann-Lietz-Stiftung geschlossenen Pachtvertrags als "ländliche Internats-Mittelschule" fortgeführt wurde.[83] Die pädagogische Konzeption dieser Einrichtung, die den Status einer Versuchsschule anstrebte, folgte nicht mehr dem patriarchalischen Erziehungsideal des Gründers der Landerziehungsheime, der Heranwachsende in einfache Lebensformen einzuführen suchte, in denen Kopf- und Handarbeit noch nicht über neuzeitliche Wissenschaft und Technik vermittelt waren, sondern eine unmittelbare Einheit bildeten. Vom Landerziehungsheim Haubinda der zweiten pädagogischen Bewegung unterscheidet sich die "Internats-Mittelschule Haubinda" dadurch, dass in ihr das Konzept einer Erziehung in und für vorbürgerliche Lebensformen aufgegeben wird, die Lietz als eine kulturkritische Gegenwelt gegen Städte, Industrie und industrialisierte Landwirtschaft gedacht hatte. An ihre Stelle trat in Haubinda eine Verknüpfung von schulischem Unterricht und Produktionsmethoden, die über neuzeitliche Wissenschaft vermittelt sind.

Auch wenn das ursprüngliche Konzept des Landerziehungsheims Haubinda nicht weitergeführt wurde, lassen sich neben den angedeuteten Diskontinuitäten doch auch Kontinuitäten beobachten. Das Landerziehungsheim Haubinda entwickelte sich nach seiner Gründung sehr rasch zu einer Heimschule für Problemkinder. Die "Internats-Mittelschule Haubinda" nahm Kinder auf, die "durchweg aus Arbeiter-, Landarbeiter- und Bauernkreisen" stammten. Einige von ihnen seien "seit Geburt oder seit dem 1. bzw. 2. Lebensjahr" in Heimen aufgewachsen.[84] Nahezu alle Kinder zeigten in ihrem Verhalten neben deutlichen Leistungsschwächen auch Verhaltensprobleme, so dass angenommen werden kann, dass sich unter den Schülern in größerer Zahl auch solche befanden, die im Schulsystem der DDR üblicherweise als Sonderschüler eingestuft worden wären.[85]

---

82 Zur Landerziehungsheimbewegung vgl. die Dokumente im *Quellentextband 2,* S. 55ff. und S. 99ff. sowie ihre Interpretation im *Monographieband 2*, S. 67ff. und S. 92ff.

83 Siehe hierzu den vermutlich von einem Mitarbeiter des DPZI ohne Angabe der Autorenschaft verfassten Text: Bericht über einen Besuch der ländlichen Internats-Mittelschule Haubinda Krs. Hildburghausen in der Zeit vom 02.-09.10.1957. In: *Quellentextband 3.1*, S. 259-267

84 Ebd., S. 260.

85 "Die polytechnische Bildung in Verbindung mit landwirtschaftlichen Aufgaben wird im Mittelpunkt der bildenden Arbeit der Schule stehen. Die Erziehung sozialistischer Menschen mit hoher sozialistischer Moral wird auch für die Mittelschule Haubinda das Ziel ihrer Arbeit sein. Die Schule wird von Kindern aus dem gesamten Bezirk Suhl besucht. Eine Auswahl nach Leistungen war kaum möglich. Die Kinder stammen aus allen Schularten (wenig gegliederten Landschulen, Zentralschulen, Stadtschulen und Heimschulen). Bei den meisten Kindern gibt es ernsthafte Milieuschäden. In vielen Fällen war dem Elternhaus die Erziehungsberechtigung abgesprochen worden. Ein Teil der Kinder ist seit Geburt oder seit dem 1. bzw. 2. Lebensjahr in einem Heim aufgewachsen und erzogen worden. (Ingrid Astrid, die seit dem 2. Lebensjahr in einem Heim

Aus dem Bericht geht hervor, dass die Schule eine ganztägige Erziehung anstrebte, in der Unterricht mit Lern- und Arbeitsprozessen in einem landwirtschaftlichen Betrieb verknüpft werden sollte. Zum Stand der Aufbauarbeit sechs Wochen nach Eröffnung der Einrichtung wird festgestellt,

– dass die Schule "ohne Erzieherkräfte" arbeitet und dass auch die erziehlichen Aufgaben den Lehrern übertragen worden seien, deren Frauen sich anfänglich verstärkt um die Erziehung der Kinder und Jugendlichen mit bekümmert hätten,
– dass jeder Lehrer "für 6-7 Zöglinge verantwortlich" ist, mit denen er in einer "sogenannten Familie" lebe - die Bezeichnung der Gemeinschaft solle "übrigens geändert werden" - , deren Mitglieder "gemeinsam essen und körperliche Arbeit verrichten";
– dass die Aufsicht in Ermangelung einer gemeinsam abgestimmten Hausordnung täglich von einem wechselnden "L.v.D." (Lehrer vom Dienst) und "S.v.D." (Schüler vom Dienst) gemeinsam geführt wird, die "für [...] den organisatorischen Tagesablauf voll verantwortlich" waren.[86]

Ferner lässt der Bericht erkennen,

– dass sich die besonderen Disziplin- und Ordnungsprobleme in Haubinda nicht nach den ordnungspolitischen Regeln der "Verordnung über die Unterrichtsstunde" regulieren ließen, sondern nach pädagogisch konzipierten Problemlösungen verlangten,
– dass das "Benehmen der Schüler in der Freizeit und bei Tisch" zu wünschen übrig ließ, da die Heranwachsenden "mit den Händen in der Tasche, pfeifend und laut rufend, sich bisweilen auch balgend durch das Schulhaus" bewegten und beim Essen allenfalls einen Löffel benutzten, Messer und Gabel aber mieden,
– dass das "schriftliche und mündliche Ausdrucksvermögen fast aller Schüler unterentwickelt" war und
– dass viele Kinder "weitgehend auf das Nur-zuhören eingestellt" und "an die Arbeit mit dem Buch" nicht gewöhnt waren.[87]

Als Tätigkeitsfelder, welche die Schule in ihre Arbeit einbezog, wird das ganze Repertoire einfacher Arbeiten im ländlichen Kontext genannt, angefangen von der Küche (1) über die Gärtnerei (2), den Pflanzgarten (3) und die Bearbeitung von Holz (4) und Metall (5) bis hin zu Schmiedearbeiten (6) und agrotechnische Arbeiten (7). Sie bildeten ein siebenstufiges Curriculum, von dem jede Stufe etwa ein viertel Jahr in Anspruch nahm. Bei der Organisation der Arbeitsprozesse wirkten neben den Lehrern auch Fachpersonal aus der Gärtnerei sowie Agronomen mit.

---

aufgewachsen ist, wechselte nicht weniger als 15 mal das Heim. Bei anderen Kindern sieht es nicht viel anders aus. In zwei Fällen haben die Eltern die Kinder einfach ausgesetzt. In einem anderen Fall sind die Eltern nach Westdeutschland verzogen und haben ihren 9-jährigen Jungen allein in der Wohnung gelassen.)" Ebd.

86 Ebd.

87 Ebd., S. 260f.

Als ungelöste Probleme werden zum Zeitpunkt des Berichtes die "Vereinigung von Unterricht und körperlicher Arbeit" und die Schulung der Lehrer genannt. Der "Pädagogische Rat" der Internatsschule, in dem auch Mitarbeiter des DPZI mitarbeiteten, stellte in Aussicht, nach einer einjährigen Experimentierphase gemeinsam mit den Lehrern über Modifikationen des Curriculum zu beraten. Die Lehrer selbst vereinbarten, in wöchentlichen Sitzungen durch die Lektüre und Diskussion einiger pädagogischer Werke "tiefer in die pädagogische Problematik einzudringen" und wählten hierfür Autoren wie Lietz und Publikationen aus nahestehenden reformpädagogischen Einrichtungen wie der Berliner "Schulfarm Scharfenberg" aus.[88]

Die Vermittlungsprobleme zwischen Fachunterricht und handwerklicher Arbeit charakterisiert der Bericht dahingehend, dass der "Unterricht in Physik, Chemie und Mathematik [...] äußerst trocken, uninteressant und langweilig erteilt" werde und dass am "wenigsten [...] der Unterricht in Geschichte und Staatsbürgerkunde" befriedige, der von einem "ehemaligen FDJ-Sekretär" erteilt werde, dessen "Vortrag [...] ausschließlich aus Schlagworten" bestehe.[89] "Schwierigkeiten" bestünden ebenfalls im Bereich der "angegliederten Landwirtschaft", in der "15.000 DM Einnahmen" insgesamt "39.000 Ausgaben" gegenüberstünden.[90] Die "außerschulische Arbeit" werde zwar von den Schülern "ohne Murren, ja bisweilen sogar mit Begeisterung ausgeführt", z.B. bei Ernteeinsätzen; dabei zeige sich jedoch, dass "die Schüler lieber interessante Arbeiten, so z.B. in der Schmiede, in den Werkstätten, anstelle von einfachen Arbeiten auf dem Feld (Kartoffelroden) durchführen".[91] Ein besonderes Problem bereite hierbei die angemessene Bezahlung. Als am "Tag der Republik" bekannt gegeben wurde, dass der Ernteeinsatz zu einer höheren Einzahlung in die Schulkasse geführt habe, habe sich daraus das folgende Gespräch ergeben:

> "Arno J. vertrat folgende Auffassung: 'Wißt Ihr, wir bezahlen eigentlich doch Schulgeld.' Zunächst verstand ihn keiner. Daraufhin wurde er deutlicher: 'Überlegt einmal, wir haben der Schule DM 5000 eingebracht. 5000 DM geteilt durch 100 ergibt, daß jeder von uns in einem Monat 50 DM verdienen müßte. Aber dieses Geld kriegen wir nicht. Also bezahlen wir doch Schulgeld.'
>
> Interessant war die Reaktion der anderen Schüler. Einige stimmten ihm sofort zu und meinten, daß das doch eine Sauerei wäre. Zwei andere, sonst sehr ruhige Schüler erklärten sinngemäß folgendes: 'Wißt Ihr überhaupt, was es gekostet hat, dieses Gebäude wieder aufzubauen? Und vergeßt nicht, daß unsere Lehrer an jedem Einsatz mit teilgenommen haben und bisweilen das Doppelte leisteten.'

---

88 Ebd., S. 261.
89 Ebd., S. 262.
90 Ebd., S. 261f.
91 Ebd., S. 262f.

Trotz meines Eingreifens in das Gespräch bin ich der Überzeugung, daß die von Arno J. geäußerte Auffassung bei den Schülern eine gewisse Resonanz hinterlassen hat. Im übrigen muß betont werden, daß Arno J. einer der eifrigsten Arbeiter während der Einsätze gewesen ist. Sein Berufsziel ist, Offizier bei den Nachrichteneinheiten der Volksarmee zu werden."[92]

Die von dem Berichterstatter des DPZI hier festgehaltene Situation erinnert mit ihrer Problematik an Vorkehrungen, mit denen Salzmann während der ersten modernen pädagogischen Bewegung in seiner "kleinen Republik" in Schnepfenthal experimentierte, als er ein Belohnungssystem entwickelte, welches zwischen verschiedenen Ämtern in der Schule unterschied und deren Beziehungen zum außerschulischen Leben so ordnete, dass die Schüler sowohl an unternehmerischen als auch an ausführenden Arbeitsvollzügen beteiligt wurden und auf diese Weise Einkünfte aus ihrer eigenen Arbeit erzielten, die sie sowohl für den persönlichen Gebrauch als auch für Investitionen in neue Vorhaben verwenden konnten.[93] Im Grunde fordert der im Bericht zitierte Schüler, der sich nicht als unbesoldete Arbeitskraft ausbeuten lassen wollte, eine analoge Verbindung zwischen dem "Tag der Republik" und der Anerkennung der von den Schülern geleisteten Arbeit, wie sie Salzmann in seinem Erziehungsinstitut unter dem Ideal des "merkantilischen Mannes" konzeptionell verankert hatte, das sich jedoch weder im modernen Schulsystem noch in den Beziehungen zwischen der Schule und einem ohne individuelles Eigentum an Produktionsmitteln auskommenden sozialistischen Wirtschaftssystem problemlos institutionell verankern ließ.

Zu seinem Einspruch gegen unbezahlte Ernteeinsätze sah sich der genannte Schüler aber vielleicht auch aufgrund unterrichtlich organisierter Lehr-Lern-Prozesse veranlasst. So sah beispielsweise der Lehrplan für die 9. Klasse in Umsetzung staatlicher Vorgaben mit jeweils 10 Unterrichtsstunden eine auf die Geschichte der DDR hin zu konkretisierende Behandlung der Themen "Kapitalistische" und "Sozialistische Produktionsweise", "Eigener Betrieb", "Technische Arbeitseinheiten", "Bilanz, Wirtschaftliche Rechnungsführung" sowie "Leitung des Betriebs, Planwirtschaft, Brigadeeinsätze" vor.[94]

Innerhalb der staatlichen Schulreform der DDR lässt sich die ländliche Internats-Reformschule in Haubinda als ein Schulversuch interpretieren, der zum Zwecke der Anhebung des Bildungsstandes der Landbevölkerung unternommen wurde und insbesondere Kinder aus sozial und kulturell benachteiligten Schichten fördern sollte. Zieht man die von H.H. Becker vorgenommenen Unterscheidungen zwischen grund-

---

92 Ebd., S. 263.

93 Zur merkantilischen Konzeption von Salzmanns Institut in Schnepfenthal siehe *Quellentextband 1*, S.254ff., S. 266f.; *Monographieband 1*, S. 155ff. und S. 157ff.

94 Vgl. den "Bericht über einen Besuch der ländlichen Internats-Mittelschule Haubinda Krs. Hildburghausen in der Zeit vom 02.-09.10.1957". A.a.O., S. 259ff.

legender Allgemeinbildung, berufsbezogener Allgemeinbildung und beruflicher Bildung heran, so kann man ihn genauer als einen Schulversuch im Zwischenbereich der berufsbezogenen Allgemeinbildung und beruflicher Bildung bestimmen, in dem allgemeinbildende Themen berufsbezogen behandelt und Inhalte und Formen des allgemeinen Wissens so gelehrt wurden, dass sie in Bezug auf landwirtschaftliche Berufe verstanden und eingesetzt werden können. Die im Bericht genannten ungelösten Abstimmungsprobleme zwischen Unterricht und handwerklicher Arbeit lassen sich im Lichte der Becker'schen Unterscheidungen dann freilich nicht allein durch den Bildungsstand der Schüler erklären, sondern zugleich als Folge einer Vermischung jener Unterschiede interpretieren, die zwischen den drei horizontal angeordneten Stadien allgemeiner und beruflicher Bildung zu beachten sind.

Auf die zwischen diesen bestehenden Abstimmungsprobleme weisen zwei Dokumente zur praktischen Schulreformarbeit hin, die aus der "Mittelschule Wesenberg" stammen. Diese schloss im Jahre 1958 für die Produktionsbrigaden ihrer 9. bis 10. Klassen einen Patenschaftsvertrag mit der "Landwirtschaftlichen Produktionsgenossenschaft 'Florian Geyer'", welcher die Zusammenarbeit zwischen Schule und Arbeit in der Produktion auf eine neue, didaktisch und schulpädagogisch ausgewiesene Grundlage zu stellen suchte.[95]

Anlass für diesen Vertrag waren Probleme, welche die "Lehrer und Schüler der Mittelschule Wesenberg sowie die Mitglieder der LPG [..] bei den Einsätzen [...] während der Ernte feststellten, die nach Auffassung beider beteiligter Institutionen "nicht den gewünschten erzieherischen Erfolg brachten". Der genannte Misserfolg wurde nicht etwa auf Desinteresse und fehlende sozialistische Einstellungen auf Seiten der Schüler, sondern darauf zurückgeführt, dass diese "während dieser Einsätze nicht allseitig und gründlich genug die landwirtschaftliche Großproduktion kennen" lernten. Die angestrebte Problemlösung wurde daher folgerichtig nicht in der Einführung einer Bezahlung für als ungelernte Arbeit auszuübende landwirtschaftliche Hilfstätigkeiten, sondern in einem aus neun Punkten bestehenden Vertrag gesucht, der die Tätigkeitsmerkmale der bisherigen Ernteeinsätze grundlegend veränderte. Der Vertrag sah vor,

- (1) dass die Brigaden der 9. und 10. Klasse künftig "Schülerproduktionsbrigaden" heißen und eine Arbeitszeit von "4-5 Stunden je Produktionstag" haben sollten,
- (2) dass in jeder Produktionsbrigade die Lehrer wechseln, so dass "alle Lehrer der Mittelschule", die mit den Schüler zusammen arbeiten, "die Gelegenheit haben, die landwirtschaftliche Produktion kennen zu lernen",
- (3) dass sich die "Arbeit der Schülerproduktionsbrigade" nicht auf stupide Hilfsarbeiten, sondern auf "Viehhaltung [16 Stunden]", "Ackerbau [24 Stunden]" und "polit-ökonomische Grundfragen [4 Stunden]" bezieht,

95 Siehe: Vertrag zwischen der Schulleitung der Mittelschule Wesenberg, den Produktionsbrigaden der 9. und 10. Klasse und der Landwirtschaftlichen Produktionsgenossenschaft "Florian Geyer". In: *Quellentextband 3.1*, S. 268-269.

- (4) dass der Stundenplan so verändert wird, dass die Schüler einen Tag in der Woche in der "landwirtschaftliche[n] Produktion" verbringen,
- (5) dass die LPG zur "Anleitung der Schülerproduktionsbrigaden [...] geeignete Kräfte zur Verfügung" stellt und "den Einsatz der Schüler in den Produktionsprozeß" garantiert,
- (6) dass die Schule "die Verbindung von Unterricht und der produktiven Arbeit" durch einen "Arbeitsplan" absichert, der mit dem "Agronom und Melkermeister" der LPG aufgestellt wird,
- (7) dass die LPG "die Arbeit der Schülerproduktionsbrigaden durch Bezahlung von Arbeitseinheiten sowie durch Bereitstellung von Naturalien [...] entlohnen" wird,
- (8) dass "Arbeitsbekleidung [...] durch die Schule und die LPG zur Verfügung gestellt" wird und
- (9) dass der "Vorsitzende der LPG und der Direktor der Schule" vier mal im Jahr "dem Päd. Rat und in der Vollversammlung der LPG [...] über den Einsatz der Schülerproduktionsbrigaden [...] Bericht erstatten."[96]

Der Vertrag sollte einen Beitrag dazu leisten, dem Grundsatz der Vielseitigkeit bzw. Allseitigkeit der Bildung zur Anerkennung zu verhelfen und die Eigenlogik schulischen Lernens mit der Eigenlogik landwirtschaftlicher Produktion so abzustimmen, dass Übergänge aus unterrichtlichen Lehr-Lern-Prozessen in Lernprozesse während der produktiven Arbeit und umgekehrt möglich sind und eine Instrumentalisierung der Schüler zu unbezahlten Arbeitskräften vermieden wird.

Über die im Vertrag vorgesehene Aufstellung eines Plans zur Abstimmung von Unterricht und produktiver Arbeit gibt ein vom Lehrer G. Brachaus verfasstes Papier Auskunft, welches auch Lernsituationen der 7. und 8. Klasse erfasst und an Stelle der in Aussicht gestellten "Vereinigung" eine Differenzierung der Abstimmungsprobleme und -möglichkeiten zwischen unterrichtlichen und in der Produktion stattfindenden Lehr-Lern-Prozessen vornimmt.[97] Berichtet wird, dass der wöchentliche Unterrichtstag in der Produktion in der Klasse 7 im Bereich der "Kleintierzucht", in der Klasse 8 im "Staatl. Forstwirtschaftsbetrieb" und in der Klasse 9 in der "pflanzliche[n] und tierische[n] Produktion" der LPG stattfand und dass die Klasse 10 die "MTS" (Maschinen-Traktoren-Station) besuchte, um "dort die wichtigsten Landmaschinen und den Traktor kennen zu lernen sowie am Schluß des Jahres das Traktorfahren zu erlernen".[98]

Bei der weiteren Differenzierung und Systematisierung der Beziehungen zwischen Fachunterricht und Unterrichtstag in der Produktion stellt Brachaus fest, beide bildeten zwar eine "Einheit", diese sei jedoch mannigfaltig und durch die Einheitsfloskel nur ungenau zu beschreiben. Im Folgenden spricht er dann, nachdem er

---

96 Ebd., S. 268f.

97 Siehe G. Brachaus: Zum Problem der Verbindung des Unterrichtstages in der Produktion mit dem Fachunterricht. In: *Quellentextband 3.1*, S. 269-271.

98 Ebd., S. 269.

bereits den "Tag in der Produktion" durch den "Unterrichtstag in der Produktion" ersetzt hat, nicht mehr von "Einheit", sondern von "Verbindung" und differenziert diese Rede dann auf dreifache Weise:

> "Da die Art und Weise der Produktion der materiellen Güter so unterschiedlich ist wie die Erscheinungsformen der Materie selbst, ist es nicht immer einfach, die oben genannte Einheit zwischen dem Inhalt des Unterrichtstages in der Produktion und dem Unterricht herzustellen. Es kann daher für diese Verbindung auch kein starres Schema geben, sondern es muß von Fall zu Fall nach den örtlichen Gegebenheiten und Möglichkeiten verfahren werden. Auf keinen Fall darf zugelassen werden, daß sich der Fachlehrer in seinem Unterricht von den im Lehrplan geforderten Stoffgebieten auf Gebiete abdrängen läßt, die gerade im Unterrichtstag in der Produktion behandelt werden. Es darf auch nicht geschehen, daß im Unterrichtstag in der sozialistischen Produktion nur das gemacht wird, was sich mit dem Lehrplan verbinden läßt. Eine unmittelbare Verknüpfung von praktischer Arbeit und Unterricht ist manchmal sehr gut möglich. Ein anderes Mal wird man im Unterricht schon die theoretischen Grundlagen für praktische Arbeiten legen, die erst später im Unterrichtstag auftreten. Auch der umgekehrte Fall kann eintreten, daß nämlich im Unterricht auf praktische Erfahrungen der Schüler zurückgegriffen werden kann, die diese an vorangegangenen Unterrichtstagen gesammelt haben."[99]

An die Stelle der unpräzisen These von der Einheit von Unterricht und Erfahrungen in der Produktion tritt das "Problem der Verbindung des Unterrichtstages in der Produktion mit dem Fachunterricht". Damit wird festgestellt, dass Schüler - und Lehrer - während des Tages in der Produktion Schüler und Lehrer bleiben, und nicht zu Arbeitern werden. Wird dieser Grundsatz beachtet, so wird der allgemeinbildende Charakter der Schule bewahrt und ihr Unterricht - in den oberen Klassen - für die Berufsvorbereitung geöffnet, nicht aber mit einer berufsbildenden Aufgabenstellung vereinigt. Die Beziehungen zwischen beiden Lehr-Lern-Situationen können so verschieden wie ihre unterschiedlichen Logiken sein. Die Logik produktiver Arbeit kann produktive Lerntätigkeiten erlauben, die anschließend keiner zusätzlichen, durch Schulunterricht herbeizuführenden Erweiterung von Erfahrung und Umgang mehr bedürfen; umgekehrt kann schulischer Fachunterricht in Erkenntnisse einführen und Sachverhalte klären, ohne dass diese von den Schülern später in der Produktion unmittelbar wiedererkannt werden; es sind aber auch Fälle denkbar, in denen unterrichtliche Erfahrungen praktische Erfahrungen erweitern und praktische Erfahrungen über unterrichtliche Lehr-Lern-Prozesse hinausführen.

Für das Verhältnis von Fachunterricht und "Unterrichtstag in der Produktion" bedeutet dies, dass Erfahrungen in der Produktion im Grenzfall für Lernende be-

---

99 Ebd., S. 270.

lehrend sein können, ohne dass es im Anschluss an sie eines vertiefenden Unterrichts bedarf; dies verdeutlicht Brachaus am Beispiel der "Einmietung der Kartoffeln", in der das Stoffgebiet schon während des Tages in der Produktion, entsprechende Beobachtungen, sachkundige Erläuterungen und vertiefende Gespräche beispielsweise über die Herkunft dieser Pflanze und ihre Einführung in Preußen vorausgesetzt, "umfassend erarbeitet werden" kann.[100]

Eine unmittelbare, direkt anschließende Verknüpfung von Fachunterricht und Tag in der Produktion kann sich aber auch deshalb erübrigen, weil die Schüler während des Tages in der Produktion wahrnehmen, was sie im Unterricht zuvor bereits durchgenommen haben; dies wird am Beispiel der "Bonitierung des Waldes" erläutert, in der Schüler der 8. Klasse Sachverhalte von der dünnen Humusdecke über den spärlichen Wuchs von Kiefern bis zur Ausbreitung von Säge- und Hobelspänen im Wald beobachten, die sie zuvor bereits in der 6. Klasse besprochen hatten.[101]

Die Verbindung von Fachunterricht und Unterrichtstag in der Produktion kann jedoch auch in der Weise erfolgen, dass praktische Beobachtungen aus dem Bereich der Produktion zu Fragen Anlass geben, die sich durch Beobachtung allein nicht angemessen beantworten lassen. Sie bedürfen eines nachfolgenden Unterrichts, der Erfahrung und Umgang in Richtung auf wissenschaftliche Welterkenntnisse erweitert, die dem Produktionsprozess selbst vielleicht schon zugrunde lagen, aus diesem allein aber unmittelbar nicht verständlich wurden. Diesen Fall stellt Brachaus an der Desinfektion von Ställen und Nestern vor, die durch Beobachtung allein nicht verstanden werden kann, sondern einer unterrichtlichen Aufklärung bedarf, welche Heranwachsende über "Bakterien und ihre Bedeutung für den Menschen", über "Infektionskrankheiten und [...] Maßnahmen zu deren Verhütung" sowie die "Abhängigkeit der Entwicklung der Bakterien von ihren Umweltbedingungen" kundig macht.[102]

Mit dieser Typologie ist die im sozialistischen Persönlichkeitsideal bevorzugte Rede von der Einheit von Theorie und Praxis, Denken und Tun, Wissen und Haltung in eine differenziertere Rede überführt, welche "drei mögliche Wege" der Verbindung von Fachunterricht und Beobachtungen sowie Erfahrungen aus dem Bereich der produktiven Arbeit unterscheidet. Letztere können aus eigener Kraft belehrend wirken, ohne dass es eines unmittelbar nachfolgenden Unterrichts bedarf. Fachunterricht kann aus sich heraus bildend wirken, ohne dass diese Wirkung durch einen vorausgehenden oder nachfolgenden Unterrichtstag in der Produktion verstärkt werden muss. Erfahrungen während des Unterrichtstags in der Produktion können jedoch auch zu Vertiefungen fachunterrichtlicher Lehr-Lern-Prozesse führen, und ebenso ist es umgekehrt möglich, dass sich erst in diesen Naturphänomene und Beobachtungen aus der Arbeitswelt klären.

---

100 Ebd., S. 270f.
101 Ebd., S. 271.
102 Ebd.

3.2.5 Schwierigkeiten bei der Ausarbeitung einer sozialistischen Erziehungswissenschaft

Es gab im ersten Jahrzehnt der DDR nicht nur eine Vielzahl schulreformerischer Konzeptionen, reformpädagogischer Versuche und erziehungswissenschaftlicher Richtungen; innerhalb letzterer wurde auch darüber gestritten, was unter einer sich von den sogenannten "bürgerlichen" Ansätzen unterscheidenden sozialistischen Erziehungswissenschaft zu verstehen sei. Auf einige der Schwierigkeiten, mit denen sich Versuche der Herausbildung einer sozialistischen Erziehungswissenschaft im Untersuchungszeitraum von 1949 bis 1959 konfrontiert sahen, soll daher zum Abschluss der Ausführungen zum ersten Reformabschnitt hingewiesen werden. Sie lassen sich an den für den *Quellentextband 3.1* ausgewählten Beiträgen von Walter Wolf, Robert Alt, Werner Dorst und Gerhart Neuner verdeutlichen. Wolf wirft die Frage auf, was unter einer sozialistischen Erziehungswissenschaft zu verstehen ist, Alt sucht das Verhältnis der schulreformerischen Aktivitäten und erziehungswissenschaftlichen Theoriebildung und Forschung zur Reformpädagogik zu klären; Dorst und Neuner fragen nach den Konsequenzen, die aus der 1957 geführten Debatte über den Artikel von H.H. Becker zu ziehen sind, auf die im Abschnitt (b) hingewiesen wurde.

Im Jahre 1953 bot Walter Wolf, Professor für Pädagogik an der Universität Leipzig und später an der Pädagogischen Hochschule Potsdam, der von 1938 bis 1945 im KZ Buchenwald inhaftiert und in der SBZ für die Einführung der elastischen Zwölfjahresschule eingetreten war, der Zeitschrift "Pädagogik" einen Artikel "Zu den grundlegenden Gedanken von Karl Marx über Erziehung und Bildung" an. Bei seinem Versuch, Umrisse für eine sozialistische Pädagogik und Erziehungswissenschaft zu skizzieren, musste er gleich mehrere Schwierigkeiten meistern. Ein Teil bezog sich auf die bei Marx zu findenden Aussagen über Erziehung und Bildung, ein anderer auf den zeitgeschichtlichen Kontext und die Frage, ob es in der DDR überhaupt Anfang der 50er Jahre Ansätze zu einer sozialistischen Erziehungswissenschaft gab. Bei seiner Klärung der Grundstruktur einer sozialistischen Erziehungswissenschaft ging Wolf nicht so vor, dass er die im Werk von Karl Marx verstreuten Aussagen über Erziehung und Bildung zusammentrug und in eine bei Marx selbst nicht zu findende Systematik zu bringen suchte. Vielmehr knüpfte er an die von Marx in seinem Notizbuch der Jahre 1844 bis 1847 notierten, wahrscheinlich 1845 verfassten "Thesen über Feuerbach", insbesondere an die 3. These an, die im Folgenden, um Wolfs weitreichende Folgerungen verständlich zu machen, im Kontext der 1., 2. sowie 11. These erläutert werden soll.

Marxens Thesen über Feuerbach sind nicht antikapitalistische Thesen in dem Sinne, dass sie eine fremde Gesellschaftsordnung kritisieren, sondern kritische Thesen, die sich auf zeitgenössische Denkformen und Ordnungen beziehen. So wie Vernunftkritik nach Kant als Kritik der menschlichen Vernunft und nicht als Bloßstellung der Unvernunft Unvernünftiger zu betreiben ist, so verstand Marx seine materialistische Theorie als eine Kritik bisheriger Formen des Materialismus und als einen Versuch, Bedingungen für eine kritische Gesellschafts- und Handlungstheorie zu klären. In der 1. Feuerbach-These kritisierte er als "Hauptmangel alles bisherigen Materialismus", dass dieser seinen "Gegenstand, die Wirklichkeit, Sinnlichkeit, nur unter der Form des *Objekts oder der Anschauung*" fasste, "nicht aber als *sinnliche menschliche Tätigkeit, Praxis*".[103]

In der 2. Feuerbach-These führte Marx aus, dass die "Frage, ob dem menschlichen Denken" eine "gegenständliche Wahrheit zukomme [, ...] keine Frage der Theorie, sondern eine *praktische* Frage" sei, die nicht durch einen objektivistisch verkürzten Materialismus, sondern durch eine Theorie der menschlichen Praxis zu bearbeiten sei. Von dieser Theorie heißt es in der 11. Feuerbach-These, sie dürfe sich nicht wie die Philosophie damit begnügen, "die Welt nur verschieden" zu interpretieren; es komme zugleich darauf an, die Welt "zu *verändern*".[104]

Im Lichte der ersten, zweiten und letzten Feuerbach-These, welche zusammengenommen an einer neuen Weltinterpretation interessiert sind, kommt der von W. Wolf in das Zentrum seiner Überlegungen gerückten 3. Feuerbach-These die Bedeutung zu, auf Möglichkeiten, Grenzen und Schwierigkeiten einer Theorie der Erziehung hinzuweisen, welche die pädagogische Praxis im Sinne des kritisierten objektivistischen Materialismus nur in ihrer Vermitteltheit durch die sich ändernden gesellschaftlich-historischen Verhältnisse, nicht aber als eine die Subjekte und die Gesellschaft ihrerseits verändernde, transformatorische Praxis definiert. Sie lautet:

> "Die materialistische Lehre von der Veränderung der Umstände und der Erziehung vergißt, daß die Umstände von den Menschen verändert und der Erzieher selbst erzogen werden muß. Sie muß daher die Gesellschaft in zwei Teile - von denen der eine über ihr erhaben ist - sondieren.
>
> Das Zusammenfallen des Ändern[s] der Umstände und der menschlichen Tätigkeit oder Selbstveränderung kann nur als *revolutionäre Praxis* gefaßt und rationell verstanden werden."[105]

Dieser These zufolge leidet eine objektivistisch verkürzte materialistische Lehre von der Veränderung der Umstände und der Erziehung darunter, dass sie über keinen

103 K. Marx: Thesen über Feuerbach. In: Ders.: Frühe Schriften. Zweiter Band, hrsg. von H.-J. Lieber und P. Furth. Darmstadt 1971, S. 1-4, S. 1. Ich gehe hier nicht auf die Frage ein, ob Marx Kritik Feuerbachs Theorie gerecht wird; siehe hierzu aus der Sicht einer Philosophie der Praxis U. Reitemeyer: Philosophie der Leiblichkeit. Ludwig Feuerbachs Entwurf einer Philosophie der Zukunft. Frankfurt a.M. 1988.

104 Ebd., S. 1 und S. 4; die im Aufgang der Humboldt-Universität in goldenen Lettern auf Speerschen Marmor angebrachte 11. Feuerbach-These muss nicht im Sinne des Duals von philosophischer Weltinterpretation und revolutionärer Praxis, sondern kann auch so ausgelegt werden, dass Marx sowohl an einer Erweiterung der Weltdeutungen als auch an der Frage gelegen war, wie diese Erweiterung praktisch werden könne.

105 Ebd., S. 2; das in [ ] gesetzte "s" wurde von den Herausgebern der Frühen Schriften eingefügt.

Begriff der pädagogischen Praxis verfügt, der auch die historisch immer schon vorgegebene und in gewissem Sinne abgeschlossene Erziehung der Erzieher problematisiert und die Veränderung der Erziehung als einen Prozess interpretiert und konzipiert, der auf einer Veränderung der Umstände durch die Praxis der Menschen und einer Veränderung der Menschen durch ihre eigene Welttätigkeit basiert. Der Sache nach erinnert Marx hier an die bereits von Kant und Schleiermacher diskutierte Schwierigkeit, durch Erziehung geschichtlichen Fortschritt einzuleiten, welche damit zusammen hängt, dass Erziehung eine menschliche Praxis zwischen Erwachsenen und Heranwachsenden ist, in der erwachsene Menschen auf nachwachsende Generationen unter vorgegebenen Umständen und nach Maßgabe ihrer selbst immer schon abgeschlossenen Erziehung einwirken.[106] Angesichts dieser Problemlage ist eine transformatorische, vorgegebene Verhältnisse nicht einfach reproduzierende, sondern durch Erziehung und Bildung mit verändernde Praxis nur denkbar, wenn das Generationenverhältnis als ein solches gedacht wird, in dem nicht durch die Umstände determinierte Akteure einander begegnen, sondern sich und die Welt verändernde Erzieher pädagogisch auf Heranwachsende so einwirken, dass diese in weltbildenden Lernprozessen sich selbst und in selbstbildenden Prozessen die Welt verändern.[107]

Die von Marx aus diesem Sachverhalt gezogene Schlussfolgerung, das "Zusammenfallen des Ändern[s] der Umstände und der menschlichen Tätigkeit oder Selbstveränderung" könne "nur als revolutionäre Praxis gefaßt und rationell verstanden werden", interpretierte Wolf weder im Rückblick auf eine für die DDR schon abgeschlossene noch im Vorblick auf eine gänzlich ausstehende revolutionäre Praxis, sondern so, dass sie kritische Rückfragen an das Selbstverständnis von Schulreform, Pädagogik und Erziehungswissenschaft in der DDR erlaubte.

---

106 Siehe I. Kant: Über Pädagogik (1803), A. 7f.: "Der Mensch kann nur Mensch werden durch Erziehung. Er ist nichts, als was die Erziehung aus ihm macht. Es ist zu bemerken, daß der Mensch nur durch Menschen erzogen wird, durch Menschen, die ebenfalls erzogen sind. Daher macht auch Mangel an Disciplin und Unterweisung bey einigen Menschen sie wieder zu schlechten Erziehern ihrer Zöglinge. Wenn einmal ein Wesen höherer Art sich unserer Erziehung annähme, so würde man doch sehen, was aus dem Menschen werden könne. Da die Erziehung aber, theils den Menschen einiges lehrt, theils einiges auch nur bey ihm entwickelt: so kann man nicht wissen, wie weit bey ihm die Naturanlagen gehen." Kant redet hier nicht im Sinne des von Marx kritisierten objektivistischen Materialismus, demzufolge die Umstände der Erziehung bestimmen, was aus einem Menschen wird, sondern weist auf das Problem der immer schon abgeschlossenen Erziehung der Erzieher sowie darauf hin, dass wir grundsätzlich nicht wissen können, wie weit Menschen durch Erziehung - und andere Formen von Praxis - sich bilden und gebildet werden können. Zur Reflexion des Problems der Erziehung der Erzieher im Kontext der ersten und zweiten pädagogischen Bewegung siehe *Monographieband 1*, S. 259ff. und *Monographieband 2*, S. 315ff.

107 Zur Wechselwirkung von weltbildender und selbstbildender Tätigkeit siehe *Monographieband 1*, S. 243ff.; vgl. auch D. Benner: Allgemeine Pädagogik. Weinheim und München [4]2001, S. 155ff. und S. 164ff.

> "Wir gehen von der ursprünglichen Marxschen Fassung der 3. Feuerbachthese aus. Ihr zentraler Inhalt besteht in folgendem: Die revolutionäre Praxis, nicht zuletzt die proletarische Revolution als höchste Form der Praxis tritt uns entgegen als ein 'Zusammenfallen' von zwei wichtigen Erscheinungen. In ihr werden die 'Umstände der menschlichen Tätigkeit', das heißt, die Produktion, die gesamte Lebensweise der Menschen, die Gesellschaftsordnung geändert. Aber während die Menschen revolutionär ihr Leben umgestalten, verändern sie sich selbst. Hier wird von Karl Marx in glänzender Voraussicht die gewaltige, auch erziehliche Bedeutung der proletarischen Revolution herausgearbeitet. Indem die Menschen in ihr eine außerordentlich hohe Form der Praxis gewinnen, werden sie andere Menschen. Und ein weiteres: Diese Veränderung der Menschen durch ihre revolutionäre Tätigkeit ändert rasch und gründlich nicht nur einzelne, sondern die großen Massen der in Bewegung gekommenen Menschen um. In diesem Sinne bedeutet die Revolution eine tiefgehende Massenerziehung."

Im Folgenden wird nicht geprüft, ob Wolf in dieser Deutung den Sinn des von Marx Gemeinten traf oder verkürzte und die Entwicklung in Russland adäquat würdigte oder idealistisch überhöhte. Wir wenden uns vielmehr sogleich den kritischen Konsequenzen zu, die Wolf aus dem Marxschen Begriff der revolutionären Praxis für die Einschätzung der Entwicklung in der DDR ableitete. Den in den Feuerbach-Thesen gegen einen objektivistischen Materialismus erhobenen Vorwurf, dieser verfüge über keinen Begriff einer Theorie der Praxis, legte Wolf sogleich auf die Erziehungs- und Schulreformkonzeption sowie Gesellschaftspolitik der frühen DDR aus. Dieser hielt er vor, in antifaschistischer Attitüde für den neuen Staat Leistungen in Anspruch zu nehmen, die dieser gar nicht erbracht habe, und auf diese Weise Strategien zu verfolgen, die über traditionelle Erziehungs- und Politikkonzepte kaum hinausführten:

> "Eine ganze Reihe von Schwierigkeiten, die heute für uns in der Deutschen Demokratischen Republik bestehen, finden durch diese Marxschen Gedanken ihre Erklärung. Weil wir uns 1945 nicht selbst vom Faschismus befreien konnten, weil nur durch den Sieg der Sowjetarmee die Möglichkeit der Schaffung einer antifaschistisch-demokratischen Ordnung, wenigstens in einem Teil Deutschlands, zunächst ohne unsere eigene aktive revolutionäre Tätigkeit, möglich wurde, deshalb blieb die ideologische Entwicklung unserer Menschen vielerorts hinter der Entwicklung der ökonomischen und gesellschaftlichen Verhältnisse zurück. Uns fehlte diese Umerziehung durch die Revolution. Sie fehlt im gewissen Sinne heute noch. Wir müssen diesen Mangel durch revolutionäre Tätigkeit und eine geduldige Überzeugungsarbeit der Passiven überwinden."[108]

---

108 Auszug aus dem bei der Redaktion der Zeitschrift "Pädagogik" eingereichten Manuskript "Zu den grundlegenden Gedanken von Karl Marx über Erziehung und Bildung" Zitiert nach "Anlage 1" zum Briefwechsel zwischen der Redaktion der Zeitschrift

Ungeachtet aller kritisch an Wolf zu stellenden Rückfragen hinsichtlich der Legitimität seiner Aussagen über die Situation in der Sowjetunion ist zu konstatieren, dass Wolf mit Berufung auf die 3. Feuerbach-These Grundfragen einer Neukonzeptualisierung einer pädagogischen Theorie und erziehungswissenschaftlichen Forschung aufwarf, welche die pädagogische Praxis als eine die Umstände und die Menschen umgestaltende, im Sinne des Marxschen Begriffs revolutionäre oder bildende Praxis thematisierte. Das Redaktionskollegium der Zeitschrift "Pädagogik" hatte nicht den Mut, den Artikel zu veröffentlichen, und fragte beim Ministerium für Volksbildung an, ob die zitierte Passage unverändert erscheinen dürfe:

> "In dem vorgenannten Artikel, der in Heft 3/1953 der Zeitschrift 'Pädagogik' erscheinen wird, hat der Autor eine Ansicht über den Aufbau unserer antifaschistisch-demokratischen Ordnung zum Ausdruck gebracht, der sich die Redaktion nicht in vollem Umfang anschließen kann.
>
> Bevor die endgültige Fassung festgelegt wird, richten wir im Auftrage unseres Chefredakteurs, Herrn Direktor Dr. Dorst, die höfliche Bitte an Sie, diese Stelle zu überprüfen und uns nach Möglichkeit in den nächsten Tagen ihre Meinung hierüber mitzuteilen."[109]

W. Wolfs Artikel, der wichtige Anregungen zur Neukonstitution einer kritischen Pädagogik und Erziehungswissenschaft in der DDR enthielt, erschien ohne die zitierten Passagen.[110] Die Antwort des Ministeriums lautete, die fraglichen Stellen im Manuskript würdigten die "Maßnahmen nach 1945" nicht angemessen, die durchaus "den Charakter einer bürgerlich-demokratischen Revolution" erfüllten. Vorgeschlagen wurde, auf die zur Prüfung vorgelegten Absätze entweder gänzlich zu verzichten oder, falls "man überhaupt im Anschluss an die Feuerbach-These auf diese Entwicklung eingehen" wolle, dies "nicht so negativ [...], sondern durchaus positiv [zu] tun". Für diesen Fall könnten als Positiva u.a. die "[e]ntscheidende[n] Schritte in der Vollendung der bürgerlich-demokratischen Revolution" und die "unter Führung der Sozialistischen Einheitspartei Deutschlands" erreichten Leistungen hervorgehoben werden, zu denen die "fortgesetzten Veränderungen der ökonomischen Bedingungen" und der "hierbei beteiligten Menschen" oder der Bau der "Stalin-Allee in Berlin" sowie der "ersten sozialistischen Stadt im Eisenhüttenkombinat Ost" gehörten.[111]

Die in der auf den 09.02.1953 datierten Antwort des Ministeriums geäußerte Gewissheit, dass die Bürger der DDR gegenwärtig erlebten, "wie unter Führung der Sozialistischen Einheitspartei Deutschlands mit der Schaffung der Grundlagen des

---

"Pädagogik" und dem Ministerium für Volksbildung vom Februar 1953. Betreff: Artikel Prof. Walter Wolf. In: <u>*Quellentextband 3.1*</u>, S. 155-157; S. 156.

109 Ebd., S. 155.

110 Er erschien im Karl-Marx Jahr in: Pädagogik 8 (1953), S. 166-194.

111 Ebd., S. 154f.

Sozialismus ein neuer Mensch" heranwachse, "der ein sozialistisches Bewusstsein" verkörpere, wurde schon wenige Wochen später erschüttert, als am 17. Juni 1953 Arbeiter, die in der Stalin-Allee die Bauten der heutigen Karl-Marx-Allee errichteten, gegen das Herrschaftssystem der DDR protestierten und weitere Menschen in Berlin und an anderen Orten in der DDR sich dem Aufstand, der durch Militäreinsatz niedergeworfen wurde, anschlossen. Nach dem gegenwärtigen Stand der Geschichtsschreibung wurde der Aufstand von Menschen getragen, die sich gegen die Bevormundung durch den neuen Staat wandten, auf eine Wechselwirkung von weltbildender und selbstbildender Tätigkeit setzten und von dem in der Verfassung der DDR genannten Meinungsfreiheit, selbst zu denken, zu urteilen und zu handeln, Gebrauch machten.

Um eine Vergewisserung über den Status der neuen Erziehung und die Möglichkeiten und Aufgaben einer sie anleitenden und orientierenden pädagogischen Theorie und einer sie erforschenden Erziehungswissenschaft ging es auch in dem zweiten Text, einem Aufsatz von Robert Alt, der 1956 unter dem Titel "Über unsere Stellung zur Reformpädagogik" ebenfalls in der Zeitschrift "Pädagogik" erschien.[112] In seinem Beitrag ging Alt vom Vorverständnis vieler Lehrer aus, die die Einführung des Werkunterrichts und der polytechnischen Erziehung als eine Korrektur der "Verordnung über die Unterrichtsstunde" und Hinwendung zu reformpädagogischen Traditionen und Konzepten interpretierten und "meinten, daß mit den neuen Bestrebungen und Maßnahmen unsere bisher vertretenen Grundsätze über die Organisation eines planmäßigen, geordneten Unterrichts oder unsere didaktischen Prinzipien über den Haufen geworfen würden".[113] Diesem Eindruck suchte Alt entgegenzuwirken, indem er zwischen verschiedenen reformpädagogischen Traditionen und Richtungen unterschied und Werkunterricht und polytechnische Erziehung als Formen sozialistischer Erziehung justierte.

So führte er aus, die Reformpädagogik sei nicht aus einer sozialistischen Bewegung, sondern aus einer bürgerlichen Bewegung entstanden, die sich vielerorts als eine "Pädagogik vom Kinde aus" verstanden habe und die Schulen von jeglichem staatlichen Einfluss und jeder Kontrolle durch eine Schulaufsicht zu befreien suchte. In dieser Bewegung habe es Strömungen gegeben, die aus ihrer Unzufriedenheit mit der herrschenden Lernschule auf jede Diskussion über Ziele der Erziehung verzichteten und auf eine Selbstentfaltung des Menschen im Kinde setzten und dabei übersahen, dass es weder eine "Pädagogik vom Kinde aus" gibt, noch Menschen sich rein aus sich heraus entwickeln. Gegen Ansichten wie diese wandte er ein:

---

112 R. Alt: Über unsere Stellung zur Reformpädagogik. In: Pädagogik 11 (1956), S. 345-367. In: *Quellentextband 3.1*, S. 160-181. Zu R. Alts Auseinandersetzung mit der Reformpädagogik siehe U. Wiegmann: Robert Alt - Reformpädagogik und Erziehungsbegriff. In: W. Keim/N.H. Weber (Hrsg.): Reformpädagogik in Berlin - Tradition und Wiederentdeckung. Frankfurt a.M. 1998, S. 291-320.

113 Ebd., S. 160.

> “Daß eine solche Ansicht jede Realität außer acht läßt, eine völlig falsche Auffassung von der Entwicklung der Persönlichkeit darstellt, liegt auf der Hand. Weder ist im Kinde eine bestimmte Gestalt vorgezeichnet, noch kann es sich zum Menschen entwickeln ohne Beziehung zu anderen Menschen, ohne Eingreifen der Erwachsenen, ohne Forderungen der Gesellschaft an das Kind, ohne Maßnahmen der älteren Generation, die ihm bei der Erfüllung jener Forderungen helfen. Ebenso existiert keine Individualität, die nicht eine gesellschaftlich bedingte wäre. Kein Kind kann zu einer Persönlichkeit in unserer Zeit heranwachsen, wenn es sich nicht entwickelt durch stetige Aufnahme und in dauernder Auseinandersetzung mit allem, was bis heutigentags die Menschheit geschaffen hat, mit der Tradition, die ihm gegenübertritt in Gestalt der von der vorhergehenden Generation umgestalteten Welt und in der Form der Kenntnisse und Wertungen der es umgebenden Menschen. Die ‘Pädagogik vom Kinde aus’ verkennt völlig das Wesen des Menschen, indem sie die dialektischen Beziehungen zwischen Mensch und Umwelt, zwischen Entfaltung der kindlichen Anlagen und der Erziehung als bewußter Einwirkung der menschlichen Umgebung ignoriert.”[114]

Insbesondere unterzog Alt reformpädagogische Konzepte, die jeglichen Unterricht in “Gelegenheitsunterricht” zu überführen suchten, “gefächerten Unterricht” und Stundenpläne ablehnten und durch Gesamtunterricht zu ersetzen suchten und die Differenz von Schule und Leben in eine Einheit überführen wollten, einer grundlegenden Kritik.[115] Diese wandte sich insbesondere gegen Konzepte, die während der zweiten pädagogischen Bewegung in den Landerziehungsheimen und Hamburger Lebensgemeinschaftsschulen entworfen worden waren. Alts Kritik einer “Pädagogik vom Kinde aus” war wohlbegründet und maßvoll. Zugleich distanzierte sich Alt von Kritiken, welche Reformpädagogen jedes pädagogische Ethos absprachen, indem sie sie als “Handlanger des Imperialismus” beschimpften.[116] Die reformpädagogische Kritik an der “Drill- und Paukschule” sei keineswegs unbegründet, sondern innerhalb gewisser Grenzen durchaus zutreffend gewesen:

> “Der Bewegung für ‘freie Schulen’ kommt in der ersten Zeit ihrer Wirksamkeit insofern eine positive Bedeutung zu, als sie eine in der Lehrerschaft entstandene Bewegung gegen den Mechanismus und die Erstarrung der damaligen Schule war, gegen den Gewissenszwang, den die orthodoxen Schulbehörden auf die Lehrer und Schüler ausübten. Sie trug wesentlich dazu bei, die alte, in halb feudalem Geiste gehaltene Schule bloßzustellen. In dieser Einschätzung des bestehenden Schulwesens stimmte sie vielfach mit der von der

---

114 Ebd., S. 161f.
115 Vgl. ebd., S. 162f.
116 Ebd., S. 171.

Arbeiterbewegung vorgebrachten Kritik an den Schulzuständen jener Zeit überein."[117]

Zwar müsse jede Kritik in Abhängigkeit zu dem in ihr Kritisierten bewertet werden und lasse sich daher nicht einfach auf andere Zeiten und Kontexte übertragen; gleichwohl könne gesagt werden, dass es sich "bei dem überwiegenden Teil der Reformpädagogen gerade um den besten Kern der deutschen Lehrerschaft" gehandelt habe, "die aus einer tiefen Unzufriedenheit mit den bestehenden Schulzuständen, mit den noch halbfeudalistischen Residuen der deutschen Schule den Ruf nach einer Schulreform erhoben" und ein Berufsethos zeigten, das sie "aus Liebe zu den Kindern, die sie in der alten Schule verkümmern sahen, einen Wandel herbeiführen" ließ. An "ihrer subjektiven Ehrlichkeit und ihrem guten Willen" sei "in den allermeisten Fällen nicht zu zweifeln". Zugleich gelte es jedoch festzustellen, dass vielen von ihnen die "wahren gesellschaftlichen Ursachen der von ihnen empfundenen und kritisierten Schulmißstände" aufgrund ihrer "kleinbürgerliche[n] Herkunft" verborgen blieben, so dass sie bei "anarchistischen Theorien" Zuflucht suchten, leichtfertig Zeitströmungen zum Opfer fielen und es auf diese Weise versäumten, sich bruchlos mit dem Proletariat zu solidarisieren. So hätten sich viele Reformpädagogen zu aktiven Faschisten entwickelt, derweil andere sich der sozialistischen Bewegung anschlossen.[118]

Aufgabe einer zeitgemäßen Erziehungswissenschaft und der Schulreformarbeit sei es daher, zu prüfen, welche reformpädagogischen Elemente bei der Neugestaltung von Unterricht und Schulleben bewahrt und weiterentwickelt werden müssen.[119] Das durch die reformpädagogische Bewegung neu definierte "Verhältnis zwischen Lehrer und Schüler", die tief empfundene "Liebe zum werdenden jungen Menschen", das Bestreben, "die Eigenart des kindlichen Seelenlebens zu beachten", seien auch für die DDR verpflichtend und wegweisend.[120] Als Beispiel für eine sozialistische Reformpädagogik nennt Alt Makarenko, der immer wieder betont habe, dass die Erziehung "Forderungen an das Kind" stellen und diesem "das von den gesellschaftlichen Bedürfnissen her Notwendige zur Pflicht" machen müsse, weil "die Persönlichkeit des Kindes [...] sich nur durch solche Forderungen entfalten und an ihnen wachsen" könne.[121] In diesem Sinne verdiene dann auch das "Postulat" der "Selbsttätigkeit des Kindes" Beachtung, welches besage, "daß das Kind im Unterricht nichts passiv hinnehmen soll" und dass nur das "gelehrt werde, was geistiges Eigentum der Kinder werden könne". Es sei daher richtig, die Selbsttätigkeit des Kindes in das Zentrum der pädagogischen Maßnahmen zu rücken und Lehr-Lern-

---

117 Ebd., S. 169.
118 Vgl. ebd., S. 171.
119 Vgl. ebd., S. 172.
120 Ebd., S. 173f.
121 Ebd., S. 175.

Prozesse so zu organisieren, dass das zu Lernende von den Kindern in "schöpferischer Aktivität" als "geistiges Eigentum" angeeignet werde.[122]

Am Ende seines Beitrags lässt Alt keinen Zweifel daran, dass es das Theorie- und Handlungsrepertoire der gesamten Reformpädagogik "vom marxistischen Standpunkt aus" zu prüfen und zu beurteilen gilt. Worin dieser besteht, wird von ihm in diesem Artikel nicht abschließend geklärt. Die "Erziehungsaufgaben" sollen "unseren Kindern" am Beispiel "großer Vorbilder" und "positiver Helden" durch Mitfühlen nahe gebracht werden. Hierzu aber reiche "Lebensnähe" für sich genommen nicht aus. Diese sei auch "gefordert" worden, als die "Schule dazu überging, gemäß der Kaiserlichen Kabinettsordre den Kampf gegen die 'sozialdemokratischen Irrlehren' aufzunehmen".[123] Statt auf Gesinnungsunterricht und "Gesinnungsfächer" zu setzen, komme es aber darauf an, die "Lebensnähe der Schule" neu zu definieren:

> "Sprechen wir aber bei uns von einer Lebensnähe der Schule, so doch in dem Sinne, daß wir den Kindern gründliche wissenschaftliche Kenntnisse vermitteln und sie diese anwenden lehren, damit sie fähig werden, mittels einer immer tieferen rationalen Erfassung und Durchdringung der vor ihnen stehenden Aufgaben diese immer besser zu meistern. Lebensnah kann in unserer Schule nur ein solcher Unterricht sein, in dem das dialektische Verhältnis von Theorie und Praxis richtig gewahrt bleibt, so wie wir es doch auch bei der Gestaltung eines polytechnischen Unterrichts zu realisieren versuchen."[124]

Polytechnische Erziehung und Unterweisung werden damit als zeitgemäße Reformpädagogik in der DDR ausgegeben, welche die nachwachsende Generation darauf vorbereitet, in einer verwissenschaftlichten Zivilisation rational urteilen und handeln zu können. Unter Wissenschaft versteht Alt dabei nicht allein die positiven Natur- und Gesellschaftswissenschaften, sondern ein sozialistisches Wissenschaftsverständnis. Worin dieses aber besteht und wie eine in ihm beheimatete marxistische Erziehungswissenschaft die ihr aufgegebene Prüfung reformpädagogischer "Erfahrungen und Praktiken mit Hilfe einer marxistischen Analyse"[125] vornehmen soll, wird in dem Artikel nicht weiter ausgeführt. Alts Würdigung und Kritik der Pädagogischen Bewegung stimmen weitgehend mit jenen Einschätzungen überein, die bereits im zweiten Teil der Theorie und Geschichte der Reformpädagogik aus dem Umkreis der empirischen, geisteswissenschaftlichen und neukantianischen Ansätze der Erziehungswissenschaft im ersten Drittel des 20. Jahrhunderts vorgestellt worden

---

122 Ebd., S. 175f.; vgl. ähnliche Formulierungen in A. Petzelt: Grundzüge systematischer Pädagogik. Freiburg [1]1947; [3]1964, S. 53f., 56f.m, 66f. u.ö.

123 R. Alt: Über unsere Stellung zur Reformpädagogik. A.a.O., S. 178.

124 Ebd., S. 179f.

125 Ebd., S. 181.

sind.[126] Alts Position verliert hierdurch zwar nichts von ihrer Schärfe und Stimmigkeit, macht jedoch zugleich deutlich, dass in den 50er Jahren in der DDR noch keine Klarheit darüber bestand, was unter der gesuchten sozialistischen oder marxistischen Erziehungswissenschaft zu verstehen sei.

Dies bestätigt auch der dritte Text, der von Werner Dorst, dem damaligen Direktor des DPZI, und Gerhart Neuner, dem späteren Präsident der APW gemeinsam verfasst wurde und von der ersten zur zweiten Entwicklungsphase von Schule, Reformpädagogik und Erziehungswissenschaft in der DDR überleitet. Er schließt unmittelbar an die in Abschnitt (b) vorgestellte Position und Kontroverse über H.H. Beckers Verhältnisbestimmung von grundlegender Allgemeinbildung, berufsbezogener Allgemeinbildung, beruflicher Bildung und lebenslangen allgemeinbildenden und beruflichen Lehr-Lern-Prozessen an. Becker hatte in seinem Beitrag "Über das Wesen der Allgemeinbildung und einige aus ihm sich ergebende Folgerungen für das System der Volksbildung" die These aufgestellt, nicht nur in bürgerlichen, auch in sozialistischen Gesellschaften gebe es agonale, kämpferische, widerstreitende und antinomische Verhältnisse zwischen schulischen Lehr-Lern-Prozessen, individuellen Bildungsprozessen und gesellschaftlichen Prozessen in den Bereichen Produktion, Wissenschaft und Politik. Dieser Widerstreit zwischen Arbeit, Bildung, Wissenschaft und Politik dürfe nicht geleugnet, sondern müsse thematisiert, reflektiert und aufgeklärt werden. Die Schriftleitung, die Beckers Beitrag erbeten und zur Veröffentlichung freigegeben hatte, wurde in einem offiziell eingeleiteten Prüfverfahren ideologisch gemaßregelt.[127] Darauf verfassten W. Dorst, der als Direktor des DPZI, und G. Neuner, der als Schriftleiter für die Zeitschrift "Pädagogik" verantwortlich waren, einen Beitrag mit dem Titel "Für eine marxistisch-leninistische Pädagogik! Unsere Aufgaben im Jahre 1958", der im Heft 1 des neuen Jahrgangs erschien.

Der genannte Aufsatz kann als ein Aufruf an die Kollegen, Kolleginnen und Leser verstanden werden, sich an der Klärung dessen, was unter einer marxistisch-leninistischen Pädagogik und Erziehungswissenschaft zu verstehen sei, zu beteiligen. Die Verlegenheit, in der sich nicht nur beide Autoren, sondern die Erziehungswissenschaft der DDR insgesamt damals befand, zeigt sich nicht zuletzt daran, dass in dem Aufruf auch nicht annäherungsweise geklärt wird, worin die gesuchte Antwort bestehen könnte und in welcher Richtung sie zu suchen sei. Einvernehmen besteht darüber, dass die gesuchte "marxistisch-leninistische Erziehungswissenschaft" eine "parteiliche" sein muss, die "der Praxis den Weg beleuchte[t], den sie gehen muß und schon geht, um unsere Schule zur sozialistischen Schule umzugestalten".[128] Klar ist auch, dass es sich bei der neuen Erziehungswissenschaft um eine nicht-revisio-

---

126 Siehe hierzu *Monographieband 2*, S. 315ff., 336ff., S.351ff.

127 Siehe hierzu D. Benner/H. Sladek: Vergessene Theoriekontroversen in der Pädagogik der SBZ und DDR. A.a.O., S. 118ff.

128 W. Dorst/G. Neuner: Für eine marxistisch-leninistische Pädagogik! Unsere Aufgaben im Jahre 1958. In: Pädagogik 13 (1958), S. 8 - 19; *Quellentextband 3.1*, S. 206-211, S. 207.

nistische handeln soll. Darüber jedoch, was revisionistisch und nicht-revisionistisch im konkreten Falle sei, habe im "Redaktionskollegium" der Zeitschrift "Pädagogik", das den Artikel von H.H. Becker zum Druck annahm, "keine einheitliche Auffassung" bestanden. Im Anschluss an die Offenlegung des nun als bedauerlich eingestuften Dissenses schließt der Beitrag mit einer Absichtserklärung, in welcher der Begriff einer marxistisch-leninistischen Pädagogik oder Erziehungswissenschaft nicht einmal mehr vorkommt. Sie lautet:

> "Die Zeitschrift muß ihre Bemühungen fortsetzen, die Grundprobleme der wissenschaftlichen pädagogischen Arbeit, des pädagogischen Denkens und Forschens zu klären."[129]

Aus den Schlussbemerkungen geht hervor, dass die gesuchte Klärung nicht aus einem noch zu findenden Regelwerk des historisch-dialektischen Materialismus abgeleitet, sondern im Kontext "gegenständliche[r] Probleme der pädagogischen Schul- und Erziehungsarbeit" gesucht werden und der "Durchführung von Schulversuchen zu wesentlichen Problemen unserer Entwicklung" dienen soll. Ferner wird die Hoffnung zum Ausdruck gebracht, auf diesem Wege ließen sich "die noch bestehende Praxis- und Lebensfremdheit" der Pädagogik überwinden und "fruchtbare Methoden und Darstellungsformen für die wissenschaftliche Arbeit" entwickeln.[130]

Das liest sich nicht wie das Programm einer marxistisch-leninistischen Erziehungswissenschaft, sondern wie ein Aufruf, Theorie, Empirie und Praxis in Pädagogik und Erziehungswissenschaft in einen rationalen Zusammenhang zu bringen.[131]

---

129 Ebd., S. 210f.

130 Ebd.

131 Für die Entwicklung der allgemeinen und systematischen Pädagogik siehe W. Eichler: Der Stein des Sisyphos. Studien zur Allgemeinen Pädagogik in der DDR. Münster usw. 2000, S. 103-242.

3.3 Die Modernisierung des Bildungssystems unter dem Anspruch der wissenschaftlich-technischen Entwicklung im sozialistischen Gesellschaftssystem: 1960-1970

Eine dritte Phase in der Entwicklung von Schulreform und Reformpädagogik sowie Pädagogik bzw. Erziehungswissenschaft fand in der DDR in den Jahren von 1960 bis 1970 statt. Sie wird im Folgenden als Phase der "Modernisierung des Bildungssystems unter dem Anspruch der wissenschaftlich-technischen Entwicklung im sozialistischen Gesellschaftssystem" beschrieben. Die sich in ihr vollziehende Reform des Schulsystems beginnt mit der Umsetzung des "Gesetzes zur sozialistischen Entwicklung des Schulsystems" von 1959, die nach dem Bau der Mauer zunehmend erfolgreicher verlief und führt zum "Gesetz über das einheitliche sozialistische Bildungssystem" von 1965. Sie mündet schließlich in eine vierte Phase der Schulreform ein, die durch Vorstellungen von einer Weiterentwicklung der sozialistischen zu einer kommunistischen Erziehung bestimmt war. Sie erwies sich rückblickend nicht als Phase der Vorbereitung der DDR auf einen Übergang in ein Zeitalter des Kommunismus, sondern als Endphase der Entwicklung des sozialistischen Gesellschaftssystems.

In der dritten Phase entfaltete das Bildungssystem der DDR seine größte Effektivität, die in bestimmten Bereichen auch später noch erhalten blieb. Ihr Verlauf wird in vier Unterabschnitten untersucht, von denen der erste die Programmatik einer sozialistischen Modernisierung und Vereinheitlichung der schulreformerischen Vorstellungen behandelt, der zweite über die Festigung der Erziehungs- und Staatsziele im Schatten der Mauer berichtet, die 1961 zwischen beiden deutschen Staaten als sogenannter "antifaschistischer Schutzwall" errichtet wurde, der dritte Praxisbeispiele aus Versuchs-, Reform- und Forschungsschulen vorstellt und der letzte auf Anstrengungen und Schwierigkeiten bei der Ausarbeitung einer sozialistischen Erziehungswissenschaft eingeht.

3.3.1 Sozialistische Modernisierung und Vereinheitlichung der schulreformerischen Programmatik

Der in den Sozialwissenschaften entwickelte Begriff der Modernisierung eignet sich nicht ohne Weiteres zur Erfassung von Modernisierungsprozessen im Schulsystem der DDR. Soweit in den Sozialwissenschaften Vorstellungen von einer nachholenden Modernisierung vorherrschen, stimmen diese nicht mit dem überein, was in der DDR unter Modernisierung verstanden wurde. Bereits in der SBZ propagierte die staatliche Schulreform Konzepte einer Verwissenschaftlichung und Demokratisierung von Erziehung und Unterricht, die nicht andernorts bereits laufende oder schon abgeschlossene Prozesse der Modernisierung einfach nachholten, sondern die Schulreform unter eine Programmatik stellten, die in Westdeutschland - im Kontext eines anderen Gesellschafts-, Wirtschafts- und Politiksystems - erst in den 60er Jahren an

Bedeutung gewann. Vergleichbares lässt sich auch für die erste Phase der Entwicklung der öffentlichen Erziehung in der DDR sagen. Sie leitete in der DDR nicht eine anderen Orts bereits vollzogene Modernisierung des Bildungssystems ein, sondern diskutierte Abstimmungsprobleme im Bildungssystem, die zwischen den Prinzipien der Einheitlichkeit und der Differenzierung bestehen und in der alten BRD erst im Zusammenhang mit den Bildungsreformen der 60er und 70er Jahre eine stärkere Beachtung fanden.

Die begrenzte Deutungskraft, die Vorstellungen von einer nachholenden Modernisierung für die Beschreibung und Erfassung von Entwicklungen im sozialistischen Bildungssystems der DDR zukommt, zeigt sich nicht nur in externen Vergleichen, sondern lässt sich auch mit Blick auf die interne Deutung und Verarbeitung der Entwicklungsprobleme des Bildungssystems nachweisen. In der ersten und deutlicher noch in der zweiten Phase wurde in der DDR nach dem Selbstverständnis ihrer Bildungsreformer, Schulleute und theoretisch sowie empirisch argumentierenden Pädagogen und Erziehungswissenschaftler - ungeachtet der wiederkehrenden Berufung auf die Vorreiterrolle der Sowjetunion - keine anderswo schon eingeleitete, geleistete oder abgeschlossene Modernisierung nachvollzogen, sondern der Versuch unternommen, eine neue Phase der Modernisierung konzeptionell zu entwerfen und schulreformerisch in die Tat umzusetzen. Ziel dieser Modernisierung war es, den Heranwachsenden eine wissenschaftlich und ideologisch fundierte Allgemeinbildung zu vermitteln und dem Staat Bürger mit einer sozialistischen Gesinnung und Weltanschauung, den Ausbildungsgängen des Produktionssystems zuverlässige Arbeiter und den Universitäten und Hochschulen intelligente Studierende zuzuführen.

Dem eigenen Selbstverständnis zufolge vollzog sich im Bildungssystem der DDR zwischen 1960 und 1970 nicht eine nachholende, sondern eine sozialistische Modernisierung. Sie verfolgte das Ziel, das 1945/46 errichtete und durch das Schulgesetz von 1959 reformierte Schulsystem gemäß dem Schulgesetz von 1965 in ein sozialistisches zu transformieren.[1] Im Kontext dieser Programmatik wurde u.a. auch die Frage diskutiert, ob die Modernisierung des Bildungssystems unmittelbar ökonomischen und politischen Reformvorgaben folgt oder zugleich eine Eigenlogik entfaltet, die pädagogisch begründet ist und die Schule als eine Einrichtung mit eigenen Gesetzen ausweist, die einer spezifischen Logik pädagogischen Handelns verpflichtet ist.[2]

---

1 Zur allgemeinen Charakterisierung dieser Phase siehe W. Eichler: Der Stein des Sisyphos. Studien zur Allgemeinen Pädagogik in der DDR. Münster usw. 2000, S. 243-248.

2 Zum allgemeinen Problem der pädagogischen Transformation gesellschaftlicher Anforderungen an Erziehung und Bildung in pädagogisch legitime Anforderungen siehe D. Benner: Allgemeine Pädagogik. Weinheim und München [4]2001, S. 105ff., S. 115ff., S. 135f., S. 164ff. und S. 193ff. Zur Abgrenzung nachholender und transformatorischer Modernisierungskonzepte, die nicht nur für die Analyse von Transformationsprozessen in der DDR sondern auch für Untersuchungen des Transformationsprozesses von SBZ, DDR und neuen Ländern bedeutsam ist, siehe J.H. Schluß/E. Sattler: Transformation - einige Gedanken zur Adaption eines nicht einheimischen Begriffs. In: Vierteljahrsschrift

Für die Entwicklung des Bildungssystems wurden in den 60er Jahren verschiedene Strategien und Konzepte diskutiert, entwickelt und erprobt. Eine Strategie setzte auf eine vermehrte Einführung ganztätiger Erziehungseinrichtungen in der Form von Tagesschulen. Sie läßt sich als eine Umsetzung des § 3, Absatz 4, des "Gesetzes über die sozialistische Entwicklung des Schulwesens in der DDR" von 1959 interpretieren, welches den "Schulhort und das Internat" als Einrichtungen definierte, in denen "Lehrer und Erzieher" den *"Schülern beim Lernen [...] helfen und für eine erzieherisch wertvolle Freizeitgestaltung und gute Betreuung [...] während des ganzen Tages [...] sorgen"*.[3]

Der Plan, die Tagesschule als "Schule der Zukunft" einzuführen,[4] zielte auf eine Anhebung des Niveaus der Wissensvermittlung in den Schulen. Mit Hilfe von Tagesschulen sollte auch Kindern aus bildungsfernen Schichten der Zugang zu höheren Bildungsabschlüssen eröffnet werden. In diesem Sinne wurden Tagesschulen als Einrichtungen der sozialistischen Einheitsschule angesehen, welche spezifische Möglichkeiten eröffnen, in den "zehnklassigen und erweiterten Oberschulen"

- den Schülern zu einer anregenden und "vielseitigen außerunterrichtlichen Tätigkeit" zu verhelfen,
- die "Pionier- und FDJ-Arbeit" lebendig zu gestalten,
- "eine Vielfalt von Arbeitsgemeinschaften und Kursen" einzurichten,
- Lernen in der Schule und in der Freizeit miteinander zu verknüpfen,
- das Lernen "durch die sinnvolle Verbindung von Unterricht und außerunterrichtlicher Arbeit" zu verbessern,
- die "Entwicklung der Begabungen und Talente" zu fördern,
- die "Kollektiverziehung" mit "Arbeitserziehung" zu verbinden
- und auf diese Weise nicht nur die Erfolge der Wissensvermittlung, sondern auch die Ergebnisse der Haltungserziehung und Charakterbildung zu steigern.[5]

---

für wissenschaftliche Pädagogik 77 (2001), S. 173-188; H. Schluß: Intentionen und Legitimationsstrategien staatsbürgerlicher Erziehung und politischer Bildung. In: Zeitschrift für Pädagogik 47 (2001), S. 869-878; Ders.: Nachholende Modernisierung oder reflexive Transformation. Analysen zum Transformationsprozess der Lehrplanentwicklung auf den Gebieten der politischen Bildung und des wertbezogenen Unterrichts. Dissertation an der Philosophischen Fakultät IV der Humboldt-Universität zu Berlin. Berlin 2003.

3 Gesetz über die sozialistische Entwicklung des Schulwesens in der Deutschen Demokratischen Republik vom 2. Dezember 1959. In: Gesetzblatt der Deutschen Demokratischen Republik. Teil I. Jg. 1959, S. 859-863; *Quellentextband 3.1*, S. 215-224, S. 218.

4 Empfehlungen des 6. Pädagogischen Kongresses: Für die Verbesserung des Lernens und der sozialistischen Erziehung an den Oberschulen. Protokoll des 6. Pädagogischen Kongresses vom 03.06- 05.06.1961, hrsg. vom Ministerium für Volksbildung der Deutschen Demokratischen Republik. Teil I. Berlin 1961. S. 158-160; *Quellentextband 3.1*, S. 272-274, S. 272.

5 Ebd., S. 272f.

Die "Empfehlungen des 6. pädagogischen Kongresses" vom 3. bis 5. Juni 1961 schlugen vor, dass in den Tagesschulen zusätzlich zu Lehrern nicht nur ausgebildete Erzieher, sondern auch entsprechend vorbereitete und qualifizierte "Hausfrauen" eingestellt werden. Sie schlossen mit einer für die Reformpädagogik der DDR typischen Feststellung, welche die Tageschule als eine Einrichtung würdigt, welche besondere Chancen zur Verknüpfung von allgemeiner und beruflicher Bildung eröffnet:

> "In der ganztägigen Bildung und Erziehung liegt ein großes und schönes Betätigungsfeld für Arbeiter, Bauern, Techniker, Sportler, Künstler und Wissenschaftler, die so helfen können, unser Bildungs- und Erziehungsziel zu verwirklichen, und gleichzeitig dazu beitragen, einen talentierten Nachwuchs für alle Bereiche unseres gesellschaftlichen Lebens heranzubilden."[6]

Die Empfehlungen des 6. Pädagogischen Kongresses sind ein neuerlicher Beleg für die Wirksamkeit reformpädagogischer Traditionen innerhalb der in der DDR geführten Diskurse über erzieherische und unterrichtliche Fragen. Der Einführung von Tagesschulen waren freilich enge Grenzen gesetzt. Sie konnte auf den Widerstand von Eltern stoßen, welche die Erziehung ihrer Kinder nicht so weitgehend in die Hände des Staates legen wollten. Sie war zudem von einer Aufstockung der vom Staat bereitzustellenden Mitteln für die Finanzierung ganztägiger Erziehung abhängig. Eine flächendeckende Einführung ganztägiger Erziehung kam daher nicht in Frage und schied mithin als Patentrezept für die Sicherung der Einheitlichkeit von Erziehung und Bildung aus. Tagesschulen erwiesen sich nur als Angebotsschulen im Kontext bestimmter Problemkonstellationen realisierbar und finanzierbar.

Im Jahre 1963 unternahm das DPZI einen neuen Versuch zur einheitlichen Gestaltung des sozialistischen Bildungssystems. Dieser setzte nicht primär auf Konzepte ganztägiger Erziehung und Beschulung, sondern formulierte sechs Grundsätze, die die künftige Entwicklung des Schulsystems leiten sollten. Der *erste Grundsatz* besagt, dass im "sozialistischen Bildungswesen [...] die Allgemeinbildung die zentrale Stellung" einnimmt. Dieser Satz wird dann dahingehend erläutert, dass es sich bei der schulisch zu vermittelnden Allgemeinbildung um einen unabschließbaren Prozess handelt, dessen Niveau es immer weiter zu steigern gilt. Die "ständige Erhöhung" soll zum einen durch eine fortschreitende Verwissenschaftlichung der Lehrplanwerke abgesichert werden, welche neuen Erkenntnissen der Wissenschaften den Zugang in das im Unterricht zu vermittelnde Schulwissen bahnt. Die Steigerung des Niveaus der Allgemeinbildung soll zugleich durch eine

---

6 Ebd., S. 273; zur weiteren Versuchsarbeit mit Tagesschulen siehe den Band: M. Berge/H. Klein/W. Salzwedel: Einheitlicher Unterricht - individuelle Förderung aller Schüler. Beiträge zur Pädagogik. Band 1. Berlin 1975.

Optimierung des "Zugang[s] zu spezieller Bildung" erfolgen.[7] Hierzu führt der zweite Grundsatz aus:

> "Das sozialistische Bildungssystem überwindet die Enge und Beschränkung der bürgerlichen Allgemeinbildung, indem sie die wissenschaftlichen Grundlagen der Produktion, grundlegende Fähigkeiten und Fertigkeiten der modernen Produktionsarbeit und die wertschaffende Arbeit selbst in die Allgemeinbildung einbezieht."[8]

Dem zweiten Grundsatz zufolge soll die bereits im Schulgesetz von 1946 propagierte Überwindung der Trennung zwischen volkstümlicher und wissenschaftlicher Bildung in Vorstellungen einer wissenschaftlichen Allgemeinbildung abgesichert werden, welche die Grundlagen für die fortschreitende Verwissenschaftlichung der Produktion in Industrie und Landwirtschaft legt und die Anschlussmöglichkeiten von allgemeiner und "spezieller Bildung"durch eine polytechnische Bildung steigert, welche Übergänge zwischen "Unterricht und produktive Arbeit" sichert.[9]

Dem *dritten Grundsatz* zufolge sollen die "Beziehungen zwischen Allgemeinbildung und Spezialbildung" dahingehend "neu" definiert werden, dass den "modernen Wissenschaften" die Funktion als "unmittelbare Produktivkraft" zuerkannt und schulische Lehr-Lern-Prozesse für die im Berufssystem "zunehmende Spezialisierung und Differenzierung" geöffnet werden. Hieraus wird schließlich die im Kontext der fortschreitenden Verwissenschaftlichung des Berufslebens plausible Forderung abgeleitet, dass Inhalte und Aufgaben beruflicher Bildung zugleich in die Gegenstände der allgemeinen Bildung und Sachverhalte der allgemeinen Bildung zugleich in die Gegenstände der beruflichen Bildung "aufzunehmen sind". Wenn Berufsbildung zunehmend auf einer wissenschaftlichen Allgemeinbildung aufbaut, gilt es diese an eine Vielzahl verwissenschaftlichter Spezialbildungen anschlussfähig zu machen und im Schulsystem eine Wechselwirkung von allgemeiner und spezieller Bildung zu institutionalisieren.[10]

Der *vierte Grundsatz* besagt, dass die anzustrebende Wechselwirkung von Allgemeinbildung und Spezialbildung nach einer "schrittweisen Akzentuierung und Differenzierung der Allgemeinbildung" verlange. Der Sache nach ist damit die von H.H. Becker vorgenommene Abgrenzung der Aufgaben einer grundlegenden, einer berufsbezogenen und einer beruflichen Bildung gemeint, die jedoch - entgegen Beckers Vorschlag - nicht auf die mittleren Klassen ausgedehnt, sondern auf die

---

7 Deutsches Pädagogisches Zentralinstitut: Konzeption für die Gestaltung des einheitlichen sozialistischen Bildungswesens [1963]. In: *Quellentextband 3.1*, S. 274-277, S. 275.

8 Ebd., S. 275.

9 Ebd.

10 Ebd.

"oberen Klassen" - unter Wahrung eines "gleich hohen Niveaus der Allgemeinbildung" für alle Schüler - begrenzt wird.[11] Auch hier zeigen sich wieder die für das Schulsystem der DDR insgesamt typischen Merkmale einer zugleich grundlegenden und berufsvorbereitenden Allgemeinbildung, durch die die traditionelle Unterscheidung schulischer Bildungsgänge in solche der Volks- bzw. Hauptschule, der Realschulen und der Gymnasien überwunden wurde. Der zuletzt zitierte Grundsatz unterstreicht die Einheitlichkeit der Bildung, wenn er von den angesprochenen berufsbezogenen Akzentuierungen und "Differenzierungen" sagt, sie dürften "in der Stundentafel nicht in Erscheinung" treten und seien auf die oberen Klassen zu begrenzen.

Der *fünfte Grundsatz* wiederholt die Postulate der Einheit von Bildung und Erziehung, Wissensvermittlung und Charakterbildung. Sozialistische Persönlichkeiten sollen sich dadurch auszeichnen, dass sie das, was sie denken, auch tun und das, was sie fühlen, auch wollen. Die Einheit von Bildung und Erziehung wird terminologisch als ein "relativ geschlossenes System" beschrieben, in dem Wissenschaft und Weltanschauung eine enge Beziehung eingehen, die alle individuellen und kollektiven Lebensformen unter der reformpädagogischen Maxime einer "enge[n] Verbindung von Schule und Leben" zusammenschließt.[12]

Der *sechste Grundsatz* fügt den vorausgegangenen Überlegungen die obligate Versicherung hinzu, dass die "marxistisch-leninistische Auffassung vom Wechselverhältnis zwischen Erziehung und Entwicklung" alle Voraussetzungen dafür bereitstelle, dass die "Leistungsanforderungen [...] den Bedürfnissen des umfassenden Aufbaus des Sozialismus" entsprechen und "optimale Möglichkeiten" für die "Entwicklung des Leistungsvermögens und der ganzen Persönlichkeit der Kinder und Jugendlichen" bereit stellen.[13]

Die metaphysischen und geschichtsphilosophischen Implikationen des 6.Grundsatzes blieben in der zitierten Veröffentlichung ebenso unkommentiert wie in einem am 28. Mai verabschiedeten Grundsatzpapier, welches ähnliche Vorstellungen zur Weiterentwicklung der "Bildungskonzeption" der DDR entwickelte. Zu diesem liegt jedoch ein bei seiner Publikation nicht mit abgedruckter "Ergänzungsvorschlag" vor, welcher - der Sache nach - über die bisher zitierten Grundsätze hinausgeht. In ihm wird die These vertreten, die Grundsätze der "Bildungskonzeption" seien "ohne Entwicklungskonzeption unvollständig".[14] Zur Vervollständigung der Bildungs-

---

11 Ebd., S. 276

12 S. 276f.

13 Ebd., S. 277.

14 N.N.: Ergänzungsvorschlag zum Teil I der Bildungskonzeption (1964). In: *Quellentextband 3.1*, S. 278-280, S. 278. Bei dem Ergänzungsvorschlag handelt es sich vermutlich um eine Zuarbeit des DPZI, die aus ungeklärten Gründen nicht in die endgültige Fassung der am 28. März 1963 verabschiedeten "Grundsätze für die Gestaltung des einheitlichen sozialistischen Bildungssystems" aufgenommen wurde. Die "Grundsätze" wurden von der Staatlichen Kommission beim Ministerrat der DDR ausgearbeitet und

konzeption werden sodann begabungs- und bildungstheoretische Überlegungen angeboten, in denen wichtige Einsichten der klassischen Pädagogik bewahrt und in Regeln für die Gestaltung öffentlicher Erziehung und Unterweisung in der DDR überführt sind. So führt das Zusatzpapier zu Beginn aus:

> “Der Mensch ist weder eine ‘tabula rasa’ (Reine Tafel), auf die das Leben alles eintragen, die das Leben beliebig prägen kann wie ein Stück Wachs, noch ist die Entwicklung von vornherein durch ein Erbprogramm oder andere Faktoren festgelegt und bestimmt. Die Menschen haben unterschiedliche Anlagen, die sich aus Vererbung sowie vor- und nachgeburtlicher Entwicklung ergeben und eine notwendige, jedoch nicht hinreichende Bedingung ihrer psychischen Entwicklung darstellen. Die Anlagen des Einzelnen enthalten viele, unterschiedliche Möglichkeiten der Entwicklung von Persönlichkeitseigenschaften. Sie bedingen die Entwicklung, bestimmen sie jedoch nicht. Die zunächst sehr allgemeinen und undifferenzierten Möglichkeiten werden erst im Prozeß der Tätigkeit, der aktiven Wechselbeziehung mit der Umwelt zur Wirklichkeit. Und diese Wechselwirkung verläuft nicht spontan, sondern wird durch Bildung und Erziehung in mehr oder weniger umfassender Weise organisiert und beeinflußt.”[15]

Mit diesen Aussagen schließt der Ergänzungsvorschlag an klassische Erziehungs- und Bildungstheorien an, die bereits im ersten und zweiten Teil der Theorie und Geschichte der Reformpädagogik aufgearbeitet worden sind. Sie sprechen dem Menschen - als Individuum und als Gattung - die weder durch Naturanlagen noch durch Umwelteinwirkungen festgestellte rezeptive und spontane Fähigkeit zu, seine Fähigkeiten in Wechselwirkung mit der Welt selbst hervorzubringen. Danach gehen vorgegebene Anlagen zwar durchaus als Bedingungen der Entwicklung in die Bildungsprozesse eines jeden Menschen ein, ohne diese Entwicklung jedoch als solche zu bestimmen. Die im Ergänzungsvorschlag aufgestellten Thesen können daher als eine moderne Reformulierung der bereits von Rousseau und Schleiermacher formulierten Einsicht gelesen werden, dass die Anlagen und die Erziehung weder als bedeutungslos noch als allmächtig einzuschätzen sind und dass wir niemals wissen können, was uns unsere individuelle und gesellschaftliche Natur zu sein erlaubt.

Auch der zweite Gedanke des Zusatzes geht auf Einsichten der klassischen Tradition zurück. Er besagt, dass Bildungsprozesse als Lernprozesse zu interpretieren sind, in denen Einwirkungen von außen niemals unmittelbar, sondern stets vermittelt über eine rezeptive Aktivität und aktive Rezeptivität der Lernenden wirksam werden:

---

erschienen 1964 im Staatsverlag der DDR

15 N.N.: Ergänzungsvorschlag. A.a.O., S. 278.

> "Umwelteinwirkungen - einschließlich bewußt gesetzter Bildungs- und Erziehungsmaßnahmen - gewinnen nicht automatisch oder durch rein quantitative Anhäufung Einfluß auf die Entwicklung der Persönlichkeit. Da der junge Mensch nicht einfach Objekt der Erziehung, sondern in erster Linie Subjekt seiner Tätigkeit und seiner Entwicklung ist, wird nur das entwicklungsfördernd wirksam, wozu von seiten des heranwachsenden Menschen eine aktive, tätige Beziehung hergestellt wird und was den inneren Bedingungen seiner Entwicklung (seinen Erfahrungen, dem Niveau seiner bisherigen geistigen und moralisch-charakterlichen Entwicklung, seiner Einstellungen zur Umwelt und sich selbst) entspricht."[16]

Auf der Grundlage dieser Überlegungen gelangt der Ergänzungsvorschlag zu modifizierten Konsequenzen für die Organisation und Struktur eines allgemeinbildenden Schulsystems. Dieses müsse der Tatsache Rechnung tragen, dass Bildung und Entwicklung stets individuelle Sachverhalte und einem Spannungsverhältnis von Unter- und Überforderung ausgesetzt sind, das durch optimale Passungen niemals gänzlich vermieden werden kann, sondern stets von neuem beobachtet, interpretiert und kontrolliert werden muss. Die lediglich angedeutete und als solche nicht ausgeführte Korrektur, die der Ergänzungsvorschlag schließlich für das Bildungssystem der DDR vorschlägt, steht Beckers Strukturreformvorschlag durchaus nahe. Sie lautet:

> "Das erfordert auch, mit jeglichen Überresten von Gleichmacherei in Bildungs- und Erziehungsprozessen konsequent Schluß zu machen. Jede Persönlichkeit ist eine individuell eigenartige Einheit. Die Fähigkeiten und anderen Persönlichkeitseigenschaften sind - als Ergebnis der vergangenen Entwicklung - qualitativ wie quantitativ unterschiedlich. Diese im konkreten Bildungs- und Erziehungsgeschehen ungenügend zu beachten, müßte zu ständigen Über- oder Unterforderungen des einen oder anderen führen. Die sozialistische Gesellschaft ist jedoch an der optimalen Entwicklung jeden Kindes, an der vollen Entfaltung aller Persönlichkeiten interessiert. Triebkraft der psychischen Entwicklung sind die inneren Widersprüche, die zwischen einem bestimmten Entwicklungsstand der Leistung und des Verhaltens und neuen Bedürfnissen, Wünschen, Bestrebungen entstehen. Die pädagogischen Maßnahmen müssen deshalb, wenn sie entwicklungsfördernd wirken sollen, Widersprüche in der Entwicklung des jungen Menschen setzen. Das geschieht in erster Linie dadurch, daß ständig hohe und kontinuierlich ansteigende Anforderungen an Leistung und Verhalten der Kinder und Jugendlichen gestellt werden."[17]

---

16 Ebd., S. 278f.
17 Ebd., S. 279.

Vom 6. Grundsatz der Konzeption für die Gestaltung des einheitlichen sozialistischen Bildungswesens unterscheidet sich der zitierte Ergänzungsvorschlag dadurch, dass er Annahmen eines harmonischen Verhältnisses zwischen den sich aus der gesellschaftlichen Arbeitsteilung ergebenden Anforderungen und den zu entwickelnden Fähigkeiten der Einzelnen ebenso vermeidet wie Vorstellungen, welche eine Optimierung von Lehr-Lern-Prozessen an gleich hohe Anforderungen für alle Schüler zurückbinden. An ihre Stelle tritt die Vorstellung von einer kontinuierlichen Steigerung der an individuelle Lehr-Lern-Prozesse zu richtenden Anforderungen, welche Maßnahmen einer inneren und - sofern zweckdienlich - äußeren Differenzierung nicht mehr den höheren Klassen vorbehält, sondern unter der Bedingung als generell legitim einstuft, dass durch sie die individuelle Leistungsentwicklung gefördert wird. Zur Bedeutung einer kontinuierlichen Steigerung individualisierter Anforderungen heißt es in dem Papier:

> "Die Anforderungen müssen vom Erwachsenen so gestellt werden, daß sie den durch die Entwicklung geschaffenen neuen Möglichkeiten und Bedürfnissen der Kinder oder Jugendlichen entsprechen und von ihnen als erstrebenswert angenommen, zu ihrer eigenen Anforderung an sich selbst gemacht werden. Gesellschaftlich bedeutsame Aufgabenstellungen - z.B. intensiv zu lernen, um später die ganze Kraft für die sozialistische Gesellschaft einsetzen zu können - müssen, damit sie die Tätigkeit motivieren, persönlich bedeutsam gemacht, in das vorhandene System von Bestrebungen, Wünschen, Anschauungen eingebaut werden, um - wenn erforderlich - über mehrere Zwischenschritte zu echten und führenden Motiven entwickelt zu werden. Charaktereigenschaften, Überzeugungen usw. entstehen auf dem Wege der Verfestigung von Motiven und Einstellungen, die in aktuellen Situationen zunächst als vorübergehende Erscheinung auftreten. Ebenso verfestigen sich geistige Operationen bestimmter Art allmählich zu Fähigkeiten."[18]

Das "Grundprinzip jeder entwicklungsfördernden Bildung und Erziehung" wird damit als individualisierte Konzeption "hohe[r] und kontinuierlich ansteigende[r] Anforderungen" ausgelegt. Diese verlangt nach einer Differenzierung der Lehr-Lern-Prozesse, die durch die einheitliche Schulstruktur allein nicht schon gesichert ist, sondern auf individuelle Hilfen in Unterricht und Schulleben angewiesen ist. An entsprechende Maßnahmen zur individuellen Förderung knüpft der Ergänzungsvorschlag schließlich auch die "Schaffung echter Kollektive", die den "Prinzipien des sozialistischen Humanismus entsprechen", d.h. die Entwicklung jedes Einzelnen an "Achtung und Vertrauen, Kameradschaft, gegenseitige Hilfe" zurückbinden. Sie erblicken in der Einrichtung individualisierter Kollektive eine organisatorische

---

18 Ebd.

Voraussetzung und "eine unablässige Bedingung für die optimale Entwicklung jeder Persönlichkeit".[19]

Das aus dem Jahre 1959 stammende "Gesetz über die sozialistische Entwicklung des Schulwesens in der DDR" wurde 1965 durch das "Gesetz über das einheitliche sozialistische Bildungssystem der DDR" abgelöst.[20] Dieses erklärt schon durch seinen Namen die Ende der 50er Jahre eingeleitete Entwicklung für abgeschlossen. Durch es wurden im Bildungssystem der DDR Veränderungen auf Dauer gestellt, von denen einige bereits in Beckers Strukturreformvorschlag angelegt, andere erst in den 60er Jahren in Thesen und Experimenten zu einer neuartigen Verknüpfung von allgemeiner und spezieller Bildung entwickelt worden waren, welche schulische Erziehung und Unterweisung auf eine Hinführung zu ausdifferenzierten beruflichen Bildungsgängen verpflichteten, ohne auf eine vollständige Verknüpfung oder vorweggenommene Integration von allgemeiner und beruflicher Bildung zu setzen.

In der ersten Ziel-Formulierung des Gesetzes von 1965 wird das in der Amerikanischen Verfassung verankerte individuelle Recht jedes einzelnen Menschen, nach Glück zu streben, zu einer durch sozialistische Erziehung für das ganze Volk zu verwirklichenden Aufgabe erhoben:

> "Das Ziel des einheitlichen sozialistischen Bildungssystems ist eine hohe Bildung des ganzen Volkes, die Bildung und Erziehung allseitig und harmonisch entwickelter sozialistischer Persönlichkeiten, die bewußt das gesellschaftliche Leben gestalten, die Natur verändern und ein erfülltes, glückliches, menschenwürdiges Leben führen."[21]

Die individuellen und gesellschaftlichen Spannungen zwischen Bedürfnissen und Fähigkeiten, Wünschen und Leistungen werden damit als grundsätzlich harmonisierbar und bereits weitgehend harmonisiert ausgegeben. Die moderne Vorstellung von einem individuellen Recht jedes Einzelnen, nach persönlichem Glück zu streben, wird mit der antiken Vorstellung, dass der Einzelne nur als Mitglied eines sittlichen Gemeinwesens ein gutes und glückliches Leben führen kann, synthetisiert. Beide in unserer Tradition wirksamen Glücks- bzw. Eudämonievorstellungen sollen in der Verfasstheit "allseitig und harmonisch entwickelter sozialistischer Persönlichkeiten" versöhnt sein und letztlich zusammenfallen.

---

19 Ebd., S. 279f.; damit ist eine Programmatik formuliert, unter der im Bildungssystem der DDR in den 70er und 80er Jahren experimentiert wurde.

20 Über die Beratungen im Zusammenhang mit der Ausarbeitung des Gesetzes informiert ausführlich K.-H. Günther: Rückblick nach Tagebuchnotizen aus den Jahren 1938 bis 1990. Berlin 1998, S. 437-470.

21 Gesetz über das einheitliche sozialistische Bildungssystem der DDR vom 25.02.1965. In: Deutsche Lehrerzeitung. Nr. 9 vom 05.05.1965. DLZ-Dokumentation. S. 1-31, § 1, Abs. (1); *Quellentextband 3.1*, S. 280-295, S. 280.

Von der "sozialistischen Gesellschaft" und vom "sozialistischen Staat" ist im Bildungsgesetz des Jahres 1965 nahezu gleichsinnig die Rede. Von der sozialistischen Gesellschaft wird gesagt, sie werde von sozialistischen Menschen bewusst gestaltet. Vom sozialistischen Menschen heißt es, diesem vermittele das "sozialistische Bildungssystem" eine "moderne Allgemeinbildung" und "hohe Spezialbildung" sowie "Charakterzüge im Sinne der Grundsätze der sozialistischen Moral". Diese befähigten die sozialistischen Menschen dazu, "als gute Staatsbürger wertvolle Arbeit zu leisten, ständig weiter zu lernen, sich gesellschaftlich zu betätigen, mitzuplanen und Verantwortung zu übernehmen, gesund zu leben, die Freizeit sinnvoll zu nutzen, Sport zu treiben und die Künste zu pflegen". Diesem Ziel wird zugleich die Kraft zugestanden, "den sozialistischen Staat und alle gesellschaftlichen Kräfte in gemeinsamer Bildungs- und Erziehungsarbeit" zu einen.[22]

Die Zielformulierungen des § 1 des Bildungsgesetzes von 1965 geben eine ganzheitliche Aufgabenstellung vor, die sowohl den Staat als auch die Gesellschaft und das Erziehungssystem überfordert. Aus der Sicht moderner Lebensformen und ausdifferenzierter Gesellschaftssysteme ist befremdlich, dass die Bildungsperspektive des Gesetzes von Unterscheidungen zwischen individueller Geselligkeit, gesellschaftlicher Kommunikation und Interaktion sowie staatsbürgerlichen Rechten und Pflichten weitgehend abstrahiert. Diese aber sind für den Begriff menschlichen Glücks keineswegs akzidentiell, sondern von zentraler Bedeutung. Individuelles Glück lässt sich ebenso wie individuelle Bildung weder staatlich noch gesellschaftlich definieren und kann auch nicht durch kollektive Lehr-Lern-Prozesse erzeugt oder auf Dauer gestellt werden. Glückstreben ist wie die Tätigkeit des Lernens nur individuell vollziehbar. Es lässt sich nicht an andere delegieren und kann auch nicht in geschlossenen Kollektiven organisiert werden. Es verlangt jedoch nach Kommunikationsformen, in denen die Einzelnen nicht lediglich an ihrem privaten Glücklichsein interessiert sind, sondern einander in ihrem individuellen Streben nach Glück gegenseitig anerkennen, ohne stellvertretend für einander zu definieren, was unter individuellem und unter gemeinsamem Glück zu verstehen ist.

Der § 1 des Bildungsgesetzes betont die solidarische Seite menschlichen Glückstrebens und legt den Einzelnen zugleich die staatsbürgerliche Pflicht auf, ihr Glück in Kollektiven zu suchen und sich in der DDR glücklich zu fühlen. Individuelle Befindlichkeiten wie Unglück und Unzufriedenheit mit dem Leben in der DDR konnten von daher als Verletzung staatsbürgerlicher Pflichten und Verstöße gegen die sozialistische Moral interpretiert und nicht nur den Einzelnen, sondern auch ihren pädagogischen Bezugspersonen, Erziehern und Lehrern angelastet werden. Dies hängt u.a. auch damit zusammen, dass der Lehrerberuf in der DDR als ein Beruf verstanden wurde, der dem pädagogischen Personal nicht nur die Aufgabe zuwies, die Zielnormierungen der Verfassung und der Schulgesetze in Erziehung und Unterricht umzusetzen. Zum Verständnis pädagogischer Professionalität in der DDR

---

22 Ebd., § 1, Absatz (3); *Quellentextband 3.1*, S. 280f.

gehörte, dass Lehrern eine nicht delegierbare Verantwortung für den Unterricht und die durch diesen bei Schülern zu fördernden Lernprozesse zugeschrieben wurde. Die Folge war, dass die Lehrer ein deutliches Bewusstsein davon hatten, dass sie in den Leistungen ihrer Schüler stets auch Leistungen ihres Unterrichts mit zensierten. Ein Rückzug auf die Rolle eines Experten zur Unterscheidung besserer von schlechteren Schülerleistungen, wie ihn N. Luhmann - vor seiner Korrektur der binären Codierung der Erziehung - 1986 der westdeutschen Pädagogik empfahl, wäre in der DDR nicht als eine funktionale, sondern als eine dysfunktionale Maxime angesehen und abgewiesen worden.[23]

Nach § 2, Absatz (1) sichert der "sozialistische Staat [...] allen Bürgern der Deutschen Demokratischen Republik das gleiche Recht auf Bildung" zu.[24] Dieses bezieht sich nach Absatz (2) darauf, die "grundlegenden Bestandteile des einheitlichen sozialistischen Bildungssystems" in Anspruch zu nehmen und Einrichtungen der Vorschulerziehung, der zehnklassigen allgemeinbildenden polytechnischen Oberschule sowie der Berufsbildung und Weiterbildung zu besuchen. Nach Absatz (3) soll der Zugang entsprechend den "gesellschaftlichen Erfordernissen", den "individuellen Begabungen" und den "Differenzierungen in den Bildungswegen auf den oberen Stufen" erfolgen. Das für diese Stufung geltende Prinzip wird im Absatz (4) dahingehend definiert, dass für "die höheren Bildungseinrichtungen [...] die Besten und Befähigsten" auszuwählen sind und dass hierbei "die soziale Struktur der Bevölkerung der Deutschen Demokratischen Republik zu berücksichtigen" ist.[25]

Diesen Bestimmungen zufolge soll die Selektion im Bildungssystem erstens nach dem Leistungsprinzip erfolgen, zweitens proportional die Struktur der Bevölkerung abbilden und dieser gemäß den Zugang zu den höchsten Bildungseinrichtungen regulieren. Als drittes Kriterium tritt dasjenige des Bedarfs an qualifizierten Fachkräften im Bereich der gesellschaftlichen Arbeitsteilung hinzu. Leistung, Sozialstruktur und Bedarf werden dabei nicht als widerstreitende, sondern als in sozialistischen Gesellschaften koinzidierende Kriterien interpretiert, die im Sinne eines "sozialistischen Humanismus" miteinander harmonieren. Aus dem im § 1, Absatz (1) genannten Ziel einer "hohen Bildung des ganzen Volkes" und dem in § 2, Absatz (1), genannten, allen Bürgern zustehenden "gleichen Recht auf Bildung" wird auf diese Weise ein Recht auf eine der eigenen Leistungsfähigkeit, der Sozialstruktur und dem gesellschaftlichen Bedarf angemessene, möglichst hohe Bildung, in der die Prinzi-

---

23 Siehe hierzu N. Luhmann: Codierung und Programmierung. Bildung und Selektion im Erziehungssystem. In: H.-E. Tenorth (Hrsg.): Allgemeine Bildung. Analysen zu ihrer Wirklichkeit. Versuche über ihre Zukunft. Weinheim und München 1986, S. 154-182; zur späten Selbstkorrektur Luhmanns siehe Ders.: Das Erziehungssystem der Gesellschaft. Frankfurt a.M. 2002; vgl. auch die Rezension dieser Arbeit durch D. Benner in: Zeitschrift für Pädagogik 49 (2003), S. 146-149.

24 Gesetz über das einheitliche sozialistische Bildungssystem der DDR vom 25.02.1965. A.a.O., S. 281.

25 Ebd.

pien der Leistungsgerechtigkeit, der Chancengerechtigkeit und der Bedarfsgerechtigkeit gleichermaßen zur Geltung kommen und Beachtung finden, die zusammen genommen das umschreiben, was in den Grundsätzen des DPZI "sozialistischer Humanismus" genannt wird.[26]

Die weiteren Zielformulierungen des Gesetzes von 1965 kommen - wie diejenigen aller anderen Schulgesetze der DDR - ohne die normative Vorgabe, die Schüler zum Hass gegen die Feinde des Sozialismus zu erziehen, aus. Die Erziehung zu sozialistischer Moral soll nun dazu beitragen, dass "das Leben der Schüler, Lehrlinge und Studenten" durch "Hilfsbereitschaft, Freundlichkeit, Höflichkeit und Zuvorkommenheit, Achtung gegenüber ihren Eltern und allen älteren Menschen sowie ehrliche und saubere Beziehungen zwischen den Geschlechtern" bestimmt wird.[27] Darüber hinaus findet sich im Gesetz eine Ausweitung der Einbeziehung außerschulischer Einrichtungen, die über die ansonsten häufig genannte FDJ und die Jungen Pioniere weit hinaus führt:

> "Die Betätigung in Pionierhäusern, Stationen und Klubs Junger Techniker, Stationen Junger Naturforscher, Stationen Junger Touristen, Studentenclubs, Studententheatern, studentischen Konstruktionsbüros, in Arbeits- und Interessengemeinschaften und in den Sportgemeinschaften ist ein fester Teil des sozialistischen Bildungs- und Erziehungsprozesses. Sie dient in besonderem Maße der Förderung von Begabungen und Talenten."[28]

Ausführungen wie diese dürfen keineswegs nur totalitarismustheoretisch als Vorkehrungen im Dienste einer indoktrinierenden und manipulierenden Erziehung durch den Staat gelesen werden, obwohl sie durchaus solche Möglichkeiten eröffnen, sondern markieren zugleich zur sozialistischen Normalpädagogik erhobene reformpädagogische Strukturelemente des Bildungssystems der DDR, in denen der Gedanke wirksam ist, innerschulische Lehr-Lern-Prozesse seien so zu gestalten, dass sie für außerschulische Lebensformen bedeutsam werden können und an diese anschlussfähig sind.

Die im Bildungsgesetz von 1965 festgeschriebene Struktur besteht aus den aufeinander folgenden Stufen der "Kinderkrippe", des "Kindergarten" und der "zehnklassigen allgemeinbildenden polytechnischen Oberschule", die sich in eine "Unter-", "Mittel-" und "Oberstufe" differenziert, an die sich die "Erweiterte Oberschule" sowie "Einrichtungen der Berufsausbildung" anschließen. Diese Stufenordnung zeigt, wie aus ihrer graphischen Darstellung hervorgeht, einen streng horizontalen Aufbau des gesamten allgemeinbildenden Erziehungssystems, der nun

---

26 Vgl. hierzu: Ergänzungsvorschlag zum Teil I der Bildungskonzeption von 1964. A.a.O., S. 280f.

27 Gesetz über das einheitliche sozialistische Bildungssystem der DDR vom 25.02.1965. A.a.O., § 5 (5), S. 283.

28 Ebd., § 7 (6), S. 289.

Struktur des Bildungssystems gemäß Gesetz über das einheitliche sozialistische Bildungssystem der DDR (1965) [29]

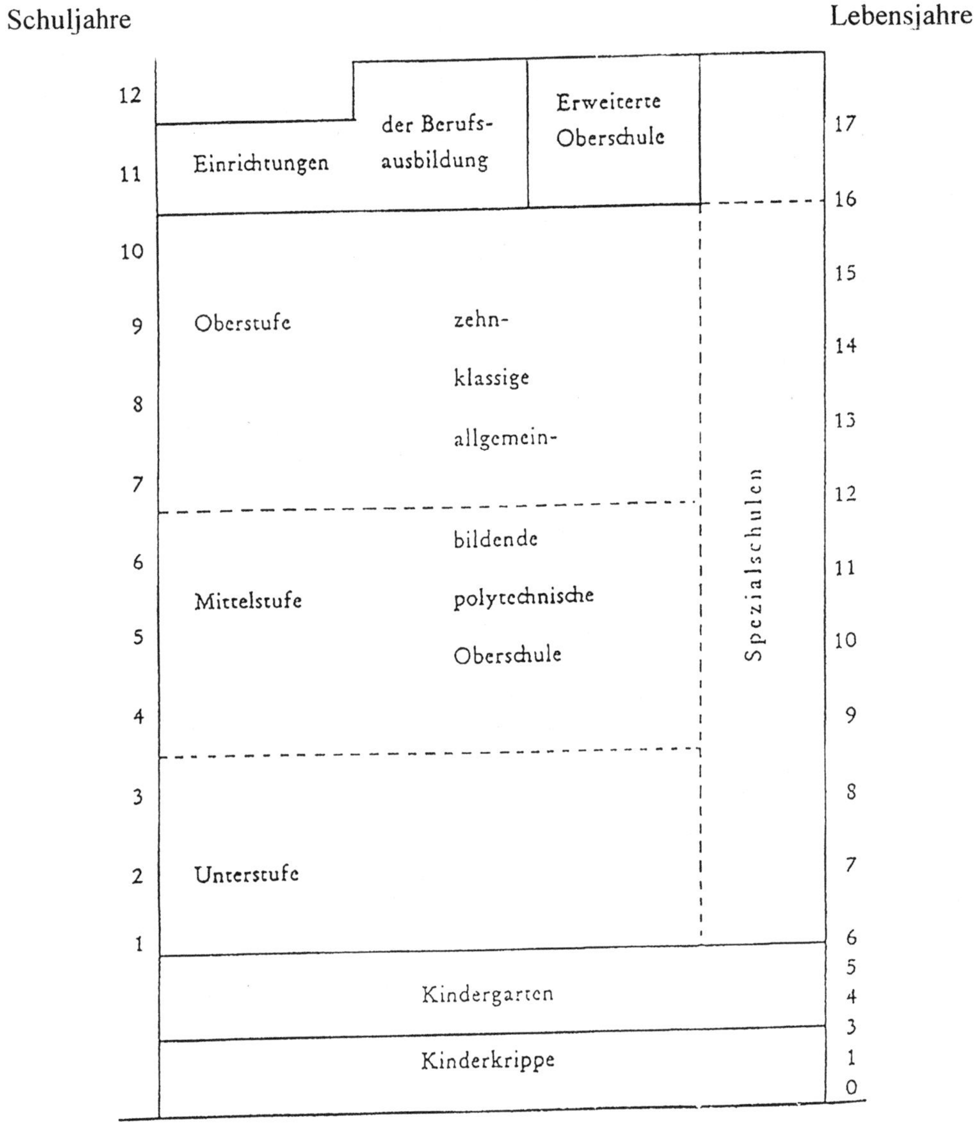

29 Das Schaubild wurde entnommen: L. Froese (Hrsg.): Bildungspolitik und Bildungsreform. Amtliche Texte und Dokumente zur Bildungspolitik im Deutschland der Besatzungszonen, der Bundesrepublik Deutschland und der Deutschen Demokratischen Republik. München 1969, S. 374.

die Struktur des nicht mehr in Entwicklung begriffenen, sondern entwickelten sozialistischen Bildungssystems ausmacht. Sie sieht für alle Heranwachsenden eine 10-jährige gemeinsame Schulzeit vor, an die sich eine zweijährige erweiterte Oberschule und eine mehrjährige Berufsausbildung anschließen, von denen erstere zur allgemeinen Hochschulreife führt und letztere ebenfalls den Zugang zu einem Studium eröffnen kann.

Die Schulstruktur entspricht damit in ihren schulischen Stufen und Merkmalen weitgehend der von Wilhelm von Humboldt für die Preußische Schulreform vorgenommenen Einteilung des Unterrichts in Elementarunterricht, Schulunterricht und Universitätsunterricht. Daneben aber kennt das neue Bildungsgesetz ein bei Humboldt nicht vorgesehenes, zusätzliches Strukturmoment. Neben die Stufen der zehnklassischen allgemeinbildenden polytechnischen Oberschule setzt das Gesetz die in den Grundsätzen des DPZI von 1963/64 bereits herausgehobenen "Spezialschulen", die die drei allgemeinbildenden Schulstufen des Erziehungssystems in besonderer Weise abbilden und auslegen.

Das Bildungsgesetz von 1965 enthält nicht nur Aussagen über allgemeinbildende-nichtspezialisierte und allgemeinbildende-spezialisierte Bildungsgänge, sondern legt auch die obligatorischen Lernbereiche und ihre Konkretion für einzelne Schulstufen fest. Zu den obligatorischen Lernbereichen des voll entwickelten Curriculum gehören mathematische, naturwissenschaftliche, polytechnische, staatsbürgerliche, gesellschaftswissenschaftliche, moralische, muttersprachliche, fremdsprachliche, ästhetische und körperbezogene Bildungsinhalte. Über die allgemeine Nennung der obligatorischen Bildungsinhalte macht das Gesetz auch konkretere Aussagen über die Bildungsinhalte einzelner Schulstufen und das Verhältnis der Normal- und Spezialschulen. In diesen kehren mit dem "Werk- und Schulgartenunterricht" sowie im Rahmen des "polytechnischen Unterrichts" neuerlich reformpädagogische Elemente wieder.

Als obligatorische Lernbereiche der Unterstufe werden erstens Deutsch, zweitens Mathematik, drittens "Werk- und Schulgartenunterricht", viertens künstlerische Fächer, fünftens Sport genannt. Diese Ordnung gilt unverändert auch für die Mittelstufe, in der natur- und gesellschaftswissenschaftliche Fächer sowie Russisch als erste Fremdsprache hinzutreten. Der "Werk- und Schulgartenunterricht" wird nun auf einem nicht mehr umgänglichen, sondern technischen Niveau angesiedelt. Die Oberstufe kennt schließlich das bereits genannte, voll entwickelte Curriculum, in dem der "Werk- und Schulgartenunterricht" in einen wissenschaftsorientierten "polytechnischen Unterricht" überführt wird und Englisch fakultativ als weitere Fremdsprache hinzukommt.[30] Vom "polytechnischen Unterricht" wird in diesem Zusammenhang gesagt:

---

30 Vgl. für die Unterstufe den § 14., für die Mittelstufe den § 15 und für die Oberstufe den § 16 des Gesetzes über das einheitliche Bildungssystem. A.a.O., S. 286-289.

> "Im polytechnischen Unterricht sind die Schüler systematisch mit den wissenschaftlich-technischen, technologischen und politisch-ökonomischen Grundlagen der sozialistischen Produktion vertraut zu machen. Die praktische Tätigkeit wird stärker auf die Bedienung moderner Maschinen, Anlagen und Geräte orientiert.
>
> Die polytechnische Ausbildung erfolgt in sozialistischen Betrieben. In den Klassen 9 und 10 erhalten die Schüler einen berufsvorbereitenden polytechnischen Unterricht oder eine berufliche Grundausbildung. Durch den engen Kontakt zwischen den Schülern und den Kollektiven der Werktätigen und durch die selbständige, verantwortliche Ausführung von Produktionsaufgaben ist die sozialistische Einstellung zur Arbeit in besonderem Maße zu entwickeln.[31]

Die schon in älteren Texten vorhandene Begrenzung der Polytechnik auf den Bereich der Produktion und die damit gegebene Ausblendung einer auf ausdifferenzierte Gesellschaftsbereiche ausgerichteten Polypragmatik ist auch im Bildungsgesetz von 1965 wirksam. Sie findet sich auch in den Ausführungen zu den Spezialschulen, die das eigentliche Novum im Bildungsgesetz von 1965 darstellen. Spezialschulen werden nun - in eng begrenzter Anzahl - als Einrichtungen für alle Teilbereiche des Curriculum, das ansonsten unverändert auch für sie gilt, zugelassen. Entsprechend differenzieren sich die Spezialschulen in Schulen oder Spezialklassen auf den Gebieten der technischen, der mathematischen, der naturwissenschaftlichen, der sprachlichen, der künstlerischen und der sportlichen Bildung. Sie sollen

- "Schüler mit hohen Leistungen und besonderen Begabungen" aufnehmen,
- diese "in der Regel zur Hochschulreife" führen oder auf "besondere künstlerische und sportliche Leistungen" vorbereiten und
- nicht flächendeckend, sondern "nur in begrenztem Umfang errichtet" werden.[32]

Während die strenge horizontale Gliederung des Bildungssystems den Grundsätzen der Humboldtschen Schulpläne entspricht, trifft dies auf die Ausführungen zu den Spezialschulen nicht zu, auch wenn diese nach demselben obligatorischen Curriculum arbeiten und besondere Leistungen in einem Schwerpunktbereich fördern sollen.

Neben die Spezialschulen stellt das Gesetz als Schulen besonderer Art die Sonderschulen, welche die "Erziehung und Bildung aller Kinder, Jugendlichen und Erwachsenen mit wesentlichen physischen oder psychischen Schädigungen" regeln und in "entsprechenden Einrichtungen Schwerhörige und Gehörlose, Sehschwache und Blinde, Sprach- und Stimmgestörte, schulbildungsunfähige Schwachsinnige, dauernd Körperbehinderte, wesentlich Verhaltensgestörte und für längere Zeit

---

31 Ebd., § 16 (2), 3. Spiegelstrich, S. 289.
32 Ebd., § 18, S. 291.

erkrankte bzw. in Einrichtungen des Gesundheitswesens stationär behandlungsbedürftigen Kinder und Jugendliche" erfassen.[33]

Zu den Bestimmungen des "Gesetzes über das einheitliche sozialistische Bildungssystem" traten 1968 allgemeine Regelungen in einer neuen "Verfassung der Deutschen Demokratischen Republik" hinzu, welche die DDR als einen dauerhaft bestehenden, selbständigen sozialistischen Staat interpretieren, dessen Entwicklung nun nicht mehr auf eine Vereinigung der beiden deutschen Nachkriegsstaaten finalisiert wird. In den schulbezogenen Artikeln 25 und 26 werden wesentliche Aussagen des Bildungsgesetzes - insbesondere diejenigen zum gleichen Recht auf Bildung, zur Zugänglichkeit der Bildungsstätten für alle Bürger und zum Zusammenwirken des Staates mit allen gesellschaftlichen Kräften - wiederholt und die Ausführungen zur "zehnjährigen Oberschulpflicht" um weitere ergänzt, welche allen Jugendlichen "das Recht und die Pflicht" zuweisen, "einen Beruf zu erlernen".[34]

Der Sache nach wird dabei zwar zwischen der Erlernung und der Ausübung eines Berufs unterschieden; der Selbstanspruch des sozialistischen Staates und der sozialistischen Gesellschaft schloss jedoch die Pflicht ein, sicherzustellen, dass alle Bürger eine berufliche Tätigkeit ausüben können. Da die Ausübung einer Berufstätigkeit in der Regel eine unerlässliche Voraussetzung dafür ist, dass Menschen durch eigene Arbeit die Mittel für ihre Subsistenz sichern können, stellt die individuelle Einlösung des Rechts auf einen eigenen Beruf eine wichtige Voraussetzung auch für die Inanspruchnahme anderer in der Verfassung zugestandener Rechte dar. Das besagt jedoch nicht, dass die positive Einlösung solcher Rechte durch den Staat geregelt werden müsste oder könnte. So wie der Gebrauch des Rechts auf freie Meinungsäußerung durch den Staat gefördert oder behindert, nicht aber positiv normiert werden kann, und der Staat auch nicht für die richtige Begattung der Menschen zuständig ist, so kann auch die positive Inanspruchnahme des Rechts auf die Wahl eines Berufs nicht durch den Staat reguliert werden. Während die Aufnahme des Rechts der freien Berufswahl in den Katalog der in Verfassungen zu achtenden Menschenrechte durchaus als ein Fortschritt interpretiert werden kann, sind Versuche, seine Inanspruchnahme und Gewährleistung staatlich zu normieren, durchaus problematisch. In modernen, ausdifferenzierten Gesellschaften mit voneinander weitgehend unabhängigen Teilsystemen, Handlungsbereichen und -feldern kann die Wahrnehmung des Rechts der Berufswahl durch den Staat mehr oder weniger gefordert und gefördert, nicht aber von Staats wegen kontrolliert und reglementiert werden.

---

33 Ebd., § 19 (1), S. 291. Zur Sondererziehung und Rehabilitation in der SBZ siehe A. Jochheim/F. Schliehe/H. Teichmann: Rehabilitation und Hilfen für Behinderte 1945-1949. In: Bundesministerium für Arbeit und Sozialordnung und Bundesarchiv (Hrsg): Geschichte der Sozialpolitik in Deutschland vor 1945. Band 2.1. Baden-Baden 2001, S. 261-585; für die weitere Entwicklung vgl. K. von Renker/R. Weise (hrsg.): Die Rehabilitation im Gesetz. Leipzig 1960.

34 Vgl. Artikel 25 und 26 der "Verfassung der Deutschen Demokratischen Republik vom 06.04.1968". Staatsverlag der Deutschen Demokratischen Republik. Berlin 1968, S. 25-26; *Quellentextband 3.1*, S. 295.

3.3.2 Festigung und Öffnung der Erziehungs- und Staatsziele im Schatten des "antifaschistischen Schutzwalls"

Die Lösung der für die SBZ und das erste Jahrzehnt der DDR aufgezeigten Entwicklungsprobleme der Schule wurde nicht durch das Bildungsgesetz von 1965 und auch nicht durch die neue Verfassung von 1968 eingeleitet, sondern vollzog sich im Schatten des Baus der zwischen beiden deutschen Staaten 1961 errichteten "Mauer", die in der Terminologie der DDR "antifaschistischer Schutzwall" genannt wurde. Da die Errichtung einer weitgehend undurchlässigen, beide deutschen Nachkriegsstaaten bis zu ihrer Vereinigung trennenden und Berlin als Stadt in besonderer Weise teilenden Grenze - zumindest vorübergehend - im Erziehungssystem zu einer gleichzeitigen Festigung und Lockerung der Erziehungsprogramme und Staatsziele führte, ist der Bau der Mauer nicht nur in außen- und innenpolitischer, sondern auch in schulreformerischer Hinsicht als das herausragende politische Ereignis des Entwicklungsabschnitts von 1960 bis 1970 anzusehen. Zwar lässt sich auf dieses Ereignis allein nicht zurückführen, dass die Einheitsschule der DDR am Ende des zweiten Jahrzehnts des Bestehens des ostdeutschen Staates einen erheblichen Teil jener Leistungen erbrachte, die die Reformer sich 1946 bereits von der Umsetzung des "Gesetzes zur Demokratisierung der deutschen Schule" erhofft hatten; ohne die Hinderung der Bürger - Lehrer, Eltern wie Schüler - an der sogenannten "Republikflucht", wäre eine Konsolidierung des Erziehungs- und Politiksystems der DDR wohl kaum möglich gewesen.

Im Bildungs-, Wissenschafts- und Beschäftigungssystem führte der Mauerbau dazu, dass die in der DDR ausgebildeten jungen Leute dem Staate und der Gesellschaft ebenso wie ihre Erzieher, Lehrer und Ausbilder erhalten blieben und die in die Erziehung, Bildung und Ausbildung der nachwachsenden Generation investierten Mittel dem eigenen Lande nahezu in vollem Maße zu gute kamen. Mit dem Bau der Mauer im Jahre 1961 kam erstmals nach dem Zweiten Weltkrieg die 1989 dann erneut einsetzende Westbewegung zum Stillstand, welche dazu beitrug, dass die mobilsten Teile der Ostflüchtlinge die SBZ und später auch die DDR als Durchgangsland in den Westen nutzten und sich später über die bis 1961 offene Stadt Berlin in den Westen absetzen konnten.

Von außen gesehen war der Mauerbau ein problematisches Ereignis in der Geschichte der DDR. Die Führung sperrte das eigene Staatsvolk ein, um es bei der Stange zu halten und die sozialistischen Menschen daran zu hindern, Arbeit, Wohlstand und Freiheit im kapitalistischen Ausland zu suchen. Nach innen aber war der Mauerbau zugleich etwas anderes, und in dieser Hinsicht ist er nicht zu vergleichen mit der Niederwerfung des Arbeiteraufstands von 1953, als Bauarbeiter aus der Stalin-Allee zum Brandenburger Tor zogen und Teile der Bevölkerung sich ihnen anschlossen, um gegen das System zu rebellierten. Der Mauerbau hat innerhalb der DDR-Geschichte eine ganz andere Bedeutung als der Aufstand von 1953, der dann von der russischen Besatzungsmacht, unterstützt durch die DDR-Polizei, niedergeschlagen wurde. Dem Bau der Mauer kam, innenpolitisch gesehen, so paradox das erscheinen mag, die Bedeutung zu, eine - wenn auch nur vorübergehend - freiere und erfolgreiche Entwicklung eingeleitet zu haben.[35]

Kurz vor dem Bau der Mauer fand in Berlin der 6. Pädagogische Kongress statt, auf dem die alte Dauerklage letztmals in der bis dahin gewohnten Stärke geführt wurde, dass erstens die sozialistische Erziehung nicht im erhofften Maße gelinge und zweitens die Schule bei den Schülerinnen und Schülern nicht die in den Lehrplänen geforderten intellektuellen Leistungen und charakterlichen Eigenschaften bewirke. Eine Verbesserung der Schülerleistungen versprach man sich neuerlich durch eine stärkere Aktivierung der "Selbständigkeit der Schüler", die allzu oft "auf praktische Arbeiten [...] außerhalb des Unterricht beschränkt" werde und durch "Schülerexperimente, Schüleraufträge, ständige Beobachtungen, Exkursionen, Materialsammlungen, Quellenkarteien" gesteigert werden könne, die zusammen mit der "Arbeit mit dem Buch" und dem "Unterrichtstag in der sozialistischen Produktion" "günstige Voraussetzungen" für Unterricht und Schulleben böten.[36] Die Sorge, dass durch einen vermehrten Einsatz der genannten Arbeitsformen "die führende Rolle des Lehrers im Unterrichtsprozeß negiert" werde, sei unbegründet, da "[e]rfolgreiche Lehrer im Rückgriff auf die genannten Formen gezeigt hätten, "wie man Schematismus und Schablone in der Gestaltung des Unterrichts überwinden" könne.[37]

Als ein Gradmesser für den Erfolg der sozialistischen Erziehung fungierte neben anderen die Entwicklung der "Republikflucht", die bis 1961 konstant blieb oder sogar anstieg. Neben den bereits erwähnten Klagen wurde drittens konstatiert, dass es der Schule aufgrund der Einförmigkeit ihres Methodenrepertoires und der Restriktionen gegen reformpädagogische Interaktionsformen und Handlungsmuster nicht gelinge, die gewünschte Verbindung zwischen schulisch inszenierten Lehr-Lern-Prozessen und dem Verhalten der Schüler im Leben herzustellen. Um die angestrebte einheitliche sozialistische Charakterentwicklung bei den Heranwachsenden sicher zu stellen, wurden auch auf diesem Kongress wieder die Postulate der

---

35 Diese Legitimation des Mauerbaus teilten viele Bürgern der DDR noch bis in die Zeit der Wende und über diese hinaus. Als D. Benner im Oktober 1991 den Ruf auf eine Professur für Allgemeine Erziehungswissenschaft an der Humboldt-Universität zu Berlin annahm und für neun Monate ein Zimmer in dem in der Ziegelstraße gelegenen Gästehaus der Universität mietete, fragte ihn der ihm immer freundlich begegnende Verwaltungsleiter des Fachbereichs Erziehungswissenschaften, ob er im eingemauerten oder im freien Teil von Berlin wohne. Benner war nicht sicher, wie er diese Unterscheidung interpretieren sollte und antwortete daher, er wohne in der Ziegelstraße, worauf der Verwaltungsleiter mit einem Ausdruck des Wohlwollens erwiderte, dann wohne er also nicht im eingemauerten Teil der Stadt.

36 Für die Verbesserung des Lernens und der sozialistischen Erziehung an den Oberschulen. Diskussionsgrundlage zur Vorbereitung des 6. Pädagogischen Kongresses (10. bis 12. Juni 1961). In: Beilage Nr. 21 zur "Deutschen Lehrerzeitung" 21 (1961), Heft 8, S. 1-16; *Quellentextband 3.1*, S. 320-325, S. 322f.

37 Ebd., S. 323.

Einheit von Erziehung (Charakterbildung) und Bildung (Wissensvermittlung), Erziehung und Unterricht, Schule und sozialistischem Leben bemüht. Zugleich aber wurde die Aporie, in der sich die Reformer befanden, erkannt und deutlich benannt. Sie lautete:

> "Der Sozialismus kann nicht mit eigens darauf vorbereiteten Menschen aufgebaut werden."[38]

Die Aporie war als solche nicht neu. Schiller hatte sie für seine Zeit, was den Übergang vom Herrschaftssystem des absolutistischen Staates in eine Gesellschaft freier Menschen betrifft, in den Briefen "Über die ästhetische Erziehung des Menschen" (1793/94) diskutiert und die Vorstellung entwickelt, der empirisch vorgegebene Mensch sei mit Hilfe der Kunst vernünftig zu bilden, wenn man ihn "zuvor ästhetisch macht". Die DDR verfolgte ein anderes Programm. In ihr wurde versucht, die Menschen durch Politik und staatsbürgerliche Erziehung vernünftig zu machen. Zur Frage der politischen Erziehung äußerte sich auf dem 6. Pädagogischen Kongress Ekkehard Sauermann, damals Doktorand an der Humboldt-Universität zu Berlin, in einem Kurzreferat, das die oft zum Stereotyp erstarrte These von der "Einheit von Wort und Tat" heranzog, um Widersprüche zwischen der marxistisch-leninistischen Lehre und der sozialistischen Wirklichkeit zu thematisieren und für Lehr-Lern-Prozesse fruchtbar zu machen.[39] Anknüpfend an einen "Diskussionsbeitrag" des "Genossen Prof. Hager" vom vorausgegangenen Tage berichtete er über eine Staatsbürgerunterrichtsstunde zum Thema "Merkmale des sozialistischen Menschen", in der er hospitiert hatte. Nachdem die Lehrerin die "Idealgestalt" eines solchen Menschen geschildert und diese dann den Schülern als einen Menschen empfohlen habe, der "vorbildlich lernt" und sich in seinem persönlichen Leben "ausgezeichnet [...] benimmt", sei folgendes geschehen:

> "Plötzlich ruft eine Schülerin - sie hatte vor Erregung nicht einmal daran gedacht, sich zu melden - 'Frau Österreich, kennen Sie so einen?' Die Lehrerin schnappte dreimal nach Luft. Dann gelang es ihr, zwei oder drei tüchtige Menschen, gute sozialistische Staatsbürger in der engeren Heimat zu nennen und ihre hervorragenden Eigenschaften zu schildern."[40]

---

38 Ebd., S. 321.

39 Zu E. Sauermanns Verständnis von staatsbürgerlicher Erziehung siehe Th. Gatzemann: Das Projekt der ideologisch-verwissenschaftlichten Menschenbildung. Bildungstheoretisch-problemgeschichtliche Analysen zu Indoktrination und politischer Bildung in Deutschland zwischen 1945 und 1970. Frankfurt a.M. usw. 2003, S. 57ff.

40 E. Sauermann: Die Einheit von Wort und Tat in der Staatsbürgerkunde. In: Für die Verbesserung des Lernens und der sozialistischen Erziehung an den Oberschulen. Protokoll des 6. Pädagogischen Kongresses vom 03.6.-05.06. 1961. Teil II: Diskussionsbeiträge/Hrsg. vom Ministerium für Volksbildung der Deutschen Demokratischen Republik. Berlin 1962. S. 140-142; *Quellentextband 3.1*, S. 326-327, S. 326.

Sauermann berichtet weiter, dass er sich "mit dem Mädchen" nach dem Unterricht in der Pause unterhalten und dabei in Erfahrung gebracht habe, dass der Vater der Schülerin im Betrieb ein "dreifacher Aktivist" und zu Hause ein Alkoholiker sei, der "die Tochter ab und zu prügelt". Den Widerspruch zwischen Idee und Wirklichkeit erkennt er darin, dass die Lebenserfahrung der Schülerin nicht "mit der Schilderung der Lehrerin" übereinstimme, die den sozialistischen Menschen als einen Aktivisten gezeichnet habe, der "jederzeit", also "auch in seinem Privatleben", ein "vorbildlicher Mensch" sei.

Auch wenn man Sauermanns exemplarische Erläuterung des Widerspruchs von Ideal und Wirklichkeit am Beispiel eines mehrfach ausgezeichneten Aktivisten, der im Privatleben Alkoholiker war, als Individualisierung eines gesellschaftlichen Widerspruchs kritisiert, reicht die Frage des Mädchens "[...] kennen Sie so einen?" doch weit über den Einzelfall hinaus. Sauermann begrenzt den aufgezeigten Widerspruch jedoch nicht auf Widersprüche zwischen individuell-privater Unzulänglichkeit einzelner Menschen und den von diesen gleichzeitig repräsentierten betrieblich-öffentlichen Tugenden, sondern fährt fort:

> "Schadet es uns, wenn wir unseren Schülern erklären, wie widerspruchsvoll eben noch das Verhältnis zwischen den Menschen ist, daß die neuen Verhältnisse zwischen den Menschen sich nur im Kampf herausbilden, daß es große Schwierigkeiten zwischen einzelnen Menschen in einem Betrieb, in einem Ort geben kann in der Auseinandersetzung um diese neuen, sozialistischen Verhältnisse, daß es Überreste des Alten gibt, die uns schwer zu schaffen machen, die man nur schwer überwinden kann? Es schadet nicht. Es gibt in unserer Gesellschaft keinen einzigen Widerspruch, über den man nicht offen sprechen kann.
>
> Jeder Lehrer hat die Pflicht und Schuldigkeit, den Schülern die Wahrheit zu sagen und nicht vor ihren Fragen auszuweichen, die manchmal schwierig sind und die manchmal natürlich auch für uns nicht so leicht zu beantworten sind."[41]

Sauermanns Beispiel war ein Aufruf, im Staatsbürgerkundeunterricht offen und frei über Widersprüche innerhalb der bestehenden Gesellschaft auch dann zu sprechen, wenn Antworten, wie mit diesen umzugehen sei, nicht auf der Hand liegen oder strittig sind. Die geforderte "Einheit von Wort und Tat" interpretierte er nicht als eine Einheit von idealer Gesinnung und tatsächlichem Charakter, sondern als eine Einheit zwischen der unterrichtlichen Thematisierung gesellschaftlicher Widerspruchserfahrungen und dem außerhalb des Unterrichts liegenden praktischen Umgang mit problematischen Sachverhalten, die weder zu leugnen noch zu akzeptieren, sondern zu problematisieren und experimentell durch individuelles und gemeinsames Handeln

---

41 Ebd., S. 326f.

zu verändern gilt. Vom Lehrer verlangt er, Differenzen zwischen Idee und Wirklichkeit nicht auszuweichen, sondern über diese mit den Schülern zu diskutieren. Die verbreiteten Redensarten von der "Einheit von Wort und Tat", "Theorie und Praxis", "Unterricht und Leben", "Erziehung und Bildung" usw. verlieren auf diese Weise den Schein einer harmonischen Einheitlichkeit. An ihre Stelle treten problematische Einheiten oder Sachverhalte, die sich zum Zweck der Erziehung nicht ohne Weiteres harmonisieren lassen.

Sauermanns Diskussionsbeitrag stammte aus der Zeit unmittelbar vor dem Bau der Mauer und wurde 1962 im Rahmen der Kongressdokumentation veröffentlicht. So ist dieser Diskussionsbeitrag zugleich ein Beispiel dafür, dass nach 1961 öffentlich über Widersprüche zwischen Idee und Wirklichkeit im Leben innerhalb der sozialistischen Gesellschaft der DDR geredet werden und dabei auch Fragen und Probleme angesprochen werden konnten, für die es keine im Unterricht zu vermittelnden Lösungen gab. Sauermanns Reformulierung der sogenannten Einheitsfloskel gibt zu erkennen, dass ein Unterricht, der Widersprüche in der Gesellschaft im Sinne eines ideologischen Ideals harmonisiert, letztlich nur idealistisch verschweigt, worunter die Menschen leiden. Eine über die Widerspruchserfahrung und ihre Analyse hinausgehende Problemlösungskompetenz weist Sauermann der staatsbürgerlichen Erziehung in diesem Zusammenhang nicht zu. Sie würde auch der von ihm geforderten Aufrichtigkeit des Lehrers widersprochen haben, dessen professionelle Kompetenz nicht in der Lösung politischer Probleme, sondern in der Unterstützung von Lernprozessen liegt, die sich sowohl auf problemhaftige Sachverhalte beziehen können, die im Wissen der Erwachsenen oder in den Wissenschaften längst schon beantwortet sind, als auch auf solche, die noch keine definitive Antwort gefunden haben, vielleicht nie eine solche finden können und in zeitgenössischen Diskursen gerade erörtert werden.

Am Ende des zweiten Jahrzehnts der DDR hielt die Ministerin für Volksbildung auf einem Schulräteseminar ein Referat, in dem sie die Notwendigkeit unterstrich, die "Entwicklung der Selbsttätigkeit und Aktivität der Schüler" als ein "Prinzip unserer marxistischen Pädagogik" anzuerkennen. Dieses Prinzip müsse in allen unterrichtlichen Interaktionen wirksam sein und könne nur unter Berücksichtigung der jeweiligen Unterrichtsgegenstände und -inhalte beachtet werden. Hierfür sei eine "problemhafte" Gestaltung des Unterrichts unerlässlich, in der jedoch Lehrer und Schüler nicht einen "Einerseits-Anderseits-Standpunkt" einnehmen dürften, sondern das, was als "problemhaft" erfahren und vorgestellt werde, "von den Positionen des Sozialismus aus" und nicht "mit feindlichen Argumenten"[42] aus der Sicht des politischen Gegners betrachten sollten. Hatte Sauermann ansatzweise Erziehung und Bildung aus ihrem subordinierten Verhältnis zur Politik her-

---

42 Margot Honecker: Mehr Konkretheit in der Leitungsarbeit. Referat auf dem zentralen Schulräteseminar vom Mai 1969. In: Pädagogik 24 (1969), S. 606-610; *Quellentextband 3.1*, S. 327-331, S. 328.

auszulösen versucht, so werden sie im Referat der Ministerin wieder dem Primat der Politik unterstellt:

> "*Es geht also in Staatsbürgerkunde darum, den Marxismus in Aktion, in seiner schöpferischen Anwendung zu lehren.* Damit stehen das Verständnis für die Politik von Partei und Regierung sowie die Entwicklung der bewußten und tätigen Parteinahme für unsere sozialistische DDR im Mittelpunkt dieses Unterrichts."[43]

Die Ministerin lehnte in ihren Ausführungen nicht nur ein offenes Verhältnis von Erziehung, Bildung und Politik ab, sondern wandte sich zugleich gegen Vorstellungen eines kybernetischen Regelkreises, welche den Anspruch der Politik auf einen Primat unter den gesellschaftlichen Praxen leugnen und Erziehung als eine Tätigkeit denken, die in einem "dialektischen Verhalten lernender Systeme" gegenüber ihrer Umwelt begründet ist. Ebenso wandte sich die Ministerin gegen eine mit Regelkreismodellen kybernetisch argumentierende Erziehungswissenschaft, die Gesetzmäßigkeiten aufstellt und erforscht, die jenseits und unabhängig von der marxistischen Theorie eines gesetzmäßigen Verlaufs der Weltgeschichte gelten. Gegen Wissenschaftsauffassungen wie diese suchte sie eine Einheit von Wissenschaft und Politik zur Geltung zu bringen, die es ihr erlaubte, kraft ihres politischen Amtes zu entscheiden, was als Wissenschaft anzusehen bzw. nicht zuzulassen sei:

> "eine solche Auffassung desorientiert Theorie und Praxis. *Die methodologische Grundlage der Pädagogik ist und bleibt der Marxismus-Leninismus, denn die Pädagogik ist ein Bestandteil der marxistisch-leninistischen Gesellschaftswissenschaft.*"[44]

Im Begriff der "problemhaften" Gestaltung des Unterrichts ist ein Verständnis pädagogischer Lernsituationen wirksam, das verschiedene Beziehungen zum erziehungstheoretischen und -philosophischen Prinzip der Frage[45] und zum reformpädagogischen Verständnis "problemhaltiger" Lebenskreise und "pädagogischer Situationen" aufweist, wie es Peter Petersen in seiner Führungslehre und in seinen Studien zur pädagogischen Tatsachenforschung in verschiedenen Varianten ausgearbeitet hat. Unter "problemhaltigen" Fragen sind dabei "nicht Fragen gemeint, die nur oder auch nur in erster Linie der Lehrer stellt, indem er fragt oder zeigt u. dgl., sondern [...]

---

43 Ebd., S. 329.

44 Ebd., S. 330.

45 Vgl. hierzu u.a. A. Petzelt: Vom Wissen. In: Ders.: Wissen und Haltung. Freiburg i.B. 1963, insbesondere S. 29-36; J. Derbolav: Das Problem einer philosophischen Grundlegung der Pädagogik. In: Ders.: Frage und Anspruch. Wuppertal/Kastellaun 1970, S. 47-63, insbesondere S. 56ff.; D. Benner: Allgemeine Pädagogik. A.a.O., S. 148f.; siehe auch *Monographieband 2*, S. 327ff.

Gegenstände, menschliche Verhältnisse, Geschehnisse, Entwicklungen, Verwicklungen" angesprochen, die für Lernprozesse Heranwachsender "einen natürlichen oder absichtsvoll verstärkten Aufforderungscharakter" besitzen.[46] Um die Thematisierung und Bearbeitung solcher Fragen in Unterricht und Schulleben zu planen, muss der Lehrer seine Führungsrolle an einem Verständnis "pädagogischer Situationen" ausrichten, für deren Einrichtung er selbst Verantwortung trägt:

> "Pädagogische Situation ist jener absichtsvoll gebildete und unterhaltene Lebenskreis problemhaltiger (gleich: fragenerfüllter) Situationen, der dazu bestimmt ist, der allseitigen Entwicklung, Formwerdung (Bildung) und Reifung der rein menschlichen Anlagen und geistigen Kräfte von Kindern und Jugendlichen die beste Umwelthilfe zu gewähren. Sie stellt die Jugend unter Reize und vor Aufgaben der mannigfaltigsten Art, durch die ein jeder genötigt wird, sich als ganzer Mensch, als ganze Persönlichkeit zu äußern, tätig zu werden, zu handeln und mit relativ abgeschlossenen Stellungnahmen und Leistungen zu antworten."[47]

Der hier vorliegende Begriff "problemhaltiger" Situationen unterscheidet sich von demjenigen "problemhaftiger" Situationen dadurch, dass ersterer nicht nur durch das erziehungstheoretische Prinzip der Frage konstituiert wird, sondern auch bildungstheoretische Anschlussprobleme zulässt, letzterer hingegen alle bildungstheoretischen Fragen vom Standpunkt der marxistisch-leninistischen Wissenschafts- und Geschichtsauffassung her als bereits beantwortet unterstellt. Sauermanns Konzeption staatsbürgerlicher Erziehung stand in problemgeschichtlicher Hinsicht dem offenen Situationsverständnis von Teilen der Pädagogischen Bewegung durchaus nahe. M. Honeckers Einlassung zielte dagegen darauf, den Fragehorizont pädagogischer Handlungstheorie auf erziehungstheoretische Problemstellungen zu begrenzen und den Primat der Politik auch in der Debatte über Fragen der Schulreform zur Geltung zu bringen.

Auf einer vorbereitenden Tagung zum 7. Pädagogischen Kongress, die 1969 in Magdeburg stattfand, konnte die Ministerin für Volksbildung erstmals eine positive Bilanz der Schulreform in der DDR ziehen. Unter der Überschrift "Mit guten Leistungen zum 7. Pädagogischen Kongress" berichtete sie, dass in allen Schulstufen die Schülerleistungen deutlich gestiegen seien und die Glaubwürdigkeit der sozialistischen Gesellschaft zugenommen habe. Es komme nun darauf an, vor allem in der Oberstufe der Einheitsschule dafür zu sorgen, dass Arbeiter- und Bauernkinder in repräsentativem Umfang erfolgreich gefördert werden. Gegen sozialwissenschaftliche Theorien, die unterstellen, Anlagen und Umwelteinflüsse regulierten sich "homöostatisch" von selbst, wandte sie ein, diese klammerten "die verändernde,

46 P. Petersen: Führungslehre des Unterrichts. Braunschweig usw. [7]1963, S. 21.

47 P. und E. Petersen: Die Pädagogische Tatsachenforschung. Paderborn 1965, S. 105.

revolutionäre Tätigkeit des Menschen als das wesentliche Element seiner Entwicklung aus".[48]

Die Ablehnung kybernetischer Modelle war jedoch auch danach keine totale.[49] Im § 23 des Bildungsgesetzes von 1965 findet sich die Aussage, dass die "Programmierung des Lehr- und Lernprozesses zielstrebig zu entwickeln" sei, im § 30, dass die "pädagogische Wissenschaft [...] sich in zunehmendem Maße exakter mathematischer, kybernetischer, physiologischer, soziologischer, ökonomischer und anderer Erkenntnisse und Arbeitsmethoden bedienen" müsse. Entsprechenden Vorstellungen begegnen wir im Abschnitt über die Entwicklung der Erziehungswissenschaft wieder. Zuvor aber gilt es, einen Blick auf die Arbeit der Reform-, Versuchs- und Forschungsschulen im zweiten Jahrzehnt des Bestehens der DDR zu werfen.

3.3.3 Die Entwicklung des Bildungssystems und der Auftrag der Reform-, Versuchs- und Forschungsschulen: Die Internatsoberschule Seewalde und die Polytechnische Oberschule Rackwitz

Reformschulen, die ihr Programm auf Initiative eines Schulgründers oder -leiters bzw. aus dem Kollegium heraus entwickelten, stellten in der ersten und zweiten pädagogischen Bewegung so etwas wie den Normalfall reformpädagogischer Initiativen dar. An ihre Stelle treten in der DDR zunehmend Versuchsschulen mit einem von der Schulaufsicht und den staatlichen Organen initiierten Versuchsauftrag. Solche Schulen bemühten sich zuweilen um den Status von Forschungsschulen, die eine Wissenschaftliche Begleitung erhielten, welche ihre pädagogische Reformarbeit berät, beobachtet und auswertet. Im *Quellentextband 3.1* finden sich Dokumente aus zwei Versuchsschulen, der Internatsoberschule Seewalde und der Polytechnischen Oberschule Rackwitz, die über die Programmatik beider Einrichtungen informieren und über ihre Arbeit berichten.

Die Internatsoberschule Seewalde wurde zum Schuljahr 1959/60 als eine siebenklassige Schule eröffnet, die Kinder und Jugendliche von der 5. bis zur 12. Klasse aufnahm, die die vier ersten Schuljahre auf einer wohnortnahen Schule besucht hatten. Anfangs als Schule zur intensiveren Förderung von Arbeiter- und Bauernkinder konzipiert, entwickelte sich die Internatsoberschule Seewalde schon sehr bald zu einer Einrichtung, in der Kinder erzogen und unterrichtet wurden, deren Eltern aus beruflichen Gründen häufig reisten. In konzeptioneller Hinsicht

---

48 Ebd., S. 332. Die zitierte Auffassung favorisiert Umwelteinflüsse und abstrahiert von Schleiermachers kritischer Einsicht, dass die Bildungsmöglichkeiten des Menschen weder anlagentheoretisch noch umwelttheoretisch erklärt werden können, da beide Einflusstypen nicht trennscharf voneinander abgrenzbar sind; vgl. *Monographieband 1*, S. 272ff.

49 Vgl. hierzu W. Eichler: Der Stein des Sisyphos. A.a.O., S. 311ff.

unterschied sich diese Schule von anderen Schulen auch dadurch, dass sie ihre Schüler doppelt qualifizierte, indem sie diese zum Abitur und zur Hochschulreife führte und ihnen gleichzeitig eine Berufsausbildung als "Metallverarbeiter, Holzverarbeiter, Elektriker oder [...] in der Landwirtschaft" vermittelte.[50]

Tagesablauf
in der Internatsoberschule Seewalde

06.30	Wecken und 10 Minuten Frühsport
06.45 - 07.13	Waschen und Anziehen
07.20 - 07.50	Frühstück
08.00 - 09.35	Unterricht
09.35 - 10.05	zweites Frühstück
10.05 - 13.00	Unterricht
13.00 - 15.00	Mittagessen und Mittagspause
15.00 - 16.30	Freizeit (Pionierarbeit, naturwissensch. und sportl. AG usw.)
16.30 - 17.00	Kaffeepause
17.00 - 18.30	Hausaufgaben
18.30 - 19.00	Stillbeschäftigung
19.00	Abendessen
19.00 - 20.30	Freizeit
Ab 21.30	Bettruhe

Für die Aufnahme der Schüler, die aus der ganzen DDR kamen, wurde ein besonderes Verfahren entwickelt. Es sollten Schüler ausgewählt werden, die (1.) gesellschaftlich besonders aktiv sind, (2.) ein "einwandfreies Verhalten" zeigen und (3.) "gute Leistungen, vor allem in den Fächern Deutsch, Mathematik und Sport", er-

50 Siehe den Auszug aus einem Ende der 60er Jahre von einem Studierenden der Humboldt-Universität zu Berlin angefertigten Bericht über die Internatsschule Seewalde. In: *Quellentextband 3.1*, S. 339-341, S. 339.

bringen. Ferner sollten "Vollwaisen" und Kinder, "deren beide Elternteile berufstätig" oder deren "Mütter alleinstehend und berufstätig sind", bevorzugt aufgenommen werden.[51]

Die Programmschrift wies die Schule als eine Einrichtung aus, die ihren Schülern ein "hohes theoretisches Wissen" mit "umfangreichen polytechnischen Fähigkeiten, Fertigkeiten und Kenntnissen" vermittelt.[52] Die Schüler sollten sowohl zum Abitur geführt werden als auch eine berufliche Ausbildung erhalten, um dann Facharbeiter zu werden oder ein Studium aufzunehmen. Aufgrund ihrer doppeltqualifizierenden Bildungskonzeption repräsentierte die Internatsschule Seewalde eine Schulreformkonzeption, die in der DDR an den Oberschulen Ende der 50er Jahre eingeführt worden war und mit der Anfang der 70er Jahre auch in der BRD experimentiert wurde.[53] Der Normal-Plan für den Tagesablauf weist Ähnlichkeiten mit den viel genaueren Wochenarbeits-Plänen der Versuchsschulen der pädagogischen Aufklärung und des Neuhumanismus auf.[54] Er enthält keine Hinweise auf eine Abstimmung zwischen den Zeiten für die schulische Allgemeinbildung und jenen der beruflichen Bildung, die in besonderen, in sich geschlossenen Einheiten stattfand. Aus den Berichten über die Arbeit in Seewalde geht hervor, dass nicht die Verbindung von Berufsbildung und Abitur das eigentliche Versuchs- und Forschungsfeld dieser Einrichtung bildete, sondern dass in ihr mit Formen der inneren und äußeren Differenzierung experimentiert wurde. Die durchgeführten Versuche wurden von Prof. Dr. Karlheinz Tomaschewsky und Prof. Dr. Helmut Klein, beide Erziehungswissenschaftler der Humboldt-Universität zu Berlin, angeleitet und wissenschaftlich begleitet.

Fünf Jahre nach Beginn der Arbeit erschien ein von Karlheinz Tomaschewsky zusammengestellter Band, der über die Versuchs- und Forschungskonzeption des Schulversuchs informierte und erste Ergebnisse vorlegte. In seinem einleitenden Beitrag erläuterte Tomaschewsky, was in Seewalde unter "Unterricht als Aufgabenfolge" verstanden wurde:

> "Unter einer Lernaufgabe verstehen wir einen Auftrag an die Schüler, ein konkret bestimmtes Lernergebnis durch eine geordnete Folge von Handlungen zu erreichen. Die geordnete Folge von Handlungen umfaßt im allgemeinen die folgenden Glieder (formuliert aus der Sicht der Schüler):

---

51 Richtlinie über den Aufbau der erweiterten allgemeinbildenden polytechnischen Internatsoberschule Seewalde (1959). Archiv für Reformpädagogik. Humboldt-Universität. Sign.: Archrefpaed/Forschungs-schulen/ III/B/Seewalde/1, S. 9.

52 Ebd., S. 1.

53 Auf den von Herwig Blankertz, Professor für Philosophie und Erziehungswissenschaft an der Universität Münster, konzipierten Schulversuch "Kollegschule NW" wird im Band 3.2 der Theorie und Geschichte der Reformpädagogik eingegangen.

54 Vgl. hierzu den *Monographieband 1*, S. 123ff., S. 167f., S. 230.

> 1. Vorbereitung des Schülers auf die Aufgabenaufnahme,
> 2. Vorbesinnung zur Lösung,
> 3. Ausführung,
> 4. Prüfung und
> 5. Wertung.
>
> Aufträge an die Schüler können sein: Denkfragen, Anweisungen zum Ausführen von Tätigkeiten und Aufforderungen, eine praktische oder theoretische Situation zu bewältigen. Eine Aufgabe kann gestellt werden als Aufforderung, ein Problem zu lösen. Es gibt aber auch Aufgaben für ein unproblematisches Ausführen von Aufträgen.[55]

Hinter dem Terminus "Unterricht als Aufgabenfolge" steht eine didaktische handlungs- und unterrichtswissenschaftliche Forschungskonzeption, welche Lehren und Lernen als einen Prozess definiert, der über Aufgaben strukturiert wird, die nicht beliebig aufeinander folgen, sondern untereinander durch eine innere Logik verbunden sind. Bei der Beschreibung dieser Logik griffen Tomaschewsky und andere auf das Modell des kybernetischen Regelkreises zurück, das in der Regelungstechnik verwendet wird, um z.B. die Innentemperatur eines Eisschranks elektronisch bei varianten Außentemperaturen so zu steuern, dass die intendierten Kühlleistungen im Inneren des Kühlschranks erreicht werden. Zwischen Außentemperatur und Innentemperatur besteht hierbei keinerlei lineares Ursache-Wirkungs-Verhältnis mehr, da der Regelkreis die Kühlleistung nicht nach der Außentemperatur, sondern nach der Innentemperatur steuert und die Außentemperatur nur als eine Umweltbedingung des Systems in den innersystemischen Steuerungsprozess eingeht. Ganz in diesem Sinne stellt das Thermostat in Kühlmaschinen eine Rückkoppelung zwischen der faktischen und der angestrebten Innentemperatur her. Die Einwirkungen der Umwelt auf die Selbststeuerung des Systems sind hierbei niemals direkte, sondern werden über eine Selbstregulation des Systems vermittelt.

In Analogie zu kybernetischen Regelkreismodellen wurde in der Versuchsschule in Seewalde mit unterrichtlichen Aufgabenfolgen experimentiert, um günstige Umweltbedingungen für selbstregulierte Lernprozesse zu identifizieren, die nicht mehr von außen gesteuert werden, sondern die Lernenden dazu veranlassen, ihre Lernprozesse selbst zu steuern. Zu diesem Zweck galt es, Aufgabenfolgen im Unterricht so zu konstruieren und so an Schüler zu adressieren, dass diese erfolgreich

---

55 K. Tomaschewsky: Zu einigen Problemen der Gestaltung von Lernaufgaben im Unterricht. In: Unterricht als Aufgabenfolge. Wissenschaftliche Zeitschrift der Humboldt-Universität zu Berlin. Sonderband 1965, S. 11-23, S. 12f.; die Numerierung von 1. bis 5. wurde von uns der Übersichtlichkeit wegen in den Text eingefügt. Die Unterscheidung zwischen problematischen und unproblematischen Aufgaben bezieht sich nicht auf die Diskussion über ein angemessenes sozialistisches Verständnis des "problemhaften Unterrichts", sondern verweist auf den Unterschied zwischen der unterrichtlichen Vermittlung neuer Kenntnisse und Fertigkeiten und der Einübung bzw. Festigung bereits erlernter Strukturen.

lernen und ihre eigenen Lernprozesse durch Rückkoppelungen steuern, die sie selbst vornehmen. Hierzu führte Tomaschewsky aus:

> "Die Führung des Unterrichts, die Kontrolle der Schülerleistungen ist eine alte Sache. Sie existiert, solange es den Unterricht gibt. Aber heute stellen wir Forderungen gemäß den kybernetischen Modellen eines Regelkreises. Wir wollen Gedanken der Rückkoppelung, des unmittelbaren Prozeßsteuerns im Unterricht durchsetzen, und die Lernaufgaben sollen das Mittel sein, um diese Steuerung sinnvoll durchzusetzen."[56]

Die weiterführende Frage lautete daher, wie Aufgabenfolgen so entwickelt werden können, dass sie speziellen unterrichtlichen Arbeitsformen vom "Klassenunterricht" über den "Gruppenunterricht" bis hin zum "Einzelunterricht" angemessen sind und selbstregulierte Lehr-Lern-Prozesse bei Schülern mit unterschiedlichen Lernvoraussetzungen erlauben. Zu den traditionellen Formen eines "darbietenden" und "anleitenden" Unterrichts sollen die neueren reformpädagogischen Unterrichtsformen hinzukommen, welche die Lernaufgaben als von den Schülern mit Hilfe von Aufgabenfolgen selbst zu regulierende Aufgaben interpretieren, bei deren Bewältigung die Lernenden im Medium von Einzel- oder Gruppenarbeit bzw. im geschlossenen Klassenverband selbst problemlösend tätig sind.[57]

Die Differenzierung erfolgte im Projekt "Unterricht als Aufgabenfolge" nach drei Niveaustufen und fünf Schwierigkeitsgraden. Die Niveaustufen gliedern sich (1) in die traditionelle Form des lehrergesteuerten darbietenden und anweisenden Unterrichts, (2) in Unterrichtsformen, die selbständige Rückkoppelungen von Schülern vorsehen und bei der Planung berücksichtigen, sowie (3) in Formen eines Lehrens und Lernens, in denen Schüler komplexere Wege beschreiten, auf denen es theoretische und praktische Fragen miteinander zu verknüpfen gilt. Auf der ersten Niveaustufe finden die Rückkoppelungen im Lehrprozess der Schüler statt, ohne dass diese explizit bei der Konstruktion der Aufgabenfolge eingeplant werden. Auf der zweiten Niveaustufe werden die Schüler explizit dazu aufgefordert, die Rückkoppelungen in Auseinandersetzung mit geeigneten Aufgabenfolgen selbstätig und bewusst zu vollziehen. Auf der dritten Stufe schließlich geht es darum, dass Lösungswege für vorgegebene Probleme selbsttätig gefunden werden und dass das auf den vorausgegangenen Niveaustufen Gelernte zur Lösung neuer Aufgaben produktiv eingesetzt wird.[58]

Zu dieser Differenzierung nach Niveaustufen tritt eine Differenzierung nach Schwierigkeitsgraden hinzu, welche nicht auf jeder Niveaustufe abgebildet werden, sondern diese untereinander verbinden. Jede Stufe ist so definiert, dass der Prozess erkennbar wird, der in ihr durchlaufen werden soll:

---

56 Ebd., S. 16f.
57 Vgl. ebd., S. 17f.
58 Vgl. ebd.

"a) Von einfachen, ausformulierten, unproblematischen Ausführungsaufgaben bis zu Problemsituationen, aus denen ein Gefüge von Aufgaben herausgefunden und jede Aufgabe eigenständig formuliert werden muß.
b) Von leicht überschaubaren Aufgaben mit wenigen Elementen bis zu komplizierten Aufgaben mit einer reichen Struktur von Elementen.
c) Ansteigen des produktiven Denkens und konstruktiven Gestaltens beim Lösen der Aufgaben.
d) Stärkere 'methodische Bewußtheit', verstärkter Einsatz von Techniken und Methoden geistigen Arbeitens.
e) Wachsender Selbständigkeitsgrad, fortschreitendes Ablösen der Fremdsteuerung durch Selbststeuerung."[59]

Die Schwierigkeitsgrade a) und b) lassen sich der ersten, die Schwierigkeitsgrade c) - d) der zweiten und die Schwierigkeitsgrade d) - e) der dritten Niveaustufe zuordnen. Eine Aufgabenfolge ist dem Forschungs- und Unterrichtskonzept der "Internatsoberschule Seewalde" zufolge eine Folge von Schülerhandlungen, die durch aufgabenbezogene Lehrerhandlungen provoziert werden soll. Um elementare Elemente der Schülerhandlungen zu identifizieren, wurde die Konstruktion der Aufgabenfolge durch die Schritte einer kognitiven, emotionalen, dynamischen und volitiven "Stoffanalyse", einer "Stoffportionierung" und einer Festlegung der "Schwierigkeits- und Selbständigkeitsgrade" der Aufgabe vorbereitet. Die Verknüpfung der Teilaufgaben unterschied - je nach Gegenstand - zwischen kausalen, funktionalen, historischen, genetischen, topischen und logischen Problemaspekten. Die Aufgabenfolgen wurden schließlich nach vorausgegangener Diagnose des Wissens- und Leistungsstandes der Schüler eingesetzt und an deren Lernerfolg überprüft.[60] Über erste Ergebnisse des Ansatzes berichteten H. Klein und G. Heinke in einem Beitrag, der den gewählten Ansatz als denjenigen einer "Modernisierung des Unterrichts" beschreibt und im Bereich der psychologischen Lernforschung verortet. Dabei äußern sie die Erwartung, es werde dem Forschungsprogramm gelingen, eine "Elementarprogrammierung" gestufter Problem- und Aufgabenfolgen zu erarbeiten, die in der Praxis als "Unterrichtshilfen für die Lehrer" eingesetzt werden können.[61]

Über die Arbeitsweise und Erfolge der Schule gibt ein Bericht Auskunft, der - vermutlich Ende der sechziger Jahre - von einem Studenten der Humboldt-Universität zu Berlin verfasst wurde und einige Einblicke in die Praxis der Versuchsschule gewährt. Aus ihm geht hervor, dass der Reform-, Versuchs- und Forschungsauftrag der "Internatsoberschule Seewalde" weniger in der Einrichtung

59 Ebd., S. 18f.
60 Vgl. ebd., S. 20ff.
61 H. Klein/G. Heinke: Ansatzpunkte und erste Ergebnisse der Modernisierung des Unterrichts. In: Unterricht als Aufgabenfolge. A.a.O., S. 39-47.

eines doppelqualifizierenden Bildungsganges, der für die DDR so ungewöhnlich nicht war, als vielmehr in Experimenten zur Differenzierung von Lehr-Lern-Prozessen gesehen wurde:

> "Die Pädagogen der Internatsschule machten sich Gedanken, wie sich die Schüler das ständig größer werdende Wissen durch eigene Arbeit und selbständiges Lernen aneignen können. Dabei gingen die Pädagogen der Internatsoberschule von den Untersuchungen aus, die in der Lernpsychologie geführt wurden und die beweisen, daß nur der Lernprozeß zur geistigen Entwicklung beiträgt, der den Schüler zwingt, sich geistig aktiv mit dem anzueignenden Stoff auseinanderzusetzen. Die Schüler sollten die ihnen gestellten Aufgaben und Probleme des Unterrichts schöpferisch und selbständig lösen. Die Lehrer bemühten sich, den Unterricht stärker als Prozeß des Aufgabenlösens zu gestalten. Die Schüler lernten mehr Aufgabentypen kennen und beherrschen als bisher und sollten ihr Denken und Verhalten auf diese Aufgabentypen einstellen. Die Schüler der Internatsoberschule Seewalde erhielten verschiedenartigste Aufträge und Aufgaben, die sie erledigen mußten. Sie mußten die vorgesehenen Lernergebnisse durch eine geordnete Folge von Handlungen erreichen. Die Lehrer der Internatsoberschule bemühten sich, vorwiegend solche Lernaufgaben zu stellen, in denen von den Schülern das Analysieren, das Abstrahieren, das Synthetisieren und das Verallgemeinern verlangt wurden. Denn die Synthese, die Analyse, die Abstraktion und die Verallgemeinerung sind allgemeine Grundoperationen der geistigen Tätigkeit und eine Voraussetzung für eine selbständige Auseinandersetzung der Schüler mit dem Bildungsgut. Auch bei der Vermittlung und Aneignung der Methoden und Techniken der geistigen Arbeit wurde darauf geachtet, daß die Schüler vergleichen, beweisen, ordnen usw. lernen."[62]

Von der Leistungsfähigkeit der Schüler wird gesagt, dass diese "sehr unterschiedlich war" und dass die Schule den unterschiedlichen Leistungsstand ihrer Schüler insofern berücksichtigt, als sie mit dem Modell eines gemeinsamen Kern- und differenzierten Kurssystems arbeitete und dem Unterricht im Kernsystem nochmals dadurch differenzierte, dass langsamer Lernenden mehr Zeit gewährt werde, um bestimmte Aufgaben zu lösen. Auch finde eine Differenzierung der Hausaufgaben nach dem Leistungsstand der Schüler statt. Über die Entwicklung der Schülerleistungen berichten die folgenden Durchschnittswerte:

---

62 N.N.: Auszug aus einer Belegarbeit eines Studenten der Humboldt-Universität zu Berlin über die Internatsoberschule Seewalde. Undatiertes Manuskript. In: *Quellentextband 3.1*, S. 339-341, S. 340f.

> "*Gesamtdurchschnitt der Schülerleistungen in allen Fächern*
>
> | | |
> |---|---|
> | Schuljahr 65/66 | 2,7 |
> | Schuljahr 66/67 | 2,5 |
> | Schuljahr 67/68 | 2,4 |
>
> [...]
>
> *Durchschnitt der Schülerleistungen im Fach Mathematik*
>
> | | |
> |---|---|
> | Schuljahr 65/66 | 3,23 |
> | Schuljahr 66/67 | 2,96 |
> | Schuljahr 67/68 | 2,80 |
>
> Das Fach Mathematik lag 1967/68 nach dem Fach Physik, in dem 1967/68 ein Leistungsdurchschnitt von 2, 96 erreicht wurde, an vorletzter Stelle in der Wertung. In anderen Fächern lag der Leistungsdurchschnitt besser. So gab es eine Reihe von Fächern, wie zum Beispiel Musik, Staatsbürgerkunde, Sport, ESP [Einführung in die sozialistische Produktion] und Chemie, die wesentlich über dem Leistungsdurchschnitt der Schule im Schuljahr 1967/68 lagen. Auch gab es im Schuljahr 1967/68 an der Internatsoberschule Seewalde erstmalig keine Sitzenbleiber mehr [...]. Die Abschlußprüfung der 10. Klasse bestanden im Schuljahr 1967/68 67 % aller Schüler mit dem Prädikat "gut" oder mit dem Prädikat "sehr gut". In der Reifeprüfung verbesserte sich das Ergebnis der Abiturienten im Schuljahr 1967/68 gegenüber den Ergebnissen des Vorjahres um 0,5 Zensurengrade."[63]

Mit der Senkung der Sitzenbleiberzahl auf Null erreichte die "Internatsoberschule Seewalde" in dem genannten Jahrgang das Ziel aller reformpädagogischen Bemühungen. Schenkt man dem Bericht Glauben, so gelang es der Einrichtung nicht nur, die Schülerleistungen kontinuierlich zu steigern, sondern auch Bildungsgänge mit abgebrochener Schulbildung weitestgehend zu vermeiden. Ende der 60er Jahre war an der "Internatsoberschule Seewalde" unter der "Leitung des Koll. Prof. Dr. H. Klein" eine "Forschungsgemeinschaft Differenzierung" entstanden, in der Lehrer und Wissenschaftler in der Entwicklung, Erprobung und Evaluation unterrichtlicher Aufgabenfolgen zusammenarbeiteten. Wie bei vergleichbaren Einrichtungen häufig zu beobachten, sind auch aus der Arbeit dieser Gruppe mehr Fragen als Ergebnisse überliefert, was u.a. damit zusammenhängt, dass pädagogische Entscheidungen im Kontext von Lehr-Lern-Prozessen sich stets auf Einzelfälle und individuelle sowie interindividuelle Konstellationen beziehen und daher nach Problemlösungen verlangen, die stets von neuem individualisiert werden müssen. In der Einladung zu einer Sitzung des "Pädagogischen Rates der IOS Seewalde" sind u.a. Fragen wie die folgenden aufgelistet:

---

63 Ebd., S. 340.

> "1.1. Welche Ergebnisse in der optimalen Entwicklung aller Schüler wurden bisher im Unterricht durch didaktische Differenzierung und Kern-Kursunterricht an unserer Schule erreicht?
> 1.2. Welche ersten Schlußfolgerungen können wir aus den bisherigen Ergebnissen unserer Differenzierungsbemühungen für das Schuljahr 1968/69 ziehen?
> 1.3. Welche neuen Forschungsergebnisse und Erkenntnisse liegen auf dem Gebiet der Differenzierung des Unterrichts vor?
> [...]
> – Wie fördert der Lehrer leistungsstarke Schüler?
> – Wie fördert der Lehrer leistungsschwache Schüler?
> – Differenziert der Lehrer bei der Erteilung von Aufgaben im Unterricht?
> – Wird bei der Erteilung von Hausaufgaben differenziert?
> – Wird die Kooperation als Mittel der Leistungssteigerung genutzt?"[64]

Der in der zweiten pädagogischen Reformbewegung aufgetretene Gegensatz zwischen der traditionellen Lernschule und Praxiskonzepten, die auf Schülerselbsttätigkeit setzten und den Lehrer dazu auffordern, die Lehrerrolle gegen die eines Betreuers und Beraters auszutauschen, ist in der Versuchsschule Seewalde verschwunden und überwunden. Unterricht wird als ein Prozess verstanden, der an Aufgabenfolgen zurückgebunden ist, die von den Schülern zunehmend selbständige Problemlösungen verlangen und dem Lehrer die Verantwortung für die Auswahl der Aufgabenfolge zuerkennen. Über den Erfolg der wissenschaftlich begleiteten Schulreformarbeit heißt es im Protokoll der 4. Sitzung des "Pädagogischen Rates" im Schuljahr 1968/69:

> "Kolln. Tomaschky und Kollege M. Neumann werteten die Leistungsentwicklung der Klassen mit Kern-Kursunterricht aus.
>
> Aus der Analyse der Leistungsentwicklung geht hervor, daß in allen Fächern und Klassen mit Kern-Kursunterricht eine deutliche Leistungssteigerung vorhanden war. In den beiden 10. Klassen ist der Leistungsanstieg in Fächern mit Kern-Kursunterricht gegenüber den übrigen Fächern besonders beeindruckend. In der 12. Klasse ist die Vorwärtsentwicklung im Fach Physik am größten.
> [...]
>
> Die Auswertung der durchgeführten Befragung zur methodisch-didaktischen Gestaltung des Kern-Kursunterrichts ergab folgendes:

64 Einladung zur 4. Sitzung des Pädagogischen Rates der IOS Seewalde im Schuljahr 1967/68. In: *Quellentextband 3.1*, S. 342-343; der einladende G. Brachaus ist mit jenem Brachaus identisch, dem wir bereits in Dokumenten der "Mittelschule Wesenberg", die aus den Jahren 1958/59 stammen, begegnet sind; vgl. S. 141ff. in diesem Band.

- Die Auswahl der Schüler für den Kern-Kursunterricht erfolgte nach den Leistungen. Die Zusammensetzung der Schülergruppen im Kurs veränderte sich mehrmals im Jahr.
- Der Kursunterricht wurde zu etwa 90 % zur Leistungsförderung lernschwacher Schüler genutzt. Nur in den Fächern Deutsch und Russisch wurden begabte Schüler gefördert.
- Der Kursunterricht diente zu etwa 80 % der Nachbereitung des Kernunterrichts.
- Im Kursunterricht sind Stoffportionen kleiner. Starke Individualisierung des Unterrichts möglich."[65]

Das Forschungs- und Praxiskonzept "Unterricht als Aufgabenfolge" gehört zu den typischen und für den Entwicklungszeitraum von 1960-1970 charakteristischen Vorhaben. In ihm wurde unter didaktischen Fragestellungen mit kybernetischen Modellen experimentiert, die eine Verknüpfung schulpädagogischer und reformpädagogischer Handlungsmuster jenseits der von der Ministerin für Volksbildung aufgeworfenen Frage nach der Vereinbarkeit von Kybernetik und Marxismus-Leninismus erlaubten.

Maßnahmen und Experimente im Bereich der Differenzierung des Unterrichts und der Pluralisierung der Lehr- und Lernformen standen auch im Zentrum der Reform- und Versuchsarbeit der "Polytechnischen Oberschule Rackwitz". An der im Kreis Delitzsch bei Leipzig gelegenen Einrichtung, die 1971 den Status einer Forschungsschule erhielt, wurden von 1967/68 an Abstimmungsprobleme zwischen "Einheitlichkeit und Differenzierung im Unterricht der sozialistischen Schule" untersucht. Ihre Forschungsvorhaben wurden von Prof. Dr. H. Klein und Prof. Dr. M. Berge geleitet.

Auf den Übergang von einer Versuchs- zu einer Forschungsschule bereitete sich das Kollegium der Einrichtung nach einem vierstufigen Programm vor. Dieses sah nach einem vertieften Studium von Grundfragen des Marxismus-Leninismus und einer aktiven Mitarbeit an Forschungsvorhaben die Zuweisung besonderer personeller und sächlicher Mittel sowie die Gewährung einer Sonderausstattung vor.[66] Bedingung für die Überführung in eine Forschungsschule war der Nachweis der besonderen Leistungsfähigkeit des Kollegiums, dem es schließlich gelang, "die Zahl der Zurückbleiber" deutlich zu verringern und auf "unter 1%" abzusenken.[67]

---

65 Protokoll über den Verlauf der 4. Sitzung des Pädagogischen Rates der IOS Seewalde vom 29.06.1969. In: *Quellentextband 3.1*, S. 344-346, S. 344f.

66 H. Knauer: Entwurf: Vertrag über die Entwicklung der Polytechnischen Oberschule Rackwitz/Kr. Delitzsch zu einer Forschungsschule (1968). In: *Quellentextband 3.1*, S. 346-352.

67 Erfahrungsaustausch zur Arbeit an der Forschungsschulen usw. Archiv der Oberschule Rackwitz [1978].

Im Zentrum der Differenzierungsversuche in Rackwitz stand die Gruppenarbeit, die auf Abhängigkeiten untersucht wurde, die zwischen dem Lernerfolg in leistungshomogenen und -heterogenen Lernkollektiven und ihrer Gruppengröße, den behandelten Unterrichtsthemen sowie den zum Einsatz gelangenden Medien nachweisbar sind. Die Frage, ob und wann leistungshomogene oder -heterogene Gruppen erfolgreicher arbeiten, wurde in Rackwitz nicht mehr ideologisch zugunsten eines Verzichts auf Maßnahmen der Differenzierung, sondern konzeptionell und empirisch-experimentell diskutiert und erforscht. Dabei standen Fragen wie die folgenden im Vordergrund:

> "An welchen Stellen kann der Unterrichtsverlauf in bestimmten Stoffeinheiten unter Berücksichtigung des Entwicklungsstandes der Schüler der Klasse einheitlich für alle Schüler verlaufen bzw. an welchen Stellen sind Phasen differenzierter Gestaltung möglich und notwendig, um die Lehrplanziele mit hohem Niveau zu erreichen?"
>
> "Unter welchen Bedingungen kann das Gruppenlernen im Klassenunterrichtssystem zu einem nützlichen Mittel der Differenzierung werden?"[68]

Im Laufe der praktischen und wissenschaftlichen Arbeit konzentrierten sich die Versuche zunehmend auf die Klärung der Voraussetzungen, Bedingungen und Kontexte, unter denen leistungshomogene und heterogene Gruppen gute Ergebnisse erzielen. So wurde u.a. gefragt:

> "*Welche Bedingungen müssen gegeben sein, damit differenziertes Lernen in leistungsheterogenen Gruppen effektiv wird?* [...]
>
> "*Ist differenziertes Lernen in leistungsheterogenen Gruppen in bestimmten Hauptetappen des Unterrichts mehr oder weniger effektiv?"* [...]
>
> "*Welche Bedingungen müssen gegeben sein, damit der Abteilungsunterricht vor allem für die Steigerung des Niveaus leistungsstarker Schüler effektiv wird?"* [...]
>
> "Wie muß die differenzierte Aufgabenstellung für den Abteilungsunterricht in der Etappe der Festigung des Stoffes beschaffen sein, damit [auch, D.B./H.K.] die leistungsstarken Schüler optimal gefördert werden?"[69]

---

68 Hans Knauer: Entwurf. A.a.O., S. 349.

69 Möglichkeiten didaktischer Differenzierung durch Anwendung unterschiedlicher organisatorischer Strukturformen der Klasse im Klassenunterrichtssystem. In: *Quellentextband 3.1*, S. 353-358, S. 356.

Auch in den zu diesem Schulversuch vorhandenen Dokumenten sind mehr Fragen formuliert als Antworten dokumentiert. Im Schularchiv finden sich jedoch Beispiele zur Planung von Unterricht, die erkennen lassen, welche Formen von Unterricht und Gruppenarbeit in Rackwitz gepflegt wurden. Das im *Quellentextband 3.1* abgedruckte Beispiel einer Unterrichtsstunde zur Stoffeinheit "Rechtschreibung" kennt sowohl fächerübergreifende gesamtunterrichtliche als auch fachunterrichtliche Abschnitte und Inhalte und zeigt einen steten Wechsel zwischen der frontalen Phase der Bekanntgabe des Unterrichtsziels, der Wiederholung und der Reaktivierung sowie Übung des schon gelernten Stoffes, differenzierten Aufgabenstellungen, die sich auf allgemeine Grundlagen und Zusatzaufgaben beziehen, sowie Phasen bzw. Wechsel von Einzelarbeit, frontaler Arbeit, Gruppenlernen und Partnerlernen. An ihm ist zugleich die für die DDR typische linguistische Ausrichtung des Orthographieunterrichts erkennbar, welche den Unterricht darauf verpflichtete, allgemeine Rechtschreibregeln an die Schüler zu vermitteln, und mit dazu beitrug, dass es unter den Schülern in der DDR wesentlich weniger Legastheniker als in der alten BRD gab.[70]

3.3.4 Zum Widerstreit von Sozialistischer Pädagogik, pädagogischer Handlungstheorie und forschender Erziehungswissenschaft

In der SBZ und in der DDR hat es eine permanente Diskussion über den Wissenschaftscharakter der Pädagogik gegeben, an der sich anfangs sowohl reformpädagogische Strömungen als auch empirische, geisteswissenschaftliche und erziehungs- und bildungsphilosophische sowie sozialwissenschaftliche Richtungen beteiligten. Gegenüber diesen setzten sich im Laufe der Jahre aufgrund des in der DDR geltenden Wissenschaftsdogmas immer mehr Auffassungen durch, die an der Entwicklung einer sozialistischen Theorie- und Forschungskonzeption arbeiteten.[71] Nachdem die geisteswissenschaftlichen und neukantianischen Fachvertreter die SBZ bzw. DDR verlassen hatten und Rufen in die BRD gefolgt waren, wurde die Diskussion über wissenschaftstheoretische Fragen zunehmend zwischen Positionen geführt, die sich einer sozialistischen Erziehungswissenschaft verpflichtet fühlten.[72]

---

70 Siehe hierzu: Plan einer Unterrichtsstunde mit Differenzierungsphasen, ausgearbeitet von Hans Knauer in Anlehnung an eine Unterrichtsstunde von Brigitte Zscheyge, POS Rackwitz (ohne Datum). In: *Quellentextband 3.1*, S. 359-362.

71 Siehe hierzu das Kapitel "Die Diskussion zum Pädagogischen Experiment oder der Positivismusstreit in der Erziehungswissenschaft der DDR" in: D. Benner/H. Sladek: Vergessene Theoriekontroversen in der Pädagogik der SBZ und DDR 1946-1961. Monographie mit Quellenteil. Weinheim 1998, S. 127-182.

72 Zu den Ausnahmen gehören die Arbeiten des an der Universität Halle tätigen Erziehungswissenschaftlers F. Winnefeld; siehe hierzu E. Cloer/R. Tappe: Ausgewählte Aspekte der Wissenschaftsentwicklung in der Pädagogischen Fakultät der Universität Halle-Wittenberg im Zeitraum von 1945 bis 1963/64. In: A. Langewand/A. von Prondczynsky (Hrsg.): Lokale Wissenschaftskulturen in der Erziehungswissenschaft. Weinheim 1999, S. 235-267.

Die im Jahre 1957 ausgetragene Kontroverse über H.H. Beckers Strukturreformvorschlag führte dazu, dass die Arbeit an einer sozialistischen Theorie- und Forschungskonzeption in der Erziehungswissenschaft zur offiziellen Aufgabe erhoben wurde. So erschien im Heft 1 der Zeitschrift Pädagogik des Jahres 1958 ein von W. Dorst und G. Neuner unterzeichneter Aufruf zur Verständigung über eine "marxistisch-leninistische Pädagogik", der zwar zur Ausschaltung bürgerlicher Elemente aus der erziehungswissenschaftlichen Theoriediskussion beitrug, nicht aber die gewünschte Verständigung über die Theoriegestalt und Forschungskonzeption einer sozialistischen Pädagogik und Erziehungswissenschaft herbeiführte. Über diese wurde auch in den folgenden Jahren - insbesondere im Bereich der Allgemeinen Pädagogik und systematischen Grundlagenforschung - kontrovers diskutiert.[73] Eine besondere Rolle innerhalb dieser Diskussion spielte die Frage nach der Stellung der empirischen Sozialforschung innerhalb der angestrebten marxistisch-leninistischen Pädagogik, die u.a. auch Entwicklungen im Erziehungssystem untersuchen und hierbei zu prognostischen Aussagen gelangen sollte.

Zu diesem Fragenkomplex äußerte sich Gerhart Neuner 1969, am Ende der zweiten Entwicklungsphase des Bildungssystems der DDR, in Ausführungen zum Verhältnis von "Gesellschaftsprognostik und Menschenbild", die gleich zu Beginn zwischen drei "geschichtsphilosophisch" argumentierenden Positionen unterscheiden, welche jeweils unterschiedliche Vorstellungen zur "Regelung gesellschaftlicher Prozesse" entwickeln und "spontane", "traditionale" bzw. "rationale" Steuerungsmechanismen favorisieren:

> "Während in den vorsozialistischen Gesellschaftsformationen die spontane und traditionale Regelung vorherrschte, entfaltet der Sozialismus dank seiner immer differenzierteren Erkenntnis der gesellschaftlichen Entwicklungsgesetzmäßigkeiten die ganze Kraft der rationalen Regelung gesellschaftlicher Prozesse. Prognostik und Planmäßigkeit werden im Sozialismus zu Hauptformen der historischen Bewußtheit der Menschen bei der Gestaltung gesellschaftlicher Prozesse."[74]

Nach Neuner wird die Abstimmung zwischen *"Gesellschaftsprognostik und Menschenbild"* in sozialistischen Gesellschaften weder naturwüchsigen Wirkungsmechanismen noch der Spontaneität handelnder Subjekte überlassen, sondern rational

---

73 Über diese Diskussion informiert detailliert W. Eichler: Der Stein des Sisyphos. A.a.O., S. 243ff. und S. 422ff.

74 G. Neuner: Gesellschaftsprognostik und Menschenbild (1969). Unveröffentlichtes Manuskript. In: *Quellentextband 3.1*, S. 296-304, S. 296. Bei dem Text handelt es sich um einen Abschnitt für ein Kapitel "Menschenbild und Erziehung", das als 3. Kapitel in einem von K.-H. Günther geplanten Lehrbuch "Grundlagen der Pädagogik" erscheinen sollte. Über die Konzeption des Lehrbuchs informiert ausführlich W. Eichler: Der Stein des Sisyphos. A.a.O., S. 342-421.

geplant. Eine solche Planung setze eine genauere "*Kenntnis der wesentlichen Wirkungsbedingungen* für zu prognostizierende Prozesse" sowie eine "*wissenschaftliche Theorie*" voraus, die "den entsprechenden Wirklichkeitsbereich adäquat widerspiegelt". Benötigt werde eine "wissenschaftliche *Prognosemethodik*", die es erlaubt, zwischen verschiedenen Varianten der Entwicklung zu unterscheiden und die Wahrscheinlichkeit ihres Eintretens abzuschätzen. Hierfür seien jüngst entwickelte kybernetische Modelle hilfreich, die es erlaubten, "Orientierungsprognosen und strategischen Prognosen" aufzustellen. Erstere berechneten das "Feld möglicher Handlungsweisen" im Hinblick auf die "erreichbaren Resultate", letzere erlaubten Auskünfte über die Tauglichkeit bestimmter "Handlungskonzeptionen zur Erreichung" gesetzter Ziele. Für das Verhältnis von Marxismus-Leninismus und mathematischer Kybernetik bedeute dies, dass Aussagen über die "*Entwicklung des sozialistischen Menschen*" dem Typus "Orientierungsprognosen" darstellen. Auf die Frage, wie sich marxistisch-leninistische Ziel- oder Orientierungsprognosen zu kybernetisch argumentierenden Verlaufs- oder "strategischen Prognose" verhalten, findet G. Neuner unter Einbeziehung systemtheoretischer Unterscheidungen die folgende, zunächst auf die Gesamtentwicklung bezogene, Antwort:

> "*Für prognostische Aussagen über die Entwicklung des sozialistischen Menschen sind alle wesentlichen gesellschaftlichen Prozesse relevant,* und sie müssen deshalb im Hinblick auf ihre Konsequenzen für die allseitige Bildung des sozialistischen Menschen analysiert werden. Dabei ist zu beachten, daß aus den prognostischen Entwicklungstendenzen von Teilsystemen nicht direkt und unmittelbar Rückschlüsse auf die Entwicklung des Menschen, einzelner Seiten der Persönlichkeit gezogen werden können; denn das Bild des sozialistischen Menschen, der als Teil des gesellschaftlichen Gesamtsubjekts die Aufgaben und Anforderungen der gesamtgesellschaftlichen Entwicklung von morgen meistert, ist ein ganzheitliches Bild, und es ergibt sich nicht aus der Summe der Teilanforderungen und Teilqualitäten. Zum anderen verfügen wir auch bei entwickelter Gesellschaftsprognostik nicht über eine so detaillierte Sicht über die möglichen Anforderungen und Entscheidungssituationen, mit denen der Mensch in der Zukunft konfrontiert werden wird, daß es möglich wäre, das Menschenbild im Sinne eines Bildungsvorlaufs detailliert zu programmieren."[75]

Dieser auf die Gesamtgesellschaft und ihre Teilssysteme bezogenen Antwort korreliert eine zweite Antwort, die sich auf die Prognose der individuellen Entwicklung einzelner Persönlichkeiten bezieht:

> "Die Persönlichkeit muß [...] auch als ein System verstanden werden und in prognostischer Sicht bestimmt werden, das - unter den jeweiligen konkreten

---

75 Ebd., S. 298.

Bedingungen - optimale Lösungen sucht, das heißt als ein System mit Folgeregelung, nicht als ein System, das sich einem von vornherein festgelegten Sollwert nähert [...]. Letztgenannte Auffassung entsprach etwa einer Bildungskonzeption, die das Ziel verfolgte, 'fertige', ein für allemal ausgebildete Menschen zu entwickeln, wie das teilweise im System der Berufsausbildung alten Stils angestrebt wurde."[76]

Die dritte Antwort besagt, sozialistische Gesellschaften erlaubten in besonderer Weise die rationale Verbindung der auf die Gesamtgesellschaft und ihre Systeme und der auf die Bildungsgänge der Einzelnen bezogenen Planungen. Während in den USA und in den europäischen Ländern nur "1-2 % des Nationaleinkommens für Bildung ausgegeben" würden, seien es "in der Sowjetunion und in der Deutschen Demokratischen Republik [...] gegenwärtig bereits etwa 7 %". Daraus wird die Schlussfolgerung gezogen:

> "*Allein der Sozialismus ist - wie die Entwicklung anschaulich beweist - in der Lage, jene Potenzen an Bildung und Intelligenz zu schaffen, die für die Meisterung der wissenschaftlich-technischen Revolution erforderlich sind.* Die Qualifikationsstruktur der Arbeitskräfte, die jahrzehntelang durch eine Pyramide veranschaulicht werden konnte, nimmt in den sozialistischen Ländern mehr und mehr die Form eines auf die Spitze gestellten Quadrates oder eines Kreises an."[77]

Die Abstimmungsprobleme zwischen den verschiedenen Gesellschaftssystemen führen danach "in den imperialistischen Ländern [...] zu einer Kultur- und Zivilisationskrise, derweil die "sozialistischen Länder" erkannt hätten, "*welche überragenden Potenzen für die menschliche Vervollkommnung aller Mitglieder der Gesellschaft, für die allseitige Entwicklung ihrer Kräfte, Fähigkeiten und Begabungen sich aus der Vereinigung von Wissenschaft und Bildung* ergeben". Denn in diesen werde "*Bildung [...] mehr und mehr so strukturiert, daß Einzelwissen zum Ganzen eines wissenschaftlichen Weltbildes, zur ganzheitlichen Weltanschauung des sozialistischen Staatsbürgers synthetisiert wird*".[78]

Das Verhältnis von orientierenden und strategischen Prognosen wird von Neuner so gedacht, dass aus keiner der beiden Betrachtungsweisen deduktive Rückschlüsse auf die jeweils andere möglich sind. Weder könne aus der sozialistischen Ideologie gefolgert werden, welche Prognosen nach Modellen der Wahrscheinlichkeitsrechnung rational sind, noch ließen sich aus strategischen Prognosen Aussagen über die inhaltliche Ausgestaltung des sozialistischen Menschenbildes herleiten. Wohl

---

76 Ebd., S. 299.
77 Ebd., S. 300.
78 Ebd., S. 301f.

aber seien strategische Prognosen, um für rationales Handeln genutzt zu werden, auf Orientierungsprognosen angewiesen. In sozialistischen Gesellschaften wirke "sozialistische Ideologie" als ein "Regulator des gesellschaftlichen Handelns". Orientierungsprognosen aber bedürften umgekehrt strategischer Prognosen, die ihr Praktischwerden instrumentierten. Beide Seiten dieses Verhältnisses aber würden dadurch zusammengehalten, dass die praktische Umsetzung des sozialistischen Menschenbilds durch strategische Prognosen abgesichert werde und die Orientierungsfunktion ihrerseits wissenschaftlich - nämlich im Marxismus-Leninismus - begründet sei:

> "Die Konsequenzen aus der Analyse der prognostischen Entwicklung der verschiedenen Teilbereiche des gesellschaftlichen Systems für die allseitige Entwicklung sind zu einem wissenschaftlichen Bild des sozialistischen Menschen zu synthetisieren. Dieses [...] hat den Charakter einer wissenschaftlich begründeten Prognose. Es kann als sichere Orientierung für aktives pädagogisches Handeln dienen. Die gesellschaftliche Wirksamkeit des Menschenbildes wird erhöht, wenn es als Ideal formuliert wird, das heißt, wenn es eine solche Gestalt gewinnt, daß es geeignet ist, die Menschen anzusprechen und zum aktiven gesellschaftlichen Handeln zu mobilisieren. Dieses wissenschaftlich abgeleitete und begründete Ideal des sozialistischen Menschen ist keine Utopie, sondern ein realer geschichtlicher Prozeß, der sich niemals erschöpft."[79]

Neuners Ausführungen zum Verhältnis von "Gesellschaftsprognostik und Menschenbild" lassen sich als ein Versuch interpretieren, die gesuchte marxistisch-leninistischen Erziehungswissenschaft mit kybernetischen Regelkreismodellen und systemtheoretischen Konzepten abzustimmen. Dem Marxismus-Leninismus wird dabei insbesondere eine Zuständigkeit im Bereich der Orientierungsfunktion zuerkannt, während Kybernetik und Systemtheorie als Konzepte einer strategischen Optimierung von Entwicklungsprozessen fungieren. Das ließ die Frage aufkommen, ob die Orientierungsfunktion sozialistischer Ideologie diejenige einer Prophetie sei, die nicht an der Erfahrung scheitern kann, oder Kriterien der Wissenschaftlichkeit entspreche und - wider ihre eigene Voraussicht - an der Erfahrung scheitern könne oder aber eine über Kybernetik und Systemtheorie hinausweisende eigene wissenschaftliche Basis besitze, die mit geschichtlicher Notwendigkeit - gemäß ihrer eigenen Voraussicht - durch die Erfahrungen der Geschichte nur bestätigt werden könne.

Auf diese in Neuners Beitrag aus dem Jahre 1969 angelegten Fragen gab M. Honecker als Ministerin für Volksbildung die folgende, verbindlich gemeinte Antwort:

79 Ebd., S. 302f.

> "Die Pädagogik, ihr wissenschaftliches System, hat die Basis im Marxismus-Leninismus und nicht [...] in der Kybernetik."[80]

In dieser Aussage der Ministerin ist von einem Widerstreit innerhalb der sozialistischen Pädagogik, der zwischen der Orientierungsfunktion pädagogischer Handlungstheorie und der strategischen Funktion einer forschenden Erziehungswissenschaft ausgetragen werden muss, nur mehr insoweit die Rede, als die Möglichkeit eines solchen Widerstreits vom Standpunkt der sozialistischen Weltanschauung und Wissenschaftsauffassung des Marxismus-Leninismus grundsätzlich geleugnet wird. Soweit Pädagogen und Erziehungswissenschaftler an pädagogischen Theorien arbeiteten und sich um die Konzeptualisierung einer forschenden Erziehungswissenschaft bemühten, bewegten sie sich, wie die in diesem Abschnitt vorgestellten Arbeiten zeigen, zumindest ein Stück weit außerhalb der von der Ministerin gesetzten Normierung, d.h. außerhalb der offiziellen marxistisch-leninistischen Wissenschaftsauffassung und Staatsideologie.

Neuners Verhältnisbestimmung von sozialistischem Menschenbild und wissenschaftlicher Prognostik argumentierte nicht in einem unterschiedslosen Sinne normativ-ideologisch und szientifisch-prognostisch zugleich. Sie suchte vielmehr die Gültigkeit der marxistisch-leninistischen Weltanschauung auf die eines Orientierungswissens zu begrenzen, dessen Ideologie zwar als resistent gegen grundlegende Erschütterungen und Enttäuschungen gedacht wurde, dessen rationale Umsetzbarkeit gleichwohl von einer überideologischen Planung und wissenschaftlichen Kontrolle abhängig erschien.

Die Vision eines widerspruchsfreien Zusammenstimmens von marxistisch-leninistischer Orientierungsideologie und szientifisch-kybernetischer-systemtheoretischer Erziehungswissenschaft verdankte sich nicht zuletzt der Tatsache, dass die zweite Phase der Entwicklung des Bildungssystems als eine Reformphase erfahren wurde, in der es mit Hilfe der Erziehungswissenschaft als der zuständigen Leitdisziplin gelang, die Leistungsfähigkeit der Schulen zu steigern, die Einheitlichkeit des Bildungssystems zu stärken und die Bedeutung pädagogischer Theoriebildung und Forschung zu festigen.[81] Am Ende der zweiten Entwicklungsperiode wurde das "Deutsche Pädagogische Zentralinstitut" (DPZI) unter dem Direktorat von G. Neuner in eine neu eingerichtete "Akademie der Pädagogischen Wissenschaften" (APW) überführt, die der Erziehungswissenschaft den Zugang zu "sozialistischer Großforschung" eröffnen und die weitere Entwicklung des Bildungssystems wissenschaftlich absichern helfen sollte.[82]

---

80 M. Honecker: Mehr Konkretheit in der Leitungsarbeit. Referat auf dem zentralen Schulräteseminar vom Mai 1969. In: Pädagogik 24 (1969), S. 601-625, S. 610; *Quellentextband 3.1*, S. 327-331.

81 Siehe hierzu H. Köhler: Was die Schulstatistik der SBZ/DDR erfragte. Analyse und Dokumentation des Erhebungsprogramms 1945-1989, S. 53ff.

82 Vgl. W. Eichler: Der Stein des Sisyphos. A.a.O., S. 244.

3.4 Die Schule im Dienst der "kommunistischen Erziehung": 1971-1989

Die nun zu behandelnde Phase in der Entwicklung von Schule, Reformpädagogik und Erziehungswissenschaft in der DDR ist die längste in der Geschichte des ostdeutschen Staates und Gesellschaftssystems. Sie lässt sich in gewisser Hinsicht als eine Normalisierungsphase beschreiben, in welcher der Versuch unternommen wurde, die im vorausgegangenen Entwicklungsabschnitt erreichten Erfolge zu perfektionieren und auf Dauer zu stellen. Der Beginn dieser Phase war durch eine breite Akzeptanz des Gesellschaftssystems der DDR bei der Bevölkerung - unter Einschluss der Jugend - bestimmt, am Ende stand eine Vertrauens- und Glaubwürdigkeitskrise, von der sich der sozialistische Staat nicht mehr erholen sollte.[1]

Die Rede von der "kommunistischen Erziehung" setzte zu Beginn der 70er Jahre ein und meinte zunächst eine gesellschaftlich bereits erreichte Übereinstimmung in den Aufgaben und Zielen der Erziehung im sozialistischen Staat und Gesellschaftssystem. Später wurde der Begriff insbesondere im politischen Raum verwendet, um den in der Mehrheit der Bevölkerung bereits problematisch gewordenen Grundkonsens zu beschwören. In pädagogischen Kontexten lässt sich darüber hinaus ein Gebrauch des Begriffs identifizieren, der darauf zielte, auffällig gewordene Jugendliche bzw. Jugendliche mit abweichenden Verhaltensweisen an der Verständigung über eine neu zu gewinnende sozialistische Lebensweise und eine zu dieser hinführenden kommunistischen Erziehung zu beteiligen.

Die Darstellung des Phase von 1971-1989 gliedert sich wieder in vier Abschnitte, von denen der erste die programmatische Ebene erfasst, der zweite Probleme in der Entwicklung des Bildungssystems beschreibt, der dritte die wissenschaftliche Implementation und Begleitung eines herausgehobenen Schulversuchs vorstellt und der vierte über Arbeiten an einer sozialistischen Theorie- und Forschungskonzeption in der Erziehungswissenschaft berichtet.

3.4.1 Sinn und Grenzen der Programmatik des Übergangs vom Sozialismus in den Kommunismus

In den Jahren von 1960 bis 1970 hatte das Bildungssystem der DDR seine endgültige Systemgestalt in einer horizontal gegliederten Einheitsschule gefunden, die in einem begrenzten Umfang Schulen zuließ und forderte, die das obligatorische Curriculum mit Schwerpunktsetzungen in einem Spezialgebiet verbanden. Diese Struktur wurde

---

1 Zur Möglichkeit, diese Periode noch einmal in Abschnitte 1971-1976, 1976-1982, 1982-1985 und 1985-1989 zu unterteilen, siehe W. Friedrich: Jugendforschung in der DDR: Einige Probleme und Ergebnisse aus bildungspolitischer Sicht. In: E. Cloer/R. Wernstedt (Hrsg.): Pädagogik in der DDR. Eröffnung einer notwendigen Bilanzierung. Weinheim 1994, S. 190-203.

in den 70er und 80er Jahren nicht mehr verändert, sondern beibehalten. Veränderungen gab es hingegen auf der programmatischen und unterrichtsdidaktischen Ebene. Auf der Ebene der Programmatik wurde die Formel von der Erziehung harmonischer sozialistischer Persönlichkeiten um Formeln ergänzt, welche die Schule in den Dienst der "kommunistischen Erziehung" stellten und von der Überführung der sozialistischen Erziehung in eine kommunistische Erziehung sprachen.

Vor dem Hintergrund der erreichten und in den folgenden beiden Jahrzehnten unverändert beibehaltenen Systemgestalt des horizontal differenzierten Bildungssystems drängt sich die Frage auf, warum Politik und Bildungspolitik der DDR die Schulreform mit Problemen der Transformation der sozialistischen in eine kommunistische Erziehung konfrontierten. Was waren die politischen, was die schulreformerischen Gründe dafür, die bisherige Programmatik sozialistischer Erziehung mit Fragen ihrer Überführung in eine kommunistische Erziehung zu verbinden? Warum reichte es nicht, auf programmatischer Ebene die Einheitsschule weiter zu modernisieren? Auf welche Erfahrungen ist zurückzuführen, dass das sozialistische Bildungssystem schließlich in einem über Modernisierung hinausweisenden Sinne als reformbedürftig angesehen wurde?

Auf diese Fragen sind verschiedene Antworten möglich, die sich nicht einmal wechselseitig ausschließen müssen. Die von der Staatsleitung gewählte und propagierte Formel von der Überführung der sozialistischen in eine kommunistische Erziehung und Gesellschaftsordnung kann erstens als eine Programmatik ausgelegt werden, die die erreichte Einheitlichkeit in der Normalisierungsphase, in welche die vorausgegangenen Reformen einmündeten, zu bewahren und mit neuem Reformeifer zu verbinden suchte. Sie kann zweitens als ein Hinweis auf Grenzen der Modernisierbarkeit des Bildungssystems der DDR verstanden werden, die damit zusammenhängen, dass die sozialistische Ideologie und Lebensform vor dem Hintergrund von Widerspruchserfahrungen, die die Bürger mit ihr machten, an Glaubwürdigkeit einbüßte, so dass sich die Staatsführung veranlasst sah, verstärkt auf eine ideologische Erziehung zu setzen. Sie kann drittens als eine über beide Deutungen hinausweisende Perspektive für eine stärkere Individualisierung und Differenzierung der Bildungsgänge im einheitlichen Schulsystem interpretiert werden, die in den späten 70er und in den 80er Jahren an den Aufgaben und Möglichkeiten einer gemeinsamesamen Erziehung festzuhalten suchte, als deren Fortführung in bestimmten Regionen durch das vermehrte Auftreten von unangepasstem und abweichendem Verhalten unter den Jugendlichen gefährdet wurde.

Die genannten Auslegungen konnten einander, so konträr sie erscheinen mögen, nicht nur wechselseitig überlagern, sondern wiesen zugleich latente Bezüge zu der weitergehenden Frage auf, ob sich die DDR auch künftig als ein von einer Einheitspartei geführter Arbeiter- und Bauernstaat legitimieren lasse oder ob die Rede von einem solchen Staat auf Dauer nur vernünftig sei, wenn mit ihr eine Abgrenzung gegenüber früheren und künftigen Staats- und Gesellschaftsformationen verbunden werde. Während die Abgrenzung gegenüber den für abgeschlossen erklärten Epochen feudaler, bürgerlicher und kapitalistischer Gesellschaften weithin unproblematisch zu sein schien, bereitete die Abgrenzung der gegenwärtigen Gesellschaftsformation der DDR gegenüber einer zukünftigen Schwierigkeiten. Insbesondere die Sozialwissenschaften warnten schon früh vor der Vorstellung, die sozialistische Gesellschaft ließe sich mit Hilfe des Bildungssystems kurzfristig in eine kommunistische transformieren. Die Vollendung der sozialistischen Gesellschaft interpretierten sie nicht als einen in wenigen Jahren durch einen historischen Übergang in den Kommunismus abschließbaren, sondern als einen in gewissem Sinne unabschließbaren Prozess, der über "Widersprüche" vermittelt sei, die sich weiterhin in der "entwickelten sozialistischen Gesellschaft und Erziehung" zeigen würden.[2] An ein Absterben des Staates und dessen Selbstauflösung in die gesellschaftliche Praxis freier, gleicher und brüderlicher Menschen, wie es Fichte und Marx vorgeschwebt hatte, hat für die DDR ohnedies niemand gedacht.[3] Erwartet wurde jedoch eine fortschreitende "Homogenisierung" der Gesellschaft, die aber nicht als Vollendung des Sozialismus im Kommunismus, sondern als Weiterentwicklung des Sozialismus und Leben in einer "entwickelten sozialistischen Gesellschaft" verstanden wurde.[4]

Hinzukam, dass sich trotz aller Anstrengungen die Erwartung, der Anteil von Arbeiter- und Bauernkindern, die das Bildungssystem mit Erfolg absolvieren und in die höchsten Positionen und Berufe aufsteigen, könne in Staat und Gesellschaft immer weiter gesteigert werden, als unrealistisch erwies. Die Erfolge, die in den 60er Jahren gerade in diesem Bereich erzielt wurden, als es gelang, den Anteil der Kinder von in der Produktion beschäftigten Arbeiterinnen und Arbeitern von anfänglich 6 % auf bis zu 50 % zu steigern, ließen sich in der dritten Phase der Entwicklung des Bildungssystems der DDR nicht wiederholen. Bis zum Beitritt der DDR zur BRD sank der Anteil der so definierten Arbeiterkinder, die die EOS mit dem Abitur verließen, auf 20 %.[5] Offenbar waren die Machthaber und die Führungseliten in der DDR nicht bereit, den für die Fortsetzung dieses Programms zu entrichtenden Preis zu zahlen und zum

---

2 G. Neuner: Dialektik der entwickelten sozialistischen Gesellschaft und Erziehung. In: Deutsche Zeitschrift für Philosophie 23 (1975), S. 1277-1288, S. 1280ff; siehe auch E. Sauermann: Probleme der kommunistischen Erziehung und Persönlichkeitsentwicklung im Sozialismus. Ebd. 24 (1976), S. 1357-1369.

3 Vgl. die Hinweise zu komplexen Wechselwirkungen zwischen gesellschaftlichen und individuellen Veränderungen, welche eine überhistorische Finalisierung gesamtgesellschaftlicher und individueller Entwicklungen nicht zulassen, in: K.-F. Wessel: Materialistisch-dialektische Entwicklungstheorie und pädagogische Theorie. In: Deutsche Zeitschrift für Philosophie 23 (1975), S. 1300-131, S. 1311.

4 A. Meier: Schule und Dialektik der Sozialstruktur in der sozialistischen Gesellschaft. In: Deutsche Zeitschrift für Philosophie 23 (1975), S. 1331-1340, S. 1340.

5 Vgl. R. Geißler: Die Sozialstruktur Deutschlands. Ein Studienbuch zur sozialstrukturellen Entwicklung im geteilten und vereinigten Deutschland. Opladen 1992; siehe auch die Tabellen zur Bildungsbeteiligung nach sozialer Herkunft und die dazugehörigen Erläuterungen in H. Köhler: Datenhandbuch zum deutschen Bildungsgeschichte Band 6. Schulen und Hochschulen in der DDR. 1949-1989. (in Vorbereitung).

Zwecke der Förderung der Karrieren von Arbeiterkinder planmäßig größere Teile des Nachwuchses der Führungsschicht und der Intelligenz vom Besuch der Hochschulen und vom Aufstieg in die höheren Kader auszuschließen.

Die Rede von der Überführung der sozialistischen in die kommunistische Gesellschaft und Erziehung konnte somit aus sehr verschiedenen Gründen gewählt oder abgelehnt werden. Dass von sozialistischer und kommunistischer Erziehung schließlich in ein und denselben Texten und Kontexten sowohl in einem gleichlautenden als auch in einem differierenden Sinne gesprochen werden konnte, ist vielleicht nicht zuletzt darauf zurückzuführen, dass die sozialistische Modernisierung als ein Prozess konzipiert wurde, der die Errungenschaften in Staat und Gesellschaft normalisiert, indem der sicherstellt, dass alles so bleibt, wie es ist, und zugleich in Aussicht stellt, dass alles in allen Bereichen noch besser wird. Der gleichsinnige Gebrauch der Begriffe von sozialistischer und kommunistischer Erziehung verweist, so gesehen, zunächst einmal auf deren bewahrende Funktion, der differente Gebrauch auf die Perspektive einer fortschreitenden Höherentwicklung der sozialistischen Gesellschaftsformation.

Die Differenzierung und Synthetisierung beider Perspektiven dienten damit zuweilen dem gleichen Zweck. Durch sie sollte der Gefahr begegnet werden, dass sozialistische Erziehung, Ökonomie und Politik vor dem Hintergrund zunehmender Differenzen zwischen der Idee und der Wirklichkeit der sozialistischen DDR-Gesellschaft unglaubwürdig wurden. In diesem Sinne brauchte insbesondere die Staatsführung beide Begriffe, um die Höherentwicklungshypothese zu stützen und Entwicklungsprobleme der sozialistischen Gesellschaft als grundsätzlich lösbar darzustellen. Die so verstandene Modernisierungsfunktion der Rede von der sozialistischen und kommunistischen Erziehung lässt sich an zahlreichen Reden rekonstruieren, die E. und M. Honecker in der Zeit nach 1970 gehalten haben. Diese belegen zugleich indirekt, dass Ziele und Ideale, die bei der Staatsgründung 1949 als bedeutsam erfahren und angesehen worden waren, im Kontext der fortschreitenden Normalisierung sozialistischer Erziehung in den 70er und 80er Jahren ihre vorwärtsweisende und höherbildende Bedeutung allmählich verloren, bis Ende der 80er Jahre die einstige Programmatik angesichts der fortgeschrittenen Widersprüche zwischen Idee und Wirklichkeit für viele Bürger der DDR zu einer Parodie und zu einem Abgesang auf die sozialistische Erziehung und Bildungskonzeption mutierte.

Die frühe, Erreichtes feststellende Verwendung des Attributs "kommunistisch" findet sich in dem Bericht des Zentralkomitees an den VIII. Parteitag der SED aus dem Jahre 1971. In ihm erklärte E. Honecker:

> "Eines der edelsten Ziele und eine der größten Errungenschaften der sozialistischen Gesellschaft ist die allseitig entwickelte Persönlichkeit. Dabei handelt es sich nicht um ein Ziel, das erst in ferner Zukunft erreicht wird. Wenn wir hier von "Persönlichkeit" sprechen, meinen wir eine besonders charakteristische geistige und moralische Ausprägung des menschlichen Individuums. [...] Sozialistische Persönlichkeiten entwickeln sich in ihren Arbeitskollektiven, im Ringen um höchste Ergebnisse im sozialistischen Wettbewerb, beim Lernen,

im Sport und bei der Aneignung der Schätze der Kultur, bei der Teilnahme an der Leitung und Planung unserer Gesellschaft auf allen Gebieten. Nachhaltigen Einfluß übt die ideologische Arbeit auf die Entwicklung der Menschen aus."[6]

E. Honecker beruft sich an dieser Stelle auf die von K. Marx vertretene These, "der wirkliche geistige Reichtum des Individuums" hänge "ganz von dem Reichtum seiner wirklichen Beziehungen" ab, und unterstellt im Zusammenhang seiner Rede, die DDR sei jenes Reich der Freiheit, in dem aufgrund der Qualität der menschlichen Beziehungen auf allen Gebieten menschlicher Tätigkeit sozialistische Persönlichkeiten heranwachsen. Dahinter steht die Vorstellung, sozialistische Modernisierung führte zu immer harmonischeren sozialistischeren Persönlichkeiten und diese erbrächten immer höhere Leistungen auf den Gebieten der Arbeit, der Moral, der Kultur und des Sports.

Diese Perspektive findet sich auch in einem Diskussionsbeitrag, mit dem M. Honecker 25 Jahre nach der Verabschiedung des "Gesetzes zur Demokratisierung der deutschen Schule" in ihrer Funktion als für das Schulsystem verantwortliche Ministerin feststellte, die durch das Schulgesetz von 1946 eingeleitete Entwicklung zu einer damals zunächst nur acht Klassen umfasssenden Einheitsschule gelte es nun zu stabilisieren und weiterzuführen:

"Jetzt stehen wir vor der Aufgabe, den Übergang zur allgemeinen zehnklassigen Oberschulbildung zu vollenden."[7]

Hinter Aussagen wie diesen steht die Vorstellung, die Schulbildung lasse sich nicht nur ihrem zeitlichen Umfange nach, sondern auch in ihrer Qualität immer weiter steigern und einer Vollendung entgegenführen, in welcher der 1971 immer noch bei 15-20 % liegende Anteil von Abgängern ohne qualifizierten Schulabschluss kontinuierlich abgesenkt werde, so dass eines Tages möglichst alle Schülerinnen und Schüler die Schule als sozialistische Persönlichkeiten mit einer abgeschlossenen Schulbildung verlassen:

"Die allseitige Entwicklung des Menschen, das ist Ziel und Inhalt unserer marxistisch-leninistischen Pädagogik. Es ist Gegenwartsaufgabe unserer Schule, die Grundlagen für die allseitige Entwicklung der Persönlichkeit zu schaffen, die Jugend im Geiste unserer sozialistischen Weltanschauung zu erziehen, Menschen mit einer hohen wissenschaftlichen Bildung und einem entwickelten sozialistischen Bewußtsein, mit einer ausgeprägten sozialistischen Moral, mit

---

6 E. Honecker: Bericht des Zentralkomitees an den VIII. Parteitag der SED vom 15.06.-19.06.1971. In: Bericht des Zentralkomitees an den VIII. Parteitag der Sozialistischen Einheitspartei Deutschlands. Berichterstatter: Genosse Erich Honecker. Berlin 1971, S. 70-74; *Quellentextband 3.1*, S. 363-364, S. 363.

7 Ebd.

> hohen geistig-kulturellen Ansprüchen, mit einem tiefen Sinn für alles Gute und Schöne."[8]

Die so verstandene Maxime sozialistischer und kommunistischer Erziehung besagt, dass die Menschen in der entwickelten sozialistischen Gesellschaft immer moralischer, höher, tiefer usw. gebildet werden. Von harmonischen sozialistischen Persönlichkeiten wird schließlich erwartet, dass sie als "Facharbeiter" gesellschaftlich nützliche Arbeit leisten, das sozialistische Eigentum mehren und gute Menschen sind. Die Aufgabe der Schule wird darin gesehen,

> "in Übereinstimmung mit dem gesetzmäßigen Wachstum der führenden Rolle der Arbeiterklasse den Nachwuchs der Arbeiterklasse und des ganzen werktätigen Volkes zu erziehen, junge Menschen, die vom Klassenstolz, vom Gefühl der Arbeiterehre erfüllt sind, als Facharbeiter, als Genossenschaftsbauern, als mit der Arbeiterklasse eng verbundene sozialistische Intelligenz ihre Aufgaben zur allseitigen Stärkung unserer Deutschen Demokratischen Republik, zur Gestaltung der entwickelten sozialistischen Gesellschaft, zur Stärkung der Kraft des Sozialismus zu erfüllen."[9]

In Formulierungen wie diesen artikuliert sich ein Persönlichkeitsideal, das einerseits jedem Heranwachsenden die Möglichkeit eines erfolgreichen Abschlusses seiner Schullaufbahn zuerkennt und die Schule darauf verpflichtet, diesem Ziel zu dienen, und das anderseits die Grenzen der beanspruchten Wirksamkeit des Staates und seiner Schule bis in Normierungen des Wahren, Schönen und Guten ausdehnt. Von den einzelnen Menschen wird verlangt, dass sie ihre Bestimmung und ihre Aufgabe darin erkennen, die sozialistischen Werte zu bejahen und ständig weiterzuentwickeln. Kritik an "Widersprüchen" zwischen Ideal und Wirklichkeit ist danach nur erlaubt, wenn sie aus "sozialistischem Geist" erfolgt und die Widersprüche als "etwas Normales" interpretiert , dass nach den Lehren der "materialistische[n] Dialektik" für die weitere "Entwicklung" letztlich nur förderlich ist.[10]

Die Eintönigkeit und Einförmigkeit der zitierten sozialistischen Bildungsmetaphorik erschwert zuweilen, genauer zu erkennen, in welchem Sinne bereits Erreichtes

---

8 M. Honecker: Diskussionsbeitrag auf dem VIII. Parteitag der SED 1971 vom 19.06.-19.06.1971. In: Protokoll der Verhandlungen des VIII. Parteitages der Sozialistischen Einheitspartei Deutschlands. 15.06.-19.06.1971. Berlin 1971, S. 78-80; *Quellentextband 3.1*, S. 365-366, S. 365.

9 Ebd.

10 M. Honecker: Inhaltliche Ausgestaltung der Oberschule - Programm unserer weiteren Arbeit. Referat auf der zentralen Direktorentagung des Ministeriums für Volksbildung vom 08.05. bis 09.05.1973. In: Protokoll der zentralen Direktorenkonferenz des Ministeriums für Volksbildung am 8. und 9. Mai 1973. Volk und Wissen Volkseigener Verlag. Berlin 1973; *Quellentextband 3.1*, S. 366-370, S. 366.

weiterentwickelt werden sollte und worin die für notwendig erachteten Versuche, Neues zu erreichen, im einzelnen bestanden haben. In ihrer Rede über die "Inhaltliche Ausgestaltung der Oberschule - Programm unserer weiteren Arbeit" warnte die Ministerin selbst davor, die sozialistische Modernisierung und Reform einzig an der Hebung "statistischer Durchschnitte" auszurichten. Die Aufgabe sozialistischer Persönlichkeitserziehung wird nun nicht mehr in der permanenten Steigerung von Leistungen und Tugenden, sondern darin gesehen, Heranwachsende auf den Umgang und die Auseinandersetzung mit gesellschaftlichen Widerspruchserfahrungen vorzubereiten. In die bisherige Programmatik einer kontinuierlich zu modernisierenden sozialistischen Persönlichkeitserziehung treten Vorstellungen von einer sozialistischen und zugleich kommunistischen Persönlichkeitsentwicklung ein, die nicht nur auf stetige Höherbildung und -entwicklung ausgerichtet sind, sondern zugleich den Übergang von Widersprüchen der sozialistischen Gesellschaft in eine weiterentwickelte "sozialistische und kommunistische" Gesellschaftsformation vorbereitet. Von der kommunistischen Erziehung wird nun erwartet, dass sie auch Spannungen und Widersprüche zwischen den Interessen der Einzelnen und denjenigen der gesamten Gesellschaft harmonisiere:

> "In der sozialistischen und kommunistischen Gesellschaft, die von Ausbeutung befreit ist und die bewußt durch die menschliche Tätigkeit gestaltet wird, kann sich 'die originelle und freie Entwicklung der Individuen', die 'bedingt (ist) eben durch den Zusammenhang der Individuen' ohne Einschränkung vollziehen (Marx/Engels: Werke, Bd. 3, S. 424). Das Kollektiv, das sich auf der Grundlage der Übereinstimmung der gesellschaftlichen und persönlichen Interessen entwickelt, wird zur Lebensform unserer Gesellschaft. Das kennzeichnet die wirkliche Gemeinschaft, in der - wie die Klassiker des Marxismus-Leninismus hervorhoben - jedes Individuum seine Anlagen nach allen Seiten hin ausbilden und seine persönliche Freiheit verwirklichen kann."[11]

Als pädagogische Maßnahmen, welche die Transformation der sozialistischen in eine kommunistische Erziehung fördern, werden von der Ministerin nun die in früheren Reden zuweilen kritisierten reformpädagogischen Formen einer individualisierenden Gemeinschaftserziehung zugelassen. So wird eine vermehrte Einrichtung von "Arbeitsgemeinschaften" empfohlen, in denen Schulen an von ihnen selbst gewählten Themen das in den Lehrplänen festgelegte Rahmenprogramm umsetzen. Mit Hilfe der "Arbeitsgemeinschaften nach Rahmenprogramm" soll sich die Schule zu einer Institution weiterentwickeln, die aktiver Schülertätigkeit einen größeren Raum gewährt. Die Einrichtung solcher "Arbeitsgemeinschaften" im Unterricht der Oberschule soll

11 Ebd., S. 367.

> "neue Möglichkeiten eröffnen, die Schüler an Probleme der politisch-ideologischen, kulturellen, ökonomischen und wissenschaftlich-technischen Entwicklung heranzuführen, die Freude an gesellschaftlich-nützlicher Arbeit, am Entdecken, am Knobeln und Forschen und ihre Wißbegierde zu fördern. Diese Arbeitsgemeinschaften sind eine wichtige Form der Verbindung der Schule mit dem Leben. Sie leisten einen wertvollen Beitrag zur sinn- und anspruchsvollen Gestaltung der Freizeit unserer 15- bis 16jährigen. Ein immer größerer Teil der in diesen Arbeitsgemeinschaften tätigen Schüler nimmt an Leistungsvergleichen wie der Messe der Meister von morgen oder der Galerie der Freundschaft teil."[12]

Sozialistische Modernisierung und kommunistische Erziehung gehen hier Verbindungen mit Strategien einer Normalisierung reformpädagogischer Unterrichtskonzepte ein. Diese konnten jedoch nur in Grenzen praktisch werden, weil die Freiräume, welche die Modernisierung der sozialistischen Erziehung in innerschulischen Kontexten eröffnete, im gesellschaftlichen Leben der DDR durch die Begrenzung der staatlich zugelassenen und erlaubten Meinungsvielfalt gleichzeitig stark eingeschränkt wurden. Zu einer Krise im öffentlichen Leben der DDR kam es, als in den 70er Jahren namhafte Intellektuelle, die sich in der DDR als sozialistische Kritiker der bestehenden Gesellschaftsordnung profiliert hatten, mit Berufsverboten belegt und ausgebürgert wurden. Nachdem die Staatsführung im November 1976 den Liedermacher und Sänger Wolf Biermann ausbürgert hatte, der in der DDR seit 1965 nicht mehr öffentlich auftreten durfte, und ihm die Rückreise von einer genehmigten Tournee durch die BRD untersagte, verlor die sozialistische Gemeinschafts- und Staatsideologie für immer mehr Bürger an Glaubwürdigkeit. Im Fernsehen des westdeutschen Staates konnten sie die öffentlichen Auftritte des zu Hause jahrelang mit Berufsverbot belegten und nun ausgebürgerten Liedermachers miterleben, der sich im anderen deutschen Staat melancholisch zum Sozialismus bekannte. Spätestens damals wurde für die Mehrheit der Bürger der DDR offenkundig, dass Freiheit und Sozialismus im ostdeutschen Staat nur in sehr engen Grenzen vereinbar waren.

Die Staatsführung der DDR suchte aus der sich verschärfenden Legitimationskrise einen Ausweg, indem sie das Bildungsideal des sozialistischen Menschen, der sich als nicht so harmonisch, wie bisher angenommen, erwiesen hatte, überarbeitete und auf eine noch engere Einheit von Staat, Gesellschaft und Einzelnen setzte. Die gesuchte Einheit wurde nun nicht mehr als Übereinstimmung von sozialistischem Menschen und sozialistischer Gesellschaft definiert, sondern als Aufgabe der Transformation der sozialistischen in eine kommunistische Erziehung interpretiert. Die in sich wenig präzise Idee einer kommunistischen Erziehung fand jedoch unter den Bürgern der DDR nicht mehr jene Anerkennung, die die Programme sozialistischer Erziehung in den 60er Jahren bei weiten Kreisen der Bevölkerung erreicht hatten. Die Proklamation des Übergangs der sozialistischen in eine kommunistische Erziehung verfehlte ihren Zweck. Sie konnte

---

12 Ebd., S. 368.

letztlich nicht darüber hinwegtäuschen, dass sich die Gesellschaft der DDR zu Beginn der achtziger Jahre nicht in einer Phase der Höherentwicklung befand, sondern sich in gewissem Sinne von ihren Harmonieversprechen und -annahmen immer weiter entfernte.

Im Mai 1982 stellte die Ministerin in einer Rede mit dem Motto "Auch wir Pädagogen stellen uns der Herausforderung dieses Jahrzehnts - Für jeden Schüler den besten Start ins Leben sichern" für die in den 80er Jahren anstehende Reform die Forderung auf, "jeder Jahrgang, der unsere Schule verläßt", müsse "ein guter Jahrgang" sein. Das Pathos der Rede konnte nicht mehr darüber hinweg täuschen, dass in ihr kaum neue Fragestellungen und Inhalte angesprochen, sondern in der DDR seit Jahrzehnten postulierte Üblichkeiten zum Programm erhoben wurden. So forderte sie, "Tief im Bewußtsein jedes Lehrers, jedes Kollektivs, jedes Direktors" müsse "der Gedanke verwurzelt sein, daß wir eine Schule haben, die die Kinder von 6 Jahren, von klein an also, bis 16 Jahren, bis zum Erwachsenwerden, begleitet."[13] Wiederholt wurden die bekannten Forderungen nach einer anlagen-, alters- und entwicklungsgemäßen Förderung jedes einzelnen Schülers, die es nun im Sinne eines "Bildungsideals" zu verwirklichen gelte, das "auf den Kommunismus gerichtet" sei.[14] Aufgrund dieses Ideals seien Erziehung und Schule in der DDR auch künftig der Erziehung in den kapitalistischen Staaten und Gesellschaften überlegen, die sich auf die Suche nach einer "humanen" Schule und einer "Humanisierung" der Pädagogik begeben hätten und in reformpädagogische Illusionen einer "Wiederentdeckung des Menschen und des Kindes" zurückgefallen seien.[15]

Für die DDR schloss die Ministerin eine Rückkehr zur bürgerlichen Reformpädagogik aus. Ausdrücklich distanzierte sie sich von der Losung "Weniger lernen - mehr bilden", mit der die Schriftstellerin Inge von Wangenheim die sozialistischen und kommunistischen Erziehungskonzepte einer grundlegenden Kritik unterzogen hatte.[16] Dieser warf sie vor, sie plädiere für die Wiederkehr einer "klassenindifferente[n] Erziehung" und falle damit in den Revisionismus bürgerlicher Erziehung zurück. An Äußerungen wie diesen zeigt sich das interne Dilemma der Proklamierung einer kommunistischen Erziehung. Der Übergang von der sozialistischen in eine kommunistische Erziehung wurde einerseits als Eintritt in eine Gesellschaftsformation gedacht, in der es keine Klassenschranken und folglich auch keine "Diktatur des Proletariats" mehr gibt; er sollte anderseits durch eine Erziehung herbeigeführt werden, welche die Heranwachsenden nicht zu einem "klassenindifferenten" Standpunkt, sondern im Geiste der historischen "Mission der Arbeiterklasse"erzieht.[17] Die "Diktatur des Proletariats" sollte also zugleich enden und

---

13 M. Honecker: Auch wir Pädagogen stellen uns der Herausforderung dieses Jahrzehnts - Für jeden Schüler den besten Start ins Leben sichern. Referat auf der Zentralen Direktorentagung vom 10 bis 12. Mai 1982. In: Pädagogik 37 (1982), S. 449-485; *Quellentextband 3.1*, S. 389-394, S. 389.

14 Ebd., S. 393.

15 Ebd.

16 Siehe hierzu die weiteren Ausführungen im Teil (b) dieses Abschnitts, S. 212ff.

17 M. Honecker: Auch wir Pädagogen stellen uns der Herausforderung dieses Jahrzehnts. A.a.O., S. 394.

nicht enden, der Klassenstandpunkt sollte gleichzeitig überwunden und beibehalten werden.

In der Rede, die M. Honecker auf dem letzten Pädagogischen Kongress der DDR hielt, dominieren weiterhin Vorstellungen von der Weiterentwicklung und Vervollkommnung der DDR-Gesellschaft. Unter dem Einfluss reformpädagogischer Initiativen, die vor allem bei der Vorbereitung dieses Kongresses wirksam waren, billigt die Ministerin für Volksbildung nun eine letzte Strukturveränderung im sozialistischen Einheitsschulsystem. Sie stellt in Aussicht, dass Individualisierungen und Differenzierungen in der Form von "Arbeitsgemeinschaften" künftig nicht mehr erst in der "9./10 Klasse durchgeführt", sondern - wie von H.H. Becker schon 1957 gefordert hatte - bereits ab der "7. und 8. Klasse" erlaubt sein sollen:

> "Es wird [...] vorgeschlagen, ab Schuljahr 1990/91 schrittweise auch in den Klassen 7 und 8 mit der Einführung von fakultativen Kursen zu beginnen. [...]
>
> Das sollen sowohl in den Klassen 7 und 8 als auch in den 9. und 10. Klassen Kurse sein, in denen sich die Schüler vertiefend mit naturwissenschaftlichen, technischen, gesellschaftswissenschaftlichen und moralisch-ethischen Fragen, mit Kultur und Kunst befassen können. Die obligatorische Allgemeinbildung vertiefend, sollen Fragen der Gestaltung der Lebensweise, der zwischenmenschlichen Beziehungen, der ästhetischen Kultur im Alltag, von Liebe, Ehe und Familie weiterführend zum Gegenstand allgemeiner Schulbildung und Lebensvorbereitung der Jungen und Mädchen werden. (Lebhafter Beifall)"[18]

Der Beifall bezog sich u.a. darauf, dass durch die frühere Einrichtung von Arbeitsgemeinschaften Freiräume für einen Unterricht entstehen konnten, der stärker auf Probleme der individuellen Lebensführung der Heranwachsenden eingeht, die durch die staatliche Ideologieplanung in der Vergangenheit nicht hatten geklärt werden können. Auf sie hatte die Proklamation eines Übergangs der sozialistischen in eine kommunistische Erziehung ebensowenig eine erhellende Antwort geben können wie die im Marxismus-Leninismus verankerte Annahme eines gesetzmäßigen Gangs der Weltgeschichte. In den Beifall konnten auch jene einstimmen, die schon lange der Auffassung waren, dass Fragen der individuellen Lebensgestaltung im Unterricht nur zu thematisieren seien, wenn die Schule bei ihrer Erörterung darauf verzichte, Heranwachsenden die von der Staatsführung vorgegebene Antwort des sogenannten Marxismus-Leninismus als verbindliche Orientierung zu vermitteln.

---

18 M. Honecker: Unser sozialistisches Bildungssystem - Wandlungen, Erfolge, neue Horizonte. Referat auf dem 9. Pädagogischen Kongress der DDR am 13.06.1989, als Manuskript gedruckt. In: Bulletin, hrsg. vom Organisationskomitee des 9. Pädagogischen Kongresses der DDR vom 13.-15.06.1989; *Quellentextband 3.1*, S. 438-446, S. 441.

3.4.2 Widersprüche zwischen Ideologie und Wirklichkeit im Lichte ausgewählter "Problemmaterialien"

Bei den Widersprüchen zwischen Ideologie und Wirklichkeit, die Gegenstand verschiedener "Problemmaterialien" waren, handelte es sich nicht nur um Widersprüche zwischen Idee und Wirklichkeit, sondern zugleich um solche zwischen der staatlichen Normierung der individuellen Lebensführung und den Selbstentwürfen der Einzelnen. Während die Staatsführung diese Widersprüche weiterhin als normale Entwicklungsprobleme der sozialistischen Gesellschaft entdramatisierte, zeichneten verschiedene von Wissenschaftlern erarbeitete Problemmaterialien ein differenzierteres Bild. Dieses schwankt zwischen der Diagnose, die antizipierte und aufgegebene Einheit von Modernisierung und sozialistischer Erziehung, von Widerspruchserfahrungen und gesellschaftlichem Fortschritt, von sozialistischer und kommunistischer Erziehung sei ebenso wie das Ideal allseitig harmonisch gebildeter Persönlichkeiten noch nicht "voll" erreicht, und weitergehenden Analysen, welche sichtbar machen, dass die sozialistischen und kommunistischen Einheitsformeln für eine differenzierte Beurteilung der gesellschaftlichen Situation zunehmend untauglich wurden.

Hierauf verweist schon der Begriff "Problemmaterial" hin. Er wurde in den Sozialwissenschaften verwendet, um Problemkonstellationen zu identifizieren, die einer dringenden Bearbeitung - auch jenseits der üblichen ideologischen Antizipation - bedurften. Im Jahre 1973 legte die von Gerhart Neuner geleitete APW ein Problemmaterial zur Reform der Einheitsschule vor, das auf die Notwendigkeit einer stärkeren Unterscheidung zwischen obligatorischem und fakultativem Unterricht hinwies und die Einrichtung von Arbeitsgemeinschaften bereits für die 7. und 8 Klassen empfahl. Präsentiert wurden u.a. statistische Daten, die belegten, dass

- 3 bis 4 % der Heranwachsenden in Sonderschulen eingewiesen wurden,
- 8 bis 10 % der Schüler die 10-klassige Einheitsschule vor Eintritt in die 8. Klasse verließen,
- 7 bis 8 % die 8. Klasse nicht bis zu ihrem Ende besuchten
- und weitere 1 bis 2 % der Schüler in der 9. und 10. Klasse das Schulsystem verließen.[19]

Dass ein Fünftel der Heranwachsenden 1973 die 10-klassige Einheitsschule vorzeitig verließ, führten die Wissenschaftler der APW nicht auf den noch unabgeschlossenen Aufbau des Einheitsschulsystems und auch nicht auf den Entwicklungsstand der Erziehungswissenschaft, sondern auf Abstimmungsprobleme zwischen Einheitlichkeit und Differenzierung zurück, die nach einer flexibleren und

---

19 Siehe hierzu: APW der DDR: Problemmaterial. In: Akademie der Pädagogischen Wissenschaften der DDR: Problemmaterial (Skizze des Grundmaterials). 2 Bände. Berlin 1973 (Vertrauliche Dienstsache). Ebd. S. 79-82, S. 97-99, S. 425-427; *Quellentextband 3.1*, S. 464-467, S. 466.

differenzierteren Schulstruktur und erweiterten Möglichkeiten der Gestaltung des Unterrichts verlangten.

Im selben Jahr stellte der Soziologe Arthur Meier, der zwanzig Jahre später die DDR rückblickend als eine Ständegesellschaft beschrieb, zur Vorbereitung einer Konferenz, welche Zusammenhänge zwischen der "wissenschaftlich-technischen Revolution" und der "Entwicklung der Kultur und Persönlichkeit in der sozialistischen Gesellschaft" klären sollte, ein "Problemmaterial" zusammen, das in den ersten Abschnitten ganz in der Terminologie der offiziellen Staatsphilosophie argumentiert, dann jedoch drei "Problemkreise" identifiziert, die sich von dieser her weder angemessen beschreiben noch differenzierter analysieren ließen. Von diesen bezog sich der erste auf Abstimmungsprobleme zwischen "breiter Allgemeinbildung" und "hohem Spezialistentum", der zweite auf "Widersprüche bei der Vorbereitung der Jugend auf die Arbeit und das gesellschaftliche Leben im Sozialismus" und der dritte auf das Verhältnis der "harmonische[n] Persönlichkeitsbildung" zu Fragen der "Proportionalität der Bildung".

Nach der obligatorischen Eröffnung, dass die sozialistische Einheitsschule eine "vielseitige und breite Allgemeinbildung für die Werktätigen und vor allem auch für den Nachwuchs der Arbeiterklasse" sichert und eine "verfrühte Spezialisierung" ablehnt bzw. vermeidet,[20] kommt er auf einen ersten problematischen Sachverhalt zu sprechen:

> "Wir gehen davon aus, daß wir die junge Generation in der Schule nicht auf alle Anforderungssituationen der künftigen sozialen und wissenschaftlich-technischen Entwicklung vorbereiten können. Es wäre eine Illusion anzunehmen, man könne alle durch die Arbeitsteilung nötig werdenden Spezialisierungen und Verästelungen der Qualifikations- und Berufsstruktur auch nur einigermaßen voraussagen. Gerade deshalb wird eine breite Grundlagenbildung für die sozialistische Persönlichkeit unabdingbar. Die sozialistische Allgemeinbildung muß auf jenen Kanon von fundamentalen wissenschaftlichen Kenntnissen, grundlegenden Fähigkeiten und Fertigkeiten und nicht zuletzt politischen Grundüberzeugungen und Verhaltensqualitäten der sozialistischen Persönlichkeit zugeschnitten sein, die es dieser ermöglichen, sich produktiv zu spezialisieren und im Leben mit den ständig auftretenden Veränderungen schöpferisch fertig zu werden."[21]

Als Konsequenzen für eine weitreichende Reform des Einheitsschulsystems schlägt er vor, deutlicher zwischen obligatorischen und fakultativen Bildungsangeboten zu

---

20 A. Meier: Problemmaterial für das Referat auf der Konferenz "Die wissenschaftlich-technische Revolution und die Entwicklung der Kultur und Persönlichkeit in der sozialistischen Gesellschaft" (1973). In: *Quellentextband 3.1*, S. 468-473, S. 469.

21 Ebd.

unterscheiden, die Ausrichtung der fakultativen Angebote an einem vermuteten Bedarf aufzugeben und statt dessen dieses Angebot stärker an den Neigungen und Fähigkeiten der Schüler auszurichten:

> "Gerade in dieser Hinsicht gewinnt auch das Problem der Einheitlichkeit und Differenzierung im Bildungswesen an Bedeutung. [...] Bei aller gebotenen Einheitlichkeit der Grundlagenbildung für alle müssen wir das Thema der Differenzierung auf den oberen Stufen unserer allgemeinbildenden Schule kühner anpacken. Der Ausbau des fakultativen Unterrichts, ein differenziertes System von Arbeitsgemeinschaften über mehrere Klassenstufen hinweg und ein breites Spektrum von Möglichkeiten der außerschulischen Bildung und Erziehung muß es den jungen Menschen gestatten, ihren spezifischen Bedürfnissen und Neigungen nachzugehen, spezielle und nicht weniger vielseitige Interessen auszubilden, ihre Fähigkeiten selbständig zu erproben und kreativ zu werden. [...] Die Förderung einer breiten Bildung für alle darf uns nicht daran hindern, auch alle speziellen Talente und Begabungen in unserem Volk aufzuspüren und zu fördern. Eine umfassende Allgemeinbildung ist zwar das Gegenteil einer verfrühten Spezialisierung; aber die Ablehnung der verfrühten Spezialisierung bedeutet nicht die Ablehnung der Spezialisierung überhaupt. [...] Deshalb müssen wir die vielseitig gebildete ebenso wie die speziell gebildete und interessierte Persönlichkeit erziehen, wobei es wünschenswert erscheint, wenn die Menschen ihre Spezialbildung auf Gebieten erwerben, die ihren Neigungen und Fähigkeiten entgegenkommen."[22]

Bei der Analyse des zweiten Abstimmungsproblems geht Meier vergleichbar vor. Nachdem er auch hier zunächst konstatiert hat, dass es "unserer Schule gelingt", die nachwachsende Generation zu "ideologischer Wehrbereitschaft" zu erziehen und "erfolgreich auf das Leben im Sozialismus" vorzubereiten,[23] kommt er auf die in der BRD insbesondere von H. Schelsky[24] immer wieder untersuchte Problematik zu sprechen, dass Entwicklungen im Bereich der Arbeit und der Produktionstechniken psychisch-soziale Folgeprobleme verursachen und neue Handlungsprobleme hervorbringen, die sich mit den traditionellen Deutungsmustern nicht beherrschen lassen:

---

22 Ebd., S. 470.

23 Ebd., S. 470f.

24 Vgl. H. Schelsky: Der Mensch in der wissenschaftlichen Zivilisation (1961). In: Ders.: Auf der Suche nach der Wirklichkeit. Gesammelte Aufsätze zur Soziologie der Bundesrepublik. München 1979, S. 449-486.

> "Die heutige wie auch die künftige Produktion bringt Belastungen der Psyche und Physis des Werktätigen mit sich, und die Arbeit wird nicht einfach zum Spiel, sondern bleibt - wie Marx [...] treffend bemerkte - eine verdammt ernste Sache. Darauf müssen junge Menschen im Sozialismus eingestellt sein. Es besteht kein Grund, ihnen nicht ein realistisches, illusionsloses Bild von den Bedingungen und Anforderungen der Produktion zu vermitteln."[25]

Die unabsehbaren Folgen der zunehmenden Interdependenzen zwischen technisch-industriellen und psychisch-sozialen Problemen und Entwicklungen können nach Meier durch eine vorwiegend auf den Bereich der Arbeit ausgerichtete Erziehung nicht adäquat bearbeitet werden. Die Vorbereitung der "Jugend auf die Arbeit" muss um eine Vorbereitung der Heranwachsenden auf den Eintritt ins gesellschaftliche Leben ergänzt werden, der Bereiche individueller Selbstverwirklichung einschließen müsse und nur in Grenzen planbar und reglementierbar sei:

> "Es gehört zu den Vorzügen der Verbindung der wissenschaftlich-technischen Revolution mit der gesamten gesellschaftlichen Entwicklung im Sozialismus, daß die Freizeit ebenso wie die Arbeit zum Medium der Selbstverwirklichung der sozialistischen Persönlichkeit wird. Eine Persönlichkeit, die gelernt hat, sich aktiv bei Körperkultur und Sport zu erholen, Kunst und Kultur zu genießen, die Sendungen der modernen Massenmedien kritisch zu verarbeiten und selbständig zu werten, kulturvolle zwischenmenschliche Beziehungen einzugehen usw., wird nicht nur ein Äquivalent zu den Erfordernissen der Arbeit unter den Bedingungen der wissenschaftlich-technischen Revolution finden, sondern den wachsenden Anteil an freier Zeit zur Vervollkommnung der eigenen Persönlichkeit ausnutzen können. Die Bildung der Fähigkeit zum ästhetischen Genuß gehört ebenso wie die planmäßige Ausbildung von Selektions- und Rezeptionsfähigkeiten im Hinblick auf die Sendungen der Massenmedien, zu den Aufgaben, die die neuen Entwicklungen für die Allgemeinbildung der sozialistischen Persönlichkeit mit sich bringen. Vor allem gehört aber dazu auch eine verstärkte Förderung der Lernmotivation, des allgemeinen Kultur- und Lernbedürfnisses."[26]

Diese Überlegungen leiten unmittelbar zum dritten "Problemkreis" über. Die Vorbereitung der Heranwachsenden auf den Eintritt ins gesellschaftliche Leben lässt sich durch Unterricht unterstützen, nicht aber in der Form eines unterrichtlichen Lehr-Lern-Prozesses organisieren und institutionalisieren. Daher fordert Meier dazu auf, in dieser Frage

---

25 A. Meier: Problemmaterial 1973, S. 471f.

26 Ebd., S. 472.

> "nicht vordergründig in Lehrplanstrukturen zu denken, in einer Ziel-Inhalt-Methode-Relation des Unterrichts, in der die sozialen Momente nur indirekt eingeschlossen sind, sondern die Entwicklung der Persönlichkeit zum entscheidenden Bezugspunkt aller Bemühungen zu machen. Das Maß jeder Lehrplanerfüllung ist nicht schlechthin die Behandlung des Unterrichtsstoffes, sondern der Entwicklungsstand der jungen Persönlichkeiten."[27]

Mit dieser gesellschaftspädagogischen Wendung bestimmt Meier das traditionelle "Problem einer harmonischen Persönlichkeitsbildung [...] im Zusammenhang mit der wissenschaftlich-technischen Revolution" als eine "soziale Aufgabe ersten Ranges", die nach einer "Verbindung von Schule und Leben" verlange, welche künftig stärker auf eine "Ausschöpfung aller [...] gesellschaftlichen Möglichkeiten" auszurichten sei.[28] Persönlichkeitsbildung finde nur am Rande in unterrichtlich organisierten Lehr-Lern-Prozessen statt. Sie könne aber nur gelingen, wenn die traditionell in der DDR verfolgte zweifache Ausrichtung der Erziehung harmonischer sozialistischer Persönlichkeiten und der Sicherung des Facharbeiternachwuchses grundlegend korrigiert und die Erziehung und Bildung des sozialistischen Menschen als eine Praxis konzipiert werde, die "nicht einfach in Zensuren, Prüfungen und Zwischenprüfungen - gewissermaßen an schulischen Kriterien - gemessen [wird], sondern letztlich an der Praxis der sozialistischen Gesellschaft".[29]

Meier versuchte mit dem von ihm zusammengestellten "Problemmaterial" auf Entwicklungsprobleme im Bildungssystem der DDR aufmerksam zu machen, die unterrichtsdidaktisch und schulpädagogisch nicht lösbar, sondern in Entwicklungsprobleme der sozialistischen Gesellschaft selbst eingebunden waren, die in der zurückliegenden Schulreform und Bildungspolitik noch nicht angemessen reflektiert wurden.

Die von Arthur Meier 1973 geforderte gesellschaftspädagogische Wende unterschied nicht nur zwischen schul- und gesellschaftspädagogischen Denkmustern und Handlungskonzepten; sie ließ zugleich offen, worin die angemahnte Korrektur im einzelnen bestehen könne und wie sie voranzutreiben sei. Eine weiterreichende und weitaus radikalere Kritik, welche die Konfrontation mit der Erziehungsideologie des sozialistischen Staates nicht scheute, artikulierte die aus der kommunistischen Bewegung hervorgegangene Schriftstellerin Inge von Wangenheim, deren Abhandlung "Genosse Jemand und die Klassik" von der Ministerin für Volksbildung öffentlich als ein Rückfall in Vorstellungen einer "klassenindifferenten Erziehung" zurückgewiesen worden war.[30] Bei diesem Text handelt es sich um einen Essay ohne wissenschaftlichen Apparat, der eine Kritik am Bildungssystem der DDR artikuliert,

---

27 Ebd., S. 472f.
28 Ebd., S. 473.
29 Ebd.
30 Siehe die vorausgegangene Fußnote 16.

die in ihrer Schärfe die ansatzweise in wissenschaftlichen Texten geübte Kritik bei weitem übertrifft. Von Wangenheim vertrat in ihm die These, die "Diktatur des Proletariats" und die staatliche Erziehung hätten gemeinsam die Entstehung einer "Halbbildung" gefördert, in der unter dem Vorwand, den "untersten Schichten" eine möglichst hohe Bildung zuteil werden zu lassen, Bildung auf bloßes Wissen, Charakter auf angepasstes Verhalten und Gemeinsinn auf kollektive Einförmigkeit reduziert worden sei:

> "Es scheint als werde im fortgeschrittenen Sozialismus, in jenem Stadium also, da die dritte Generation keine Kenntnis mehr hat von der alten Gesellschaft, aus dem Informationsprogramm für die Jugend eine denaturierte Eintrichterung unbestreitbarer Thesen und Tatsachen - ohne Herausforderung an das Gemüt, ohne Anstrengung der Seele. Was aber der Lehrer nicht *fühlt*, kann der Schüler nicht erjagen."[31]

Statt den Menschen durch Bildung einen Zugang zu den Kulturgütern zu eröffnen und Raum für eine bildende Auseinandersetzung mit diesen zu gewähren, sei Bildung auf sozialistische Ideologie verkürzt worden, welche die bürgerliche Kultur nicht nur hinter sich gelassen, sondern der Sache nach verloren habe:

> "wir verloren bei unserem ersten historischen Angriff auf das überholte Bildungsprivileg der Herrschenden zu einem großen Teil die vorbehaltlose Mithilfe des bürgerlichen Humanismus, zu dessen Selbstverständnis es durchaus gehört, um eine breite, auch die 'untersten Schichten' erreichende Volksbildung bemüht zu sein. [...]
>
> So stampften wir die Regimenter der Neulehrer aus dem Humusboden der 'untersten Schichten', sagten dem Stallknecht 'entwickle dich!', dem Dreher 'du wirst Direktor!', der Dienstmagd 'dich schicken wir auf die Schule!', der Arbeiterin 'du wirst Richterin!' und machten, daß diese komischen Sachsen, diese sturen Mecklenburger, diese skeptischen Berliner mit der großen kritischen Klappe und Deutschlands Herzvolk schließlich, die Thüringer, die den Luther und den Bach erfanden, den Goethe beherbergten, die ihnen von der Geschichte zugespielte Chance erkannten, annahmen und sich gegen alle bisherige Übung aus dem Nichts zum Lehrer, zum Direktor, zur Richterin - zum Wissenschaftler und zum Präsidenten entwickelten."[32]

---

31 I. von Wangenheim: Genosse Jemand und die Klassik. Gedanken eines Schriftstellers auf der Suche nach dem Erbe seiner Zeit. Halle und Leipzig 1982, S. 29, S. 42-49, S. 107f., S. 112.; *Quellentextband 3.1*, S. 474-478, S. 474.

32 Ebd.

Die Folge dieses "Umsturzes" sei, dass alles verloren ging, was sich nicht in die Illusion einbauen ließ, in der DDR sei es in wenigen Jahrzehnten gelungen, einen neuen sozialistischen Menschen hervorzubringen, der als solcher zum Subjekt der Geschichte berufen sei:

> "Auf der Strecke blieben: antike Geschichte, Mythologie, Literatur. Schwer ins Gewicht fällt der Verlust der allgemeinen, vergleichenden Religionsgeschichte, weil das schlechthin zu einer politischen Grundausbildung im zeitgeschichtlichen Bereich gehört. Religionsgeschichte ist nicht nur Abbild-Geschichte. Nicht zu wissen, was der Islam, der Buddhismus bedeutet, welche Rolle diese Meta-Modelle in der Gegenwart der Völker spielen, kann zu lebensgefährlichen Fehlern führen."[33]

Die von der Staatsführung proklamierte Überführung der sozialistischen Erziehung in eine kommunistische und die von ihr erhoffte Umformung des sozialistischen zum kommunistischen Menschen wird von Inge von Wangenheim als Ausdruck eines Geschichtsverständnisses zurückgewiesen, das von der Anmaßung lebt, in der DDR sei in wenigen Jahrzehnten ein epochaler Fortschritt eingeleitet und herbeigeführt worden:

> "Das europäische Bürgertum hat einen Spielraum von tausend Jahren gehabt, *seinen* Humanismus zu entwickeln. Wir dürfen nicht glauben, daß dreißig Jahre ausreichen, um die keineswegs unklaren, sogar sehr deutlichen Vorstellungen, die der sozialistische Humanismus seit Marx bereits entwickelte, zu einer Bildungskonstante unseres allgemeinen Volksbildungswesens zu machen."[34]

I. von Wangenheim verstand ihren Essay als "Suche" eines Schriftstellers "nach dem Erbe seiner Zeit". Ihre Kritik des Zerfalls von Bildung auf Halbbildung in der DDR artikulierte Momente jener Kritik, die Adorno bereits Ende der 50er Jahre in seinem Essay über Halbbildung am Zerfall moderner Bildung in den westlichen Demokratien geübt hatte. Während Adornos Abhandlung über Halbbildung als ein Essay zu lesen ist, der die sozialwissenschaftlich diskutable, bildungstheoretisch aber unhaltbare These vom notwendigen Zerfall der Bildung in Halbbildung aufstellt, argumentiert I. von Wangenheims Essay eher umgekehrt. Er formuliert eine bildungstheoretisch argumentierende Kritik an der sozialistischen Erziehung und Kultur, die nachdenklich stimmt und zum Reflektieren anregt, wenn man seine pauschalen Verallgemeinerungen nicht als sozialwissenschaftlich gemeinte Aussagen über die tatsächlichen Einstellungen und Verhaltensweisen der Einzelnen und der Gesellschaft in der DDR insgesamt liest.

---

33 Ebd., S. 476.
34 Ebd., S. 475.

3.4.3 *Ein Projekt zur Erforschung der "sozialistischen Lebensweise"*

Die von Staat und Partei verfolgte Programmatik der Überführung sozialistischer in kommunistische Erziehung strebte eine Verfassung der Einzelnen und der Gesellschaft an, in der die Postulate der Einheit von Erziehung und Bildung, Haltung und Wissen, Bildung und Arbeit, Theorie und Praxis, wissenschaftlicher Bildung und gelebtem Marxismus/Leninismus nicht mehr Ziele und an die gesellschaftliche Entwicklung zu richtende Forderungen, sondern Bezeichnungen für einen erreichten Status und Ausdruck eines realisierten Programms sein sollten. Hinter der Programmatik der Überführung der sozialistischen in die kommunistische Erziehung stand zugleich die Erfahrung, dass die sozialistischen Persönlichkeiten und die sozialistische Gesellschaft keineswegs über die im Bildungsziel der DDR avisierte innere und äußere Harmonie verfügten, sondern Differenzen zwischen Wortwissen, Gesinnung und faktischem Verhalten, sozialistischem Bekenntnis und realer Praxis aufwiesen, die eigentlich längst überwunden sein sollten.

Ende der siebziger, Anfang der achtziger Jahre gab es in Berlin große Neubau-Gebiete, in denen Wohnraum für mehrere Zehntausende entstand. Die Bauplanung sah neben Geschäften, Gasthäusern und kulturellen Einrichtungen auch die Errichtung neuer Schulgebäude und Räume für die Jugendorganisationen vor. Eines der Neubaugebiete lag in Marzahn, in dem u.a. zwei neue Schulen gebaut wurden. In ihrem Umfeld führten Erziehungswissenschaftler und Soziologen der Humboldt-Universität ein Projekt zur Erforschung der sozialistischen Lebensweise durch. Vertieft man sich in Texte aus diesem Projekt, so muss man berücksichtigen, dass Probleme der Entwicklung einer sozialistischen Lebensweise in der DDR auch dann nach dem offiziellen Sprachgebrauch als Probleme im Rahmen eines gesetzmäßigen Ablaufs der Weltgeschichte interpretiert werden mussten, wenn sie im Lichte der Forschung anders oder differenzierter zu interpretieren waren.[35] Hierauf ist zurück

---

35 Das folgende Beispiel mag dies verdeutlichen. Beim Dienstantritt an der Humboldt-Universität fand D. Benner auf dem ihm zugewiesenen Schreibtisch einen Sonderdruck von W. Salzwedel, dem letzten, 1989 pensionierten Inhaber des Lehrstuhls für Allgemeine Pädagogik in der DDR, in dem sich dieser gemeinsam mit G. Eggers unter Einbeziehung westdeutscher Literatur mit den Krisen der Erziehung im Imperialismus auseinandersetzte. Der auf einer gemeinsamen Tagung der Humboldt-Universität und der APW vorgetragene Text interpretierte die Entwicklung in Westdeutschland so, als künde sich in den Krisen der Erziehung der bevorstehende Zusammenbruch der kapitalistischen Gesellschaftsordnung an. Bei der ersten Begegnung in der Humboldt-Universität fragte D. Benner darauf hin W. Salzwedel, wie es möglich gewesen sei, dass Erziehungswissenschaftler in der DDR über die Krisen der Erziehung im Imperialismus diskutierten und diese als Anzeichen für den Untergang des westdeutschen Staates interpretierten, die Krisen im eigenen Lande aber nicht entsprechend deuteten. Auf diese Frage antwortete W. Salzwedel sinngemäß, man habe über die Krisen der Erziehung in der BRD und über ihre Thematisierung in der westdeutschen Literatur diskutiert, um zu prüfen, ob und inwieweit sich die westdeutschen Ansätze für eine Analyse

zuführen, dass Teile der aus dem Lebensweiseprojekt erhaltenen Papiere von der geschichtlichen Gewissheit einer über Widerspruchserfahrungen vermittelten stetigen Weiterentwicklung der sozialistische Gesellschaft ausgehen. Der Sache nach setzte sich das Projekt jedoch zugleich mit ganz anderen Sachverhalten und Problemen, nämlich mit der Frage auseinander, wie für Jugendliche, die sich aus der DDR-Gesellschaft ausgegrenzt hatten und aus dieser ausgegrenzt worden waren, eine *educatio communis* zu institutionalisieren sei. Ohne zwischen den verschiedenen Bedeutungen "kommunistischer Erziehung" begrifflich zu unterscheiden, wird dieser Terminus im Lebensweiseprojekt mehrdeutig gebraucht, einmal als Begriff einer der Weiterentwicklung der sozialistischen Gesellschaft dienenden Erziehung, dann aber auch als Begriff einer Erziehung, die Außenseiter und auffällig gewordene Jugendliche mit Hilfe neuer Erziehungskonzepte zu integrieren sucht.

Das Lebensweiseprojekt wurde in den Jahren 1978/80 vorbereitet und von 1981 bis 1985 an zwei Forschungsschulen im Neubaugebiet von Marzahn durchgeführt. Es war Teil des zentralen Forschungsplans des Ministeriums für Hoch- und Fachschulwesen und wurde von Prof. Dr. Werner Salzwedel (Humboldt-Universität zu Berlin) geleitet. An ihm wirkten Wissenschaftler aus den Bereichen Allgemeine Pädagogik, Didaktik, Fachmethodik des naturwissenschaftlichen Unterrichts und der Polytechnik, Erziehungstheorie, Familienpädagogik sowie der Pädagogik der Kinder- und Jugendorganisation und der Massenorganisationen mit.[36]

Im Zentrum der Forschung standen drei Komplexe, von denen sich der erste auf die Beziehungen zwischen Schule und Stadtteil, der zweite auf die Schule als pädagogische Institution und der dritte auf Fragen der Optimierung der unterrichtlichen Lehr-Lern-Prozesse bezog. Von diesen stellten die beiden ersten wissenschaftliches Neuland dar. Zwar waren die Beziehungen zwischen den Schulen und ihrer Umgebung, insbesondere zu den Abnehmern von Schulabsolventen, schon immer in der schulreformerischen Diskussion der DDR thematisiert worden. Nun galt es jedoch, Wechselwirkungen zwischen den Entwicklungsproblemen der sozialistischen Gesellschaft und Verhaltensproblemen von Schülerinnen und Schülern in Schule und

---

der Krisen der Erziehung im Sozialismus eigneten; eine Beziehung zwischen Krisen im Erziehungssystem und der Destabilisierung des Gesellschaftssystems sei dabei aus politischen Gründen nur für die BRD öffentlich artikulierbar gewesen. Siehe hierzu W. Salzwedel/G. Eggers: Ausweitung des pädagogischen Wirkungsraumes und Probleme der pädagogischen Krisenbewältigung im Imperialismus. In: Wissenschaftliche Zeitschrift der Humboldt-Universität zu Berlin 35 (1986), Heft 5, S. 357-362.

36 Vgl. hierzu auch K.-P. Horn/H. Kemnitz/O. Kos: In: Pädagogik unter den Linden. Von der Gründung der Berliner Universität im Jahre 1810 bis zum Ende des 20. Jahrhunderts, hrsg. von K.-P. Horn und H. Kemnitz. Stuttgart 2002, S. 271-290; siehe auch aus soziologischer Perspektive G. Schmidt: Der Erziehungsprozeß an den Schulen eines Neubaugebietes - Analyse eines pädagogischen Forschungsprojekts in der DDR. In: Staatliche Steuerung und Eigendynamik im Bildungs- und Erziehungswesen osteuropäischer Staaten und der DDR, hrsg. von O. Anweiler. Berlin 1986, S. 253-273.

Stadtteil zu erforschen, die vom Selbstverständnis der DDR als einer entwickelten sozialistischen Gesellschaft eigentlich längst gelöst sein mussten. Untersucht wurden Beziehungen zwischen Schule und Territorium (Stadtteil), die dafür verantwortlich waren, dass das Ideal der Erziehung harmonischer sozialistischer Persönlichkeiten durch Schule und Unterricht nicht immer erreicht, sondern in einem Besorgnis erregenden Umfang verfehlt wurde.

In einem Papier zur "Vorbereitung der Sektion Pädagogik" der Humboldt-Universität zu Berlin "auf den Einsatz im Stadtbezirk Berlin-Marzahn" vom September 1979 wird der "1. Komplex" wie folgt beschrieben:

> "Zunahme der Disziplinproblematik an den Schulen mit Behinderung eines effektiven Unterrichts, Zunahme an Rowdytum, Kriminalität und anderer gesellschaftswidriger Verhaltensweisen bei Jugendlichen; Mängel bezüglich kreativ-schöpferischen Verhaltens; ungenügendes persönliches Engagement gegenüber gesellschaftlich relevanten Tatbeständen (z.B. Verhältnis zur Kinder- und Jugendorganisation) bei den Absolventen unserer Schulen usw."[37]

Geklärt werden sollte, wie sich "die Forderung nach der 'mustergültigen' Schule", welche die in der Verfassung und den Schulgesetzen der DDR formulierten Ziele erreicht, "inhaltlich konkretisieren und präzisieren und verdeutlichen" lässt.[38]

Der "2. Komplex" zielte auf die "Entwicklung der Konzeption für eine Schule, die (unter Verwertung der Ergebnisse des Komplexes 1)"[39] mit neuen Formen schulischer Erziehung und Unterweisung experimentiert und in der Lage ist, die im "1. Komplex" genannten Verhaltensweisen zu korrigieren bzw. ihrem Entstehen vorzubeugen. Unter Beibehaltung des "polytechnische[n] Charakter[s]" der Schulen sollte versucht werden,

- die "Schule" stärker "als pädagogische Institution zu konzipieren",
- "wesentliche Bereiche der wechselseitigen Verbindung von Schule und Territorium" neu zu konzeptualisieren,
- neue "Vorstellungen über Stellung, Funktion sowie Hauptwirkungsrichtung des Kinder- und Jugendverbandes zu entwickeln",
- die "bisher relativ eng unterrichtsbezogene [...] Sichtweise des Kinder- und Jugendverbandes" zu korrigieren
- und dem Aspekt "Zusammenarbeit von Schule und Elternhaus" eine verstärkte Aufmerksamkeit zu widmen.[40]

---

37 R. Jakuszek: Vorstellungen über die Weiterführung der Arbeit zur Vorbereitung der Sektion Pädagogik auf den Einsatz im Stadtbezirk Berlin-Marzahn ab September 1979. In: *Quellentextband 3.1*, S. 479-481, S. 479f.

38 Ebd., S. 479.

39 Ebd., S. 480.

40 Ebd.

In Formulierungen wie diesen entdeckte die Pädagogik in der DDR vor dem Hintergrund sozialisatorischer Wirkungen, die vom Gesellschaftssystem der DDR ausgingen und als dysfunktional eingeschätzt wurden, sozialpädagogische Problem- und Aufgabenstellungen, die in den vergangenen Jahrzehnten mit Blick auf den als fortgeschritten angesehenen Entwicklungsstand der sozialistischen Gesellschaft als nicht mehr existent angesehen worden waren.

Der "3. Komplex" bezieht sich auf die "Ausarbeitung einer Unterrichtskonzeption", welche Unterricht nicht nur aus der Perspektive der Vermittlung von Wissen betrachtet, sondern auch die erziehliche und sozialisatorische Seite des Unterrichts erfasst. Die Aufgaben und Kompetenzen eines in "Orientierung auf kommunistische Erziehung" zu gestaltenden Unterrichts wurden in Begriffen wie "Problemlösen, schöpferische Tätigkeit, Einheitlichkeit und Differenzierung, Entwicklung und Aufbau moralisch-sittlicher-weltanschaulicher Qualitäten der Schülerpersönlichkeit unter den Bedingungen des Unterrichts" umschrieben.[41]

Die "kommunistische Erziehung", von der hier die Rede ist, meint eine Erziehung und Sozialisation, die - anders als die sozialistische - keine verhaltensauffälligen Kinder und Jugendlichen mehr produziert, sondern Menschen bildet, die ihr Leben in Übereinstimmung mit sozialistischen Grundwerten führen. Die nun angestrebte Erziehung sollte nicht primär die Existenzweise bereits harmonisch gebildeter "sozialistischer Persönlichkeiten" vollenden, sondern die Entwicklung auffälliger Verhaltensweisen, die innerhalb der sozialistischen Gesellschaft der DDR zunächst singulär und nun in bestimmten Regionen verstärkt auftraten und als eine gefährliche Entwicklung interpretiert wurden, reformpädagogisch durch die Entwicklung neuer gemeinsamer Lebensformen korrigieren.

Um welche Verhaltensweisen es sich hierbei im einzelnen handelte, geht aus einer "Problemliste für die pädagogische Forschung" hervor, welche die Erziehungswissenschaftler Hinsdorf, Salzwedel und Tomaschewsky in der Antragsphase des Projekts zusammenstellten. "Hauptgesichtspunkt" künftiger Entwicklungsarbeit und Forschung sollte die - offensichtlich gestörte - "Wechselwirkung von sozialistischer Lebensweise und kommunistischer Erziehung" sein.[42] Da die vorherrschende sozialistische Lebensweise von der Staatsführung als "hoch entwickelt" eingeschätzt wurde und folglich nicht als solche kritisiert werden durfte, konnten auch ihre Störungen nicht als Defizite der sozialistischen Lebensweise beschrieben werden. Die Wissenschaftler halfen sich in dieser Situation, indem sie die Unterschiede zwischen sozialistischer und kommunistischer Erziehung durch einen Komparativ kenntlich machten, der den Begriff und Sachverhalt einer "kommmunistischen Erziehung" im Vergleich zu denjenigen der sozialistischen Erziehung als "kom-

41 Ebd., S. 481.

42 Dr. Hinsdorf/Prof. Salzwedel/Prof. Tomaschewsky: Problemliste für die pädagogische Forschung im erziehungswissenschaftlichen Zentrum Berlin-Marzahn. In: *Quellentextband 3.1*, S. 481-485, S. 481.

plexer" definierte.[43] Als neuer Begriff für das Verhältnis von sozialistischer Lebensweise und kommunistischer Erziehung wurde die Wortbildung "komplex-integrativ" eingeführt.[44] In ihr verweist der Begriff "integrativ" auf die zu erbringenden Integrationsleistungen der gesuchten kommunistischen Erziehung und der Begriff "komplex" auf die gegenüber der sozialistischen Erziehung veränderte gesellschaftspädagogische und -wissenschaftliche Problemsicht.

Vom gesellschaftlichen Leben in der DDR wird damit gesagt, es sei komplizierter geworden, einfache Erklärungen reichten zu seiner Beschreibung und Weiterentwicklung nicht mehr aus. Zur neuen Komplexität gehört, dass "sozialistische Persönlichkeiten" allein mit den Mitteln von Schulpädagogik und Didaktik nicht hergestellt werden können. Von der neuen Forschung wird gesagt, sie werde die "Veränderung des Verhältnisses von objektiven und subjektiven Faktoren" klären und ein neues, "ein komprimiertes Abbild progressiver gesellschaftlicher Entwicklungen" liefern. Dieses sollte durch "interdisziplinäre Arbeit innerhalb der Gesellschaftswissenschaften" entstehen und konstruktive Möglichkeiten aufzeigen, wie die Entstehung auffälliger, von der angestrebten Normalform abweichender Verhaltensweisen überwunden werden kann.[45]

Als "Kategorien" zur Erfassung der "grundlegende[n] Qualitäten" der "sozialistischen Lebensweise" werden "1. *Tätigkeit* als Zentralkategorie", "2. *Kollektivität*", "3. *Gesellschaftliche Verantwortung*" und "4. *Schöpfertum*" genannt.[46] Zur intentionalen Erziehung und zum lernzielorientierten Unterricht sollen Reflexions- und Handlungsformen hinzutreten, welche auch die sozialisatorischen Prozesse erfassen und pädagogisches Handeln nicht nur als eine individuelle, sondern zugleich als eine gesellschaftliche Tätigkeit begreifen.

Die Probleme, die durch bewusste, kollektive, verantwortungsbewusste und schöpferische Tätigkeit gelöst werden sollen, werden in der "Problemliste"als in der vorgegebenen sozialistischen Gesellschaft noch ungelöste Abstimmungs- und Entwicklungsprobleme bezeichnet. Zu ihnen gehören Spannungen, Widersprüche und Diskrepanzen

- zwischen den "Eigenerfahrungen der Schüler aus der sozialistischen Wirklichkeit und der oft [nur] verbalen Vermittlung von Wissen, sozialistischer Weltanschauung und Moral in der Schule",
- zwischen dem bisherigen "polytechnischen Charakter der sozialistischen Schule" und einer "neuen Qualität sozialistischen Arbeitens",

---

43 Ebd.

44 Sektion Pädagogik der Humboldt-Universität zu Berlin: Konzeption für das Forschungsthema: "Die wachsende Rolle von Bildung und Erziehung bei der Herausbildung der sozialistischen Lebensweise (Untersuchung im Neubaugebiet Berlin-Marzahn). 1981. In: *Quellentextband 3.1*, S. 490-499, S. 494.

45 Dr. Hinsdorf/Prof. Salzwedel/Prof. Tomaschewsky: Problemliste für die pädagogische Forschung im erziehungswissenschaftlichen Zentrum Berlin-Marzahn. A.a.O., S. 482.

46 Ebd.

- zwischen den traditionellen Formen der Motivierung und solchen, die an das "steigende materielle Lebensniveau" angepasst sind und "Leistung als Wesen unserer gesellschaftlichen Tätigkeit" erkennbar machen,
- zwischen dem "demokratischen Zentralismus" und den durch "Macht", "Autorität" und "Selbstleitung" bestimmten Verhältnissen der Menschen,
- zwischen den Bereichen "Jugend- und Kinderorganisation und Schule", die an der problematischen "Verschulung der Jugend- und Kinderorganisation" und der zunehmenden "Abgrenzung und Isolierung der Pädagogen" sichtbar werden,
- zwischen den "Ergebnissen der Arbeit in der Schule und der Bewältigung der Lebensaufgaben",
- zwischen der Verschiedenheit der Individuen und der geforderten Einheitlichkeit der Erziehung,
- zwischen der "pädagogischen Propaganda" und dem "Erziehungsbewußtsein" der "Eltern", "Betriebe", "gesellschaftlichen Einrichtungen und Institutionen"
- sowie zwischen professionellen Erziehern und Lehrern in der Herausbildung eines "einheitlich handelnden Erzieherkollektiv[s]".[47]

Die "Problemliste" enthält auch Hinweise auf die Eigenlogik schulischer Erziehung und Unterweisung, die nicht ohne weiteres anschlussfähig sei an die Eigenlogiken anderer Gesellschaftsbereiche und Handlungsfelder. Das gelte nicht zuletzt für das in Schule und Produktion unterschiedlich auszulegende Leistungsprinzip. In pädagogischen Kontexten sei es nicht allein auf die Steigerung von Gedächtnisleistungen und Wohlverhalten auszurichten, sondern auch mit Risikobereitschaft und Schöpfertum abzustimmen. Verhaltensweisen, die sich durch Mut und Zivilcourage sowie Kreativität und Schöpfertum auszeichnen, werden zu Abstimmungsproblemen zwischen zentralistischer Planung und einer eigenverantwortlichen Gestaltung der gesellschaftlichen Praxis in Beziehung gesetzt, für die noch keine befriedigenden Antworten gefunden seien.

Unter den skizzierten Fragestellungen ist nun eine Thematisierung abweichender Verhaltensweisen möglich, die diese nicht mehr einseitig als durch eine allmächtige Erziehung zu korrigierende Defizite, sondern zugleich als Hinweise auf Entwicklungsprobleme innerhalb der sozialistischen Gesellschaft interpretiert. Statt auffällig gewordene Jugendliche weiterhin unter dem Ideal einer sozialistischen Persönlichkeit als deviant auszugrenzen und zu kriminalisieren, komme es darauf an, die Eigentümlichkeit und Verschiedenheit von Menschen für eine kreative Persönlichkeitsbildung zu nutzen. Auch gelte es das Zusammenwirken von sozialistischer Öffentlichkeit, Medien, Eltern, Lehrern und Jugendorganisation zu überprüfen und mit den Anforderungen an ein intergenerationelles Zusammenleben der Menschen neu abzustimmen.[48]

---

47 Ebd., S. 483ff.

48 Vgl. hierzu S. 485.

Durch Problemstellungen wie diese gewann die wissenschaftliche Pädagogik in der DDR in den 80er Jahren wieder Anschluss an systematische Problemstellungen, die die bürgerliche Pädagogik und Bildungstheorie bereits im Umkreis der Preußischen Reformen diskutiert hatte und die in den westlichen Demokratien in der Sozialisationsforschung und Sozialpädagogik bearbeitet wurden. Während jedoch die sogenannte bürgerliche Pädagogik Unterscheidungen wie die zwischen Einzelnem und Individualität, Gemeinschaft, Gesellschaft und Öffentlichkeit ausgearbeitet hatte, dominierten im Lebensweiseprojekt weiterhin die im Erziehungs- und Bildungsdenken der DDR verbreiteten Einheitsvorstellungen. Nicht die Sicherung von Mannigfaltigkeit und die Kultivierung von Verschiedenheit und Differenz, sondern größtmögliche Einheit und Einheitlichkeit werden als Telos der Gesellschaftsentwicklung angesehen. Der über Fragen des richtigen sozialistischen Weges zuzulassende Meinungsstreit soll als Meinungsstreit über die richtige Formierung pädagogischer Kollektive geführt werden, die auf eine einheitliche und umfassende Zielperspektive ausgerichtet sind, welche die pädagogische Arbeit von Eltern, Erziehern, Lehrern und Führern der Jugendorganisationen übergreifend leiten soll.

Auf der Grundlage der Problemliste aus dem Jahre 1978 arbeiteten Erziehungswissenschaftler der Humboldt-Universität einen Plan zur Erforschung der Entwicklungsprobleme der sozialistischen Lebensweise aus, der zwei herausragende Merkmale aufweist: er thematisiert ungelöste Probleme des Programms der Entwicklung sozialistischer Persönlichkeiten, und er hält an den Einheitsvorstellungen fest, in welche diese Probleme eingelagert waren. Beide Aspekte stehen in einem Widerstreit, den es offenzulegen gilt, wenn die divergierenden Begründungsmuster der Forschungskonzeption deutlich werden sollen.

Der Plan wurde 1979 für einen Forschungszeitraum von 1981 bis 1985 konzipiert und trägt den Titel: "Die wachsende Rolle von Bildung und Erziehung bei der Herausbildung einer sozialistischen Lebensweise der Heranwachsenden unter besonderer Berücksichtigung der Wechselwirkung von Schule und Territorium unter den Bedingungen eines großstädtischen Neubaugebietes."[49] Ungeachtet der harmonisierenden Redeweise von der "wachsenden Rolle von Bildung und Erziehung" lässt er sich als ein Dokument interpretiereren, das belegt, wie sich die erziehungswissenschaftliche Forschung Ende der 70er, Anfang der 80er Jahre in der DDR darauf vorbereitete, gesellschaftliche Widerspruchserfahrungen explizit zu thematisieren und aufzuarbeiten.

---

49 Der vollständige Titel lautet: Humboldt-Universität zu Berlin: Entwurf: Forschungsorientierung für das Forschungsvorhaben "Die wachsende Rolle von Bildung und Erziehung bei der Herausbildung einer sozialistischen Lebensweise der Heranwachsenden unter besonderer Berücksichtigung der Wechselwirkung von Schule und Territorium unter den Bedingungen eines großstädtischen Neubaugebietes." Zeitraum: 1981-1985. In: *Quellentextband 3.1*, S. 485-489.

In normativer Hinsicht soll an der von Staat und Partei vorgegebenen Vorstellung festgehalten werden, "daß die gesamte Bildung und Erziehung der Jugend auf die Erziehung zur kommunistischen Moral gerichtet ist". Die unter dieser Zielnorm geplante Forschung wird jedoch so konzeptualisiert, dass nicht nur Technologien zur Umsetzung dieses Ziels geklärt, sondern ebenso Hindernisse, die seiner Erreichung entgegenstehen, und Widersprüche, die zur Problematisierung des Ziels Anlass geben können, mit thematisiert werden. So heißt es im "Entwurf" für das Forschungsvorhaben, dieses wolle

- erstens die Bedeutung der "*Gesamtheit der Bedingungen eines bestimmten Territoriums* für die Herausbildung einer sozialistischen Lebensweise" untersuchen,
- zweitens klären, "wie im Rahmen dieser Bedingungen langfristig das *Bedürfnis nach verantwortungsbewußter und aktiv-schöpferischer Tätigkeit* entwickelt werden kann",
- drittens auch die "außerhalb der Produktion liegenden Formen der Lebenstätigkeit" erfassen und zeigen, wie unter den vorgegebenen "Bedingungen eine intensive *Befähigung zu sinnvoller Freizeitgestaltung* erfolgen" könne
- sowie viertens diskutieren, wie "die Heranwachsenden" so zur "sozialistischen Lebensweise geführt werden können, [...] daß sie zum revolutionären Subjekt werden", was nicht zuletzt "neue Fragen der politischen Organisation der Erziehungsarbeit, insbesondere der Erhöhung der politischen Verantwortung der Jugend- und Kinderorganisation" aufwerfe.[50]

Aus dem Kontext der Ausführungen geht hervor, dass das Vorhaben zur Erforschung der sozialistischen Lebensweise erstens die Bedingungen identifizieren sollte, welche die zunehmende Entstehung abweichenden Verhaltens unter den Jugendlichen begünstigten. Es hatte zweitens den Auftrag, Konzepte zu entwickeln und zu erproben, die die Entstehung abweichenden Verhaltens vermeiden und die Mechanismen seiner Entstehung innovativ für die Erziehung kreativer Subjekte fruchtbar machen, die fähig und in der Lage sind, neue Verhaltensweisen jenseits des Duals von normiertem und abweichendem Verhalten zu entwickeln. An die Stelle der zu abweichendem Verhalten führenden Wechselwirkungen zwischen Schule und Territorium sollten Wechselwirkungen einer kommunistischen Erziehung treten, die nicht abweichendes Verhalten, sondern revolutionäre Subjekte produziert. Der innerhalb der sozialistischen Erziehung und Lebensweise beobachtbare Widerstreit zwischen dem Ideal sozialistischer Persönlichkeiten und der faktischen Entstehung abweichenden Verhaltens sollte nicht mehr durch eine massenhafte Erzeugung von angepasstem kommunistischen Verhalten behoben, sondern durch eine Erziehung und Bildung überwunden werden, die an der Transformation der in der bestehenden sozialistischen Gesellschaft in bestimmten Regionen auftretenden abweichenden Verhaltensweisen in veränderte kommunistische Verhaltensweisen mitwirkt.

---

50 Ebd., S. 486-489.

Das Lebensweise-Projekt war somit auf eine revolutionäre Lösung der Entwicklungsprobleme der DDR ausgerichtet. Gemäß der zwischen den im Projekt kooperierenden erziehungswissenschaftlichen Subdisziplinen sollte

- die "Allgemeine Pädagogik" das "komplexe territoriale Bedingungsgefüge des pädagogischen Prozesses" untersuchen und Bedingungen für die "Herausbildung einer verantwortungsbewußten, aktiv-schöpferischen Lebensgestaltung der Heranwachsenden" insbesondere im "Club der Jugendlichen" klären,
- die "Pädagogik der Kinder- und Jugendorganisation" außerunterrichtliche Maßnahmen zur "Erhöhung der Eigenverantwortlichkeit der Pionierorganisation 'Ernst Thälmann' erforschen,
- die allgemeine "Didaktik" die Einflüsse der Unterrichtsorganisation - einschließlich "komplexer Lern- und Arbeitsvorhaben" - auf die "Entwicklung der Gesamtpersönlichkeit" der Schüler und die "Herausbildung des Bedürfnisses nach verantwortungsbewußter, schöpferischer und kollektiver Tätigkeit" untersuchen und Abstimmungsprobleme zwischen "Einheitlichkeit und Differenzierung im Unterricht" identifizieren,
- die "Methodiken des naturwissenschaftlichen Unterrichts" fachspezifische Merkmale der Entwicklung "wissenschaftlicher Denk- und Arbeitsweisen" herausarbeiten und ihrem Einfluss auf das "Lösen von Problemen" und die "Entwicklung der schöpferischen Selbständigkeit der Schüler" nachgehen,
- die "Methodik des polytechnischen Unterrichts" den Beitrag der "gesellschaftlichnützlichen und produktiven Arbeit [...] zur Herausbildung der sozialistischen Lebensweise" ermitteln und
- die "Familienpädagogik" den Einfluss "innerfamiliärer Beziehungen" auf die Entwicklung der sozialistischen Lebensweise und ihre Bedeutung für "die nächste Phase des Erziehungsprozesses" herausarbeiten.[51]

Die Vorhaben zur Erforschung der sozialistischen Lebensweise gingen von denselben normativen Einheitsvorstellungen wie die "Problemliste" aus. An der Leitidee eines feststehenden gesetzmäßigen Verlaufs der Geschichte festhaltend, suchten sie mit den Mitteln empirisch-analytischer Forschung zu klären, welche gesellschaftlichen Interdependenzen einer gelingenden bzw. misslingenden sozialistischen Erziehung zugrunde liegen. Die beteiligten Wissenschaftler erhofften sich von ihrer Arbeit Hinweise darauf, welche neuen und neuartigen Reformanstrengungen in pädagogischen und außerpädagogischen Handlungsfeldern notwendig seien, um die Beziehungen zwischen Erziehung, Produktion, politischem System und geselligem Verkehr der Menschen zu verbessern. Das traditionelle Erziehungsziel der Ausbildung allseitig entwickelter, harmonischer sozialistischer Persönlichkeiten erfährt

---

51 Ebd., S. 486ff. Über Experimente mit komplexen Lernvorhaben in der didaktischen Forschung informieren H. Babing/M. Berge: Zum Zusammenhang von Unterricht und sozialistischer Lebensweise. In: Allgemeine Pädagogik - Prozeßtheorie - Lebensweiseforschung. Berichte 10 - 1985. Humboldt-Universität zu Berlin. Sektion Pädagogik.

hierdurch eine Modifikation und Erweiterung. Seine Erreichbarkeit wird nun nicht mehr einseitig von einer Absicherung so genannter Ensemblewirkungen im Erziehungssystem abhängig gemacht, sondern zugleich daran zurückgebunden, dass die außerpädagogischen Handlungsbereiche jene erziehlichen Qualitäten tatsächlich entwickeln, die ihnen von Seiten der Ideologie als bereits eingelöst zuerkannt wurden. Durch die Betonung der Bedeutung, die gerade den außerunterrichtlichen und außerschulischen Bedingungsfaktoren für eine gelingende Erziehung und Sozialisierung zukommt, gewinnt das Lebensweiseprojekt Horizonte und Möglichkeiten für eine neue Thematisierung und Problematisierung der praktisch erfahrenen und empirisch nachweisbaren Ensemblewirkungen. Diese werden nun nicht mehr allein als Bedingungsfaktoren für gesellschaftliche Reformen angesehen, sondern zugleich dem Objektbereich der Reformen zugerechnet.

Das Lebensweiseprojekt wollte nicht mehr allein die über Erziehung vermittelten Einwirkungen auf die Entwicklung sozialistischer Persönlichkeiten, sondern zugleich jene Wirkungen erfassen, die von der sich "in allen Lebensbereichen" auswirkenden sozialistischen Lebensweise ausgehen und in den ausdifferenzierten Handlungsfeldern "Schule, Patenbetrieb und Wohngebiet" nachweisbar sind.[52] Familie, Schule, Jugendorganisationen und Freizeit werden neben den Beziehungen zwischen Erziehungs- und Beschäftigungssystem als gleichbedeutsame Handlungsfelder und Forschungsgebiete der Pädagogik genannt. In der Forschungskonzeption wird an mehreren Stellen darauf hingewiesen, dass es falsch und verkürzt wäre, der Erziehung nur den Auftrag zu erteilen, sozialistische Persönlichkeiten zu erziehen, und die Forschung lediglich darauf zu begrenzen, die hierfür notwendigen pädagogischen Technologien bereit zu stellen. Auch reiche es nicht aus, Differenzerfahrungen und Widersprüche zwischen dem Ideal und der Wirklichkeit sozialistischer Gesellschaften lediglich in pädagogischen Kontexten zu thematisieren. Vielmehr komme es darauf an, die Entwicklung schulischer Erziehung und Unterweisung mit Entwicklungen im Stadtteil neu abzustimmen und Interdependenzen sowie Entwicklungsprobleme im Territorium auf allen Ebenen der gesellschaftlichen Praxis zu diskutieren und zu erörtern.

An einer Stelle des Plans ist nicht mehr von der Erziehung der Schüler *zur* sozialistischen Lebensweise, sondern von "Erziehung der Schüler und sozialistische[r] Lebensweise" die Rede.[53] Neben traditionelle Begriffe wie "Einbeziehung der Schüler in Aufgaben der territorialen und ökonomischen Entwicklung" treten Formulierungen wie "*Ensemble*wirkung aus der Sicht der *komplexen* Gestaltung des pädagogischen Prozesses".[54] Neben die traditionelle Auffassung, dass die "Mitwirkung der Erziehung

52 Sektion Pädagogik der Humboldt-Universität zu Berlin: Konzeption für das Forschungsthema: "Die wachsende Rolle von Bildung und Erziehung bei der Herausbildung der sozialistischen Lebensweise (Untersuchung im Neubaugebiet Berlin-Marzahn)". (September 1981). Archiv für Reformpädagogik. Humboldt-Universität. Sign.: Archrefpaed/ PädFak/III/ B/PF/2. Ebd., S. 490.

53 Ebd., S. 493.

54 Ebd., S. 492.

[...] bei der qualitativen Gestaltung von Lebenstätigkeiten gegeben und erforderlich" sei,[55] treten Vorstellungen, nach denen die "Erziehung zur sozialistischen Lebensweise [...] eine hypothetische *Auffassung vom pädagogischen Prozeß*" erfordere. Diese verlange nach einer "Dialektik äußerer (z.B. gesamtgesellschaftlicher, territorialer, sozialer, psychischer) Faktoren und innerer (pädagogischer) Faktoren", welche eine "Ziel-Mittel-Dialektik" und eine "Bedingungs-Wirkungs-Relation" einschließe.[56]

Als eine Art Bindeglied zwischen der normativen sozialistischen bzw. kommunistischen Perspektive und der dieser widerstreitenden gesellschaftlichen Wirklichkeit fungiert im Lebensweiseprojekt der bereits erwähnte Begriff "komplex-integrativ". Er wird sowohl zur allgemeinen Beschreibung des pädagogischen Prozesses als auch zur Bezeichnung einer neuen, in ihm zu erreichenden Stufe gebraucht.[57] In handlungstheoretischer Hinsicht durchbricht das Lebensweiseprojekt mit ihm Vorstellungen von einer linearen Zweck-Mittel-Relation, nach denen Erziehung ihre Ziele aus der politischen Programmatik empfängt und ihre Mittel mit Hilfe einer szientifischen Erziehungswissenschaft optimiert. In forschungsmethodologischer Hinsicht skizziert er eine Alternative zu monokausalen Ursache-Wirkungs-Modellen, die in den kybernetischen Ansätze und der von G. Stierand entwickelten metatheoretischen Reflexion bereits problematisiert worden waren. In systemtheoretischer Hinsicht schließlich lässt sich der Begriff "komplex-integrativ" als Hinweis auf Zusammenhänge zwischen äußeren Interdependenzen der ausdifferenzierten Gesellschaftssysteme und inneren Interdependenzen der verschiedenen Felder der Erziehung interpretieren. Da er jedoch weder an eine ausgewiesene pädagogische Handlungstheorie noch an eine ausformulierte, empirisch zu überprüfende Theorie des pädagogischen Feldes zurückgebunden ist, wurde er im Lebensweiseprojekt zuweilen wie ein Zauberwort gebraucht, das nicht nur Abstimmungsprobleme im Bereich der Theorien pädagogischen Handelns und der erziehungswissenschaftlichen Forschung bezeichnet, sondern in nuce bereits deren Lösung präsentiert. Das Lebensweiseprojekts verknüpft die an die "komplex-integrative" Prozess- und Forschungskonzeption gekoppelten Erwartungen mit traditionellen Vorstellungen von der geistig-körperlichen Aktivität im Lernprozess zu der zentralen These:

> "Zur sozialistischen Lebensweise können Schüler erzogen werden, wenn sie
> a) in einem komplex-integrativ gestalteten pädagogischen Prozeß
> b) bei anteilmäßig-intensiver Förderung der *praktisch-geistigen Aneignung* der Wirklichkeit
> c) zu einer *aktiven Lebensgestaltung* angehalten und befähigt werden."[58]

---

55 Ebd., S. 493.
56 Ebd., S. 494.
57 Ebd.
58 Ebd., S. 496

Als Vorbild für die Konzeptualisierung und Durchführung des Reform- und Forschungsvorhaben werden Makarenkos Vorstellung zur Induktion eines "vollständige[n] Experiment[s]" erwähnt, die im Lebensweiseprojekt den Umgang mit deviant gewordenen Jugendlichen leiten und die Transformation der sozialistischen in eine "kommunistische Erziehung" orientieren soll.[59] Ausgangspunkt für die Einzelvorhaben des Projekts sollten u.a. sogenannte "Knotenpunkte" sein, Problemzonen, an denen Lern- und Reformvorhaben einsetzen und mit praktischen Innovationen verbunden werden.[60]

In einer während der Laufzeit des Lebensweiseprojekts abgegebenen Stellungnahme wies E. Mädicke, die Leiterin der Sektion Pädagogik der Humboldt-Universität zu Berlin, auf Durchführungsprobleme des Reformvorhabens hin und führte diese u.a. darauf zurück, dass die im Forschungsplan aufgestellten Grundsätze in den Teilprojekten nicht immer beachtet werden. Kritisiert wurde z.B.,

- dass die "außerpädagogische[n] Bedingungen", die auf die "pädagogischen Prozesse" einwirken, in bestimmten Teilprojekten "kaum pädagogisch zur Wirkung gebracht" werden konnten;
- dass immer noch von der Illusion ausgegangen werde, "als ob" bestimmte "Faktoren (Bedingungen) von selbst, gewissermaßen automatisch sozialistische Überzeugungen, Einstellungen und Verhaltensweisen" hervorbrächten;
- dass es den angenommenen automatischen Umschlag "materielle[r] gesellschaftliche[r] Bedingungen [...] in Subjektives" aber nicht gebe und geben könne;
- dass die erziehliche und bildende Bedeutung der "produktiven Arbeit" unter "Arbeitsaufgaben mit relativ niedrigem Anspruchsniveau" Schaden erleide und Teilprojekte auch dadurch beeinträchtigt wurden, dass sie oft nicht mit den "Berufswünschen" und der "späteren beruflichen Tätigkeit" der Schüler abgestimmt seien;
- dass wesentliche "Möglichkeiten" zur "Förderung schöpferischer Leistungen bei der produktiven Arbeit [...] verschenkt" würden, wenn die Arbeitsvorhaben weiterhin durch bis "ins Detail gehende Arbeitsanleitungen, übertriebene Demonstrationen und ständiges Vormachen der Betreuer" eingeengt werden und die Schüler angesichts der vielen Vorgaben über zu wenig Freiraum zur "selbständigen Auseinandersetzung [...] mit ihrer Arbeit" verfügten.[61]

Zur Korrektur der genannten Defizite wird u.a. empfohlen, die Beziehungen zwischen der "produktiven Arbeit" und den "Merkmalen der sozialistischen

---

59 Ebd., S. 495.

60 Ebd., S. 496f.

61 WB Polytechnik, Berlin, Februar 1982. Direktor der Sektion Pädagogik "F.A.W. Diesterweg". *Genn. Prof. Dr. E. Mädicke.* Stellungnahme der Bereichsleitung zur Mitwirkung des WB an der Forschung "Erziehung zur sozialistischen Lebensweise". In: *Quellentextband 3.1*, S. 497-499, S. 498.

Lebensweise durch die Förderung eines "produktiv-schöpferische[n] Leistungsverhalten[s]" zu stärken und die "Erreichung hoher Arbeitsleistungen" mit der "Veränderung" und "Weiterentwicklung der Technologie, der Arbeitsmittel, der Arbeitsplatzgestaltung, der Arbeitsorganisation sowie des Gesundheits-, Arbeits- und Brandschutzes" zu verbinden.[62]

Deutlicher noch werden die ungelösten Probleme in dem Forschungsbericht herausgearbeitet, den Werner Salzwedel als Leiter des Gesamtprojekts 1983 über die bis dahin geleistete Arbeit erstellte.[63] Nach den obligatorischen Eingangsfloskeln zur "historisch-konkrete[n] Aufgabe der Schule [...], eine in jeder Beziehung *gesunde* Jugend heranzubilden", die eine "politisch, moralisch, sittlich gesunde" und als solche "in der Lage ist, aktiv an der Gestaltung der sozialistischen Gesellschaft mitzuwirken", und nach der Versicherung, dass, die Schule dafür zu sorgen habe, "daß sich die Jugend ein richtiges Bild von der Welt macht", sich in den "verschärften Klassenkämpfen unserer Zeit" zurecht findet "und ihren Platz auf der richtigen Seite der Barrikade einnimmt",[64] legt der Bericht offen, dass der vom Staat und seiner Ideologie geforderte "Gleichklang der Erziehung in der Schule mit den erzieherischen Einflüssen, die von den Familien und den gesellschaftlichen Erziehungskräften ausgehen," im untersuchten Territorium nicht erreicht sei und dass die Forschungsergebnisse auch nicht erkennen lassen, wie er künftig erreicht werden könne. Obwohl der Anteil an "Hoch- und Fachschulkader[n] unter den *Eltern* der Schüler" deutlich über dem Durchschnitt liege und die "übergroße Mehrheit" der Eltern "staatliche und gesellschaftliche Funktionen im Betrieb" ausübe, obwohl parallel dazu die "Wohnzufriedenheit [...] sehr hoch" sei und die Eltern "grundsätzlich eine positive Haltung zum Kind und seiner Entwicklung" einnähmen, zeigten "die Eltern *Unsicherheit* in der Frage [...], dem Kind alters- bzw. entwicklungsgemäße Aufgaben oder Hilfen zu geben". Der Erziehungserfolg werde auch dadurch gefährdet, dass viele Eltern ihre "Arbeitstätigkeit" gegenüber ihren Kindern als "mühevoll" und "wenig freudvoll" darstellten und für sich selbst ein "Freizeitverhalten" bevorzugten, das auf eine "ruhige Atmosphäre und körperliche Erholung" ausgerichtet sei und der "Geselligkeit und Unterhaltung" im privaten Bereich einen Vorzug gegenüber einer kollektiven Nutzung der vorhandenen gesellschaftlichen Freizeiteinrichtungen einräume.[65] Auf die Jugendlichen wirke sich dies dahingehend aus, dass auch sie ähnliche Verhaltensweisen entwickelten:

---

62 Ebd.

63 Werner Salzwedel (unter Mitarbeit von Dr. Bernd Engling): Forschungsbericht "Die wachsende Rolle von Bildung und Erziehung bei der Herausbildung der sozialistischen Lebensweise (Untersuchung im Neubaugebiet Berlin-Marzahn)" (Oktober 1983). In: *Quellentextband 3.1*, S. 499-514.

64 Ebd., S. 499f.

65 Ebd., S. 500f.

> "Bei den Jugendlichen dominiert ganz eindeutig das Bedürfnis nach aktiver und *kommunikationsreicher Freizeitgestaltung*. Sie bevorzugen Meinungsaustausch, Geselligkeit, Unterhaltung, Spaß und Zerstreuung, neue Erlebnisse und Bekanntschaften. Mit zunehmendem Alter verstärkt sich das Bedürfnis nach Zurückgezogenheit mit dem Partner und Alleinsein. [...] "[66]

So äußerten die Jugendlichen übereinstimmend, die "Klubgaststätten", "kommunalen Jugendklubs", aber auch die vorhandene "Bibliothek", das "Kino" und die "zahlreichen Sporteinrichtungen" böten ihnen "zu wenig Möglichkeiten für das Zusammensein mit Gleichaltrigen".[67] Zwar räumten sie "Beziehungen der gegenseitigen Hilfe, der Kameradschaftlichkeit und auch Verantwortung in den mikrosozialen Gruppierungen" einen hohen Stellenwert ein, auch sei die "Haltung zur Solidarität" durchaus "stark ausgeprägt"; gleichwohl fühlten und verhielten sich "die Schüler außerhalb der Schule anders" als in den staatlichen Erziehungseinrichtungen. Aus Rückmeldungen von "Mitglieder[n] der Gruppenleitungen der FDJ oberer Klassen" wird in Verbindung mit einer anschließenden Wertung zitiert:

> "'Außerhalb der Schule sind wir keine FDJ-Funktionäre[,] dort sind wir als Kumpel unter uns.' Es muß festgestellt werden, daß die Jugend- und Kinderorganisation in den Wohngebieten ungenügend wirksam ist und die Jugendlichen es selbst auch gar nicht wollen".[68]

Die beigefügte Wertung wird damit begründet, dass die "spontan entstehenden Gruppierungen bei den "14-16-jährigen" etwa "30%", bei den "16-17jährigen" bereits "50%" erfassten und ein "Zentrum" der "sozialen Kommunikation" darstellten, in dem "Meinungsaustausch und Meinungsbildung ebenso wie die Beratung von Vorhaben" und "die Stimulierung von Aktivitäten" stattfinde und die Heranwachsenden ihr "Bedürfnis nach Zusammensein, nach sozialer Anerkennung" frei vom Einfluss der Jugendorganisationen zunehmend selbst befriedigten.[69] Zusammenfassend stellt der Bericht fest:

> "Es muß konstatiert werden, daß gegenwärtig die Möglichkeiten zur Einbeziehung dieser Freizeitgruppen für die Förderung des kulturellen Lebens der Jugendlichen nicht genutzt werden und die pädagogischen Wege und Möglichkeiten wohl auch nicht bekannt sind."[70]

---

66 Ebd., S. 502.
67 Ebd.
68 Ebd., S. 503.
69 Ebd., S. 502f.
70 Ebd., S. 503.

Ergebnisse wie diese sahen die im Lebensweiseprojekt zusammenarbeitenden Forscher auch durch die Entwicklung der Wertvorstellungen der Jugendlichen bestätigt. Die in Berlin-Marzahn durchgeführten Befragungen ergaben, dass Jugendliche zunehmend privaten und informellen Lebens- und Gesellungsformen einen Vorzug gegenüber staatlich organisierten Kommunikationsformen einräumten. Nach dem Bericht aus dem Jahre 1983 konnten folgende Tendenzen in der Entwicklung von "kollektiv- und altersspezifischen Unterschieden zwischen *4. und 7. Klassen*" festgestellt werden:

> "1. Das Streben nach *Selbständigkeit*, nach selbständiger Gestaltung der formellen Veranstaltungen und der informellen Formen steigt deutlich an (dabei ist die Übernahme von Funktionen gering ausgeprägt, stark jedoch ausgeprägt die Information zu aktuell-politischen Ereignissen in ungebundener Form).
>
> 2. Das Bedürfnis, seine *Freizeit mit Freunden* zu verbringen, nimmt stark zu (dabei nimmt die individuelle Form gegenüber Kollektiven wie Fahrten, Feiern, stark zu).
>
> 3. Die Bereitschaft, bestimmte *Aufgaben* zu übernehmen nimmt ab. (Dazu zählen z. B. kein Timurhelfer mehr sein wollen, Arbeitseinsätze in der Schule, Arbeitseinsätze im Wohngebiet). Die Bereitschaft zu *gesellschaftlich-nützlicher Arbeit* - in den bekannten Formen - nimmt ab.
>
> 4. Das Bedürfnis nach *alltags-kultureller Beschäftigung* ist bereits in Klasse 4 stark und nimmt zu (vor allem Fernsehen und genauso stark Kinobesuch, ferner Lesen von Krimis).
>
> 5. Damit korrespondiert die Zunahme am Interesse für *Tanzen und Disco* (Wunsch nach Teilnahme an Tanzgruppe gering; sehr hoch Disco).
>
> *6. Das Interesse an politischer* Information nimmt zu (es dominiert der Wunsch nach politischen Gesprächen, in denen man seine Meinung sagen kann.)
>
> 7. Das Interesse an *Wissenschaft und Technik* nimmt zu (an der Spitze stehen Experimentieren in der Freizeit und Beschäftigung mit neuen Erfindungen bzw. Entdeckungen).
>
> 8. Das Interesse an *touristischen Vorhaben* nimmt stark zu (die Bereitschaft an der Organisation mitzuwirken, sich zu befähigen und Verantwortung zu übernehmen)."[71]

Der Bericht kommentiert diese Ergebnisse mit der Feststellung, die "Funktionäre" hätten zwar "ihre politische Verantwortung" klar erkannt , seien gleichwohl nicht in der Lage, "in der Gruppe Initiativen auszulösen und diese zu führen". Die Schüler zeigten zwar eine "positive Haltung zu den Grundwerten des Sozialismus", die im

---

71 Ebd., S. 504f.

Unterricht und in "politisch-organisierter" Arbeit beobachtbaren Verhaltensweisen verliefen jedoch nicht "synchron" mit dem Freizeitverhalten. Die zu konstatierende "Kluft" zwischen den erwünschten sozialistischen Verhaltensweisen und "den kulturellen Massenprozessen des Alltags" stehe der Entwicklung einer "sozialistische[n] Lebensweise entgegen".[72] Nur bei "Aktivitäten zur Geselligkeit (Disco) und bei der freiwilligen Ferienarbeit" werde das "spezifische Bedürfnis der Jugendlichen getroffen". In den organisierten Formen der Erziehung und des Unterricht gebe es hingegen kaum "Möglichkeiten zu realer Interessenvertretung".[73]

Dem Bericht zufolge wurden die Schulen und die FDJ-Jugendklubs bei ihren Versuchen, Einfluss auf das außerschulische Verhalten der Jugendlichen auszuüben, zunehmend mit der Schwierigkeit konfrontiert, dass sich die "Bedürfnisstrukturen" und "Interessen" der Schüler nicht mit den von Seiten des Staates und der Ideologie "projektierten" Verhaltensweisen in Übereinstimmung bringen ließen. Mit zunehmendem Alter nehme insbesondere bei den Jungen das Bedürfnis nach selbstgewählter aktiver und kommunikationsreicher Freizeitgestaltung zu. Hinzukomme das Bedürfnis, einen Teil der freien Zeit allein mit dem Partner zu verbringen.[74] Mit der Individualisierung der Lebensform sinke das Bedürfnis im Kollektiv zu leben und bestimmte Aufgaben zu übernehmen. Von den Jugendorganisationen geplante Aktivitäten seien gegenüber dem Interesse an Kinobesuchen, Lesen von Krimis, Tanzen und Disco konkurrenzlos.[75] Gleichzeitig nehme auch das Interesse an politischer Information zu. Offenbar fühlen sich viele durch die offiziellen Medien nicht ausreichend informiert. Vergleichbares gelte für das Interesse an Wissenschaft und Technik sowie für touristische Vorhaben.[76]

Der Bericht erwähnt, dass leitende Funktionäre auf die weitreichenden Diskrepanzen zwischen gewünschtem und tatsächlichem Verhalten bei Jugendlichen damit reagierten, dass sie nachgeordnete Funktionäre immer wieder dazu aufforderten, so genannte Fehlentwicklungen dadurch zu korrigieren, dass fehlendes Interesse in Interesse überführt und mangelnde Bereitschaft durch aktive Bereitschaft ersetzt wird. Auf die Hilflosigkeit vieler Funktionäre weist die folgende, im Bericht festgehaltene Äußerung eines Schülers hin, der im FDJ-Klub die Funktion eines "Klubratsvorsitzenden" inne hatte:

> "Ich muß immer wieder mal bei ihm (Direktor) antanzen, und dann fragt er, warum immer noch nichts los ist im Klub. Und wenn ich dann sage, daß keiner was macht, dann sagt er, daß es an mir liegt, ich hätte meine Leute nicht im

---

72 Ebd., S. 505f.
73 Ebd., S. 505.
74 Vgl. 502.
75 Vgl. 505f.
76 Die Hinweise lassen sich als eine vorsichtige Umschreibung des Wunsches der Jugendlichen, frei reisen zu dürfen, interpretieren.

> Griff. Der hat gut reden. Der stellt sich vor, ich rede einmal mit jedem und sage, ich bin der Chef und nun macht mal und schon läuft es. Er als Direktor kann das vielleicht mit seinen Leuten machen, aber ich?"[77]

Der Bericht über das Lebensweisevorhaben zeigt teils offen, teils verdeckt, dass es den Anstrengungen, eine höhere Stufe sozialistischen Lebens gesellschaftlich zu implementieren, nicht gelang, die eingetretene Individualisierung der Lebensformen und Bedürfnisse der Heranwachsenden in Formen einer kollektiven, staatlich geleiteten Vergesellschaftung der Menschen zu überführen. Vor dem Hintergrund der Erfahrung, dass die durch staatliche Bevormundung verstärkte und mit verursachte Verbreitung individualisierter Lebens- und Konsumformen die Jugend dazu veranlassten, ihr privates Leben zunehmend außerhalb der kollektiven Organisationen zu führen, schlugen die im Projekt zusammenarbeitenden Wissenschaftler u.a. vor, in den Schulen verstärkt auf fächerübergreifenden Unterricht und Projekte zu setzen, wie sie in der ersten und der zweiten pädagogischen Bewegung entwickelt worden waren. Auf die Erfahrung, dass sich in die Schule der DDR Unterrichtsverfahren und Vorhaben kaum integrieren ließen, die aus Schulversuchen stammten, die in den zurückliegenden pädagogischen Bewegungen nicht auf Initiative des Staates und auch nicht unter staatlicher Leitung, sondern allenfalls mit staatlicher Duldung unternommen worden waren, antwortete der Bericht aus dem Jahre 1983, indem er abschließend ein marxistisch-leninistisches Bekenntnis zur Grundstruktur des Bildungssystems der DDR ablegte und damit genau jene Grundsätze affirmierte, die im Lebensweiseprojekt dazu führten, dass dieses keine Perspektiven für eine Höherentwicklung der sozialistischen Lebensweise eröffnen und keinen Beitrag zur Lösung der Entwicklungsprobleme im Bildungssystem der DDR erbringen konnte. Das Bekenntnis lautete:

> "Der spezifische Anteil des Unterrichts an der Entwicklung von Lebensweisequalitäten wird darin zu sehen sein, daß der Unterricht wissenschaftlich begründete Bestandteile der marxistisch-leninistischen Weltanschauung und Moral als geistiges Fundament der sozialistischen Lebensweise vermittelt".[78]

Mit dieser Äußerung kehrt der Bericht über Ergebnisse des Lebensweiseprojekts zu jenen Vorstellungen zurück, die schon den ersten Projektpapieren aus dem Jahre 1978 zugrunde lagen. Das Vorhaben zur Erforschung der sozialistischen Lebensweise setzte zwar auf ein aktiveres "Subjektmodell", nicht aber auf eine Korrektur des sozialistischen Bildungsideals der DDR. Es folgte damit einer strategischen Zielperspektive, deren Beibehaltung zweifellos eine unerlässliche Voraussetzung für die Genehmigung des Vorhabens war. Im Schlusssatz des Berichtes wird sie wie folgt umschrieben:

---

77 Ebd., S. 507.
78 Ebd., S. 513.

> "Erziehung zur sozialistischen Lebensweise verlangt, den gesamt-pädagogischen Prozeß als *hierarchisch organisierten Prozeß* und als *strategisch orientierte Folge* von pädagogischen Operationen zu gestalten."[79]

Das Lebensweiseprojekt an der Humboldt-Universität lief nach 1983 allmählich aus.[80] Indirekt hatte es den Beweis erbracht, dass sich die in der sozialistischen Gesellschaft aufgetretenen Probleme im Verhalten Jugendlicher durch eine Transformation der sozialistischen in eine kommunistische Erziehung nicht lösen ließen. Als das Projekt beendet wurde, traten diese Probleme in der DDR verstärkt auf. Punks und Skinheads begannen ihr abweichendes Verhalten zunehmend auch öffentlich zu zeigen. Die Punks lehnten zunehmend bürgerliche oder sozialistische Leistungsmaßstäbe als Beurteilungskriterien für ihr Verhalten ab und entwickelten eine Gegenkultur, die mit Drogenkonsum und neuen Formen einer individuellen Geselligkeit experimentierte. Die Skinheads zeigten nationalistische und fremdenfeindliche Verhaltensweisen und versuchten sich auf diese Weise vom Ideal sozialistischer Identität und Solidarität zu distanzieren.

Mit dem Scheitern des Lebensweiseprojekts scheiterte auch der Versuch einer "komplex-integrativen" Integration jener Jugendlichen, die nicht mehr in die Gesell-

---

79 Ebd., S. 514.

80 Die von 1983 an erstellten Berichte und die Vorarbeiten für den Abschlussbericht belegen, dass in der Endphase des Projekts keine neuen Fragestellungen mehr hinzukamen und keine neuen Erkenntnisse gewonnen wurden. Aus den Durchführungsschwierigkeiten des Projekts zogen die beteiligten Erziehungswissenschaftler unterschiedliche Schlussfolgerungen. Eberhard Mannschatz u.a. arbeiteten an einer zielverwirklichenden "Kollektivpädagogik", welche die Entstehung der Probleme, die im Lebensweiseprojekt bearbeitet wurden, künftig verhindern sollte. Werner Salzwedel u.a. entwarfen eine "Prozeßtheorie", welche handlungsanleitende Vorgaben für die Bewältigung praktischer Erziehungssituationen entwickeln wollte. Wolfgang Reischock u.a. setzten sich für eine eher reformpädagogisch orientierte Veränderung der Kommunikationsstrukturen und Inhalte in der schulischen und außerschulischen Erziehung ein. Siegfried Protz konzipierte eine "pädagogische Forschungsmethodologie", die zwischen den Aspekten einer prozessbezogenen Handlungsanleitung, einer hypothetisch-empirisch verfahrenden Forschung und der Entwicklung pädagogischer Theorien unterschied und die divergierenden Konzepte in einer Theorie des "pädagogischen Experiments" zu koordinieren suchte. Vgl. hierzu: Forschungsbericht [vom] Mai 1984: Lebensweise der Schuljugend und Erziehung. (Auf der Grundlage der Teilberichte von S. Protz, B. Engling, W. Reischock, H. Sladek, R. Ringlau, H. Berge, H. Babing); WB "Allgemeine Pädagogik" Dr. Siegfried Protz: Anforderungen an die pädagogische Forschungsmethodologie unter Beachtung des Verhältnisses von Theoriebildungsprozeß und empirischem Forschungsprozeß. Referat auf der wissenschaftlichen Konferenz "Pädagogische Lebensweiseforschung und pädagogische Prozeßtheorie". Alle Texte finden sich im Archiv für Reformpädagogik. Humboldt-Universität. Sign.: Archrefpaed/PädFak/III/B/PF/2.1.

schaft der DDR zu integrieren waren. Sie bildeten fortan eine Klientel für die Staatssicherheit, die nicht mehr pädagogisch betreut, sondern mit anderen Mitteln kontrolliert werden sollte.[81] Sozialwissenschaftler der Humboldt-Universität erforschten - teilweise in enger Abstimmung oder sogar im Auftrage der Staatssicherheit - das Verhalten und die Lebensbedingungen der Aussteiger und suchten Erkenntnisse zu gewinnen, mit denen sich ein Übergreifen der Bewegung auf weitere Bevölkerungsgruppen verhindern lassen sollte. Liest man die z.T. erschütternden Protokolle, so zeigen diese u.a. Jugendliche und Heranwachsende, die, ohne aktiven Widerstand gegen den Staat leisten zu wollen, nur nach einer Nische suchten, in der sie ein selbstbestimmtes Leben führen zu können hofften, und sich dann oft hilflos den Kontroll- und Disziplinierungsmaßnahmen der DDR ausgesetzt sahen.[82]

3.4.4 Sozialistische Pädagogik zwischen normativ-instrumenteller Erziehungswissenschaft und marxistischer Sozialwissenschaft

Unter einer normativ instrumentellen Erziehungswissenschaft wird in der Erziehungswissenschaft eine Ausrichtung von Theoriebildung und Forschung verstanden, welche die Ziele der Erziehung und die Aufgaben des Erziehungssystems außerpädagogischen Instanzen - der Politik, der Wirtschaft, der Religion u.a.m. - entlehnt und die Pädagogik darauf verpflichtet, nach geeigneten Mitteln zur Erreichung extern gesetzter Ziele zu suchen bzw. diese auf dem Wege erziehungswissenschaftlicher Forschung zu ermitteln.[83] Ganz in diesem Sinne wurde in der DDR die Pädagogik als eine Wissenschaftsdisziplin verstanden, die sich in normativ-ideologischer Hinsicht an der vom Marxismus/Leninismus angenommenen Gesetzmäßigkeit der Geschichte orientiert und im Bereich der empirischen Forschung zu klären sucht, wie diese Ziele im Feld der Erziehung zu verwirklichen und zu erreichen sind. Wie sehr gerade die Erziehungswissenschaft durch eine solche zugleich normativ und instrumentell ausgerichtete Orientierung unter- und überfordert wurde, zeigte sich im Lebensweiseprojekt. Dieses wies in seinen empirischen Befunden auf Differenzen und Diskrepanzen zwischen den Interessen der

---

81 Vgl. hierzu: Informelle Gruppen Jugendlicher in der zweiten Hälfte der 80er Jahre in der DDR. Forschungsberichte, Interviews [aus den Jahren 1987-1991]. Zusammengestellt von I. Steiner, G. Wenzke, H. Merkens. Berlin im September 1999. Institut für Allgemeine Pädagogik der Freien Universität Berlin. Fabeckstraße 13, D - 14195 Berlin.

82 Siehe hierzu auch die unter Einbeziehung von STASI-Akten analysierten Beispiele in S. Häder: Jugendkultureller Eigensinn: Punks in der späten DDR. In: S. Häder (Hrsg.): Der Bildungsgang des Subjekts. 48. Beiheft der Zeitschrift für Pädagogik. Weinheim 2004; siehe auch U. Wiegmann: Machtprobe. Die Staatssicherheit und der Kampf um die Schule in M...z. Berlin 2003.

83 Zur Kritik dieser Auffassung siehe A. Langewand: Historische Beispiele normativer Pädagogik. Eine kritische Analyse. In: Erziehung, Bildung, Normativität. Versuche einer deutsch-deutschen Annäherung, hrsg. von D. Benner und D. Lenzen. Weinheim und München 1991, S. 41-54.

Einzelnen und den Zielen der Staatsführung hin, die unter den normativen Annahmen des Marxismus-Leninismus nicht zu reflektieren und mit den Mitteln einer instrumentellen Wissenschaft nicht zu überwinden waren. In seinen theoretischen Annahmen setzte das Lebensweiseprojekt ansatzweise zugleich auf Interdependenzen und Wechselwirkungen zwischen der Erziehung und den anderen ausdifferenzierten Bereichen und Formen der gesellschaftlichen Praxis, die jedoch im Rahmen des politisch und ökonomisch finalisierten Gesellschaftsmodells der DDR nicht konkretisiert werden konnten.

In seiner Konzeption war das Lebensweiseprojekt durch eine wissenschaftstheoretische Diskussion und grundlagentheoretische Vergewisserung beeinflusst, die in der DDR in den 70er Jahren zu der Einsicht geführt hatte, dass das Ziel-Mittel-Modell einer normativ-instrumentellen Wissenschaft, die zwischen einem zielsetzenden sozialistischen Staat und Wirtschaftssystem und dem ideologischen Bedarf an zielerreichenden Mitteln zu vermitteln sucht, den Möglichkeiten und Grenzen einer wissenschaftlichen Disziplin ebenso unangemessen war wie der objektiven gesellschaftlichen Problemlage der DDR. Alternative Wissenschaftsmodelle, die eine marxistische Sozialwissenschaft von der Erziehung anstrebten, wurden innerhalb der Akademie der Pädagogischen Wissenschaften von Forschern wie Gerhard Stierand, Werner Kienitz, Renate Schmilinsky und Bernhard Werner und im Bereich der Allgemeinen Pädagogik der Humboldt-Universität von Siegfried Protz[84] entwickelt. Die Versuche, die Pädagogik der DDR von einer normativ-instrumentellen Ziel-Erreichungs-Wissenschaft zu einer kritischen Sozialwissenschaft weiterzuentwickeln, werden im folgenden zunächst an jenem Problemmaterial vorgestellt, das G. Stierand 1975 unter dem Titel "Zur Wechselwirkung von Gesellschaft und Erziehung" vorlegte und mit dem er eine Kritik an linearen, monokausalen Vorstellungen der Ursache-Wirkungs-Modelle übte.

Eine der weit ausholenden Thesen Stierands lautet, in grundlagentheoretischen Problemen artikuliere sich jeweils eine "Erkenntnis über das Ungenügen von Erklärungen über die jeweiligen Gegenstände".[85] Hinweise auf entsprechende Unstimmigkeiten ließen sich drei "Quellen" entnehmen. Zu diesen gehörten erstens Spannungen zwischen einer "objektiven Problemlage" und "vorhandenen Erklärungsversuchen", zweitens "logische Unstimmigkeiten in den Erklärungen selbst" sowie

---

84 Siehe hierzu die Texte im *Quellentextband 3.1*, S. 371ff., S. 395ff., S. 411ff., S. 446ff.; zu S. Protz siehe dessen Dissertation B: Ansätze für die Weiterentwicklung der Methodologie empirischer Forschung und ihre Bedeutung für die Forschungspraxis der marxistisch-leninistischen Pädagogik. Humboldt-Universität zu Berlin 1989.

85 APW der DDR. Institut für pädagogische Theorie. Abt. Theorie und Methodologie. Problemmaterial: Zur Wechselwirkung von Gesellschaft und Erziehung, ausgearbeitet von P. Klimpel und G. Stierand. [1975] Entgegen der offiziellen Angabe zur Autorenschaft wurde der Text allein von G. Stierand verfasst; das Original befindet sich im Privatarchiv Wolfgang Eichler, Rehfelde. Es wird im folgenden zitiert unter G. Stierand: Zur Wechselwirkung von Erziehung und Gesellschaft, *Quellentextband 3.1*, S. 371-383, S. 371.

drittens Diskrepanzen zwischen den "Erklärungen" verschiedener Wissenschaften.[86] Unter Bezugnahme auf solche Quellen suchte Stierand für zunächst fünf Fragen defizitäre Erklärungen und Antworten nachzuweisen. Diese Fragen lauten (1) *"Was heißt kommunistische Erziehung in der entwickelten sozialistischen Gesellschaft?"*, (2) *"Inwieweit ist die kommunistische Erziehung ein Teilbereich der entwickelten sozialistischen Gesellschaft?"*, (3) *"Welchen Beitrag leistet kommunistische Erziehung zur massenhaften Herausbildung sozialistischer Persönlichkeiten?"*, (4) *"Welcher Art sind die Wechselwirkungen zwischen Gesellschaft und Erziehung?"* sowie (5) *"Was ist der Hauptinhalt der Wechselwirkung zwischen Gesellschaft und Erziehung?"* Aus der Antwort auf die fünfte Frage entwickelte Stierand schließlich die sechste Frage: *"Durch welche differenzierten Teilprozesse vollzieht sich die Reproduktion des subjektiven Vermögens der Gesellschaft?"*

Bei der Erörterung der *ersten Frage* nach dem Begriff kommunistischer Erziehung geht G. Stierand von Positionen aus, welche vor allem die Zielebene diskutieren. Sie konfrontiert er mit einer Kritik, die G. Neuner an postulatorischen Erziehungskonzepten übte, als er daraufhinwies, dass es bei der "methodisch-organisatorischen Gestaltung der Erziehung" darauf ankomme, den "*Widersprüchen* zwischen den in die Zukunft weisenden Tendenzen der einheitlichen kommunistischen Gesellschaftsformation und den konkreten Entwicklungsbesonderheiten und Möglichkeiten des Sozialismus" eine besondere Aufmerksamkeit zu widmen und die *"Art und Weise ihrer Lösung"* in der "gesellschaftlichen Praxis" zu verorten.[87]

In seiner Kritik an Konzepten einer normativ gefassten kommunistischen Erziehung wendet sich Stierand gegen eine Verkürzung der Pädagogik auf intentionale Erziehungsvorstellungen, die den Erfolg der pädagogischen Praxis allein vom guten Willen der beteiligten Akteure abhängig machen und von den gesellschaftlichen Bedingungen, organisatorischen Voraussetzungen und praktischen Möglichkeiten der Erziehung abstrahieren. In einem realistischen, nicht utopischen Sinne könnten "kommunistische Ziele" nur zusammen mit den "Mittel[n] und Bedingungen für ihre Realisierung" gesetzt werden.

> "Aufgabe der pädagogischen Forschung muß es deshalb sein, nicht nur die kommunistischen Ziele der Erziehung zu konstatieren, sondern ebensolche Aufmerksamkeit den dafür erforderlichen Mitteln und Bedingungen, die schon vorhanden oder noch zu schaffen sind, und den Beziehungen zwischen Mitteln, Bedingungen und Zielen der kommunistischen Erziehung zu schenken."[88]

---

86 Ebd., S. 371.

87 G. Neuner: Dialektik der entwickelten sozialistischen Gesellschaft und Erziehung. In: Deutsche Zeitschrift für Philosophie 23 (1975), S. 1281; siehe G. Stierand: Zur Wechselwirkung von Erziehung und Gesellschaft. A.a.O., S. 372.

88 G. Stierand: Zur Wechselwirkung von Erziehung und Gesellschaft. A.a.O., S. 372.

Der "pädagogischen Forschung" wies Stierand die Aufgabe zu, über das "gegenwärtig bereits Wirkliche und Mögliche kommunistischer Erziehung" hinauszuführen und "tiefer in das Wesen zukünftiger kommunistischer Erziehung einzudringen". Alsdann aber werde die Forschung zeigen, dass die kommunistische Erziehung "entsprechend den Voraussagen der Klassiker vor allem eine ungleiche Erziehung der ungleichen Individuen sein wird".[89] Was hierunter zu verstehen ist, führte er aus, indem er der in der Pädagogik bevorzugt thematisierten "Zweck-Mittel-Relation" eine "Mittel-Zweck-Relation" gegenüberstellt, von denen erstere normativ auf eine gleiche Erziehung aller ausgerichtet ist und allein letztere die Aufgaben und Möglichkeiten der Erziehung von einem "materialistischen Standpunkt" aus definiert:

> "Die pädagogische Forschung ist damit zugleich zur Überprüfung wesentlicher theoretischer Grundpositionen, zur Überprüfung ihres theoretischen Systems gezwungen. Den gegenwärtigen theoretischen Darstellungen liegt fast ausschließlich die Zweck-Mittel-Relation in Form der Ziel-Inhalt-Methode-Bedingungsrelation zugrunde. Die dieser Relation vom materialistischen Standpunkt aus vorgängige Relation, die Mittel-Zweck Relation wird kaum in den theoretischen Darstellungen der Pädagogik berücksichtigt. Aber nur mit Hilfe beider Relationen, bei Beachtung des Primats der Mittel gegenüber den Zwecken (Zielen), wird die Tatsache der kommunistischen Erziehung in der entwickelten sozialistischen Gesellschaft zu erklären sein."[90]

Auf die Frage, was unter kommunistischer Erziehung zu verstehen ist, wird damit die Antwort gegeben, eine für alle Heranwachsende gemeinsame Erziehung müsse mit den unterschiedlichen individuellen oder inneren und gesellschaftlichen oder äußeren Voraussetzungen und Relationen der Erziehung so abgestimmt werden, dass sie für "ungleiche Individuen" eine "ungleiche" sei.

> "Kommunistische Erziehung in der entwickelten sozialistischen Gesellschaft kann es nur geben, so kann hypothetisch angenommen werden, wenn sich nicht nur in den inneren Relationen der Erziehung, sondern vor allem auch in den äußeren Relationen Keime des Kommunismus entwickeln, da die Erziehung als Teil der Gesellschaft vor allem durch die Gesellschaft determiniert ist."[91]

Die auf die Frage nach der Eigenart einer gemeinsamen Erziehung individueller Menschen gegebene Antwort leitet zu der *zweiten Frage* über, wie die *"kommunistische Erziehung"* angemessen als ein *"Teilbereich der entwickelten sozialistischen Gesellschaft"* zu fassen sei. Auch hinter ihr verbirgt sich nach Stierand ein in der bisherigen Diskussion nicht

---

89 Ebd.
90 Ebd., S. 372f.
91 Ebd., S. 373.

befriedigend geklärter Sachverhalt. Um ihn zu erfassen, werden Umrisse einer sozialistischen Systemtheorie skizziert, welche zwischen Teilbereichen einer sozialistischen Gesellschaft unterscheidet, diese jedoch nicht unvermittelt nebeneinander stellt, sondern als Teilsysteme einer sozialistischen Gesellschaftsformation ausweist. Als "ein Wesensmerkmal der entwickelten sozialistischen Gesellschaft" wird dabei angenommen, dass eine solche Gesellschaft "zunehmend als [ein] einheitlicher harmonischer Gesamtorganismus gestaltet" wird.[92] Für das Verhältnis der Teilsysteme der Gesellschaft zum Gesamtorganismus führt Stierand aus, ein harmonischer Gesamtzusammenhang liege dann vor, wenn der Zweck der Teilbereiche der Gesellschaft "auf die Entwicklung der Gesellschaft insgesamt" bezogen und die "Gesamtentwicklung der Gesellschaft" vermittelt über ihre Teilbereiche beherrschbar werde.[93]

Die in der bisherigen Diskussion angelegten Defizite in der Justierung des Teilbereichs der Erziehung erblickt Stierand in diesem Zusammenhang darin, dass "Erziehung [...] von den meisten Autoren nicht als Teilbereich der Gesellschaft, sondern als konkrete Tätigkeit zum Zwecke der Persönlichkeitsentwicklung betrachtet" worden sei:

> "Das Ganze der Erziehung wurde dementsprechend nicht vom Gesichtspunkt der Gesellschaft aus bestimmt, sondern vom Gesichtspunkt des Individuums, der zu entwickelnden Persönlichkeit aus. Selbst das Bildungssystem, das als bestimmte Gesamtheit von Einrichtungen mindestens in institutioneller Hinsicht ein komplexes Ganzes darstellt, wurde lediglich 'als wichtige Bedingung für die Persönlichkeitsentwicklung' betrachtet."[94]

In Folge dieser einseitigen Betrachtungsweise sei Erziehung auf einen "bewußten und zielgerichteten Prozeß der Persönlichkeitsentwicklung [...] im Rahmen einer staatlichen oder gesellschaftlichen Institution" eingeengt und das "Ganze der Erziehung" vernachlässigt worden. Ihre Neujustierung als Teilbereich der sozialistischen Gesellschaft müsse daher neben ihrer individuellen auch ihre gesellschaftliche Seite umfassen und auf die *dritte Frage* nach dem *"Beitrag"* der *"kommunistische[n] Erziehung zur massenhaften Herausbildung sozialistischer Persönlichkeiten"* eine beide Seiten berücksichtigende Antwort geben.[95]

Der Übergang von der sozialistischen in die kommunistische Gesellschaft und die Überführung sozialistischer Erziehung in kommunistische Erziehung lassen sich daher nach Stierand nur dann unter Berufung auf Marx als "volle und freie Entwicklung jedes Individuums", in der "die freie Entwicklung eines jeden die Bedingung für die freie Entwicklung aller ist",[96] konzipieren, wenn der eingeschränkte Blick persönlichkeits-

---

92 Ebd.
93 Ebd.
94 Ebd., S. 373f.
95 Ebd., S. 374.
96 Ebd., S. 374f.

orientierter Bildungskonzepte aufgegeben und der angestrebte Transformationsprozess als ein solcher definiert wird, der alle Teilsysteme der Gesellschaft umfasst und die von den anderen Bereichen ausgehenden Einwirkungen auf pädagogische Prozesse nicht länger ausklammert, sondern mit thematisiert:

> "Die Allseitigkeit der Persönlichkeit kann nicht größer sein als die Allseitigkeit ihrer realen Betätigungsweisen. Die Erziehung kann deshalb immer nur einen Beitrag, wenn auch einen sehr wesentlichen Beitrag zur Herausbildung der Allseitigkeit leisten, die Allseitigkeit aber selbst nicht realisieren. Das gilt selbst für das Kindes- und Jugendalter, wo die Einbezogenheit in die Erziehung die wesentlichste Lebensbetätigung der Individuen ist."[97]

Die geforderte Neujustierung von Erziehung, Pädagogik und Erziehungswissenschaft setzt eine Differenzierung der Erziehung und ihrer Betrachtungsarten voraus, welche der Tatsache Rechnung trägt, dass "die unterschiedlichen Formen der Erziehung einen unterschiedlichen Beitrag zur Herausbildung der Allseitigkeit der Individuen leisten und daß das, was für die Schulerziehung gilt, nicht für alle Erziehungstätigkeiten gleichermaßen Gültigkeit" besitzen kann.

> "So paradox das auch erscheinen mag, die pädagogische Forschung wird in letzter Konsequenz nur dann genauer herausarbeiten können, wie der Beitrag der Erziehung zur massenhaften Herausbildung allseitiger Persönlichkeiten weiter verstärkt werden kann, wenn sie die Untersuchung der Erziehung aus rein persönlichkeitstheoretischer Sicht aufgibt, wenn sie den Standpunkt überwindet, die Persönlichkeitstheorie sei die theoretische Basis der Pädagogik; denn die Allseitigkeit der einzelnen Persönlichkeit hängt ganz entscheidend von der Allseitigkeit der Gesellschaft ab, und nur wenn die Erziehung auch zur weiteren Herausbildung der Allseitigkeit der Gesellschaft beiträgt, kann sie, historisch längerfristig betrachtet, auch maximal zur massenhaften Herausbildung allseitiger Persönlichkeiten beitragen."[98]

An die Stelle des Ideals allseitig gebildeter, harmonischer, sozialistischer Persönlichkeiten treten bei Stierand Vorstellungen von der Mannigfaltigkeit gleichgestimmter Persönlichkeiten und Charaktere, welche genauer ausführen, was unter der Formel von der Verschiedenheit der Individuen und der Unterschiedlichkeit ihrer Bildungsprozesse zu verstehen ist:

> "Das Resultat der Erziehung der allgemeinbildenden Schulen z.B. ist nicht nur eine Summe von jungen sozialistischen Persönlichkeiten, sondern eine sozialistische

97 Ebd., S. 376.
98 Ebd.

> junge Generation, deren Eigenschaften nicht einfach auf die Summe der Eigenschaften der sie bildenden Persönlichkeiten reduziert werden können, zumal diese Persönlichkeiten nicht nur gemeinsame Eigenschaften, Eigenschaften eines bestimmten Typs der Persönlichkeit aufweisen, so wichtig diese Eigenschaften z.B. für die soziale Homogenisierung auch sind, sondern auch unterschiedliche, z.T. sogar sehr heterogene Eigenschaften. Die Heterogenität der Eigenschaften der Persönlichkeiten, die die junge Generation bilden, ist aber vom Standpunkt der kommunistischen Erziehung aus kein Übel, sondern notwendiges Element der freien und allseitigen Entwicklung eines jeden, der Entwicklung aller Fähigkeiten und Talente. [...] Alle diese gemeinsamen und heterogenen Eigenschaften machen in ihrer Gesamtheit ein Moment der Allseitigkeit der jungen Generation aus, die damit wohl zu unterscheiden ist von der Allseitigkeit der Persönlichkeit."[99]

Der Sache nach knüpft Stierand hier an Überlegungen an, die auf Humboldts Bildungstheorie und ihre Rezeption durch K. Marx zurückgehen. In ihnen wird eine Wechselwirkung zwischen pädagogisch initiierten Bildungsprozessen und den ausdifferenzierten Bereichen menschlichen Handelns konzipiert, welche ein Verständnis von Harmonie einschließt, das nicht harmonistisch verkürzt argumentiert, sondern Raum für agonale Beziehungen und Widerstreit lässt.[100] Die weitere Klärung des Begriffs und Charakters solcher Wechselwirkungen wird in der *vierten Frage* als Desiderat in der zurückliegenden Theoriediskussion markiert. In seiner Bestandsaufnahme stellt Stierand fest, die "möglichen und realen Kopplungen zwischen den Bereichen der Gesellschaft" würden "immer komplizierter und komplexer", dabei komme es zunehmend zu einer "gegenseitigen dialektischen Durchdringung", welche durch "Modellvorstellungen", die der aus dem Bereich der Schulpädagogik stammenden Zweck-Mittel-Relation anhängen, nicht erfasst werde.[101] Entsprechende Vereinfachungen müssten künftig in der erziehungswissenschaftlichen Theoriebildung und Forschung vermieden werden, wenn diese einen Beitrag zur Klärung realer gesellschaftlicher Problemlagen leisten können sollen:

> "Zunächst ist festzuhalten, daß die determinierende Wirkung der Gesellschaft auf die Erziehung nicht nur über Anforderungen und sicher auch nicht nur über Anforderungen an die Persönlichkeitsentwicklung erfolgt. Die determinierende Wirkung der Gesellschaft auf die Erziehung erfolgt in erster Linie [...] über die von der Gesellschaft erarbeiteten Möglichkeiten für die Erziehung, über die zur

---

99 Ebd., S. 376f.

100 Vgl. hierzu J. Ruhloff: Über problematischen Vernunftgebrauch und Philosophieunterricht. In: Vierteljahrschrift für wissenschaftliche Pädagogik 72 (1996), S. 289-302; siehe auch D. Benner: Wilhelm von Humboldts Bildungstheorie. Eine problemgeschichtliche Studie zum Begründungszusammenhang neuzeitlicher Bildungsreform. Weinheim und München ^{3}2003.

101 G. Stierand: Zur Wechselwirkung von Erziehung und Gesellschaft. A.a.O., S. 377.

> Verfügung stehenden materiellen, personellen und ideellen Fonds, weil von diesen Fonds primär abhängt, wozu und wie erzogen werden kann. Die Möglichkeit der Erziehung wird jedoch nicht nur durch diese speziellen Fonds bestimmt, sondern auch unmittelbar durch den Entwicklungsstand der Gesellschaft, z.B. durch den erreichten Stand der gesellschaftlichen Erkenntnisse, Fähigkeiten, Produktivkräfte, Bedürfnisse usw. und ihre bisherige Verteilung unter die Mitglieder der Gesellschaft."[102]

Um welche Teilbereiche der Gesellschaft es sich im einzelnen handelt, wird von Stierand offen gelassen. Über den Hinweis, dass bei den Wechselwirkungen zwischen "direkten", von einzelnen Teilbereichen der Gesellschaft ausgehenden, und über die Gesamtgesellschaft "vermittelten Kopplungen", die zwischen mehreren Bereichen stattfinden, zu unterscheiden" sei, gelangt er zur *fünften Frage*, die sich auf die *"Wechselwirklungen zwischen Gesellschaft und Erziehung"* konzentriert. Hierzu führt er aus, der "Beitrag der Erziehung zur gesellschaftlichen Entwicklung" sei in der zurückliegenden Diskussion "vor allem im Beitrag zur Herausbildung der allseitigen Persönlichkeit gesehen" worden, der von einer pädagogischen Praxis ausgehen sollte, die "als bewußte und zielgerichtete Persönlichkeitsformung" gedacht und konzipiert wurde.[103] Was den *"Hauptinhalt"* der Wechselwirkungen zwischen Erziehung und Gesellschaft betrifft, gebe es nicht nur spontane und zielgerichtete, sondern auch gesellschaftsreproduktive Kopplungen. Unter diesen seien letztere darauf ausgerichtet, das Vermögen der Gesellschaft zur Selbstreproduktion so zu justieren, dass mehr produziert wird, als "zu dem jeweiligen Zeitpunkt von der Gesellschaft verwertet werden kann". Diese für die Höherbildung einer Gesellschaft unverzichtbaren Surplusleistungen nennt Stierand "Bildungsvorlauf".[104]

Im Begriff des "Bildungsvorlaufs" findet die systemtheoretische Diskussion innerhalb der Erziehungswissenschaft der DDR Anschluss an die in der ersten Entwicklungsphase moderner Reformpädagogik und Erziehungswissenschaft vor allem im Hinblick auf das Schulsystem geführten Diskussionen über subordinierte, koordinierte und präordinierte Organisationsformen der Erziehung.[105] Einen Beitrag zur Transformation der sozialistischen in eine kommunistische Gesellschaft kann Erziehung danach nur leisten, wenn sie ihr Kreisen in persönlichkeitsorientierten Problemstellungen aufgibt und die veränderten Wirkungsmöglichkeiten einer kommunistischen Erziehung zugleich mit den Anforderungen des "gesellschaftlichen Reproduktionsprozesses im Kommunismus" abstimmt.[106] Während nach der Zweck-Mittel-Logik die Aufgaben und Möglichkeiten der Erziehung aus den vorgegebenen Zwecken einer bereits definitiv feststehenden gesellschaftlichen Entwicklung

---

102 Ebd., S. 378.

103 Ebd., S. 379.

104 Ebd., S. 380.

105 Vgl. hierzu *Quellentextband 1*, S. 29ff; S. 36ff; S. 43ff; S. 47ff; 343ff.; siehe auch *Monographieband 1*, S. 188ff. S. 303ff.

106 G. Stierand: Zur Wechselwirkung von Erziehung und Gesellschaft. A.a.O., S. 380.

abgeleitet werden, verlangt der Gedanke einer transformatorischen Verhältnisbestimmung von Erziehungs- und Gesellschaftssystem, dass die Erziehung nicht mehr vorrangig oder allein als ein Mittel der Gesellschaftsentwicklung und als ein ihr nachgeordneter Bereich, sondern zugleich als eine Bedingung der gesellschaftlichen Entwicklung gedacht wird.

Der Gedanke eines solchen "Bildungsvorlaufs" führt schließlich zu einer über die bisher erörterten fünf Fragen hinausweisenden *sechsten* und letzten *Frage*. In dieser wird die Reproduktion der Gesellschaft durch eine der Gesellschaftsentwicklung präordinierte Bildung auf das Problem der *"Reproduktion des gesamten subjektiven Vermögens der Gesellschaft"* ausgelegt.[107] Bei der Klärung der Frage nach der Entwicklung des subjektiven Vermögens der Einzelnen kommt Stierand auf die bereits angesprochene agonale Auslegung des Harmoniebegriffs zu sprechen. Er führt aus, es sei "mit Sicherheit" anzunehmen, dass "auch im Kommunismus nicht jedes 'total entwickelte Individuum' das Gesamtvermögen der Gesellschaft" repräsentiere, so dass der Widerstreit und "Widerspruch zwischen dem rasant wachsenden Gesamtvermögen der Gesellschaft und den individuellen Vermögen sich immer mehr zu einer entscheidenden Triebkraft der gesellschaftlichen Entwicklung herausbilden" werde.[108] Für die Entwicklung der Erziehung und der anderen Bereiche des gesellschaftlichen Lebens bedeute dies, dass es auch in einer künftigen Gesellschaftsordnung Abstimmungsprobleme zwischen "Allgemeinbildung" und "Spezialbildung" sowie schulisch und beruflich organisierter Bildung und der "zunehmende[n] Rolle der Freizeit als Produktivkraft" geben werde, die von der erziehungswissenschaftlichen Forschung bearbeitet werden müssen. G. Stierand schließt seine Analyse mit der Feststellung, die weitere Diskussion und Klärung der von ihm aufgeworfenen Fragen und grundlagentheoretischen Probleme sei eine unerlässliche Voraussetzung dafür, dass "pädagogische Forschung" künftig jenes "Wissen bereitstellen" könne, das "in der Bildungs-, in der Schulpolitik und bei der Gestaltung der vielen einzelnen Erziehungsvorgänge" benötigt werde, um die "aktuellen und perspektivischen praktischen Aufgaben" einer Lösung näher zu bringen.[109]

In seinem Beitrag aus dem Jahre 1975 legte Stierand eine grundlegende Kritik des bis dahin in der Pädagogik, Schulreform und Bildungspolitik der DDR vorherrschenden Paradigmas einer Ziel-Mittel-Erreichungswissenschaft und -praxis vor, welche dafür eintrat, die Abstimmungsprobleme von Allgemeinbildung und Spezialbildung, individueller und gesellschaftlicher Entwicklung, familiarer, schulischer und außerschulischer Erziehung und Sozialisation nicht als Momente auf dem Weg in eine in sich geschlossene gesellschaftliche Einheitsformation, sondern als Spannungen zu interpretieren, die in gewissem Sinne unaufhebbar sind, auf ungelöste Fragen und Probleme der gesellschaftlichen Entwicklung verweisen und eine innovatorische Potenz für die Erarbeitung neuer Problemlösungen entfalten können.

107 Ebd., S. 379.
108 Ebd., S. 381.
109 Ebd., S. 383.

Von der Staatsführung der DDR wurde Stierands Kritik an einem normativ ausgerichteten, instrumentellen Erziehungs- und Pädagogikverständnis vollständig ignoriert. Vier Jahre nach seinem Beitrag äußerte sich die für das Erziehungssystem verantwortliche Ministerin auf dem 8. Pädagogische Kongress über den "gesellschaftliche[n] Auftrag unserer Schule" in einem Referat, in dem sie unverändert an den traditionellen Vorstellungen der Staatsführung festhielt:

> "Unser Bildungsideal, das Bildungs- und Erziehungsziel unserer Schule, ist wissenschaftlich begründet in der marxistisch-leninistischen Theorie von der allseitigen Entwicklung der Persönlichkeit. Es ist Ziel und Aufgabe unserer allgemeinbildenden polytechnischen Oberschule, die große Idee der Verbindung von produktiver Arbeit mit Unterricht und Gymnastik, die Marx als die 'einzige Methode zur Produktion vollseitig entwickelter Menschen' bezeichnete, immer vollkommener zu verwirklichen."[110]

In der Pädagogik und Erziehungswissenschaft entfaltete Stierands "Problemmaterial" dagegen eine bis in einzelne Forschungsvorhaben der APW nachweisbare, ansatzweise auch am Lebensweiseprojekt der Humboldt-Universität sich zeigende Wirksamkeit. An der APW arbeiteten Bernhard Werner, Werner Kienitz, Renate Schmilinsky u.a. an Forschungsvorhaben, die Stierands Konzeption einer marxistischen Sozialwissenschaft nahe standen und auf konkrete Sachverhalte und Probleme anwandten. Zehn Jahre nach Stierands grundlagentheoretischer Abhandlung vertrat Werner in einer Studie über "Gesellschaftsentwicklung und kommunistische Erziehung" die Auffassung, Theoriebildung und Forschung bedürften "eines breiten Fundaments tragfähiger Aussagen über objektiv-reale Erscheinungen und Prozesse, über erkannte Zusammenhänge, Entwicklungstendenzen und Gesetzmäßigkeiten sowohl im Bereich der Wechselwirkungen zwischen Erziehung und anderen Teilbereichen der Gesellschaft (Politik, Ökonomie, Wissenschaft, Technik, Kultur usw.) als auch innerhalb der Bildung und Erziehung (der Erziehungspraxis) selbst".[111] Die Erforschung von Wechselwirkungen müsse "Bereiche wie Politik, Ideologie und Kultur, Lebensweise, sozialistische Demokratie, Familie, Freizeit und Erholung

---

110 M. Honecker: Der gesellschaftliche Auftrag unserer Schule. In: 8. Pädagogischer Kongress der Deutschen Demokratischen Republik vom 19. bis 20. Oktober 1978. Protokoll, hrsg. vom Ministerrat der Deutschen Demokratischen Republik, Ministerium für Volksbildung. Berlin 1979, S. 56.

111 Die bibliographischen Angaben zum Text von B. Werner lauten: Akademie der Pädagogischen Wissenschaften der DDR. Vizepräsident. Vorlage für das Präsidium am 20. Mai 1985. Gesellschaftsentwicklung und kommunistische Erziehung. Problemstellungen für die Arbeit zur Weiterentwicklung des Erziehungskonzepts und der Allgemeinbildung. Vorschläge für die Forschung. Eingereicht von: Prof. Dr. K.H. Günther. Ausgearbeitet von Dr. sc. B. Werner. Beraten mit: Abt. Allgemeine Pädagogik am Institut für Theorie und Geschichte der Pädagogik; er findet sich im Privatarchiv Wolfgang Eichler, Rehfelde, und wurde erstmals veröffentlicht im *Quellentextband 3.1*, S. 395-410, S. 395.

einbeziehen", Abhängigkeiten zwischen "Gesellschaftsentwicklung und Erziehung differenzierter" erfassen und die "Konsequenzen für die Weiterentwicklung des Erziehungskonzepts und der Allgemeinbildung konkreter" ausarbeiten.[112] Als in diesem Sinne bedeutsame Sachverhalte werden genannt:

> "Gegenwärtig hat sich in der DDR ein Verhältnis von ca. 20 % Un- und Angelernten, 60% Facharbeitern und Meistern, 20 % Fach- und Hochschulabsolventen stabilisiert, wobei Teile der Intelligenz und die Gruppe der Un- und Angelernten zu starker Eigenreproduktion tendieren. Die vorhandene Grundstruktur wird entsprechend den Erkenntnissen über die gesamtgesellschaftliche Entwicklung voraussichtlich für lange Zeit bestehen bleiben, was qualitative Veränderungen und weitere funktionale Differenzierungen innerhalb der Gruppen einschließt."[113]

Bei der Erklärung dieses Sachverhalts weist Werner darauf hin, die "konkreten objektiven Möglichkeiten schöpferischen Handelns" und der "Persönlichkeitsentwicklung der Menschen" würden in der bestehenden sozialistischen Gesellschaft nicht allein von "subjektiven Bedingungen", sondern "vor allem durch die gesellschaftliche Form und die gegenständlichen Inhalte ihrer Arbeit bestimmt". Dies aber habe zur Folge, dass die "sozialen Unterschiede [...] in ihrer konkreten Ausprägung wesentlich durch die Verteilung dieser Möglichkeiten" bedingt seien. Für eine "'gerechte' Verteilung dieser Möglichkeiten" gebe es daher "keinen absoluten, aus abstrakten moralischen Idealen hergeleiteten Maßstab"; vielmehr wirkten "widersprüchliche objektive Zusammenhänge zwischen ökonomischen Notwendigkeiten, politischen Erfordernissen und sozialen Prämissen, zwischen nationalen und internationalen Interessen, augenblicksbezogenen und langfristigen Erfordernissen"[114] an der Reproduktion von sozialer Ungleichheit mit. Die nachweisbaren Interdependenzen erlaubten die These, dass das "Qualifikationspotential [...] nicht umfassend ausgeschöpft" werde und "teilweise" auch nicht ausreiche, um "spezifische gesellschaftliche Aufgaben" zu realisieren.[115] Die "wachsende Rolle von Erziehung und Bildung im Rahmen der gesellschaftlichen Entwicklung" sei darum sowohl auf die Entwicklung des "subjektive[n] Vermögen[s] der Gesellschaft" als auch auf das "Bemühen um Erkenntnis der gesamtgesellschaftlichen Zusammenhänge" zu richten, welche die Möglichkeiten und Grenzen von Erziehung und Bildung und den "Zyklus der Erziehung [...], in dessen Rahmen sich die Reproduktion des subjektiven Vermögens der Gesellschaft maßgeblich vollzieht", determinieren.[116]

Zwei Jahre nach Werners Diskussionspapier legten Werner Kienitz, Renate Schmilinsky und Bernhard Werner eine Studie "Zu einigen theoretischen und praktischen Problemen

---

112 Ebd., S. 396.
113 Ebd., S. 400.
114 Ebd., S. 401.
115 Ebd., S. 402.
116 Ebd., S. 403.

der Sicherung gleicher Bildungsmöglichkeiten für alle Kinder des Volkes" vor, in der sie Stierands Kritik an dem von der Staatsführung favorisierten Modell einer Ziel-Erreichungs-Wissenschaft und seine Überlegungen zur Analyse und Erforschung gesellschaftlicher Interdependenzen für die Klärung der gesellschaftlichen Reproduktion subjektiver Ungleichheit fruchtbar zu machen suchten. Die Studie übte Kritik an der in der DDR üblichen Praxis, die fortschreitende Vereinheitlichung der Gesellschaft mit Hilfe von "Proporzrichtwerten" zu messen, welche die Entwicklung der "soziale[n] Zusammensetzung" normieren und eine stetige Verbesserung der Chancen von Angehörigen der Arbeiterklasse beweisen sollten. Gegen dieses Verfahren wandte die Studie ein, es sei hilfreich gewesen, um in der "Übergangsperiode" zur sozialistischen Gesellschaft die Reproduktion "soziale[r] Ungerechtigkeiten" in der bürgerlichen Gesellschaft zu korrigieren, tauge jedoch nicht zur Erfassung und Beurteilung von Bildungskarrieren im "entwickelten Sozialismus". In dieser stellten individuelle Karrieren individuelle Leistungen dar, die unter weniger guten gesellschaftlichen Voraussetzungen höher, unter günstigeren niedriger einzustufen, in jedem Fall aber als "*individuell wie sozial gerecht*" einzuschätzen seien.[117]

Bei der Begründung dieser Auffassung greifen die Autoren der Sache nach auf eine Argumentation zurück, welche Schleiermacher bereits 1826 in seiner Theorie der Erziehung entwickelte, als er von der Unentschiedenheit der anthropologischen Voraussetzungen der Erziehung sprach, die als solche nicht von gesellschaftlichen Interdependenzen isoliert werden könnten, weil sich Begabungen in Lernprozessen immer erst zeigten, nachdem bereits erziehliche Einwirkungen stattgefunden haben.[118] Ganz in diesem Sinne argumentieren Kienitz, Schmilinsky und Werner, Selektionsentscheidungen dürften im Bildungssystem nicht früh, sondern erst spät getroffen werden, Begabungspotenzen gingen dann "für die Gesellschaft und die Persönlichkeit" nicht verloren, wenn mit "systematischer Begabungsförderung" früh begonnen werde und für erst später sich zeigende Begabungen "Einstiege"[119] in allgemeinbildende und weiterführende Bildungsgänge offengehalten würden.

> "Da sich Begabungen in der Tätigkeit herausbilden, kann man besondere Begabungen nicht erst aufspüren und dann fördern, sondern kann sie mit zunehmender Klarheit erkennen, wenn die Kinder und Jugendlichen sich in

---

117 W. Kienitz/R. Schmilinsky/B. Werner: Zu einigen theoretischen und praktischen Problemen der Sicherung gleicher Bildungsmöglichkeiten für alle Kinder des Volkes und der optimalen Entwicklung von Anlagen und Fähigkeiten jedes einzelnen unter den gegenwärtigen gesellschaftlichen Bedingungen [1987]. Das Dokument findet sich im Privatarchiv Wolfgang Eichler, Rehfelde; Quellentextband 3.1, S. 411-438, S. 412.

118 Vgl. ebd., S. 418; zu F. Schleiermacher siehe: Ders.: Theorie der Erziehung. Die Vorlesungen aus dem Jahre 1826. In: Ders.: Ausgewählte pädagogische Schriften, hrsg. von E. Lichtenstein. Paderborn 1959, S. 48 und S. 51; vgl. auch D. Benner: Allgemeine Pädagogik. Weinheim und München [4]2001, S. 63ff.

119 Ebd., S. 413.

> entsprechenden Tätigkeiten und unter besonderen Anforderungen erproben können, also in einem Prozeß des Förderns. Begabungsentwicklung verlangt ein entwicklungsoffenes, optimistisches Bildungsklima. Das alles verbietet verfrühte definitive Entscheidungen oder Auslesemaßnahmen. Es verlangt vielmehr, daß alle eine allseitig profilierte und hohe Allgemeinbildung erwerben."[120]

Mit Forderungen, wie diesen, weisen die Forscher auf problematische Systemzwänge im Erziehungs- und Gesellschaftssystem der DDR hin, welches kein präordiniertes, sondern ein koordiniertes und in gewissem Sinne sogar ein subordiniertes Verhältnis von Schule und Gesellschaft kannte. Es richtete die Ausleseprozesse im Erziehungssystem - vor allem beim Übergang von der Polytechnischen Oberschule zur Erweiterten Oberschule und von dort zum Studium - am gesellschaftlichen Bedarf von Nachwuchs für die Berufsstände von Bauern, Arbeitern, Facharbeitern sowie wissenschaftlichen und politischen Kader aus und reglementierte Bildungsgänge nicht nur nach individuellen Leistungen, sondern neben dem planwirtschaftlich definierten Bedarf auch nach ideologischen Maßstäben.

Die sich hier am Erziehungssystem der DDR artikulierende Kritik findet sich auch in Papieren der Evangelischen Kirche, so in einem für den "kirchlichen Dienstgebrauch" bestimmten Papier der "Theologischen Studienabteilung". Dort heißt es, nachdem zuvor eine "Erziehung der Jugendlichen zu eigener Urteilsfindung und zu differenzierter Einstellung zu den Grundwerten unseres Lebens", zu "Dialogfähigkeit, Toleranz und Hilfsbereitschaft" sowie "Kreativität, Schöpfertum, Phantasie und Kommunikationsfähigkeit"sowie ein "freiere[r] Umgang mit Lehrplänen"[121] gefordert wird, es gelte stärker anzuerkennen,

> "daß [...] die allgemeinbildende POS und die Abiturstufe die einzigen Bildungseinrichtungen für alle Kinder und Jugendlichen in der Gesellschaft sind. Sie müssen deshalb für alle da sein und dabei berücksichtigen, daß es neben der marxistisch-leninistischen Weltanschauung andere Grundüberzeugungen gibt, die nicht nur zu tolerieren, sondern Gegenstand fairer Erörterung und Auseinandersetzung werden sollten. Wie sonst können eigenes, kritisches Urteil und argumentative Kompetenz entstehen?[122]

---

120 W. Kienitz/R. Schmilinsky/B. Werner: Zu einigen theoretischen und praktischen Problemen der Sicherung gleicher Bildungsmöglichkeiten für alle Kinder des Volkes. A.a.O., S. 418.

121 Theologische Studienabteilung beim Bund der Evangelischen Kirchen in der DDR: Erziehung der Jugend - gemeinsames Anliegen. Der IX. Pädagogische Kongreß der DDR 1989 - Ideen, Vorschläge und Initiativen aus den Evangelischen Kirchen. Referat Gemeindepädagogik: Informationen und Texte Nr. 1. (August 1989). (Nur für kirchlichen Dienstgebrauch): Privatarchiv Henning Schluß, Berlin; *Quellentextband 3.1*, S. 449-463, S. 455 und S. 461.

122 Ebd., S. 461f.

3.5 Krisenbewusstsein und Reformbestrebungen: 1989-1990

Ende der 80er Jahre standen in der DDR nicht nur die Erziehungswissenschaft, sondern auch das Erziehungssystem und die in diesem praktizierten Formen von Erziehung, Unterricht und Schulleben an einem Scheideweg. In der Erziehungswissenschaft war dieser dadurch bestimmt, dass die Pädagogik, verstanden als eine Ziel-Erreichungs-Wissenschaft, nahezu nur mehr postulatorisch argumentieren, nicht aber die erhofften und versprochenen Mittel für die intendierte Formung sozialistischer Persönlichkeiten bereitstellen konnte. Für eine marxistisch argumentierende und sozialwissenschaftlich forschende Erziehungswissenschaft, wie sie von namhaften Vertretern der Disziplin von Max-Gustav Lange bis Gerhard Stierand immer wieder angestrebt wurde, die von Annahmen einer Eigenlogik ausdifferenzierter Gesellschaftsbereiche sowie einer zwischen diesen nachweisbaren Wechselwirkung ausging, standen dagegen die in Theorieentwicklung und Forschung erforderlichen Freiräume nicht bereit. Anders als die aus Positivismus und Ideologie zusammengesetzte, weithin mit leeren Händen dastehende Zielerreichungswissenschaft erwies sich eine marxistisch und sozialwissenschaftlich argumentierende Erziehungswissenschaft mit dem Staatsverständnis der DDR und der in diesem festgeschriebenen Ideologie eines gesetzmäßigen Verlaufs der Geschichte als letztlich nicht vereinbar.

Entwicklungen in der Wissenschaft und im Erziehungssystem führten in der Pädagogik der DDR 1989 zu einer Verabschiedung der kommunistischen Erziehung und zu einer Reformdiskussion, in der sich wieder verstärkt Vorstellungen aus dem Kontext bürgerlicher Reformpädagogiken artikulieren konnten. Das in Wissenschaft, Politik und pädagogischer Praxis vertretene Monopol sozialistischer Erziehung wurde schließlich sogar offiziell verabschiedet. Staatliche Pädagogik und Erziehungswissenschaft, die bis zum Ende der DDR an den Programmen einer sozialistischen und kommunistischen Erziehung festgehalten hatten, sahen sich 1989 plötzlich vor das Problem gestellt, mit dem Ende des sozialistischen Staates und der von diesem geforderten und normierten Erziehung zugleich an ihr eigenes Ende gelangt zu sein. Das führte in der späten DDR zu Anstrengungen, nach einer neuen Identität sozialistischer Erziehung und Erziehungswissenschaft zu suchen und diese jenseits der politischen Indienstnahme und Dienstbarkeit der zurückliegenden Jahrzehnte zu verankern. Der deutsche Einigungsprozess, der nicht mit der Ausarbeitung einer neuen Verfassung nach Art. 146 GG, sondern nach Artikel 23 GG durch den Beitritt der DDR zur BRD vollzogen wurde, führte in der vereinigten Republik zur Anpassung der Bildungssysteme der neuen an jene der alten Länder, so dass es weder zu einer pädagogischen noch zu einer politischen Überprüfung der Bildungssysteme der beiden Nachkriegsstaaten kam.

3.5.1 Die Verabschiedung der kommunistischen Erziehung

In einem Diskussionsbeitrag auf dem 9. Pädagogischen Kongress der DDR vom 14.06.1989 wies G. Neuner, Präsident der APW, auf schulpädagogische Diskussionen in anderen sozialistischen Ländern hin, welche in einer "pauschalen, teilweise negierenden Kritik an der bisherigen sozialistischen Schule und Pädagogik" eine "neue Pädagogik" verkündeten und nach einer Ablösung der "bisherigen 'Kommandopädagogik'" verlangten.[1] Forderungen wie diese interpretierte Neuner als Wiederkehr reformpädagogischer Vorstellungen, die wegen ihrer Realitätsferne bereits in den ersten Jahrzehnten des 20. Jahrhunderts gescheitert seien. Mit einer derartigen "Renaissance der Reformpädagogik" seien schon in der Gründungsphase der DDR negative Erfahrungen gemacht worden, als "Neulehrer [...] reformpädagogische Werke" studierten und nach ihrem Vorbild mit "Gelegenheits- und Ganzheitsunterricht, Komplex- und Projektunterricht" unter "Verzicht auf systematische Aneignung des Unterrichtsstoffes zugunsten freier kindlicher Selbsttätigkeit, Auflösung des Klassenverbandes, Abschaffung von Zensuren, Verzicht auf Führung des Lehrers usw." zu experimentieren begannen.[2]

Nachdem die von Neuner u.a. intern immer wieder kritisierten Vorstellungen von einer Überführung der sozialistischen in eine kommunistische Erziehung sich gleichsam in Nichts aufgelöst hatten, kam es in der Endphase der DDR zu einer Renaissance bürgerlicher Reformpädagogik, gegen die sich der Präsident der APW bis zuletzt auch argumentativ zur Wehr setzte. Am 27. Oktober 1989, wenige Tage vor der Öffnung der Mauer, legte die Akademie der Pädagogischen Wissenschaften ein neues "Problemmaterial" vor, in dem nicht mehr allein von der drohenden Gefahr eines Rückfalls in bürgerliche Reformpädagogik, sondern zugleich vom Schwinden der Überzeugungskraft sozialistischer und kommunistischer Erziehung die Rede war. Vorgeschlagen wurde, die schwindende Überzeugungskraft sozialistischer Erziehung und Politik mit Hilfe einer veränderten Öffentlichkeitsarbeit zu korrigieren und den gesellschaftlichen "Prozeß der 'Wende'" als einen bedeutsamen Schritt zur "Lösung der zum Teil lange bekannten Probleme" zu interpretieren. Hierzu sei es erforderlich, die "Grundfragen der Schulentwicklung" nicht aus der Sicht des "Klassengegners", sondern auf dem Boden der "Verfassung der DDR als dem Grundgesetz für alle Bürger der DDR" zu beantworten.[3] Von der bisherigen Öffentlichkeitsarbeit sollte sich die neue dadurch unterscheiden,

1 G. Neuner: Diskussionsbeitrag auf dem 9. Pädagogischen Kongress. In: Bulletin (Hrsg.: Organisationsbüro). 9. Pädagogischer Kongreß der DDR. Berlin 1989, S. 33-35; *Quellentextband 3.1*, S. 446-449, S. 446f.

2 Ebd., S. 447.

3 Akademie der Pädagogischen Wissenschaften der DDR. 27. Oktober 1989. Arbeitsmaterial. Ideologische Probleme für eine offensive Öffentlichkeitsarbeit der APW und für die zügige Bearbeitung von Problemen. Im Auftrage des Präsidenten ausgearbeitet von Prof. Dr. Karl-Heinz Günther unter Mitarbeit von Prof. Dr. H.-J. König und Prof. Dr. B. Rönsch. Bestätigt in der Koordinierungsberatung der Leitung der APW am 27. Oktober 1989. In: *Quellentextband 3.1*, S. 515-523, S. 521 und S. 516.

dass in ihr auf "Schönfärberei" der gesellschaftlichen Verhältnisse und eine "eher verschleiernde, verschlüsselnde Sprache" ebenso wie auf "langatmiges Theoretisieren" verzichtet wird und "kritische Argumente gegenüber der Schule" und der "Volksbildung" zugelassen werden. Als "Hauptkriterium" zur Ermittlung einer neuen "Grenzlinie" zwischen dem in der öffentlichen Diskussion Zuzulassenden und Nicht-Zuzulassenden, "zwischen Konsens und Dissens", solle gelten, ob eine Kritik "der sozialistischen Gesellschaft und ihrer Schule" diene oder diese negiere und abzubauen trachte. Soweit es der Entwicklung der sozialistischen Gesellschaft förderlich sei, sollten nun auch "oppositionelle Gruppen" an der Meinungsbildung beteiligt werden und an der Suche nach "Kompromissen" mitwirken können.[4] Aus dieser Sicht nahm das Problempapier zu verschiedenen Kritiken des Erziehungssystems der DDR Stellung, indem es diese nach drei "Problemkreisen" ordnete.

Einem ersten Problemkreis werden Kritiken zugeordnet, die selbst keine "konstruktiven Ideen" entwickeln.[5] Hierzu wurden Auffassungen gerechnet, die an der Erziehung in der DDR kritisierten, diese habe den "Selbstwert des Kindes" missachtet, den totalen "Machtanspruch der Partei" bejaht und dieser ein "Wahrheitsmonopol" zugebilligt, in dem für "Werte der Religion" letztlich kein Platz mehr gewesen sei.[6]

Einem zweiten Problemkreis werden Auffassungen zugeordnet, "die nichts mit möglichen oppositionellen Gruppen zu tun haben", sondern von Personen vertreten werden, die "in der Regel fest auf dem Boden der DDR stehen".[7] Hierzu gehörten u.a. die bekannten Kritiken,

- dass die "hohen finanziellen und personellen Aufwendungen für die Volksbildung" zu einer Vernachlässigung anderer gesellschaftlicher Bereiche, des "Gesundheitswesens", der "Berufsausbildung" und des "Verkehrswesens", geführt hätten,
- dass die Förderung "leistungsschwacher Schüler bis zum Abschluss der 10. Klasse" volkswirtschaftlich nicht effektiv sei,
- dass es nur ein "ungenügende[s] Maß an Selbständigkeit und Mitverantwortung der Schüler", einen "personell überdehnte[n] Leitungsapparat" und zu wenig "Entscheidungsspielräume" für Lehrer gegeben habe,
- dass die "einseitige Orientierung der Leitungsorgane auf die Erfüllung der Lehrpläne" die "Möglichkeiten des Lehrers zum schöpferischen Umgang" mit staatlichen Vorgaben zu stark beschnitten habe und
- dass die "Erziehungskonzeption der Schule" von vielen als "dogmatisch und unzeitgemäß" eingeschätzt werde.[8]

Die nun zuzulassenden Kritiken schließen z.T. an Überlegungen an, die H.H. Becker bereits in den 50er Jahren in seinem Schulstrukturreformvorschlag vertrat. Unter

4 Ebd., S. 515f.
5 Ebd., S. 518.
6 Ebd., S. 517.
7 Ebd., S. 519.
8 Ebd.

Bezugnahme auf frühere Stellungnahmen distanzieren sich die Autoren des Problemmaterials insbesondere von der Programmatik einer Überführung der sozialistischen in eine kommunistische Erziehung, um am Ende eine Position zu vertreten, welche in gewissem Sinne einen Bruch mit früheren Auffassungen der APW markiert. Die in der Kontinuität zu früheren Äußerungen führender Mitglieder der APW stehende Feststellung besagt:

> "Seit Jahren sei davor gewarnt worden, von 'kommunistischer Erziehung' zu sprechen, von 'kommunistischer Moral' usw. Damit habe sich eine unrealistische, lebensfremde Zielorientierung für die Erziehung ergeben, die habe scheitern müssen."[9]

Als Positionskorrektur ist dagegen eine Einschätzung zu werten, mit der die APW in der Spätphase der DDR zu Auffassungen zurückkehrt, die M. Kreuziger, H. Deiters und R. Alt - letztere im Sinne einer vorübergehend einzunehmenden Position - in der Gründungsphase der SBZ vertraten. Sie besagt,

> "die Orientierung auf 'klassenmäßige' Erziehung widerspreche dem Auftrag der Schule, für die Kinder aller Klassen und Schichten da zu sein."[10]

Nimmt man beide Thesen zusammen, so kann man sagen, dass das von der APW im Oktober 1989 vorgelegte Problemmaterial zu der Einsicht gelangt, die in der DDR seit Beginn der 70er Jahre verfolgte Programmatik der Überführung der sozialistischen Klassenerziehung in eine kommunistische Erziehung sei von Anfang an verfehlt gewesen und habe Ende der 80er Jahre im Bewusstsein der Schüler, Eltern, und Lehrer sowie der diskutierenden Öffentlichkeit jede Überzeugungskraft eingebüßt.

3.5.2 Von der Aufgabe des proletarischen Klassenstandpunkts zur Verabschiedung des Monopols sozialistischer Erziehung

In einem für die 10. Tagung des Zentralkomitees vom 08. bis 10.11.1989 verfassten Diskussionspapier ging G. Neuner noch einen Schritt über die im Problempapier vom 27. Oktober entwickelten Vorstellungen hinaus. Das nicht mehr zum Vortrag gekommene Papier beginnt mit den Worten, es falle dem Autor nicht leicht, "in diesen Tagen vor dem Plenum zu sprechen". Die "Glaubwürdigkeit unserer politischen Ideen und die Bereitschaft, sie aktiv zu vertreten", sei nur mehr bei einer Minderheit

---

9 Ebd., S. 520.

10 Ebd.; vgl. auch die Mitschriften zur Zweiten Beratung zur Erarbeitung eines Pädagogischen Manifestes vom 25.10.1946 in: D. Benner/H. Sladek: Vergessene Theoriekontroversen in der Pädagogik der SBZ und DDR. 1946-1961. Weinheim 1998. Quellenteil. Dokument II.2 , S. 203.

der Bevölkerung gegeben. Die "permanente Rotlichtbestrahlung" in den "Bildungseinrichtungen" und "Medien" habe dazu geführt, dass insbesondere die Jugend "die Schnauze voll davon" habe. Wissenschaft, Forschung und pädagogische Praxis hätten im zurückliegenden Jahrzehnt auf diese Entwicklung immer wieder hingewiesen, aber kaum Gehör gefunden. Dennoch sei er bereit, eine "persönliche Verantwortung" dafür zu übernehmen, "nicht entschiedener" die "Tatsachen zur Geltung gebracht", sondern sich auf die "vorhandene[n] Machtverhältnisse eingestellt" und zuviel "taktiert" zu haben.[11]

Am Tag vor der zu diesem Zeitpunkt nicht erwarteten Öffnung der Mauer und Aufhebung der zwischen beiden deutschen Nachkriegsstaaten errichteten Grenze distanzierte sich Neuner dann sogar von jenem "Klassenstandpunkt", dem die APW seit ihrer Gründung verpflichtet gewesen war und gedient hatte:

> "Wenn wir in unserer Gesellschaft unterschiedliche Klassen und Schichten, Parteien, Religionen, Weltanschauungen, gesellschaftliche Gruppen haben und andererseits die Schule eine Schule für *alle* Kinder des Volkes ist, dann müssen die Ziele der Erziehung neu bestimmt werden. Sie können nicht lauten: Kommunistische Erziehung, Erziehung zur kommunistischen Weltanschauung und Moral, Klassenstandpunkt der Arbeiterklasse. Wir sind damit nicht nur der Realität unserer heutigen sozialistischen Gesellschaft viel *zu weit vorausgeeilt*, wir haben auch große Teile der Bevölkerung ausgegrenzt und Kinder, Eltern und teilweise auch Lehrer in einen Zwiespalt gebracht. Die Ursache dafür ist die gleiche wie in anderen Bereichen: *Wir haben den Wunsch für die Realität genommen*! Konsensfähig sind Ziele der Erziehung des Staatsbürgers auf der Grundlage der Verfassung, humanistische Ideen und Werte, Ideale und Werte eines erneuerten Sozialismus. Überwinden müssen wir - und nicht nur in der Erziehung - eine *vereinfachte Vorstellung vom 'Hineintragen der Ideologie'*, derart etwa, daß eine fertige Ideologie, Ideen und Werte der Väter oder Großväter, ein abstraktes Sozialismus-Bild einfach in die Jugend hineingetragen wird. Der mündige junge Bürger, der in der Schule heranwächst, macht da nicht mit; er will selbst, im Dialog, Mitgestalter unserer Ideen und Werte sein."[12]

Das Zitat zeigt nicht nur eine DDR-typische, sondern eine für deutsche Reformdiskussionen überhaupt kennzeichnende Textsorte. Die Verabschiedung eines Bildungsideals, hier desjenigen einer staatlich normierten sozialistischen Persönlich-

---

11 Akademie der Pädagogischen Wissenschaften der DDR. 27. Oktober 1989. Arbeitsmaterial. A.a.O., S. 524.

12 Gerhart Neuner, Mitglied des ZK der SED, Präsident der Akademie der Pädagogischen Wissenschaften: Diskussionsbeitrag auf der 10. Tagung des ZK der SED vom 8.-10.11.1989. In: *Quellentextband 3.1*, S. 523-526, S. 525.

keit, und die Verabschiedung der kommunistischen Erziehung werden nicht mit einer Begrenzung staatlich vorzunehmender Normierungen auf elementare, unbedingt notwendige und schulspezifisch ausweisbare Bildungsziele, sondern mit der Propagierung eines neuen Bildungsideals verknüpft. Ungebrochen ist weiterhin der Glaube an "humanistische Ideen und Werte", die "Werte und Ideale eines erneuerten Sozialismus" sein sollen. Auffällt jedoch zugleich, dass zwar noch von "unserer" (sozialistischen) Gesellschaft und "unserer" Einheitsschule, nicht aber mehr von "unserer" Jugend, sondern statt dessen von Jugendlichen als potentiell mündigen Bürgern die Rede ist, die es vor staatlicher Vereinnahmung zu schützen gilt. Weiterhin wird jedoch von dieser Jugend verlangt, sie solle - im Dialog - Mitgestalter "unserer" Ideen und Werte sein.

Den Reformbedarf, den der Präsident der APW im November 1989 konstatierte, bezog er ausdrücklich auch auf die von ihm geleitete Institution. Die "Erneuerung der Gesellschaft und der Schule" brauche auch eine "erneuerte Akademie der pädagogischen Wissenschaften", zu der bereits "kritische Diskussionen, Überlegungen, Alternativvorschläge" erarbeitet seien. Die Akademie müsse sich von "staatlicher Bevormundung" befreien, ihre Forschungsvorhaben in einer engeren Beziehung zu Schule und Lehrerschaft konzipieren und Sorge dafür tragen, dass die Ergebnisse pädagogischer Forschung Eingang in die öffentliche Diskussion über Schulreform finden.[13]

3.5.3 Sozialistische Pädagogik zwischen Selbstaufgabe und Suche nach einer bleibenden Theoriegestalt

Zu den bereits vorliegenden Reformkonzepten der APW, die G. Neuner in seinem Manuskript ansprach, gehörte u.a. ein Papier, das im Herbst 1989 von Jan Hofmann und Michael Tiedtke, zwei Nachwuchswissenschaftlern der APW, verfasst worden war und 1990 in einem Band junger Wissenschaftler veröffentlicht wurde. In ihm werden "Thesen zur Erziehungsauffassung" formuliert, die von den Autoren nicht als Vorschlag zur Erneuerung, sondern als "Versuch einer Alternative" für "unsere Schule" zur Diskussion gestellt werden. Eingangs bekennen sich die Autoren der Sache nach zu jenen Grundsätzen, die Stierand 1975 in dem von ihm vorgelegten Problemmaterial formuliert hatte.[14] Danach soll nicht mehr länger die "Persönlichkeitsentwicklung" der Heranwachsenden im Zentrum von Schule und Unterricht stehen. An die Stelle dieser "unproduktive[n] und falsche[n] Vereinseitigung", aber auch an die Stelle der "kollektiven Verantwortungslosigkeit" früherer Bildungsideale und Konzepte von Allgemeinbildung solle die Einsicht treten, dass die Schule als eine der Gesellschaft "dienende Institution [...] ihre Sinngebung nicht aus sich selbst heraus" autonom entwickeln könne, sondern in Auseinandersetzung mit den "gesellschaftlichen Wider-

---

13 Ebd., S. 526.

14 Vgl. *Quellentextband 3.1*, S.371-383; siehe auch *Monographieband 3.1*, S. 231f.

sprüchen" entwickeln muss.[15] Sie sei daher auch nicht als eine Einrichtung zur Lösung und Überwindung dieser Widersprüche zu verstehen, sondern habe ihre Aufgabe darin, "Grunderfordernissen eines sozialen Lernens" Rechnung zu tragen, das in Wechselwirkungen zwischen der Persönlichkeitsentwicklung Einzelner und gesamtgesellschaftlichen Entwicklungen eingebunden und auf einen "offene[n] Austausch von Meinungen, Standpunkten und Problemen" auszurichten sei.[16]

Eine entsprechende Neubestimmung der Erziehungsaufgabe der Schule verlangt nach Auffassung der Autoren nicht nur nach einer Erweiterung des Konzepts der "Persönlichkeitsbildung", sondern auch nach einer Reformulierung der Prinzipien der "Einheitlichkeit", "Chancengleichheit" und "Gerechtigkeit" sowie der "Lebensverbundenheit", "Staatlichkeit" und "Weltlichkeit" öffentlicher Erziehung und Bildung. Einheitlich soll künftig nicht als Einförmigkeit, sondern als ein "lebenslang" geltendes, "allgemeines Grundrecht auf Bildung" definiert werden, welches im allgemeinen Schulsystem durch die "allgemeine Schulpflicht" verankert ist. Chancengleichheit und Gerechtigkeit verlangen nach einer Organisation des Schulsystems, welche "differenzierte Bildungswege und freie Wahlmöglichkeiten" zulässt, "Koedukation" mit "geschlechtsspezifische[n] Differenzierungen" verbindet und eine "Pluralität von Schulmodellen" erlaubt. Lebensverbundenheit wird im Anschluss an die in der DDR geführte Diskussion zur Wechselwirkung zwischen der persönlichkeitsbildenden Funktion und der gesellschaftlichen Reproduktionsfunktion schulischer Erziehung sowie in Anlehnung an die insbesondere in westlichen Demokratien entwickelten Konzepte offener Curricula und offenen Unterrichts als gleichzeitige "Öffnung der Schule für das unmittelbare soziale Umfeld" und als "Einbeziehung des gesellschaftlichen Reproduktionsprozesses in schulische Lern- und Erziehungsprozesse" definiert. Den Begriff der Staatlichkeit fassen die Autoren so, dass er gleichermaßen auf die "Unentgeltlichkeit" und "Sicherung des allgemeinen Grundrechts auf Bildung" bezogen wie eine "Privatisierung der Schule" ausgerichtet ist, eine "Entflechtung von Partei- und Staatsapparat", "Jugendverband und Staatsapparat" verlangt sowie eine "Anwendung aller verfassungsmäßigen Bürgerrechte auf die SchülerInnen trotz ihres Minderjährigenstatus" gewährleistet. Die begriffliche Fixierung einer neuen Staatlichkeit der Schule will einen "demokratische[n] Rahmen für Persönlichkeitsentwicklung" definieren, der dem Grundsatz der Weltlichkeit des Erziehungs- und Bildungssystems verpflichtet ist und eine Anerkennung der "Gewissens- und Glaubensfreiheit" sowie die "Aufhebung des Bekenntniszwangs in der Schule" einfordert.[17]

---

15 J. Hofmann/M. Tiedtke: Thesen zur Erziehungsauffassung. Versuch einer Alternative. In: R. Land (Ltr. d. Autorenkollektivs)/M. Brie/H. Petsch/D. Segert/R. Will/J. Hofmann/M. Tiedtke: Aufbruch in die Zukunft. Junge Wissenschaftler zu Gesellschaft und Erziehung. Berlin 1990; *Quellentextband 3.1*, S. 526-538, S. 527f.

16 Ebd., S. 528.

17 Ebd., S. 529.

Die Umschreibung einer neuen Staatlichkeit, die J. Hofmann und M. Tiedtke in ihrem Diskussionspapier vornehmen, weist über Fragen der "Staatlichkeit" schulischer Erziehung und Bildung hinaus. Sie ist letztlich auf Fragen und Probleme der Öffentlichkeit der gemeinsamen Erziehung und Bildung der nachwachsenden Generationen bezogen, die in den reformpädagogischen und schulreformerischen Diskussionen aller pädagogischen Bewegungen von der Aufklärung bis zur Gegenwart immer wieder eine zentrale Rolle gespielt haben. Die zuletzt genannte Forderung nach einer Aufhebung des Bekenntniszwangs in der Schule will u.a. darauf aufmerksam machen, dass im Schulsystem der DDR nach der 1946 vollzogenen strikten Trennung von Staat und (evangelischer) Kirche entsprechende Zwänge früherer Institutionalisierungen staatlicher Erziehung nicht beendet, sondern durch die Einführung eines neuen Bekenntniszwangs fortgeführt wurden, der von allen Bürgern der sozialistischen Republik verlangte, ihr Leben in einen als gewiss unterstellten gesetzmäßigen Gang der Weltgeschichte einzuordnen, der von der bereits überwundenen kapitalistischen über eine sozialistische zu einer kommunistischen Gesellschaftformation führen werde.

Zu den Merkwürdigkeiten der Diskussionen über staatliche Schulreform, reformpädagogische Alternativen und erziehungswissenschaftliche Theorieentwicklung in der DDR gehört, dass dieser im sozialistischen deutschen Nachkriegsstaat ausgeübte quasi-religiöse Bekenntniszwang öffentlich erst kritisiert werden konnte, als ohnedies kaum noch jemand an die hinter ihm stehende Ideologie glaubte. Die Verabschiedung der kommunistischer Erziehung schuf neue Spielräume für Innovationen und Reformalternativen in der Praxis und Organisation der Schulen, in der bildungspolitischen Diskussion sowie in der erziehungswissenschaftlichen Theoriediskussion und Forschung. Die im Rahmen der APW zu diesen Fragen geführten Diskussionen lassen erkennen, dass diese dem doppelten Anliegen verpflichtet waren, die Monopolisierung der marxistisch-leninistischen Geschichtsauffassung und Herrschaftsideologie zu verabschieden, bestimmte mit der Überwindung des bürgerlichen Bildungsmonopols zusammenhängende Errungenschaften sozialistischer Erziehung und Schulreform jedoch zu bewahren. So gesehen lässt sich rückblickend feststellen, dass das Ende kommunistischer Erziehung und Pädagogik in der Erziehungswissenschaft, der Bildungspolitik und der Schulreform in der Spannung zwischen einer Selbstaufgabe sozialistischer Pädagogik und der Suche nach ihrer - bleibenden oder künftigen - Theorie- und Praxisform interpretiert wurde.[18]

---

18 Vgl. hierzu die Ausführungen von J. Hofmann und M. Tiedtke über den "Beitrag der pädagogischen Wissenschaften für den Zukunftsgewinn der sozialistischen Gesellschaft" und die "Aufgaben der APW" sowie die "Prinzipien für eine Demokratisierung" ihrer "Arbeitsweise", ebd., S. 535-538; siehe auch H.-H. Emons: Thesen zur Bildungsreform. In: Beilage zur "Deutschen Lehrerzeitung" 37 (1990) 15, S. 1-15; *Quellentextband 3.1*, S. 538-559; siehe auch: Arbeitsgruppe "Neue Verfassung der DDR" des Runden Tisches: Entwurf: Verfassung der Deutschen Demokratischen Republik. April 1990. Berlin 1990, *Quellentextband 3.1*, S. 559.

3.5.4 Die Wiederkehr der bürgerlichen Reformpädagogik und die Pluralisierung der reformpädagogischen Initiativen

Nach der Öffnung der deutsch-deutschen Grenze kam es in der DDR nicht zu der von einigen erwarteten Erneuerung sozialistischer Pädagogik. Vielmehr entwickelte sich eine so große Vielfalt reformpädagogischer Konzepte, dass es erlaubt ist, von einer Wiederkehr bürgerlicher Reformpädagogik und einer Pluralisierung der Reforminitiativen zu sprechen. Die einzelnen Initiativen wurden teils durch in der alten BRD vertretene schulreformerische und reformpädagogische Konzepte angeregt, teils in der DDR selbst entwickelt. Sie wiesen zuweilen Bezüge zu beiden Formen eines Neuanfangs auf oder griffen auf lokale Traditionen zurück, die sich bis in das erste Drittel des 20. Jahrhunderts zurückverfolgen lassen.

Die verschiedenen Aktivitäten lassen sich drei nicht immer trennscharf voneinander abgrenzbaren Hauptgruppen zuordnen. Von diesen umfasst die erste Reformen, die Ansätzen aus der Zeit der Pädagogischen Bewegung verpflichtet waren, die in der alten Bundesrepublik und in anderen westeuropäischen Staaten traditionsbildend wirksam geworden waren. Einer zweiten sind jene Initiativen zuzurechnen, welche die schulreformerische Tradition der DDR weiterentwickeln wollten, einer dritten Konzepte, die zumindest ansatzweise gleichermaßen über diejenigen der Pädagogischen Bewegung und der Schulreform der DDR hinauszugehen versuchten.

Unter den im Quellentextband 3.1 für den Zeitraum von der Öffnung der deutsch-deutschen Grenze bis zum Beitritt der DDR zur BRD zusammengestellten Dokumenten sind die ersten einer bestimmten Richtung aus der Pädagogischen Bewegung verpflichtet. Die "Pädagogischen Grundsätze der Freien Waldorfschule" wurden in der Tradition einer Pädagogik "vom Kinde aus" formuliert. Sie gehen von einer Eigenlogik "kindlicher Bedürfnisse" und "kindlichen Werdens" und einem "grundlegenden Gesetz" kindlicher "Tätigkeit" aus, orientieren die pädagogische Praxis an sich "wandelnden Reifeprozesse[n]" von Kindern und wollen in der Nachfolge schulkritischer Traditionen der Pädagogischen Bewegung auf schulorganisatorische Merkmale wie Sitzenbleiben, Zensuren und Prüfungen verzichten. An ihre Stelle soll ein "Epochenunterricht" treten, in dessen Kanon, ergänzt um Formen des Spiels und der Feier, mutter- und fremdsprachliche sowie künstlerische und handwerkliche Fächer dominieren.[19]

Die Grundsätze konnten insofern an in der DDR wirksame reformpädagogische Traditionen anschließen, als sie (1) eine umfassende Menschenbildung anstrebten, die alle Seiten des Menschen erfasst, (2) dem Prinzip menschlicher Aktivität und Tätigkeit eine zentrale Stellung einräumten, sich von daher (3) nicht nur dem Bil-

---

19 M. Heinrich: Pädagogische Grundsätze der Freien Waldorfschule. Als Konzeption eingereicht beim Ministerium für Bildung und Jugend und bei der Akademie der Pädagogischen Wissenschaften am 27.11. 1989. In: Nachrichten der Initiativen für Waldorfschulen in der DDR. Heft 1. 16. Dezember 1989, S. 2-4; *Quellentextband 3.1*, S. 560-562, S. 560f.

dungsziel Wissen, sondern auch der schöpferischen Aktivität der Lernenden verpflichtet wussten und (4) bis zur 8. Klasse auf Maßnahmen einer äußeren Differenzierung zu verzichten beabsichtigten. Die angesprochenen Merkmale haben freilich innerhalb der Waldorfpädagogik eine andere Bedeutung als innerhalb der Pädagogik der DDR und sind weniger auf staatliche und gesellschaftliche als vielmehr auf persönlichkeitsbezogene sowie Gemeinschaftswerte ausgerichtet. Auch unterscheiden sich die in der Waldorfpädagogik intendierten Formen des praktischen Lernens insofern von der polytechnischen Erziehung in der Einheitsschule der DDR, als sie stärker lebensweltlich und weniger an Strukturen und Erfordernissen einer verwissenschaftlichten Produktion ausgerichtet sind.

Die Anziehungskraft, welche die Waldorfpädagogik auf Lehrer und Eltern ausübte, und die befreiende Wirkung, die von ihr ausgehen konnte, bezogen sich gleichermaßen auf Anschlussmöglichkeiten und Diskrepanzen, Gemeinsamkeiten und Differenzen zwischen der sogenannten bürgerlichen Reformpädagogik und der für die pädagogische Arbeit in den Schulen der DDR maßgeblichen sozialistischen Pädagogik. Als befreiend mochte die Lockerung der Pflicht zu strikter Lehrplanerfüllung empfunden werden, welche sich gleichermaßen auf Wissens- und Verhaltensziele bezog, als vertraut die Vorstellung vom ganzheitlichen und persönlichkeitsbildenden Erziehungs- und Bildungsauftrag der Schule. Als befreiend konnte aber auch die Entlastung der Erziehungs- und Unterrichtspraxis von den Widerspruchserfahrungen zwischen Ideal und Wirklichkeit eingeschätzt werden, die mit dem sozialistischen und kommunistischem Bildungsideal untrennbar verbundenen gewesen waren und in der Endphase der DDR die Ideologie und Erziehungsprogrammatik des Staates zunehmend hatten unglaubwürdig werden lassen.

Mit dem Zugewinn an pädagogischen Handlungs- und Reflexionsspielräumen waren jedoch zugleich Rückfälle in reformpädagogische Heilsvorstellungen und Irrlehren verbunden. Hierzu gehören erstens die Auffassung, vorrangige Aufgabe der Schule sei es, den "unterschiedlich gearteten Bedürfnissen des jungen Menschen" gerecht zu werden, zweitens die Vorstellung, Erziehungsprozesse unterlägen außerhalb pädagogischer Institutionen einer "Milieuprägung", sowie drittens die programmatische Formel, "Inhalt und Gestalt [...] didaktische[r] Konzepte" könnten an "den sich stets wandelnden Reifeprozessen der Schüler" abgelesen werden.[20] Entgegen diesen Annahmen ist der Auftrag der Schule nicht auf die Erfüllung vorhandener Bedürfnisse, durch die sich Heranwachsende von Erwachsenen unterscheiden, ausgerichtet, sondern u.a. darauf, dass Heranwachsende lernen, sich mit ihren Bedürfnissen auseinanderzusetzen und neue Bedürfnisse zu entwickeln. Auch der Begriff der Milieuprägung ist eine zur Beschreibung pädagogischer Sachverhalte untaugliche Formel, in der interaktive Aspekte von Sozialisation in unzulässiger Weise mit Vorstellungen von einer rein heteronomen Konditionierung des Verhaltens Heranwachsender verknüpft werden. Und der Reifebegriff bezieht sich auf Prozesse, die weitgehend unabhängig

---

20 Ebd., S. 560.

von Lernerfahrungen ablaufen; er ist daher weder für eine normative Orientierung noch für eine pragmatische Anleitung unterrichtlicher Lehr-Lern-Prozesse hilfreich.

Ungeachtet solcher theoretischen Schwächen ging Ende 1989 von reformpädagogischen Konzepten, die der Pädagogischen Bewegung im ersten Drittel des 20. Jahrhunderts verpflichtet waren, vielerorts eine gewisse Anziehungskraft auf Eltern und Lehrer aus. So entwickelte in Karl-Marx-Stadt, dem früheren und heutigen Chemnitz, eine Bürgerinitiative Vorstellungen zu einer Schulreform, die sich einem "neuen Menschenbild" verpflichtet fühlte und listete ihre in einer Kritik an der sozialistischen Einheitsschule der DDR erarbeiteten Reformvorstellungen in einem "Katalog von Sofortmaßnahmen" auf.[21] Das Papier dieser Bürgerinitiative beginnt in typisch deutscher Einstellung mit der bildungsidealistischen These: "*Hauptaufgabe*" sei "die Erarbeitung eines neuen Menschenbildes", "*Hauptforderung* [...] die Freiheit im gesamten Bildungswesen."[22] Die neue Erziehungs- und Bildungsaufgabe wird durch Begriffe wie "Individualität", "Mündigkeit der Selbstbestimmung" und "Souveränität" umschrieben, die dem "marxistisch-leninistischen Menschenbild" entgegengestellt werden. Dieses soll durch "ein ganzheitliches ersetzt" werden, das "der leiblich-seelisch-geistigen Einheit des Menschen Rechnung trägt".[23]

Die Autoren des Papiers übersehen bei der Formulierung des von ihnen aufgestellten Bildungsideals, dass an dieses durchaus analoge Rückfragen wie an das sozialistische Menschenbild zu stellen sind. In Abwandlung zur Anfrage einer Schülerin, die Anfang der 60er Jahre ihre Lehrerin mit der für diese überraschenden Frage konfrontierte, ob sie überhaupt einen Menschen "kenne", der das Ideal der harmonischen sozialistischen Persönlichkeit in sich verkörpere,[24] lässt sich das ersatzweise zum Bildungsideal erkorene Menschenbild durch die Rückfrage problematisieren, ob ein endliches und lernendes Wesen wie der Mensch überhaupt auf Mündigkeit im Sinne von souveräner Freiheit Anspruch erheben kann.[25]

---

21 Arbeitsmaterial der Bürgerinitiativen Karl-Marx-Stadt, Arbeitskreis Pädagogik. In: Nachrichten der Initiativen für Waldorfschulen in der DDR. Heft 1. 16. Dezember 1989, S. 4-5; *Quellentextband 3.1,* S. 563-564.

22 Ebd., S. 563.

23 Ebd. Die Beschreibung ist freilich bis in die gewählte Begrifflichkeit hinein weniger originell, als ihre Verfasser annahmen, denn sie ist ganzheitlichen Bildungsvorstellungen verpflichtet, die in der DDR von K.-F. Wessel vertreten wurden, der im Rahmen seines humanontologischen Ansatzes von der bio-psycho-sozialen Einheit Mensch sprach, ohne jedoch dem Irrtum zu erliegen, für den Menschen eine souveräne Freiheit zu postulieren; siehe hierzu K.-F. Wessel: Struktur und Prozeß ontogenetischer Entwicklung des Menschen. Ergebnisse, Aufgaben und Perspektiven. In: Wissenschaftliche Zeitschrift der Humboldt-Universität. Naturwissenschaftliche Reihe 36 (1987), S. 550-565.

24 Vgl. *Monographieband 3.1*, S. 175.

25 Zu einer pädagogisch angemesseneren Thematisierung der menschlichen Freiheit siehe D. Benner: Allgemeine Pädagogik. Weinheim und München ^{1}1987, S. 29ff., ^{4}2001, S. 36ff.; siehe auch K. Meyer-Drawe: Illusionen von Autonomie. München ^{1}1990, ^{2}2000.

Einige der vorgeschlagenen "Sofortmaßnahmen" überschreiten hingegen die bildungsidealistische Normierung der geforderten "neuen" Erziehung und beziehen sich auf Veränderung von Unterricht, Schule und Schulleben, die 1990 noch in der DDR und 1991 in den neuen Ländern im Rahmen einer Überarbeitung der Lehrpläne und Schulordnungen vorgenommen wurden. Hierzu gehören die Forderungen nach einer sofortigen "Entideologisierung des Bildungswesens", einer Trennung von "Schule" und "FDJ und Pionierorganisation", der umgehenden Einführung einer "Feindbildlosigkeit", der "Entfernung militanten Gedankengutes", der "Abschaffung der Fahnen, Fackel- und Gedächtnisappelle", der "Rückbesinnung" auf Werte und Eigenschaften wie "Toleranz", "Courage", "Creativität", "Friedens- und Sozialfähigkeit", "Mitverantwortung" und "Mitempfinden", der "Trennung von Jugendweihe und Schule" und der Überarbeitung der "Ziele und Inhalte des Sportunterrichts [...] unter dem Aspekt der Gesundheits- und Freizeiterziehung". Andere Reformvorschläge des Papiers beziehen sich auf von Reformpädagogen und Schulreformern schon seit langem erhobene Forderungen wie die Einführung von "Wahlen [...] der Direktoren durch die Kollektive" oder durch "Delegierte". Ihre Umsetzung scheiterte an den fehlenden demokratischen Traditionen im Schulsystem beider deutscher Nachkriegsstaaten. Wieder andere Forderungen wie die "Erhöhung der Kapazitäten im Buchhandel" oder die "Arbeit an Konzepten, die den zunehmend schädigenden Einflüssen der Medien (besonders des Fernsehens) entgegenwirken,"[26] waren selbst noch staatspädagogischen und erziehungsstaatlichen Traditionen verpflichtet oder erwiesen sich nach der Verabschiedung der Planwirtschaft als überflüssig bzw. mit der Ausdifferenzierung moderner Gesellschaftssystemen unvereinbar.

Initiativen, wie die genannte, verliefen insofern erfolgreich, als es ihnen gelang, an einigen Orten, darunter Traditionsorte, wo entsprechende Einrichtungen während der nationalsozialistischen Diktatur oder zur Zeit der frühen DDR geschlossen worden waren, neue Schulen zu gründen oder bestehende Schulen nach Schulprogrammen der Pädagogischen Bewegung zu verändern. Hierzu gehört neben der Initiative in Chemnitz u.a. die "Dresdener Initiative Waldorfpädagogik", aus der eine Neugründung hervorging, die programmatisch an eine 1941 geschlossene Einrichtung anknüpfte.[27]

Der zweiten Gruppe lässt sich von den in den Quellentextband 3.1 aufgenommenen Dokumenten insbesondere eine Initiative des "Kollektivs der EOS 'Paul Oestreich', Berlin-Weißensee" vom Dezember 1989 zuordnen. In ihr artikuliert ein

---

26 Arbeitsmaterial der Bürgerinitiativen Karl-Marx-Stadt, Arbeitskreis Pädagogik (gez. Thiele, Näther, Martini, Ludwig; einges. von Gunda Kohl). In: Nachrichten der Initiativen für Waldorfschulen in der DDR. Heft 1. In: *Quellentextband 3.1*, S. 563-564.

27 Vgl. Dresdener Initiative Waldorfpädagogik: Anmeldung der Gründung und Tätigkeit. In: Nachrichten der Initiativen für Waldorfschulen in der DDR. Heft 2, 8. Januar 1990, S. 4-5; *Quellentextband 3.1*, S. 565-566.

ganzes Schulkollegium in einem nicht mehr an den Minister, sondern an die Deutsche Lehrerzeitung adressierten und dort auch veröffentlichten Brief seine Reformvorstellungen. Diese beziehen sich nicht auf Fragen der Verbindung oder Trennung der Arbeit in den Schulen von der Parteiarbeit und der Tätigkeit der Jugendverbände und treten auch nicht für eine Abschaffung von Lehrplänen, Schulbüchern und Prüfungen ein, sondern entwickeln Reformvorstellungen ganz anderer Art, die stärker schulspezifisch und schultheoretisch ausgerichtet sind. Hierzu gehören u.a. die Anregungen,

- in Schulen Heranwachsenden künftig nicht nur ein formales Wissen, sondern zugleich "Methoden geistiger Arbeit" zu vermitteln und sie dadurch besser in die Lage versetzen, selbständig weiterzulernen,
- den Lehrern Freiräume zur "individuellen Lehrplanumsetzung" zu gewähren,
- den Lehrplan um "Klassenleiterstunden zur Diskussion über politische, moralische, persönliche u.a. Probleme" zu erweitern und
- die Abschlussprüfungen am Ende der 10. Klasse abzuschaffen und die Abiturstufe auf 3 Jahre auszuweiten.[28]

Die genannten Reformvorschläge stehen in der Kontinuität der in der DDR geführten Diskussionen über Schulreform und lassen sich bis in die Anfänge des Gegenwartskundeunterrichts in der SBZ und der frühen DDR sowie die Schulreformvorstellungen von H.-H. Becker zurückverfolgen.[29]

Zu einer dritten Gruppe von Reformvorschlägen gehören Initiativen, die weder vorrangig Reformvorstellungen aus der Zeit der Pädagogischen Bewegung anhängen noch die Schule der DDR zu reformieren suchen, sondern neuartige Vorstellungen in die Diskussion über Schulreform einbringen. Dieser Gruppe lassen sich u.a. eine Initiative "Schule im Umbruch" sowie verschiedene Anstrengungen zur Gründung "Freier Schulen" und zur Verwirklichung der "Gesamtschulidee" zuordnen.

Das mit "Schule im Umbruch" überschriebene Dokument stammt von Eltern der Klassen 3r der 40. Oberschule in Berlin, Prenzlauer Berg, die im Dezember 1989 dafür eintraten, Schulen als "öffentliche" Einrichtungen zu institutionalisieren, die "demokratische, transparente, und so auch mitgestaltbare Verhältnisse zur Grundlage haben". Die Verfasser der Erklärung wandten sich gegen das "Prinzip einer vormundschaftlichen Pädagogik", welche die Schule als eine nachgeordnete gesellschaftliche Institution und die Lehrer als Staatsdiener definiert, die ihren Beruf nach Maßgabe parteipolitisch definierter Aufgaben ausüben müssen.[30] Verlangt wurde, wie damals fast überall in der DDR, eine "Streichung von Lehrinhalten, denen

---

28 Das sind unsere Vorschläge. Brief des Kollektivs der EOS "Paul Oestreich". In: Beilage zur "Deutschen Lehrerzeitung" 36 (1989) 49/1. Dezemberausgabe, S. 6.; *Quellentextband 3.1*, S. 566-567.

29 Vgl. hierzu die Ausführungen im *Monographieband 3.1*, S. 74 und S. 114ff.

30 Schule im Umbruch. Thesen in Auswertung einer Zusammenkunft von Eltern der Klasse 3r der 40. OS. In: AD HOC. Informationen und Diskussionen zu Bildungsfragen. 2/1990, S. 6; *Quellentextband 3.1*, S. 567-569, S. 567f.

es an Wahrhaftigkeit mangelt", eine "Verwahrung gegen jede parteipolitische Vereinnahmung", die "Trennung von Schule und Jugendorganisationen", die "Auflösung der Pionierorganisation" u.a.m. Darüber hinaus traten die "Thesen" für eine Stärkung der Rechte von Lehrern, Schülern und Eltern ein. Die "Eigenverantwortung" der Lehrer müsse gestärkt, eine "Interessenvertretung" der Schüler im "Klassen- und Schulrat" gesichert werden. Zur Zensurengebung wird ausgeführt, Ziffernzensuren seien in der "Unterstufe [...] generell nicht das geeignete Mittel für Leistungseinschätzungen", die "Benotung von Haltungen, musischer und sportlicher Leistung" sei überall "einzustellen". Für die Eltern wird das Recht der "freie[n] Wahl der Bildungseinrichtung" gefordert und vorgeschlagen, die bisherigen Elternbeiräte durch neue Formen der Mitwirkung zu ersetzen, die u.a. öffentliche Sitzungen des "Elternaktivs" vorsehen und eine bezahlte "Mitwirkung von Eltern" durch "Unterrichtsübernahme bei Lehrermangel" oder in "Arbeitsgemeinschaften" zulassen.[31]

Auch wenn einige Vorschläge - wie z.B. das Verlangen nach bezahlter Elternarbeit in der Schule - schulpädagogisch illusionär und rechtlich problematisch waren, lassen die Thesen doch zugleich erkennen, dass die Eltern ein deutliches Bewusstsein davon hatten, dass eine Transformation der Schule als einer staatlich gelenkten Einrichtung in eine unter Mitwirkung des Staates beaufsichtigte, öffentliche Institution nur im Zusammenhang mit einer Neubestimmung des Verhältnisses von Staat und Schule gelingen könne, welche die Gewährung weitgehender Mitwirkungsmöglichkeiten von Lehrern, Schülern und Eltern einschließen müsse. In dieser Hinsicht treffen sich die zitierten Thesen mit einer Initiative "Freie Pädagogik, freie Schulen", die für eine Privatisierung des staatlichen Schulwesens eintrat und deutlich zwischen staatlichen und öffentlichen Bildungseinrichtungen unterschied.

Die Initiative "Freie Schulen" bringt zusätzlich Alternativen zur Institutionalisierung schulischer Erziehung ins Spiel, die erstmals im Kontext der modernen pädagogischen Bewegungen in den schultheoretischen Überlegungen von E.Ch. Trapp, W. von Humboldt und F. Schleiermacher diskutiert worden sind.[32] Vorgeschlagen wird, zwischen "Schulpflicht" und "Staatsschulpflicht" zu unterscheiden, "Schulen in freier Trägerschaft" zuzulassen und das Monopol der "Staatsschule", das für die autoritären Schulverhältnisse in der DDR mitverantwortlich gewesen sei, aufzuheben. "Man darf nicht naiv sein und glauben, daß eine 'funktionierende Demokratie die Möglichkeit der Bildungsfreiheit auch innerhalb der Einheitsschule gewährleisten könnte."[33] Als Schulaufsicht für freie Schulen wird ein Organ vorgeschlagen, das

---

31 Ebd. S. 567f.

32 Vgl. die Texte im *Quellentextband 1*, S. 421ff., und ihre Interpretation im *Monographieband 1*, S. 303ff.

33 Initiative Freie Pädagogik: Freie Schulen - wie und warum In: Nachrichten der Initiativen für Waldorfschulen in der DDR. Heft 2. Januar 1990. S. 1-3; *Quellentextband 3.1*, S. 569-571, S. 569f.

"aus den Repräsentanten des Kulturlebens einer Region oder aus allen Trägern einer Region" gebildet wird.[34]

Darüber, wie einzelne Schulen sich an der Diskussion über Schulreform beteiligten, geht aus weiteren im Quellentextband 3.1 zusammengestellten Dokumenten hervor. In einer Sonderausgabe vom Januar 1990 berichtete die Deutsche Lehrerzeitung "in Zusammenarbeit mit der Initiative Freie Pädagogik Leipzig" über eine "Elterninitiative der 76. OS Leipzig". Dort hatten Reformschulen aus der BRD Ende 1989, Anfang 1990 ihre Schulkonzepte vorgestellt. Daraufhin bildeten Eltern dieser Schule in Absprache mit dem Direktor Arbeitsgemeinschaften, die Vorschläge für eine selbst entworfene Schulreform vor Ort ausarbeiteten. Zur Notwendigkeit, Schulreform nicht in Form einer Übernahme fertiger Modelle, sondern "von unten" zu planen, äußerte sich Erika Hoentsch in ihrem Bericht wie folgt:

> "Ich möchte zunächst einmal sagen: Wenn ich mir die gestern und auch heute vorgestellten Schulmodelle ansehe, kann ich mich des Neides nicht erwehren. Da sind Schülerträume von unbeschwertem Lernen offenbar wahr geworden, nur eben leider nicht diesseits unserer Grenzen. Es ist sicherlich sehr nötig, daß wir uns die Modelle, die vorgestellt worden sind, ansehen und daß wir prüfen, was wir übernehmen können, damit wir auch solche Schulen einrichten, und daß wir sie schnell einrichten, weil unser Bildungssystem erneuert werden muß.
>
> Wir dürfen jedoch die Realität, wie wir sie in unserem Lande haben, darüber nicht vergessen. Wenn wir uns jetzt allein darauf konzentrieren würden, freie Schulen zu schaffen und all die Schüler und Lehrer vergessen, die in unseren jetzigen Schulen noch lernen und lehren, dann wäre das töricht und verantwortungslos. Die Realität sieht doch wohl so aus, daß ein ganz[er] Teil unserer Schulen noch von Direktoren geleitet wird und noch Lehrer hat, die sehr stalinistisch unterrichten, daß Lehrer nicht bereit sind, zur Kenntnis zu nehmen, daß außerhalb ihrer Schulmauern eine Mauer gefallen ist - und das nicht nur bildlich -, die nicht bereit sind zu verarbeiten, was sich an Realität verändert hat, und das ihren Kindern oder unseren Kindern mitzuteilen - in jedem Sinne und in jede Richtung. Abgesehen davon, gibt es noch eine ganze Anzahl von Lehrern, die auf Zeichen, auf Gesetze, auf Verordnungen von oben warten. Wir glauben aber, daß dieses Warten auf irgend etwas von oben zu Ende sein muß."[35]

---

34 Ebd., S. 571.

35 E. Hoentsch: Elterninitiative der 76. OS Leipzig. [verfaßt im Januar 1990.] In: Deutsche Lehrerzeitung. Sonderdruck in Zusammenarbeit mit der Initiative Freie Pädagogik Leipzig: Forum Freie Pädagogik. Aufgezeichnete Vorträge der Veranstaltungen der Initiative Freie Pädagogik Leipzig in der Leipziger Karl-Marx-Universität am 20./21. und 27./28. Januar 1990, S. 26-27; *Quellentextband 3.1*, S. 572-574, S. 572.

Die Spannbreite der Initiativen und der in ihnen diskutierten Reformvorstellungen geht über die bisher vorgestellten noch deutlich hinaus. Der zuletzt geäußerte Gedanke zieht sich jedoch wie ein roter Faden durch nahezu alle Dokumente hindurch.[36] Einige von ihnen fassen den Auftrag der Schule so weit, dass sie Fragen der "Lebensgestaltung" ins Zentrum der Reformüberlegungen rücken. Beispielhaft für viele andere lässt sich dies an einem Vorschlag der "Volksinitiative Bildung" vom Januar 1990 und an einer programmatischen Äußerung des "Berliner Freidenker-Arbeitskreises" zeigen.

Das Papier der "Volksinitiative Bildung" will die "Lebensgestaltung ins Zentrum der Allgemeinbildung" rücken. Kritisiert wird, die in den alten Lehrplänen intendierte Allgemeinbildung sei "einseitig wissenschaftsorientiert" und daher "zum nicht geringen Teil lebensfremd" gewesen und infolge dessen bei den Schülern "zunehmend auf Desinteresse gestoßen". Mit dieser Diagnose verknüpfen die Autoren des Papiers die Forderung nach einem "wissenschaftlich begründete[n] Allgemeinbildungskonzept, das die *Befähigung des Menschen zur selbstbestimmten und sinnvollen Gestaltung seines Lebens* in das Zentrum der Allgemeinbildung rückt", Partnerschaft zwischen Lehrern, Schülern und Eltern" sowie dem "sozialen Lernen im Schulalltag" eine besondere Aufmerksamkeit schenkt und "Lebensgestaltung" als ein neues Unterrichtfach - zunächst fakultativ - einführt. In diesem sollen die "Gestaltung sozialer Beziehungen", "Freundschaft, Liebe und Ehe, Elternschaft und Kindererziehung" sowie "Fragen der Identitätsfindung, Selbsterkenntnis und Selbstveränderung", der "Berufsfindung und des Berufslebens" sowie der "Psychohygiene, Gesundheit, Krankheit und Leidbewältigung" und nicht zuletzt Themen wie "Sterben und Tod" beheimatet sein, allesamt Fragen, die in der sozialistischen Gesellschaft nicht zum Kreis der zentralen Unterrichtsgegenstände gerechnet worden waren und nun von der "Volksinitiative" für besonders bedeutend gehalten werden.[37]

Ähnliche Forderungen finden sich in dem Papier eines "Berliner Freidenker-Arbeitskreises", der sich für "humanistische Werte als Sinnträger des Lebens" einsetzte

---

36 Dies gilt nicht nur für das Verhältnis der Reforminitiativen zur örtlichen Schulaufsicht, sondern auch für die neu geknüpften Außenkontakte, über die u.a. berichtet wird: "Es sind heute die ersten Lehrer nach Münster gefahren, um sich dort anzusehen, wie Schule in Westdeutschland gemacht werden kann oder gemacht wird." (ebd., S. 274f.) Die Reise nach Münster erfolgte offenbar nicht, um von dort fertige Modelle zu importieren, sondern um Anregungen für die eigene Schulreformarbeit zu sammeln, die - vielleicht unterstützt durch einen Lehreraustausch - letztlich nur am eigenen Standort initiiert und geleistet werden kann. Vielleicht haben die Eltern der 76. Oberschule Leipzig Anfang 1990 in Münster u.a. auch das "Grundschulprojekt Gievenbeck" besucht, über das seine Modellfunktion im Rahmen der BLK-Projekte über seine Lehrerweiterbildungsfunktion definierte und im Kapitel über staatliche Schulreform und Reformpädagogik in der BRD als ein Reformhaben im Grundschulbereich vorgestellt wird.

37 Volksinitiative Bildung: Lebensgestaltung ins Zentrum der Allgemeinbildung. Das Papier stammt vom Januar 1990 und findet sich in: Archiv für Reformpädagogik. Humboldt-Universität. Sign.: Archrefpaed/Wende/ B/1; *Quellentextband 3.1*, S. 574-577, S. 575f..

und diese Vorstellung mit der Überzeugung verbandt, "Menschenbildung" sei "unvereinbar mit Indoktrination".[38] Wie Schule solche Themen bearbeiten kann, ohne indoktrinierende Intentionen zu verfolgen, wird in den Texten als geklärt unterstellt oder zumindest für unproblematisch gehalten. Es scheint, als habe ein großer Teil der Initiativen die Klärung solcher Fragen in Unterricht und Schulleben mit Berufung auf den guten Willen der Einzelnen und den gesunden Menschenverstand für möglich gehalten.[39] Nicht auszuschließen ist auch, dass Eltern ihre eigenen Lebensbewältigungsprobleme zuweilen zu solchen ihrer Kinder stilisierten. Im Wunsch, Lebensgestaltung als Unterrichtsfach zu institutionalisieren, artikulierte sich dann womöglich ein Konsensbedürfnis von Menschen, die in ihrem bisherigen Leben weder mit pluralen Lebensformen noch mit einer unbeaufsichtigt durch Schule und Staat sich entwickelnden Meinungsvielfalt Erfahrungen hatten sammeln können.

Der Überblick über Reformbestrebungen der Wendezeit wäre unvollständig, wenn nicht auch Initiativen genannt würden, die in der Pluralisierung der Reformdiskussion eine Gefährdung der "Gesamtschulidee" erblickten. Sie traten dafür ein, auch künftig der horizontalen Differenzierung des Schulsystems einen Vorrang gegenüber vertikalen Differenzierungen einzuräumen. So heißt es in einem "Gründungsaufruf für einen unabhängigen Interessenverband zur Förderung der Gesamtschulidee", es gelte unter Einbeziehung "reformpädagogischer Alternativen" für die Erhaltung und Stärkung von "Chancengleichheit und soziale[r] Gerechtigkeit im Bildungswesen" einzutreten und einen Rückfall in ein "selektiv wirkende[s] 3- bzw. 4 gliedrige[s] Schulsystem", das zwischen Haupt-, Real-, Gymnasial- und Gesamtschulen unterscheidet, zu verhindern:

> "Wenn Bildung und Erziehung einer ungebremsten Vermarktung ausgesetzt werden, sehen wir diese sozialen und pädagogischen Werte in Gefahr. Wir vertrauen auch nicht allein auf die etablierte Politik. Deshalb rufen wir auf, einen Verband zu gründen, der sich als Interessenvertreter von Schülern, Eltern, Lehrern, Wissenschaftlern u.a. versteht, die mit uns große Hoffnungen auf die Gesamtschule in ihren Varianten setzen."[40]

---

38 Berliner Freidenker-Arbeitskreis "Bildung und Erziehung": Für das Leben lernen - Freidenker für ein neues Allgemeinbildungskonzept.Thesen zur Diskussion Januar 1990. In: *Quellentextband 3.1*, S. 577-582, S. 578.

39 Vgl.: Aufruf zur pädagogischen Revolution. In: Metamorphose. Gesprächsbeiträge zur Erneuerung der Pädagogik, hrsg. von der Initiativen für Waldorfschulen in der DDR. Heft 6/5, S. 23-24; *Quellentextband 3.1*, S. 585-587; siehe auch den Hinweis: Neu gegründet: Interessen- und Forschungsverband "Kind und Schule" e.V. - Interessen für das jüngere Schulkind unter einen Hut! In: AD HOC. Informationen und Diskussion zu Bildungsfragen. 10/11 1990, S. 16; *Quellentextband 3.1*, S. 585-586.

40 Gründungsaufruf für einen unabhängigen Interessenverband zur Förderung der Gesamtschulidee. In: AD HOC 6/90 (24.03.1990), S. 6-7; *Quellentextband 3.1*, S. 583; siehe auch J. Langer: Gesamtschule. Kontakte - Gespräche - Entwicklungen. Ebd., S. 4; *Quellentextband 3.1*, S. 583-585.

3.5.5 Bildungspolitische und bildungsreformerische Versäumnisse im deutschen Einigungsprozess

Über die Entwicklung der Schulreforminitiativen um 1990 und ihre Hoffnungen und Enttäuschungen geben u.a. Zwischenberichte und Rückblicke Auskunft, die nach der Vereinigung der beiden deutschen Staaten verfasst wurden.

Der 1991 verfasste Rückblick von Iris Mortag ist ein Zwischenbericht, in dessen Zentrum Diskussionen zur "Gesamtschulentwicklung in Sachsen" stehen, die vor der Verabschiedung des neuen Schulgesetzes des Freistaats geführt wurden. Zu diesem Zeitpunkt waren die erste Phase der schulreformerischen Diskussion und die zweite bereits abgeschlossen. Die Schulreformdiskussion konzentrierte sich nicht mehr auf die Frage, wie die "allgemeinbildenden polytechnischen Oberschulen inhaltlich-konzeptionell und organisatorisch-methodisch zu reformieren" seien. Vielmehr zeichnete sich in Sachsen nach dem Sieg der CDU bei den Landtagswahlen bereits ab, dass ein gegliedertes Schulwesen nach dem Vorbild des bundesrepublikanischen Schulsystems entstehen werde. I. Mortag kritisiert in ihrem Zwischenbericht, die Arbeit an einem "unverwechselbare[n] sächsische[n] Schulmodell" drohe aufgegeben zu werden, bevor ein Konsens erreicht sei. Insbesondere die Einführung von "Hauptschulen", die nun den Namen "Werkrealschulen" erhalten sollten, stoße bei Eltern auf begreiflichen Widerstand. Der Gesamtschulidee wird eine bleibende Bedeutung zuerkannt. Diese stelle einerseits die fortschrittlichste Schulreformkonzeption dar, die es unter Einbeziehung der Einwände weiterzuentwickeln gelte, die gegen westdeutsche Gesamtschulen vorgebracht werden, welche die "Ziele der Integration und Chancengleichheit [...] zum Nachteil der Leistungsförderung" verfolgten.[41]

> "Im Bemühen, nichts unkritisch zu übernehmen und sich auch eine Gesamtschulkonzeption aus den westlichen Bundesländern nicht überstülpen zu lassen (weil die Ausgangsbedingungen in Sachsen einfach anders sind), geht nunmehr die Tendenz mehr in Richtung einer allgemeinbildenden Schule auf der Grundlage einer integrativen Pädagogik im Sinne der Gesamtschulphilosophie. Damit werden auch jene angesprochen, die für eine Nachbarschaftsschule, für Ganztagsschulen, auch Waldorfschulen und Schulen in freier Trägerschaft brennen, sich jedoch momentan etwas isoliert fühlen und für die Solidarität der Gesamtschulbewegung dankbar sind."[42]

Volkhard Peter unterscheidet in seinem mit "Bildungsdiskussionen in der DDR zwischen 40. Parteitag und Beitritt" überschriebenen Rückblick bereits zwischen drei Phasen der Schulreform im Zeitraum von 1989 bis 1991, einem ersten Reformabschnitt, in

41 I. Mortag: Gesamtschulentwicklung in Sachsen. 1991. In: Th. Sander (Hrsg.): Auf dem Wege zur Bildungseinheit. Osnabrück 1991, S. 69-73; *Quellentextband 3.1*, S. 587-592.

42 Ebd., S. 592.

dessen Zentrum DDR-interne Diskussionen standen, einer zweiten Phase, in der deutsch-deutsche Verhandlungen u.a. auch über Fragen der zukünftigen Gestaltung des Schulsystems stattfanden, die schließlich zum Einigungsvertrag führten, sowie einer dritten Phase, die mit dem Beitritt der DDR zum Grundgesetz der BRD begann und seitdem durch die Reformarbeit in den neuen Ländern bestimmt wird.[43]

Den ersten Reformabschnitt beschreibt Peter als "Versuch einer basisdemokratischen Umgestaltung des Volksbildungswesens", welche

– die "demokratiefeindliche [...] Volksbildung ins Zentrum der Kritik und der Forderungen nach grundlegender Umgestaltung" des Schulsystems der DDR rückte, das nicht "auf die Persönlichkeit des Kindes/Jugendlichen, sondern auf eine von den Mächtigen zur Erhaltung der Macht ausgedachte Persönlichkeit gerichtet" gewesen sei,
– einen "als revolutionär, [...] selbstorganisiert, basisdemokratisch" zu bezeichnenden Reformprozess in Gang brachte, ohne die "DDR-Identität in Frage zu stellen",
– "zur Beseitigung der ideologischen Verfremdung und Verformung von Kindheit" und ihrer "Vereinnahmung durch den politbürokratischen Staat" aufrief,
– die "zukunftfähige DDR-Volksbildung" in einem Schulsystems erblickte, das an einem "bezahlbare[n] staatliche[n] Kindergarten" und einer differenzierten 10jährigen oder auch bis zum Abitur führenden staatlichen Regel- oder Normalschule" festhält
– und die neue "ideologie- und weltanschauungsoffene Schule" als ein Schulsystem mit "freie[r] Schulträgerschaft, "regionalem und territorialem Profil", "Wahl der Schulleitung durch die Lehrerschaft", "Anhebung des Eltern- und Selbstbestimmungsrechts der Kinder" u.a.m. konzipierte.[44]

Während der erste Reformabschnitt nach V. Peter als ein DDR-interner Prozess beschrieben werden kann, das Schulsystem der DDR basisdemokratisch und revolutionär von seinen demokratiefeindlichen Merkmalen unter Wahrung seiner "DDR-Identität" zu befreien, gewann in der zweiten Phase - auch im Bewusstsein der Bürger der DDR - die "Vereinigungsperspektive überhand", so dass Fragen der "künftigen Kulturhoheit der Länder" in den Vordergrund traten, die wiederum eine "schnelle Annäherung und Angleichung der DDR-Seite" an das Schulsystem und die Verfassungsordnung der BRD nahe legten. Dies habe schließlich nicht nur zur "Resignation vieler Basisinitiativen" geführt, sondern am Ende auch dazu beigetragen, dass der Versuch einer DDR-spezifischen Weiterentwicklung des Schulsystems ebenso scheiterte wie der "Verfassungsentwurf[s] des runden Tisches", der am 26.04.1990 von der Volkskammer mit knapper Mehrheit abgelehnt wurde.[45]

---

43 V. Peter: Bildungsdiskussionen in der DDR zwischen 40. Jahrestag und Beitritt In: H.-D. Schmidt/U. Schaarschmidt/V. Peter (Hrsg.): Dem Kinde zugewandt. Überlegungen und Vorschläge zur Erneuerung des Bildungswesens. Hohengehren 1991, S. 121, S. 125-133; *Quellentextband 3.1*, S. 592-600.

44 Ebd., S. 592ff.

45 Ebd., S. 596ff.

Peters Einschätzung der zweiten Phase stimmt teilweise mit Ergebnissen überein, die G. Köhler, G. Knauss und P. Zedler im Vorwort der von ihnen herausgegebenen Quellensammlung "Der bildungspolitische Einigungsprozeß 1990" zusammengestellt haben. Die Dokumente aus den deutsch-deutschen Beratungen über die Zusammenführung der Schulsysteme belegen, dass die Vertreter der DDR in der "Gemeinsamen Bildungskommission" zur Überraschung der westdeutschen Seite, die dies weder gefordert noch erwartet hatte, zuvor aus der Sicht der DDR als Prioritäten definierte Essentials wie die "Beibehaltung der zwölfjährigen Schuldauer bis zum Abitur" aufgaben und nahezu sämtliche Konfliktpotentiale ausräumten, ohne dass es überhaupt zu einer kontroversen Diskussion über offene Fragen gekommen war.[46]

Das von V. Peter über die dritte Phase gefällte Urteil, die Kulturhoheit der neuen Länder habe nicht zur Wahrung einer DDR-Identität im Bildungssystem geführt, sondern eine hierfür womöglich gegebene Chance "vertan", lässt sich, so gesehen, auch auf die zweite Phase übertragen.[47] Damit ist freilich noch nicht gesagt, ob eine solche Chance zur Wahrung einer "DDR-Identität" tatsächlich bestanden hat und worin sie sachlich gelegen haben könnte. Identitätstheoretische Argumente scheinen zur Beantwortung dieser Frage zudem weniger hilfreich zu sein als Problemstellungen, welche Bezüge zur theoretischen Diskussion über die Struktur moderner Bildungssysteme in allen drei in dieser Theoriegeschichte der Reformpädagogik untersuchten Reformbewegungen aufweisen.

Zu diesen gehören neben schultheoretischen nicht zuletzt auch demokratietheoretische Überlegungen und Fragestellungen, von denen erstere einen Vorrang horizontaler Gliederungen moderner Bildungssysteme gegenüber vertikalen und letztere eine Unterscheidung zwischen staatlichen und öffentlichen Einrichtungen nahelegen. In demokratietheoretischer Hinsicht ist die Gesetzgebungsfunktion über alle öffentlichen Einrichtungen, die Schulen eingeschlossen, nicht-delegierbar beim Staat zu verorten und lässt sich die Aufsichtsfunktion über das Bildungssystem so regeln, dass in ihr staatliche und kommunale Stellen zusammenwirken[48] und Schülern, Eltern und Lehrern Mitwirkungsrechte bei der Wahl von Lehrern in das Kollegium einer Schule und der Bestimmung der Schulleitung zuerkannt werden.

Mitwirkungsmöglichkeiten dieser Art gab es auf der Ebene kommunaler Schulaufsicht sowie auf der Ebene der einzelnen Schule in der DDR ebensowenig wie in der alten BRD und gibt es derzeit auch im vereinigten Deutschland nicht. Auf sie aber setzte

---

46 Siehe G. Köhler/G. Knauss/P. Zelder (Hrsg.): Der bildungspolitische Einigungsprozeß 1990. Verlauf und Ergebnisse der deutsch-deutschen Verhandlungen zum Bildungssystem. Opladen 2000, S. 11-53

47 V. Peter stellt in seiner Analyse der "Bildungsdiskussionen in der DDR zwischen 40. Jahrestag und Beitritt" 1991 fest: "Die mit dem gesellschaftlichen Umbruch in der DDR auch in der Alt-BRD erneuerte Möglichkeit, die Reformdiskussion der 70er und 80er Jahre zu beleben und in ganz Deutschland eine Bewegung für eine dem Kinde zugewandte Schule für alle zu initiieren und zu stärken, ist fast vertan." (A.a.O., S. 600)

48 Vgl. hierzu *Monographieband 1*, S. 309-317, und *Monographieband 2*, S. 351-366.

zumindest ein Teil der Bürgerinitiativen, die vom Herbst 1989 an versuchten, das Schulsystem der DDR basisdemokratisch zu reformieren. Vergleicht man die Rückblicke von Mortag und Peter unter dieser Fragestellung, so zeigt ersterer noch den Reformenthusiasmus der Aufbruchphase, während in letzterem bereits die Resignation überwiegt. Das kann zum Anlass genommen werden, nach den Erfolgen *und* Versäumnissen der Bildungsreformen im Kontext des deutsch-deutschen Einigungsprozesses zu fragen.

Statt nun aber die Wahrung einer bereinigten "DDR-Identität" - oder einer wie auch immer gearteten BRD-Identität - zum Erfolgskriterium der Zusammenführung der Schulsysteme beider deutscher Staaten zu erheben und nostalgisch Freiräumen nachzutrauern, die reformpädagogischen Initiativen vor dem Hintergrund des in der späten DDR entstandenen Machtvakuums offenstanden, käme es darauf an, neben erziehungs- und bildungstheoretischen insbesondere schultheoretische und demokratietheoretische Gesichtspunkte heranzuziehen und unter ihnen Leistungen und Grenzen reformpädagogischer Initiativen in der späten DDR sowie Erfolge und Versäumnisse des deutschen Einigungsprozesses zu diskutieren. In demokratietheoretischer Hinsicht ist zweifellos kritikwürdig, dass der deutsch-deutsche Einigungsprozess ohne Ausarbeitung einer gemeinsamen Verfassung und deren Annahme durch das Volk von statten ging, ferner, dass in ihm die Chance vertan wurde, in ortsnahen Sektoren der Politik basisdemokratische Mitwirkungsrechte der Bürger zu verankern, wie sie beispielsweise in der Schweiz und in den USA gegeben sind. Nur auf der Grundlage solcher Mitwirkungsrechte aber könnte es gelingen, die fragwürdige Alternative einer staatlichen oder privaten Institutionalisierung schulischer Erziehung und Unterweisung zu überwinden und das staatliche Schulsystem in ein öffentliches zu überführen.[49]

Offene Fragen wie diese werden im Band 3.2 erneut thematisiert, der die Entwicklung von staatlicher Schulreform und Reformpädagogik und die Reflexion ihrer Beziehungen in der theoretischen Pädagogik und forschenden Erziehungswissenschaft für die westlichen Besatzungszonen und die BRD untersucht. Erst im Anschluss hieran wird zu klären sein, in welchem Sinne die DDR 1990 in der alten BRD angekommen oder auch nicht angekommen war. Zuvor sollen jedoch abschließend noch einmal jene Dauerprobleme öffentlicher Erziehung, Bildung und Schule reflektiert werden, die an der Entwicklung des Bildungssystems der DDR sichtbar geworden sind.

---

49 Vgl. hierzu D. Benner: Bildung und Demokratie. In: J. Oelkers (Hrsg.): Zukunftsfragen der Bildung. 43. Beiheft der Zeitschrift für Pädagogik. Weinheim und Basel 2001. S. 49-65.

4. Ausblick: Dauerprobleme öffentlicher Erziehung, Bildung und Schule und die Schulreformen der SBZ und DDR

Die Abstimmungsprobleme im Verhältnis von staatlicher Schulreform, reformpädagogischen Experimenten und erziehungswissenschaftlicher Theoriebildung und Forschung, von denen in diesem Band die Rede war, lassen sich unterschiedlich deuten. Sie können als Dauerprobleme öffentlicher Erziehung und Bildung interpretiert werden, die in allen modernen allgemeinbildenden Schulen auftreten, und sie weisen zugleich Problemkonstellationen mit typischen Merkmalen einer bestimmten Staats- und Gesellschaftsformation auf. Beide Auslegungen sind untereinander dadurch verbunden, dass sie auf dieselben Abstimmungsprobleme von Einheitlichkeit und Differenzierung bezogen sind, diese jedoch hinsichtlich der Beziehungen zwischen

- Staatsverfassung und Bildungssystem,
- Schule und gesellschaftlichem Leben,
- Wissenschaft und Bildung
- sowie allgemeiner und beruflicher Bildung

unterschiedlich thematisieren.

In theorie- und problemgeschichtlicher Hinsicht lassen sich die Unterschiede in den Problemdefinitionen und -lösungen auf Unterschiede zwischen hierarchischen und nicht-hierarchischen Modellen der Ausdifferenzierung moderner Gesellschaften in Teilsysteme und Handlungsbereiche zurückbeziehen, wie sie - mit unterschiedlicher Akzentuierung - in der neueren Bildungstheorie und Systemtheorie diskutiert werden.[1] Hierarchische Modelle justieren die Beziehungen zwischen Politik- und Bildungssystem in der Regel so, dass letzeres für ersteres eine subordinierte Funktion erfüllt; nicht-hierarchische Modelle betrachten beide Systeme und Praxisfelder dagegen unter differenten Gesichtspunkten, die zueinander in keinerlei linearer Abhängigkeit stehen. Zu den nicht-hierarchisch strukturierten Beziehungen zwischen schulisch vermittelter allgemeiner Bildung und der Verfasstheit der Menschen als Bürger von demokratischen Rechtsstaaten gehört, dass Heranwachsende in der öffentlichen Schule so denken, urteilen und handeln lernen, dass sie auf ein Selbst-Denken, -Urteilen, und -Handeln sowie Aushandeln vorbereitet werden. Aufgabe der Schule ist es hierbei nicht, die künftigen Gedanken, Urteile und Verhaltensweisen der Heranwachsenden im vorhinein festzulegen, sondern dafür zu sorgen, dass diese weder von der Schule noch vom Staat normiert werden.

Der so verstandene Bildungsauftrag öffentlicher Erziehung und Unterweisung ist auch für die Betrachtung der anderen Beziehungen bedeutsam. Was das Verhältnis von Schule und Leben und die Verbindungen des Bildungssystems zu den aus-

1 Vgl. D. Benner: Allgemeine Pädagogik. Weinheim und München ^{4}2001; N. Luhmann: Das Erziehungssystem der Gesellschaft. Frankfurt a.M. 2002.

differenzierten Gesellschaftsbereichen und Handlungsfeldern der Sitte, der Arbeit, der Kunst und Religion betrifft, kann auch hier von einer Nicht-Hierarchizität der Beziehungen gesprochen werden. Aufgabe der modernen Schule ist es weder, das Leben in der Schule linear außerschulischen Lebensformen unterzuordnen noch Lehr-Lern-Prozesse in einer unmittelbaren Einheit von innerschulischem und außerschulischem Lernen und Leben zu konzeptualisieren. An die Stelle von Subordination oder Einheitlichkeit treten in nicht-hierarchischen Betrachtungsweisen, Handlungs- und Organisationskonzepten bereichsspezifische Aufgabenstellungen mit offenen Übergängen von schulischen in außerschulische Lern- und Handlungsfelder und umgekehrt. Sie gilt es künstlich und kunstvoll so zu arrangieren, dass sich Heranwachsende, unterstützt durch schulisch organisierte Lehr-Lern-Prozesse, die für moderne Lebens- und Handlungssituationen grundlegenden Kenntnisse, Fertigkeiten und Kompetenzen aneignen können.[2]

Die Abstimmungsprobleme im dritten Problembereich, demjenigen von Wissenschaft und Bildung, hängen damit zusammen, dass Lehr-Lern-Prozesse in allgemeinbildenden Schulen die alltägliche Welterfahrung und den zwischenmenschlichen Umgang der Heranwachsenden zwar um wissenschaftliche Urteils- und Wissensformen erweitern, nicht aber in Wissenschaft überführen sollen. Die Theorien und Aussagesysteme der modernen Wissenschaften besitzen eine Rationalitätsstruktur, in der weder um die innerhermeneutische und geschichtliche Struktur noch um die Reichweite und Grenzen der Gültigkeit wissenschaftlichen Wissens und Könnens gewusst wird. Wissenschaftliche Wissensformen müssen daher so angeeignet werden, dass sie alltägliche Erfahrungs- und Wissensformen nicht einfach ablösen, sondern zu diesen so hinzutreten, dass die Übergänge von alltäglichen in wissenschaftliche Wissensformen und von diesen wieder in alltägliche Formen bewusst vollzogen und in ihren verschiedenen Dimensionen reflektiert werden. Zur Mehrperspektivität eines zu wissenschaftlichen Wissensformen hinführenden und diese reflektierenden Unterrichts gehören unverzichtbar Unterscheidungen wie die zwischen an Zweckbegriffen ausgerichteter vormoderner und quasi zweckfrei argumentierender neuzeitlicher Wissenschaft sowie alltäglichen und szientifischen Weltbegriffen und -verhältnissen.

Abstimmungsprobleme zwischen allgemeiner und beruflicher Bildung stellen einen besonderen Fall der Vermittlung von Schule und Leben, Wissenschaft und Handeln dar. Sie gilt es in der allgemeinen Schule so zu regulieren, dass allgemeinbildende Lehr-Lern-Prozesse in zeitlicher Hinsicht berufsbildenden Lehr-Lern-Prozessen vorausgehen, ihren Zweck aber nicht in sich selbst entfalten, sondern auf inner- und außerschulische Handlungs- und Bewährungssituationen und den Übergang in berufsbildende Lernsituationen bezogen sind. Der Übergang aus der allgemeinen in die berufliche Bildung ist von daher so zu konzipieren, dass das im allgemeinen Schulsystem zu Lernende methodisch und thematisch so vermittelt und angeeignet wird, dass es, ohne Berufswahlent-

---

2 Vgl. hierzu D. Benner: Die Struktur der Allgemeinbildung im Kerncurriculum moderner Bildungssysteme. In: Zeitschrift für Pädagogik 48 (2002), S. 68-90.

scheidungen vorwegzunehmen oder zu erzwingen, auch auf berufliche Bildungsprozesse sinnvoll appliziert werden kann.

Alle angesprochenen Fragen und Probleme sind sowohl für das Bildungssystem der DDR als auch für jenes der BRD nachweisbar. Ihre DDR-typische Gestalt ist u.a. dadurch beistimmt, dass in der DDR der polytechnischen Erziehung und Unterweisung eine Bedeutung zugeschrieben wurde, welche Bezüge zu allen genannten Unterscheidungen und Vermittlungsaufgaben aufweist. Polytechnische Erziehung und Unterweisung konnten, wie an Experimenten aus Reform-, Versuchs- und Forschungsschulen nachgewiesen wurde, weiter gefasst, polypragmatisch interpretiert und auf alle ausdifferenzierten Handlungsfelder bezogen werden. Sie konnten aber auch enger definiert werden und konzentrierten sich dann auf Abstimmungsprobleme zwischen allgemeiner und beruflicher Bildung. In beiden Varianten wiesen sie Bezüge zu Problemstellungen auf, die im Band 3.2 als solche der Differenzierung und der Sicherung offener Übergänge zwischen Schule und Leben diskutiert werden.

Zu den systemspezifischen Merkmalen des Bildungssystems der DDR gehörte neben der polytechnischen Erziehung und Unterweisung auch seine Ausrichtung an einem horizontal gestuften Einheitsschulmodell in der Tradition der Humboldtschen Schulpläne. Beide Merkmale erlauben es zusammen genommen, die Schulreformen und reformpädagogischen Versuche in der SBZ und DDR, wie in diesem Band geschehen, auf die Traditionen der ersten und der zweiten reformpädagogischen Bewegung zurückzubeziehen.

Zu den systemspezifischen Merkmalen des Bildungssystems der DDR gehörten darüber hinaus solche, die auf die Unterscheidung hierarchischer und nicht-hierarchischer Ordnungsmodelle der Ausdifferenzierung von gesellschaftlichen Teilsystemen und Handlungsbereichen bezogen sind. In den bildungstheoretischen, sozialwissenschaftlichen und politischen Grundlagendiskussionen wurden beide Modelle thematisiert und zum Teil kontrovers diskutiert. Die hier vorgelegte Arbeit konnte zeigen,

- dass dem Politik- und Wirtschaftssystem im realsozialistischen Gesellschaftssystem eine hierarchisch definierte Orientierungs- und Planungsfunktion zugewiesen wurde, die jedoch in der grundlagentheoretischen Diskussion, im Denken und Leben der Menschen und in der pädagogischen Arbeit nicht allgemein anerkannt, sondern, wie zuletzt im Abschnitt 3.4 gezeigt, umstritten war,
- dass das Verhältnis von Schule und sozialistischer Gesellschaft in den staatlichen Vorgaben als eine faktische bzw. aufgegebene Einheit konzipiert und dem Bildungssystem zugleich die Aufgabe zugewiesen wurde, Widersprüche und Differenzen zwischen Idee und Wirklichkeit zu reflektieren und als Aufgaben und Probleme der gesellschaftlichen Praxis zu thematisieren,
- dass Unterscheidungen und Abstimmungsprobleme zwischen Alltagserfahrung und wissenschaftlicher Erfahrung nicht geleugnet, wohl aber geschichtlich als bereits gelöst bzw. auf der Grundlage der Gesellschafts- und Wirklichkeitsauffassung des historisch-dialektischen Materialismus grundsätzlich lösbar ausgegeben wurden

– und dass die allgemeine Bildung in zeitlicher Hinsicht der beruflichen vorgeordnet, beiden jedoch im Hinblick auf ihre Bedeutung für den individuellen Bildungsgang eines jeden Einzelnen und die Reproduktion sowie Weiterentwicklung der Gesellschaft zugleich eine letztlich gleichwertige Bedeutung zuerkannt wurde.

Zur DDR-typischen Gestalt aller angesprochenen Probleme gehörten ferner planwirtschaftliche Konzepte, die den Widerstreit zwischen der politischen und geschichtsphilosophischen Finalisierung von Geschichte und Gesellschaftsentwicklung und den faktischen Erfahrungen der Menschen überwinden sollten. Ihnen zufolge wurde der Übergang in die EOS nicht nur an die Leistungen und die soziale Herkunft der Schüler zurückgebunden, sondern zugleich so mit Berufswahlentscheidungen verbunden, dass von bis zu zwei Drittel der Schüler der EOS eine Verpflichtung zum Dienst in der Armee oder die Wahl eines bestimmten Berufs verlangt wurde. Hierdurch ließ sich zwar die Anschlussfähigkeit des Bildungssystems an das Politik- und Wirtschaftssystem der DDR steigern, wurden jedoch zugleich die Beziehungen zwischen dem Bildungssystem und den anderen ausdifferenzierten Gesellschaftbereichen, nicht zuletzt auch das Verhältnis zwischen staatlicher Schulreform, praktischer Reformpädagogik und Erziehungswissenschaft, belastet. Von der Pädagogik als der für Fragen des Bildungssystems zuständigen Bezugswissenschaft wurde nicht nur erwartet, normative Planungsvorgaben sozialistischer Planpolitik umzusetzen, sondern zugleich verlangt, in Anerkennung des Primats von Politik und Ökonomie Lösungsangebote für auftretende Durchführungsschwierigkeiten bereitzustellen, die nicht im Bildungssystem, sondern im Politik- und Wirtschaftssystem und den von diesen ausgehenden Zwängen und Normierungen begründet waren.

Zu solchen und weiteren Normierungen äußert sich Karl-Heinz Günther, langjähriger Leiter der historischen Abteilung der APW, in seinen aus Tagebuchnotizen hervorgegangenen Erinnerungen rückblickend wie folgt:

> "Die Erziehungsphilosophie, von der wir uns leiten ließen, ist ebenso klar erkennbar wie falsch; daher wiederhole ich: *So* soll Gesellschaft sein, folglich möchte *der* Mensch *so* und, bitte sehr, nicht anders sein. Wie er sein sollte, wurde definiert, und erinnere ich mich richtig, habe ich das selbst geschrieben: allseitig entwickelt, d.h.: ein bewußter Erbauer des Sozialismus, von sozialistischem Nationalbewußtsein, wissend, den technischen Fortschritt gestaltend, kulturvoll, gesund und körperlich leistungsfähig. [...] Dieses Menschenbild war starr und steif technokratisch, auf gesellschaftliche Effizienz durch effektiv arbeitende Persönlichkeiten sozialistischer Prägung gerichtet. Ein Idealtypus, wie er in Religionen, Diktaturen oder Demokratien immer wieder gemalt wird. Schaffe Menschen nach meinem Bilde."[3]

3 K.-H. Günther: Rückblick nach Tagebuchnotizen aus den Jahren 1938 bis 1990. Berlin 1998, S. 451f.; das Zitat bezieht sich auf die Phase der Arbeiten am "Gesetz über das einheitliche sozialistische Bildungssystem" von 1965, das als letztes in der DDR verabschiedetes Schulgesetz mehr als 30 Jahre in Kraft war.

Günthers gleichsinnige Einordnung des ostdeutschen Bildungssystems in die Ideologie von Religionen, Diktaturen und Demokratien ist zwar nicht als nachträgliche Legitimation der Politik- und Erziehungsverhältnisse in der DDR gemeint, sie kann jedoch wie eine nachträgliche Entschuldigung von Irrtümern und Systemzwängen gelesen werden. Eine solche Deutung abstrahierte dann von wichtigen Unterschieden, die z.B. zwischen fundamentalistischen Heilslehren und Religionen bestehen, die den unvermeidlichen Gebrauch von Bildern und Metaphern mit einem doppelten, für Aussagen über Götter und Menschen geltenden Bilderverbot belegen, oder von Unterschieden in demokratischen Grundordnungen, die in formal-demokratischen Regelungen nur einen defizienten Modus oder aber ein Kriterium legitimer Rechtsstaatlichkeit erblicken und sich von daher skeptisch gegenüber substanzialistischen Normierungen des Verhaltens der Menschen verhalten.

Günthers Kritik an den teleologischen Beziehungen zwischen Politik, Wirtschafts- und Bildungssystem der DDR gewinnt ihre volle Schärfe, wenn man sie nicht aus der Sicht gleichsinniger Normierungen in Religionen, Diktaturen und Demokratien liest, sondern als einen Hinweis darauf würdigt, dass es für die genannten vier Abstimmungsprobleme keine hierarchisch ausgerichteten oder auf Geschichtsteleologien zu gründende Lösungen geben kann. Alsdann beschreibt Günther Aporien, mit denen Eltern und professionelle Pädagogen, Schulverwaltung und -aufsicht und nicht zuletzt Pädagogik und Erziehungswissenschaft in der DDR auf je spezifische Weise in der DDR konfrontiert waren, wenn sie im Dienste einer staatlich vorgegebenen Weltanschauung Lösungen für bereichs- und gesamtgesellschaftliche Probleme entwickeln, und organisieren sollten, die weder mit den Möglichkeiten des Bildungssystems noch mit jenen der anderen ausdifferenzierten Gesellschaftsbereiche abgestimmt waren.

Die in diesem Band vorgestellten Überlegungen zu allgemeinen und DDR-typischen Entwicklungsproblemen des Bildungssystems in den Bereichen staatliche Schulreform, reformpädagogische Praxis und erziehungswissenschaftliche Theoriebildung und Forschung sollen im Band 3.2 um Analysen erweitert werden, welche Entwicklungsprobleme in den westlichen Besatzungszonen und in der BRD untersuchen. Sowenig im Band 3.1 das Bildungssystem der DDR zum Maasstab der weiteren Entwicklung des Bildungssystems der BRD erhoben wurde, so wenig soll im Schlussband die Schulstruktur der BRD zum Kriterium künftiger Bildungsreformen und reformpädagogischer Initiativen erklärt werden. Anliegen beider Bände ist es vielmehr, die Frage nach dem möglichen Ertrag der dritten pädagogischen Bewegung in Deutschland für Erfahrungen und Reflexionen aus den Bildungsreformen beider deutscher Nachkriegsstaaten zu öffnen und offen zu halten. Die weitergehende Frage nach den schulreformerischen und reformpädagogischen Konsequenzen und den Aufgaben einer zeitgemäßen erziehungswissenschaftlichen Theoriebildung und Forschung soll daher erst nach dem Durchgang durch die programmatischen und schulreformerischen Diskusionen in Westdeutschland am Ende des Bandes 3.2 gestellt werden.

Register

Namenregister

Sachregister